BAEDEKER

LEIPZIG · HALLE

www.baedeker.com

Verlag Karl Baedeker

Top-Sehenswertes

Ausgeprägtes Traditionsbewusstsein, Weltoffenheit und wegweisende neue Projekte prägen die Nachbargroßstädte Leipzig und Halle. Beide haben ihren Besuchern besondere Höhepunkte zu bieten. Die Palette reicht von geschichtsträchtigen Kirchen über denkwürdige Plätze und Monumente bis hin zu einzigartigen Museen und viel besuchten Freizeiteinrichtungen.

LEIPZIG

❶ ✶✶ Altes Rathaus Leipzig
Eines der bedeutendsten Renaissance-Bauwerke in Deutschland **Seite 163**

❷ ✶✶ Auerbachs Keller
Durch Goethes »Faust« unsterblich gewordenes Lokal **Seite 167**

❸ ✶✶ Augustusplatz
Zentraler Knotenpunkt mit dem Neuen Gewandhaus, der Oper, dem Mendebrunnen, der Universität u. v. m. **Seite 168**

❹ ✶✶ Gohliser Schlösschen
Einst Sommerpavillon, heute stilvoller Rahmen für Veranstaltungen **Seite 186**

❺ ✶✶ Grassi-Museen
Dreigestirn mit den Bereichen Völkerkunde, angewandte Kunst und Musikinstrumente **Seite 188**

❻ ✶✶ Museum der bildenden Künste
Der Glas-Beton-Kubus birgt eine der größten bürgerlichen Gemäldesammlungen. **Seite 205**

❼ ✶✶ Naschmarkt
Kleinod mit Goethe-Statue vor der Alten Börse **Seite 210**

❽ ✶✶ Neues Gewandhaus
Heimstatt des weltberühmten Gewandhausorchesters **Seite 212**

❾ ✶✶ Neuseenland
Mustergültig rekultiviertes Braunkohlenabbaugebiet mit diversen Badeseen, Freizeitpark BELANTIS und Kanupark Markkleeberg, einer der modernsten Wildwasseranlagen der Welt **Seite 218**

❿ ✶✶ Nikolaikirche
Leipzigs größte Kirche wurde als Ausgangspunkt der friedlichen Revolution 1989 in der ganzen Welt bekannt. **Seite 221**

Top-Sehenswertes • INHALT

⓫ ✶✶ Stadtgeschichtliches Museum
Im Alten Leipziger Rathaus wird Geschichte modern präsentiert.
Seite 239

⓬ ✶✶ Thomaskirche
Wirkungsstätte von Johann Sebastian Bach und dem Thomanerchor
Seite 242

⓭ ✶✶ Völkerschlachtdenkmal
Das Wahrzeichen erinnert an die größte und wichtigste Schlacht der Befreiungskriege 1813 vor den Toren der Stadt. **Seite 246**

⓮ ✶✶ Zoo Leipzig
Tiere hautnah erleben in einem der interessantesten europäischen Zoos
Seite 252

HALLE

⓯ ✶✶ Burg Giebichenstein
Die älteste Burg an der Saale ist eines der Highlights an der Straße der Romantik. **Seite 259**

⓰ ✶✶ Dom zu Halle
Mit seinem Kranz aus Rundbogengiebeln wirkt er wie ein Schatzkästchen inmitten der Altstadt.
Seite 261

⓱ ✶✶ Franckesche Stiftungen
1695 als pietistisches Bildungs- und Sozialwerk von August Hermann Francke gegründet
Seite 263

⓲ ✶✶ Händel-Haus
Ausstellungen zu Händels Leben und Werk, zur halleschen Musikgeschichte und eine Sammlung historischer Instrumente. **Seite 269**

⓳ ✶✶ Landesmuseum für Vorgeschichte
Hauptattraktion ist die Himmelsscheibe von Nebra. **Seite 274**

⓴ ✶✶ Marktkirche
Ihre vier Türme bilden zusammen mit dem Roten Turm eine markante Silhouette, die als Halles Wahrzeichen gilt. **Seite 275**

㉑ ✶✶ Moritzburg
Wundervolle Kunstsammlung in der einstigen Zwingburg
Seite 284

㉒ ✶✶ Stadtgottesacker
Friedhofsanlage im Renaissance-Stil
Seite 297

Lust auf …

Neues in Leipzig und Halle? Die Auswahl ist groß. Kulturprogramm, Natur oder Kulinarisches? Hier für jeden Geschmack einige Vorschläge.

FERN, FREMD & WILD
- **Grassi-Museum f. Völkerkunde**
  Exotische Welten tun sich auf: bronzene Masken aus Benin, ein Schamanenkostüm der Ewenken und ein Federkopfputz aus Peru gehören zu den Exponaten.
  Seite 188
- **Panometer**
  Fotokünstler Asisi entführt seine Besucher mal auf den Mount Everest, mal ins antike Rom oder auch in vergangene Zeiten, z. B. ins Jahr 1813.
  Seite 230
- ◀ **Leipziger Zoo**
  In afrikanischen Savannen und urzeitlichen Dschungeln leben Elefant, Tiger & Co fast wie in Freiheit. **Seite 252**

KIRCHENMUSIK
- **Orgelmusik 1**
  Konzerte auf der berühmten Ladegast-Orgel im klassizistischen Raum der Nikolaikirche sind ein besonderer Genuss.
  Seite 223 / 224
- **Thomanerchor** ▶
  In der Leipziger Thomaskirche begleiten die jungen Sänger den Gottesdienst am Sonntag und gestalten die Motetten.
  Seite 244
- **Orgelmusik 2**
  In der wunderbaren gotischen Marktkirche zu Halle lauscht man der brausenden Reichel-Orgel.
  Seite 280

Lust auf ... • INHALT

INDUSTRIEARCHITEKTUR HEUTE
- **Buntgarnwerke Leipzig**
  Wie man ein riesiges historisches Industriegelände zu einem tollen Areal für Wohnen, Arbeiten und Ausgehen umgestaltet
  Seite 57, 150
- **Tapetenwerk Leipzig**
  Wo die DDR Tapeten bedruckte, residieren heute Künstler, Kunsthandwerker und Galerien. **Seite 125**
- **Alter Speicher Halle**
  Ein vorbildlich instandgesetztes Fachwerkhaus **Seite 263**

FRIEDHÖFE
- **Alter Johannisfriedhof Leipzig**
  Halb Friedhof, halb Park – der Johannisfriedhof **Seite 184**
- **Alter Israelitischer Friedhof Leipzig**
  Ein Spiegel der jüdischen Geschichte **Seite 185**
- **Stadtgottesacker in Halle**
  Letzte Ruhestätte berühmter Persönlichkeiten und architektonisches Schatzkästlein **Seite 297**

GOURMETKÜCHE
- **Falco, Leipzig**
  Sterngekrönte Küche, 27 Stockwerke hoch über Leipzig
  Seite 95
- **Stadtpfeiffer, Leipzig**
  Kochkunst mit Tradition, hier speisten die DDR-Granden
  Seite 96
- **Heine, Leipzig**
  Kreativität ohne übertriebene Experimentierfreudigkeit
  Seite 96
- **Restaurant Immergrün, Halle**
  Feine Küche, bezaubernder Service und geschmackvolles Ambiente
  Seite 98

INHALT • **Inhaltsverzeichnis**

HINTERGRUND

- **12 Zwei Städte ·· eine Region**

- **14 Fakten**
- 15 Bevölkerung · Politik · Wirtschaft
- *18 🛈 Leipzig und Halle auf einen Blick*
- *20 🛈 Willkommen im Alltag!*
- *24 🛈 Infografik: Alter Handelsplatz*

- **28 Geschichte**
- 29 Geschichte der Stadt Leipzig
- *34 🛈 Infografik: Drei Tage im Oktober*
- 41 Geschichte der Stadt Halle

- **48 Kunst und Kultur**
- 49 Leipzigs Kulturgeschichte
- *50 🛈 Special: Von Leipzig in die Welt*
- 59 Halles Kulturgeschichte

- **62 Berühmte Persönlichkeiten**
- *64 🛈 Infografik: Werk eines streitbaren Visionärs*

Preiskategorien
Restaurants
(Preis für ein Hauptgericht)
€€€€ = über 25 €
€€€ = 17 – 25 €
€€ = 10 – 17 €
€ = bis 10 €

Hotels (Preis für ein DZ)
€€€€ = über 120 €
€€€ = 80 – 120 €
€€ = 40 – 80 €
€ = unter 40 €

ERLEBEN & GENIESSEN

- **76 Am Abend**
- 77 Vielfalt ist Trumpf
- *84 🛈 Special: Schwarze Seelen*

- **92 Essen und Trinken**
- 93 Köstliches Allerlei
- *100 🛈 Typische Gerichte*

- **102 Feiertage · Feste · Events**
- 103 Musik liegt in der Luft
- *106 🛈 Special: Wiedergeburt einer Institution*

- **110 Mit Kindern unterwegs**
- 111 Spiel und Spaß

- **114 Museen u. Galerien**
- 115 Jede Menge zu sehen
- *122 🛈 Special: Nicht nur die Leipziger Schule*

- **126 Shopping**
- 127 Bummeln und mehr

- **132 Stadtbesichtigung**
- 133 Touren für jeden Geschmack

- **136 Übernachten**
- 137 Etwas für jeden Geldbeutel

TOUREN

- 144 Touren durch Leipzig und Halle
- 144 Unterwegs in Leipzig und Halle
- 145 Tour 1: Leipzig an einem Tag

Die Wiege des Schrebergartens stand in Leipzig.

147	Tour 2: Leipziger Musikgeschichte	176	Haus des Buches
150	Tour 3: Plagwitz im Wandel	195	Kunsthalle der Sparkasse Leipzig
152	Tour 4: Halle an einem Tag	196	Markt
154	Tour 5: Auf den Spuren der Halloren	*198*	*❗ Special: Die Stadt in der Stadt*
155	Beliebte Ausflugsziele	202	MDR

LEIPZIG VON A BIS Z

- 162 Alte Handelsbörse
- 163 Altes Rathaus
- 166 Archiv Bürgerbewegung Leipzig
- 167 Auerbachs Keller
- 168 Augustusplatz
- 173 Auwald
- 175 Bach-Museum
- 176 Bibliotheca Albertina
- 177 Bundesverwaltungsgericht
- 179 Deutsche Nationalbibliothek
- 181 Deutsches Kleingärtnermuseum
- 182 Fregehaus
- 183 Friedhöfe
- 186 Gohliser Schlösschen
- 188 Grassi-Museen
- 192 Hauptbahnhof
- 203 Mendelssohn-Haus
- 204 Moritzbastei
- 205 Museum der bildenden Künste
- 208 Museum für Druckkunst
- 209 Museum in der »Runden Ecke«
- 210 Naschmarkt
- 211 Naturkundemuseum
- 212 Neues Gewandhaus
- 214 Neues Rathaus
- 218 Neuseenland
- 221 Nikolaikirche
- *224 ❗ Special: Offen für alle*
- 227 Oper
- 230 Panometer
- 230 Promenadenring
- 236 Romanushaus
- 237 Schillerhaus
- 239 Stadtgeschichtliches Museum
- 242 Thomaskirche
- 244 Torhaus Dölitz
- 245 Universität Leipzig
- 246 Völkerschlachtdenkmal

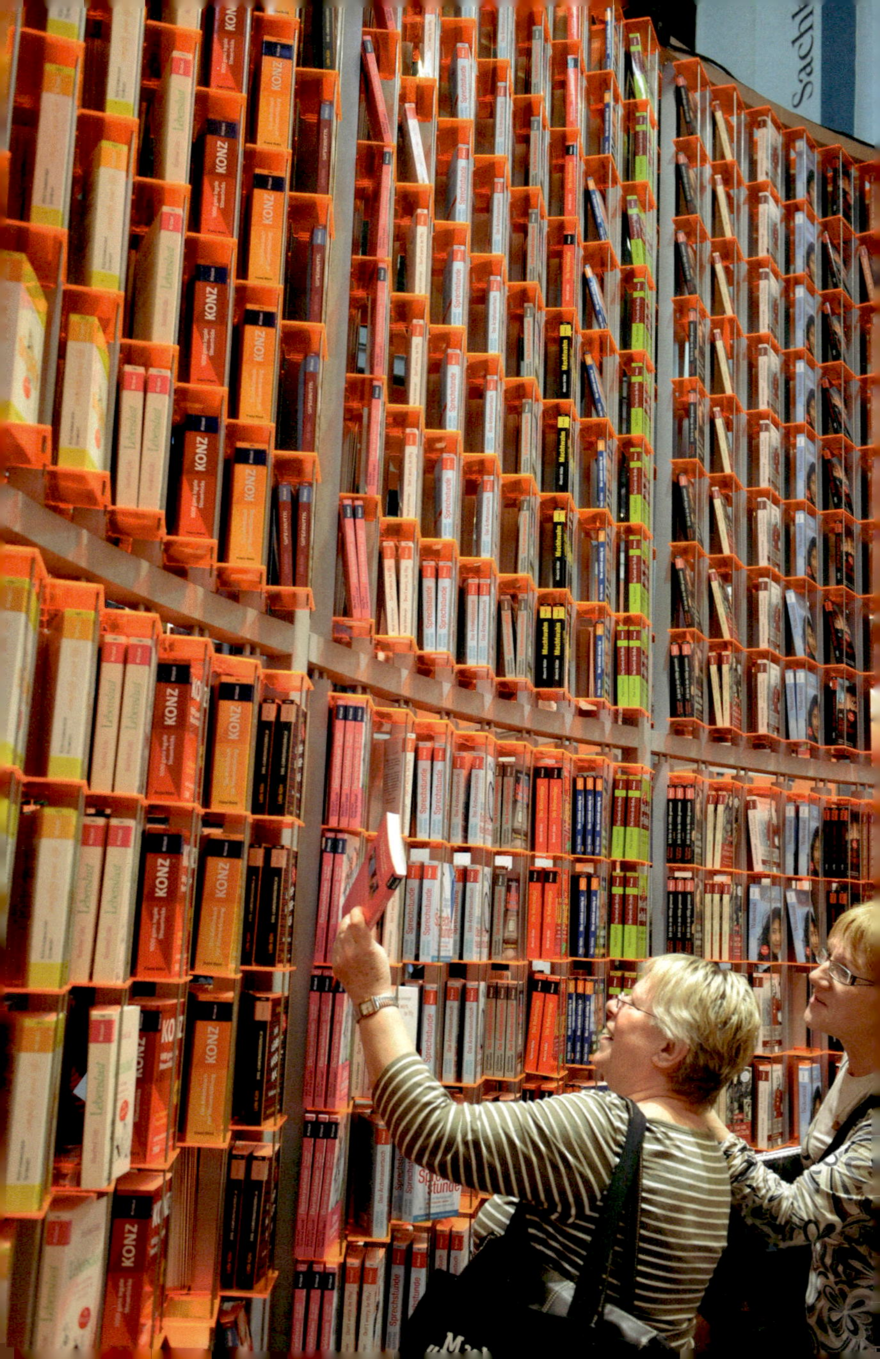
KONZ
Sprechstunde

248 ⚠ *3D: Völkerschlacht-*
denkmal
251 Zeitgeschichtliches Forum
252 Zoo Leipzig

Hinweis
Gebührenpflichtige Servicenummern sind mit einem Stern gekennzeichnet: *0180....

HALLE VON A BIS Z

258 Alter Markt
259 Burg Giebichenstein
261 Dom
263 Franckesche Stiftungen
266 ⚠ *3D: Franckesche Stiftungen*
269 Händel-Haus
271 Hallmarkt
272 Halloren- und Salinemuseum
273 Halloren-Schokoladenmuseum
274 Hansering (Altstadtring)
274 Landesmuseum für Vorgeschichte
275 Marktkirche (Marienkirche)
276 ⚠ *Special: Fahrt über den Himmelsozean*
281 Marktplatz
284 Moritzburg
288 ⚠ *Special: Feiningers Blick auf Halle*
290 Moritzkirche
292 Neue Residenz
294 Opernhaus
294 Peißnitzinsel
296 Riebeckplatz · Leipziger Straße
297 Stadtgottesacker
299 Stadtmuseum (Christian-Wolff-Haus)
301 Steintor-Varieté
302 Universitätsplatz

PRAKTISCHE INFORMATIONEN

308 Anreise · Reisevorbereitung
309 Auskunft
311 Mit Behinderung unterwegs
311 Literatur und Film
313 Medien
313 Notrufe
314 Preise · Vergünstigungen
314 Verkehr

nachdenken · klimabewusst reisen
atmosfair

320 Register
325 Verzeichnis der Karten und Grafiken
326 Bildnachweis
327 atmosfair
328 Impressum
329 Verlagsgeschichte
320 Verlagsprogramm
332 ⚠ *Kurioses*

Zur Leipziger Buchmesse strömt ein begeistertes Lesepublikum.

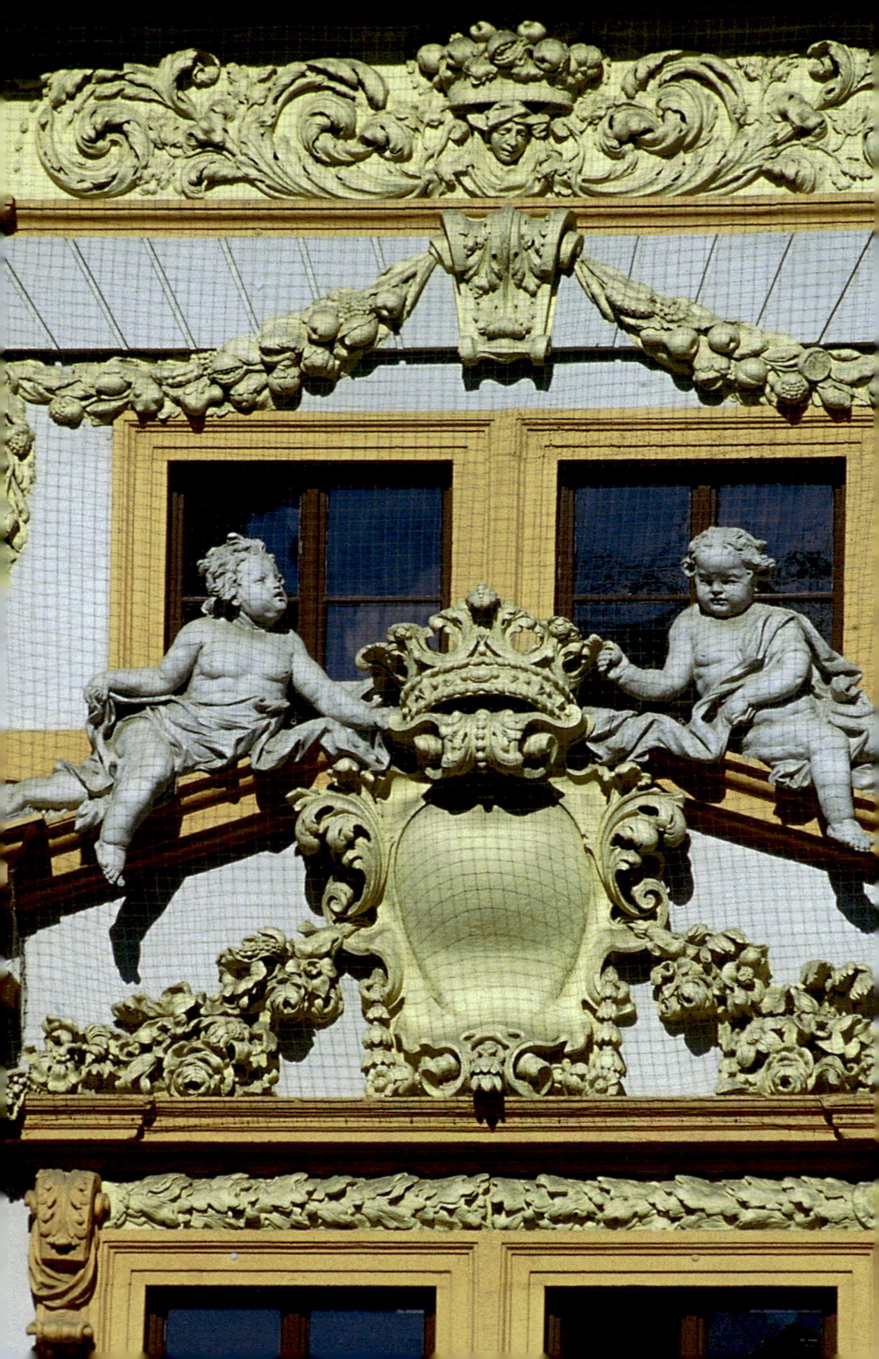

HINTERGRUND

Wissenswertes über die beiden Städte Leipzig und Halle, zu Gesellschaft, Politik und Wirtschaft, Kunst, Geschichte und Alltagsleben.

Zwei Städte – eine Region

Nur 30 km beträgt die Distanz zwischen den Zentren der beiden Großstädte Halle und Leipzig. So unterschiedlich sie sich auch entwickelten – beide gehörten stets verschiedenen Herrschaftsbereichen an –, so lassen sich doch viele Gemeinsamkeiten feststellen.

Halle verdankt seine Entstehung dem »Weißen Gold«, dem über Jahrhunderte hier gewonnenen **Salz**, und war lange Zeit **Residenzstadt des Magdeburger Erzbischofs**. Leipzig konnte sich an der **Kreuzung wichtiger Fernhandelsstraßen** Freiheiten für die wirtschaftliche Entfaltung erkaufen und kam als privilegierte Messestadt zu Reichtum. Abwechslungsreich ist die Landschaft rundherum. Halle liegt im breiten Tal der Saale mit sanften, von romantischen Burgen gekrönten Hügeln, während sich um Leipzig Auwälder ausbreiten und viele Wasserläufe das Gelände durchziehen. Im einstigen Braunkohlenrevier entstand mit dem **Neuseenland** eine attraktive Freizeitregion.

Themenrouten wie die Straße der Romanik, die Weinstraße Saale-Unstrut und die Mitteldeutsche Straße der Braunkohle erschließen mehr als ein Jahrtausend Kultur-, Wirtschafts- und Technikgeschichte.

Leipzig: Gewandhaus und Mendebrunnen

Wehrhafte Burgen und ehrwürdige Kirchen liegen ebenso an der Strecke wie technische Denkmale und die ehemals »größte Landschaftsbaustelle Europas«, mit der die Vision einer mitteldeutschen Seenplatte verwirklicht wurde. Beide Städte brachten bedeutende Barockmusiker hervor: **Georg Friedrich Händel** war ein Sohn Halles und laut Beethoven »der größte Komponist aller Zeiten«, **Johann Sebastian Bach** wirkte als Thomaskantor und Musikdirektor in Leipzig. Alljährlich im Juni finden ihnen zu Ehren bedeutende Veranstaltungen statt: in Halle die Händel-Festspiele und in Leipzig das Bach-Fest. Auch der Einfluss der Reformation prägte die Region und ihre Menschen. Geschichte gemacht hat man zuletzt im Oktober 1989, als Leipzig zur **»Stadt der friedlichen Revolution«** wurde und als auch in Halle gewaltfreie Proteste zum Sturz des DDR-Regimes beitrugen.

NACH DER WENDE

Ab 1990 veränderte sich die Region tiefgreifend. Die klassische Industriestruktur, vor dem Zweiten Weltkrieg und in der Nachkriegszeit hauptsächlich von Chemie, Schwermaschinenbau und Braunkohlentagebau geprägt, ist einer Orientierung auf zukunftsträchtige Bereiche gewichen. Ein Hallenser Beispiel ist der »weinberg campus«, der als zweitgrößter **Technologiepark** in Ostdeutschland ein Netzwerk im Hochtechnologiebereich von der Forschung bis zur Produktion knüpft. Pendant dazu in Leipzig ist die **»Bio-City«**, in der sich v. a. mittelständische Unternehmen zusammengefunden haben. Diese Umstrukturierung führte vorübergehend zu einem starken Anstieg der Arbeitslosenrate, die in jüngerer Zeit durch die Ansiedlung neuer Industrie- und Dienstleistungsbetriebe aber wieder sank.
Sowohl in Halle als auch in Leipzig hat sich das Stadtbild in den letzten beiden Jahrzehnten wesentlich verändert – Historisches erstrahlt in neuem Glanz, Modernes ergänzt über Jahrhunderte Gewachsenes. Die Wohn- und Lebensverhältnisse haben sich wesentlich verbessert: So manche zu DDR-Zeiten errichtete Satellitenstadt wie Halle-Neustadt oder Leipzig-Grünau hat durch Sanierungsmaßnahmen sehr an **Lebens- und Wohnqualität** gewonnen, an vielen Stellen sind moderne Einkaufs- und Dienstleistungszentren entstanden.

Salz war einst Halles Wirtschaftsgrundlage.

ZUKUNFTSMUSIK?

Die demografische Entwicklung im Raum Halle – Leipzig mit der zunehmenden Überalterung der Bevölkerung und die Abwanderung der jüngeren qualifizierten Einwohner in wirtschaftlich stärkere Regionen führten zu Überlegungen hinsichtlich einer Vereinigung der beiden Großstädte. Schon im 19. Jahrhundert wollte man Leipzig mit Halle (und der Welt) durch einen schiffbaren Kanal zur Saale verbinden und trieb den Bau der Leipziger Westvorstadt voran. Als richtungsweisendes Zeichen wird die **S-Bahnlinie Leipzig–Halle** verstanden. Wie dem auch sei: Dank ihres reichen kulturhistorischen Erbes sind beide Städte lohnende Reiseziele.

Fakten

Bevölkerung · Politik · Wirtschaft

Die erfolgreiche Modernisierung der Wirtschaft, Infrastrukturprojekte wie der City-Tunnel in Leipzig und die Verwandlung des vom Braunkohlenabbau teils verwüsteten Geländes in Badeseelandschaften mit hohem Erholungswert prägen heute den Ballungsraum Leipzig – Halle.

BALLUNGSRAUM LEIPZIG – HALLE

Die beiden nur knapp 30 km voneinander entfernten Großstädte Leipzig und Halle bilden den zweitgrößten Ballungsraum Ostdeutschlands, nicht nur hinsichtlich der Bevölkerungszahl, sondern auch hinsichtlich ihrer Wirtschaftskraft. In Leipzig leben heute etwa 521 000 Menschen, in Halle an der Saale rund 232 700. Im gesamten Ballungsraum, dem Kernbereich der seit alters her relativ dicht besiedelten Leipziger Tieflandsbucht, wohnen rund 1 Mio. Menschen. Fasst man diesen Raum hinsichtlich seiner engen wirtschaftlichen und verkehrstechnischen Verflechtungen etwas weiter, so kommt man auf einen ca. 6000 km² umfassenden Verdichtungsraum mit 2 Mio. Einwohnern, zu DDR-Zeiten als Industrieregion Halle – Leipzig bezeichnet. Dieser reicht von der Saale im Westen bis zum Muldental östlich von Leipzig sowie von der Dübener Heide im Norden bis ins Mittelsächsische Hügelland und ins Vorland des Erzgebirges. Der Ballungsraum Leipzig – Halle, der den südöstlichen Zipfel des Bundeslands Sachsen-Anhalt und den nordwestlichen Teil des Freistaats Sachsen einnimmt, ist Teil der polyzentrischen Europäischen **Metropolregion Mitteldeutschland**, die auch die Ballungsräume Dresden, Jena, Magdeburg, Gera, Dessau-Großlau und Chemnitz – Zwickau einschließt und in der etwa 6,9 Mio. Menschen leben.

Zweitgrößte Bevölkerungskonzentration Ostdeutschlands

Die Lage in einem recht **fruchtbaren Schwarzerdegebiet**, das schon früh eine ertragsstarke Landwirtschaft begünstigte, und reiche **Braunkohlenvorkommen**, die den raschen Aufbau einer florierenden chemischen Industrie ermöglichten und wichtigster Energieträger waren, sorgten in beiden Städten für ein rasches Anschwellen der Bevölkerungszahlen. In **Leipzig** zählte man schon 1792 knapp 30 000 Einwohner. Zwischen den beiden Weltkriegen stieg die Einwohner-

Bevölkerungsentwicklung

Ein bekanntes Leipzig-Motiv: die Goethe-Statue am Naschmarkt

zahl auf 719 000, sank aber kriegsbedingt 1945 auf 584 000. Nach der Wende ging es erneut bergab auf 493 000 im Jahr 2000. Seither nimmt die Bevölkerungszahl wieder zu und liegt gegenwärtig bei 521 000. Nicht ganz so rasant wie in Leipzig verlief die Bevölkerungsentwicklung in **Halle** an der Saale. Hier zählte man erst 1841 etwa 28 000 Einwohner. In den 1890er-Jahren wurde Halle Großstadt mit mehr als 100 000 Einwohnern. In den 1960er-Jahren wurde westlich der Kernstadt die eigenständige Wohnsiedlung Halle-Neustadt aufgebaut und 1990 mit der alten Stadt an der Saale vereinigt, wodurch Halles Bevölkerungszahl mit knapp 317 000 ihren historischen Höchststand erreichte. Danach verlor die Großstadt an der Saale rund 80 000 Einwohner. Mittlerweile ist die Abwanderung etwas abgeebbt. Halle ist mit heute 232 700 Einwohnern die **größte Stadt in Sachsen-Anhalt**.

> **?** BAEDEKER WISSEN
>
> *Hallenser, Halloren und Hallunken*
>
> Halloren waren die Salzarbeiter, die ursprünglich auf der »Halle«, lebten. Als Hallenser wurden die Händler und Bürger bezeichnet, die um den heutigen Marktplatz, lebten und mit Salz handelten. Hallunken mussten sich die Bewohner der heruntergekommenen Vorstadt Glaucha nennen lassen. Heutzutage werden die in Halle geborenen Menschen als Hallenser bezeichnet, während die Zugezogenen scherzhaft Hallunken genannt werden.

Etwa **ein Drittel der Bevölkerung** bekennt sich zu einer Konfession, die meisten davon zur evangelisch-lutherischen, einige zur römisch-katholischen Kirche. Ferner gibt es in beiden Städten wieder jüdische Gemeinden mit jeweils mehreren Hundert Mitgliedern und weitere kleinere Religionsgemeinschaften.

Menschen mit nichtdeutschem Pass — Im Vergleich zu den westdeutschen Großstädten leben hier **relativ wenige Menschen mit einem nichtdeutschen Pass**. In Leipzig beträgt ihr Anteil etwa 5 Prozent, in Halle gut 4 Prozent. Die größten Gruppen bilden Vietnamesen, Ukrainer, Russen, Polen und Ungarn.

ZWEI OBERZENTREN

Leipzig — Die kreisfreie Großstadt Leipzig ist eines der sechs Oberzentren im Freistaat Sachsen. An der Spitze der Stadt steht seit 2006 Oberbürgermeister **Burkhard Jung** (SPD). Die stärksten Fraktionen des im Mai 2014 auf fünf Jahre gewählten Stadtrats stellen CDU und Die Linke, die SPD und Bündnis 90/Die Grünen.

Halle — Die ebenfalls kreisfreie Großstadt Halle ist eines der drei Oberzentren im Bundesland Sachsen-Anhalt. Oberbürgermeister ist seit 2012 der parteilose **Dr. Bernd Wiegand**. Die größten Fraktionen im Stadtrat stellen die CDU, Die Linke und die SPD.

WIRTSCHAFTLICHER KERNRAUM

Der Ballungsraum Leipzig – Halle ist zugleich auch der Kernraum der **Leipziger Tieflandsbucht**. Sie erstreckt sich vom Südosten des Bundeslands Sachsen-Anhalt bis in den Freistaat Sachsen und bildet den am weitesten nach Süden ragenden Ausläufer des eiszeitlich geprägten Norddeutschen Tieflands. Im Süden und Südosten wird sie vom Mittelsächsischen Hügelland begrenzt, im Westen und Südwesten geht sie in die Saale-Unstrut-Region über. Humusreiche und kalkhaltige **Schwarzerde** bzw. Lössböden ermöglichen bis heute einen ertragreichen **Anbau von Getreide und Zuckerrüben**.

Altes Kulturland

Noch bis weit ins 19. Jh. hinein gab es rund um Leipzig und Halle großflächige Auwälder entlang der Flüsse Saale, Weiße Elster, Pleiße und Mulde. Mit der fortschreitenden Urbanisierung und Industrialisierung wurden jedoch zwischen Saaletal und Dübener Heide große Flächen abgeholzt und durch Drainagen bzw. Kanäle trockengelegt. Nun konnte man **neue Siedlungen** und Industrieanlagen sowie die zugehörige Verkehrsinfrastruktur anlegen und die reichen Braunkohlenvorkommen der Gegend erschließen.

Urbanisierung und Industrialisierung

Bereits Ende des 14. Jh.s hat man wenige Kilometer westlich von Halle Braunkohle abgebaut. Stark forciert wurde der Braunkohlenbergbau im Mitteldeutschen Revier um Halle und Leipzig aber erst nach dem Ersten Weltkrieg, seit Braunkohle nicht mehr nur als Heizmaterial diente, sondern auch als Basis für Treibstoffe und diverse Grundstoffe wie Teer, Pech und Schwefel für die im Aufbau befindliche chemische Industrie. Im Dritten Reich erlebte die auf Kohle basierende chemische Industrie eine erste Blüte mit den südlich von Halle gelegenen, seinerzeit hochmodernen Standorten Leuna und Buna-Schkopau. Zu DDR-Zeiten wurde der Braunkohlentagebau weiter vorangetrieben. Der Universalrohstoff fand Verwendung als Energieträger und als Kohlenstofflieferant in der **Metallurgie** und **chemischen Industrie**, u. a. zur Reifen- und Kunststoffproduktion.

Braunkohlentagebau und Folgeindustrien

Die Stadt Halle entwickelte sich zur ostdeutschen Chemie-Metropole. Allerdings brachte das Verbrennen von Braunkohle in Kraftwerken und im Hausbrand und das Verschwelen in der chemischen Industrie erhebliche **Umweltbelastungen**. Kohleverschwelungswerke wie in Espenhain südlich von Leipzig stießen gewaltige gesundheitsschädliche Mengen an Asche, Ruß, Phenolen und Schwefelwasserstoff aus.

Nach der Wende investierte der US-Konzern Dow Chemical mehrere Milliarden Dollar in Schkopau, Leuna, Böhlen und Teutschenthal, um dort weiterhin Kunststoffe (u. a. den Glasersatz PET) zu produzieren. Gleichzeitig kam es zu einem abrupten Strukturbruch in der auf Braunkohle basierenden Wirtschaft. Als Heizstoff wurde die

Leipzig und Halle auf einen Blick

Lage:
Leipziger Tieflandsbucht
(Teil des Norddeutschen Tieflands)

Fläche:
Leipzig: 297 km²
Halle: 135 km²
Ballungsraum
Leipzig–Halle: ca. 6000 km²

Einwohner:
Leipzig: 521000 Mio.
Halle: 232700 Mio.
Ballungsraum
Leipzig–Halle: 1 Mio.

Bevölkerungsdichte:
Leipzig: 1750 Einwohner/km²
Halle: 1724 Einwohner/km²

11° 50' – 12° 30' östlicher Länge

Berlin
150 km

Großraum Leipzig–Halle

51° 40' – 51° 10' nördlicher Breite

©BAEDEKER

▶ Tourismus
Übernachtungen/Jahr
(in Millionen, 2012):
Leipzig: 2,5
Halle: 0,4

▶ Verkehr
Leipzig Hauptbahnhof (ICE, EC, IC, RE, RB, S-Bahn)
150 000 Reisende pro Tag

Leipziger Verkehrsbetriebe
13 Straßenbahnlinien, 61 Buslinien
134 Mio. Fahrgäste p. a.

Halle Hauptbahnhof (IC, RE, RB, S-Bahn)
S-Bahn Halle–Leipzig: 2 Linien, 24 Stationen

Hallesche Verkehrs-AG
15 Straßenbahnlinien, 22 Buslinien
53 Mio. Fahrgäste p. a.

Hafen Halle (Saale-Hafen Trotha)
zugänglich für Europaschiffe

Flughafen Leipzig/Halle
2,3 Mio. Passagiere (2013)
Luftfracht: 442 000 t

▶ Höhenprofil
Leipzig: 91–155 m ü. d. M.
Halle: 71–136 m ü. d. M.

Wirtschaft

Bruttoinlandsprodukt pro Erwerbstätigem (2013): **ca. 41 000 €**

Beschäftigte: ca. 485 000

Beschäftigtenstruktur:

- **Land- und Forstwirtschaft**
- **Baugewerbe** 1,2
- **Produzierendes Gewerbe** 7,7
- 13
- **%** 54
- 24
- **Gastgewerbe, Handel, Verkehr**
- **Finanzen, Dienstleistungen**

Arbeitslosenquote (Ende 2013)
- **Leipzig** 11,5%
- **Halle** 12,5%

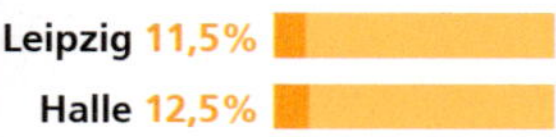

▶ Klimastation Leipzig

Durchschnittstemperaturen

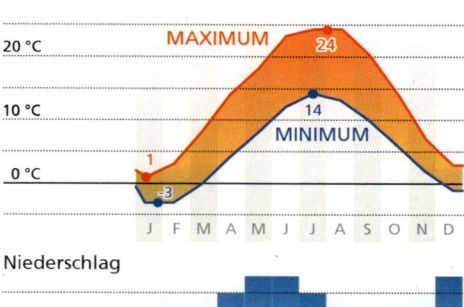

MAXIMUM 24
MINIMUM 14
1
-3

J F M A M J J A S O N D

Niederschlag

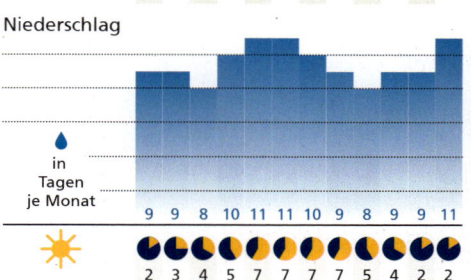

in Tagen je Monat: 9 9 8 10 11 11 10 9 8 9 9 11

in Sonnenstunden je Tag: 2 3 4 5 7 7 7 5 4 2 2

J F M A M J J A S O N D

Leipzig und Halle – einzigartig

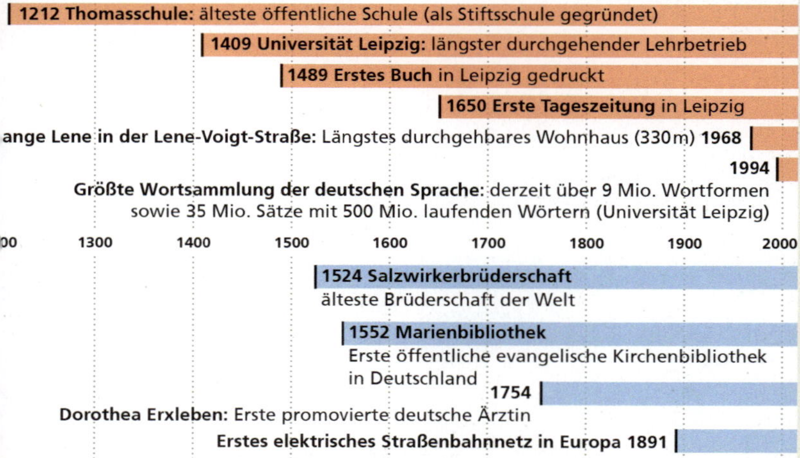

■ Leipzig ■ Halle

| 1212 Thomasschule: älteste öffentliche Schule (als Stiftsschule gegründet)
| 1409 Universität Leipzig: längster durchgehender Lehrbetrieb
| 1489 Erstes Buch in Leipzig gedruckt
| 1650 Erste Tageszeitung in Leipzig
Lange Lene in der Lene-Voigt-Straße: Längstes durchgehbares Wohnhaus (330m) 1968 |
1994 |
Größte Wortsammlung der deutschen Sprache: derzeit über 9 Mio. Wortformen sowie 35 Mio. Sätze mit 500 Mio. laufenden Wörtern (Universität Leipzig)

1300 1400 1500 1600 1700 1800 1900 2000

| 1524 Salzwirkerbrüderschaft
älteste Brüderschaft der Welt
| 1552 Marienbibliothek
Erste öffentliche evangelische Kirchenbibliothek in Deutschland
1754 |
Dorothea Erxleben: Erste promovierte deutsche Ärztin
Erstes elektrisches Straßenbahnnetz in Europa 1891 |

HINTERGRUND • **Alltagsbegegnungen**

Willkommen im Alltag

Leipzig und Halle einmal abseits der üblichen Touristenpfade erleben und »ganz normale« Leute treffen – dazu hier einige Tipps von einer ausgewiesenen Kennerin dieser Städte.

HIGHTECH FÜR LEIPZIG

Seit 2005 rollen täglich mehr als 700 Fahrzeuge der 1er, 2er und X1-Reihe vom Band des BMW-Werks Leipzig, einem der modernsten Europas. Seit 2013 wird hier auch das Elektroauto i3 gebaut. Ein Blick hinter die Kulissen der Produktion zeigt, welche Bedeutung das Werk mit seinen 800 Arbeitsplätzen für die Region Leipzig-Halle besitzt.
BMW-Werk Leipzig, BMW-Allee 1, 04349 Leipzig, Tel. 0341 4 45-0, www.bmw-werk-leipzig.de, Werksführungen Mo. – Fr. 8.00 – 18.00 Uhr, Online- oder telefonische Anmeldung und Terminvereinbarung, Eintritt 6 €.

WOHNEN, UMGEBEN VON KUNST

Wo der Puls der Neuen Leipziger Schule schlug und schlägt, wo sich neue Trends entwickeln und alte verabschieden, wo auch Neo Rauch nach wie vor sein Atelier unterhält, nämlich in der Baumwollspinnerei, bieten die beiden Meisterzimmer Kunstbegeisterten Unterkunft in spartanisch möblierten Lofts, in denen man noch das Schmieröl der früher darin ratternden Maschinen zu riechen vermeint (▶Abb. unten). Näher am Zentrum des Kunstgeschehens geht praktisch nicht.
Meisterzimmer €€€, Spinnereistr. 7, 04179 Leipzig, Tel. 0178 3 74 44 65, www.meisterzimmer.de

GEBALLTE KREATIVITÄT AUF DER BURG

Jedes Jahr an einem Juliwochenende stellen die Studierenden der Hochschule für Kunst und Design auf Burg Giebichenstein die Arbeiten der vergangenen zwei Semester vor. Die Hochschule ist dann für Besucher offen, die Atmosphäre vibriert vor Kreativität, Stolz auf das Geschaffene und Kommunikation. Von der Modeschau bis zur Designausstellung, von Kunstführungen bis zur Diskussion über Installationen können Sie hier erleben, wie dynamisch und offen man auf Giebichenstein arbeitet. Zum krönenden Abschluss gibt's ein rauschendes Sommerfest.

Burg Giebichenstein Kunsthochschule Halle, Neuwerk 7, 06108 Halle (Saale), Tel. 0345 77 51-5 11, www.burg-halle.de

BEGEGNUNG IN DER NICOLAIKIRCHE

Die klassizistische, ganz in Weiß, Apfelgrün und Rosé gehaltene Kirche, von deren Friedensgebeten die wesentlichen Impulse für die Wende ausgingen, ist nach wie vor ein besonders engagiertes und offenes Gotteshaus. So unterhält es in einer Seitenkapelle das Café der Begegnung, in der Besucher und Gemeindemitglieder bei Café oder Saft in lockerer Atmosphäre zusammenkommen, Kontakte knüpfen und Ansichten diskutieren können. Man kann einfach vorbeischauen und sich dazusetzen.

Nikolaitreff/Café der Begegnung, Mo., Mi. 12.00 – 17.00, Di., Do. 12.00 – 18.00, Fr. 11.30 – 18.00 Uhr, Di. 15.00 Uhr Andacht und Möglichkeit zum Gespräch mit einem Seelsorger.

SACHSENHUMOR

Es ist ein besonderer, von der sächsischen Sprache gezeichneter und von der in der DDR erfahrenen Unterdrückung geprägter Humor, der die Kabarettszene auszeichnet. In Sachsens Kabarett-Hauptstadt Leipzig, aber auch im benachbarten Halle sollten Sie unbedingt einen Besuch bei einem der berühmten Kabaretts (▶S. 78) einplanen. Nicht nur wegen des Sprachwitzes, sondern auch, weil man dabei ganz schnell mit anderen Zuschauern ins Gespräch kommt.

Pfeffermühle (www.kabarett-leipziger-pfeffermuehle.de), Academixer (www.academixer.com), Funzel (www.leipziger-funzel.de), Centralkabarett (www.centralkabarett.de) und Sanftwut (www.kabarett-theater-sanftwut.de)

Braunkohle rasch durch Öl und Erdgas ersetzt, stattdessen setzt man sie verstärkt zur Stromgewinnung ein. Alte Kohlekraftwerke wurden durch effektiv und umweltgerecht arbeitende moderne Anlagen abgelöst. Heute lagern im Raum Halle – Leipzig noch rund **10 Milliarden Tonnen Braunkohle**, von denen derzeit jährlich etwa 20 Millionen Tonnen abgebaut werden.

Bereits zu DDR-Zeiten, verstärkt jedoch seit der Wende wurden zahlreiche Braunkohlentagebaue und -veredlungsbetriebe aus ökologischen und ökonomischen Gründen aufgelassen bzw. stillgelegt und **umfangreiche Rekultivierungsmaßnahmen** in die Wege geleitet. Wo vor wenigen Jahren noch tiefe Löcher gähnten und wenig schöne Abraumkippen das Bild prägten, liegen heute beliebte Badeseen wie der **Goitzschesee** bei Bitterfeld, der **Cospudener See** (»Costa Cospuda«) bzw. die Gewässer im **Leipziger Neuseenland** südlich der Stadt. Sie werden inzwischen von Wassersportlern und Erholungssuchenden aus nah und fern geschätzt.

Weitere Industriezweige

Neben der chemischen Industrie konnte sich im Raum Halle – Leipzig eine Reihe weiterer Industriezweige etablieren, beispielsweise die **Salzgewinnung** und der Salzhandel in Halle. Dieser Wirtschaftszweig erlosch jedoch mit dem Versiegen der Salzquellen 1964. Die Zuckerrüben- und Getreidefelder der Region waren und sind die Rohstoffbasis für **Zuckerfabriken**, die **Süßwaren-** und die **Nährmittelindustrie**. Bis heute werden die süßen Leckereien der bereits 1804 gegründeten Hallenser Schokoladenfabrik »Halloren«, einer der ers-

Die Leipziger Messe von oben: Das Doppel-M, einst Symbol für Mustermesse, steht heute für »Messen nach Maß«.

ten ihrer Art in Deutschland, geschätzt. Die ebenfalls in Halle hergestellten »Kathi-Backmischungen« sind bis heute ein Begriff. Auch der **Apparate-, der Maschinen- und der Fahrzeugbau** haben in der Region Tradition. In Ammendorf bei Halle wurde die erste Brikettpresse der Welt konstruiert und von 1903 bis 2005 Schienenfahrzeuge gebaut. Größter Industriebetrieb in Halle ist die Pumpen- und Armaturenfabrik KSB, die auch Entsalzungsanlagen herstellt. Ein Brennpunkt des Fahrzeugbaus ist heute Leipzig, wo neben Schienenfahrzeugen – besonders Straßenbahnen – auch Automobile der Marken Porsche (seit 2002) und BMW (seit 2005) gebaut werden. Die Leipziger Firmen Tenova TAKRAF und Kirow stellen Bergbau-Ausrüstungen und Mobilkräne her.

Leipzig ist als Handelsplatz entstanden und erhielt bereits 1165 das Stadtrecht und Marktprivilegien. 1497 verlieh Kaiser Maximilian I. das Messeprivileg. Seitdem entwickelte sich Leipzig zu einem Handels- und **Messeplatz** von europäischem Rang. 1895 fand hier die **erste Mustermesse der Welt** statt. Bis zum Ausbruch des Zweiten Weltkriegs war Leipzig die weltweit tonangebende Messestadt. Auch zu DDR-Zeiten konnte Leipzig seine führende Stellung als Messeplatz zumindest im Bereich der Ostblockstaaten halten. 1996 konnte ein **neues Messegelände** eröffnet werden, das Leipzig wieder zu einem bedeutenden europäischen Messeplatz werden ließ (▶Baedeker Wissen S. 30). Strom, Kohle, Gas und Kohlendioxid-Zertifikate werden an der **European Energy Exchange** in Leipzig gehandelt. Sie ist die größte Energiebörse Europas. Leipzig hat außerdem eine **lange Tradition als Stadt der Bücher**. Viele namhafte Verlage wurden hier gegründet, waren oder sind bis heute hier ansässig. Große Namen wie Baedeker (▶Baedeker Wissen S. 50), Brockhaus, Reclam, Klett etc. belegen dies.

Handelsmetropole Leipzig

Leipzig und Halle sind dank ihrer interessanten Geschichte, ihrer vielen Sehenswürdigkeiten und vielfältigen Freizeitangebote beliebte Städtereiseziele. 2012 zählte man in beiden Städten zusammen rund 2,9 Mio. Übernachtungsgäste (davon etwa 10 Prozent aus dem Ausland, v. a. aus den USA, Japan, Großbritannien und den Niederlanden) und mehrere Millionen Tagesbesucher. Die durch den Tourismus generierten Umsätze beliefen sich auf weit über 1 Mrd. Euro.

Tourismus

WISSENSCHAFT UND FORSCHUNG

Die Hochschulregion Halle – Leipzig wird geprägt von den Lehr- und Forschungsstätten der beiden geschichtsträchtigen Universitäten Leipzig und Halle-Wittenberg. Zahlreiche renommierte Forschungsinstitutionen sind hier angesiedelt. Die **Universität** wurde 1694 ge-

Universitäten und Forschungsinstitute

BAEDEKER WISSEN

Leipziger Messe

Alter Handelsplatz

Die Leipziger Messe ist auf der ganzen Welt bekannt, gilt sie doch als einer der ältesten Messeplätze. Zu ihren bedeutendsten Veranstaltungen gehören die jährlich im März stattfindende Leipziger Buchmesse und die Auto Mobil International.

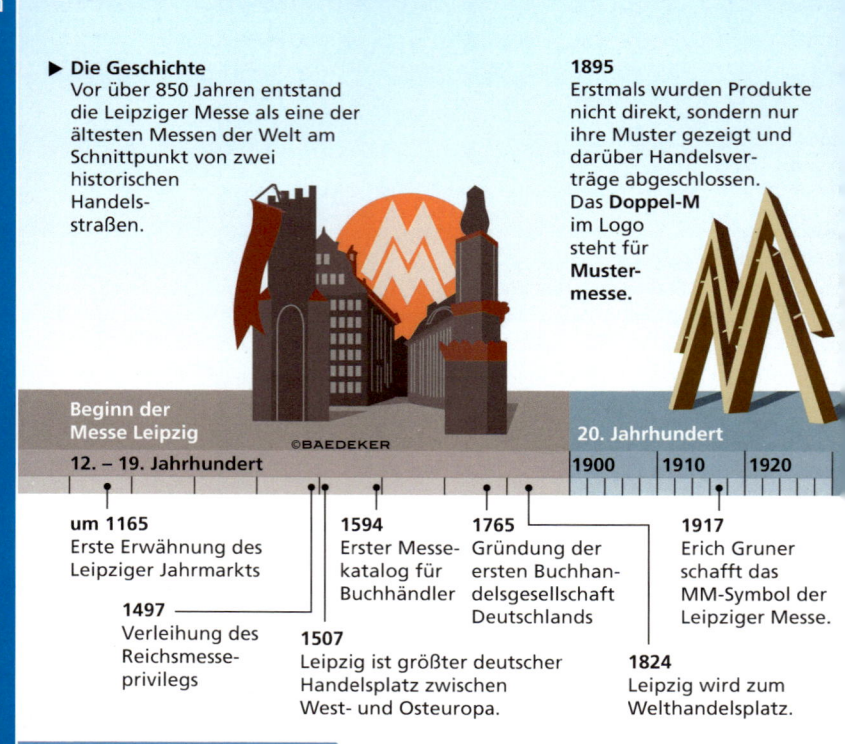

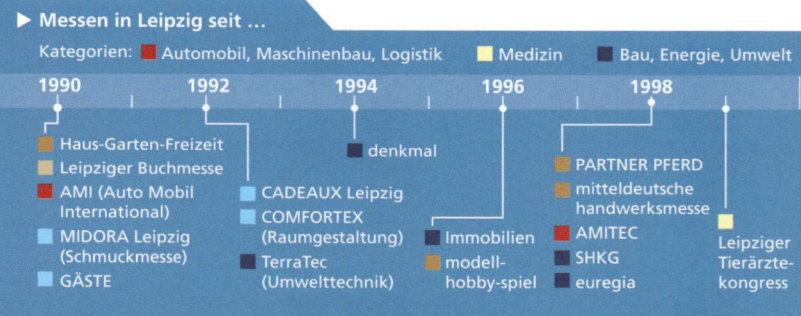

▶ **Die Geschichte**
Vor über 850 Jahren entstand die Leipziger Messe als eine der ältesten Messen der Welt am Schnittpunkt von zwei historischen Handelsstraßen.

1895
Erstmals wurden Produkte nicht direkt, sondern nur ihre Muster gezeigt und darüber Handelsverträge abgeschlossen. Das **Doppel-M** im Logo steht für **Mustermesse**.

©BAEDEKER

Beginn der Messe Leipzig
12. – 19. Jahrhundert

20. Jahrhundert
1900 | 1910 | 1920

um 1165
Erste Erwähnung des Leipziger Jahrmarkts

1497
Verleihung des Reichsmesseprivilegs

1594
Erster Messekatalog für Buchhändler

1507
Leipzig ist größter deutscher Handelsplatz zwischen West- und Osteuropa.

1765
Gründung der ersten Buchhandelsgesellschaft Deutschlands

1824
Leipzig wird zum Welthandelsplatz.

1917
Erich Gruner schafft das MM-Symbol der Leipziger Messe.

▶ **Messen in Leipzig seit ...**

Kategorien: ■ Automobil, Maschinenbau, Logistik   ■ Medizin   ■ Bau, Energie, Umwelt

1990 | 1992 | 1994 | 1996 | 1998

- Haus-Garten-Freizeit
- Leipziger Buchmesse
- AMI (Auto Mobil International)
- MIDORA Leipzig (Schmuckmesse)
- GÄSTE
- CADEAUX Leipzig
- COMFORTEX (Raumgestaltung)
- TerraTec (Umwelttechnik)
- denkmal
- Immobilien
- modell-hobby-spiel
- PARTNER PFERD
- mitteldeutsche handwerksmesse
- AMITEC
- SHKG
- euregia
- Leipziger Tierärztekongress

Messestädte im Vergleich, 2012

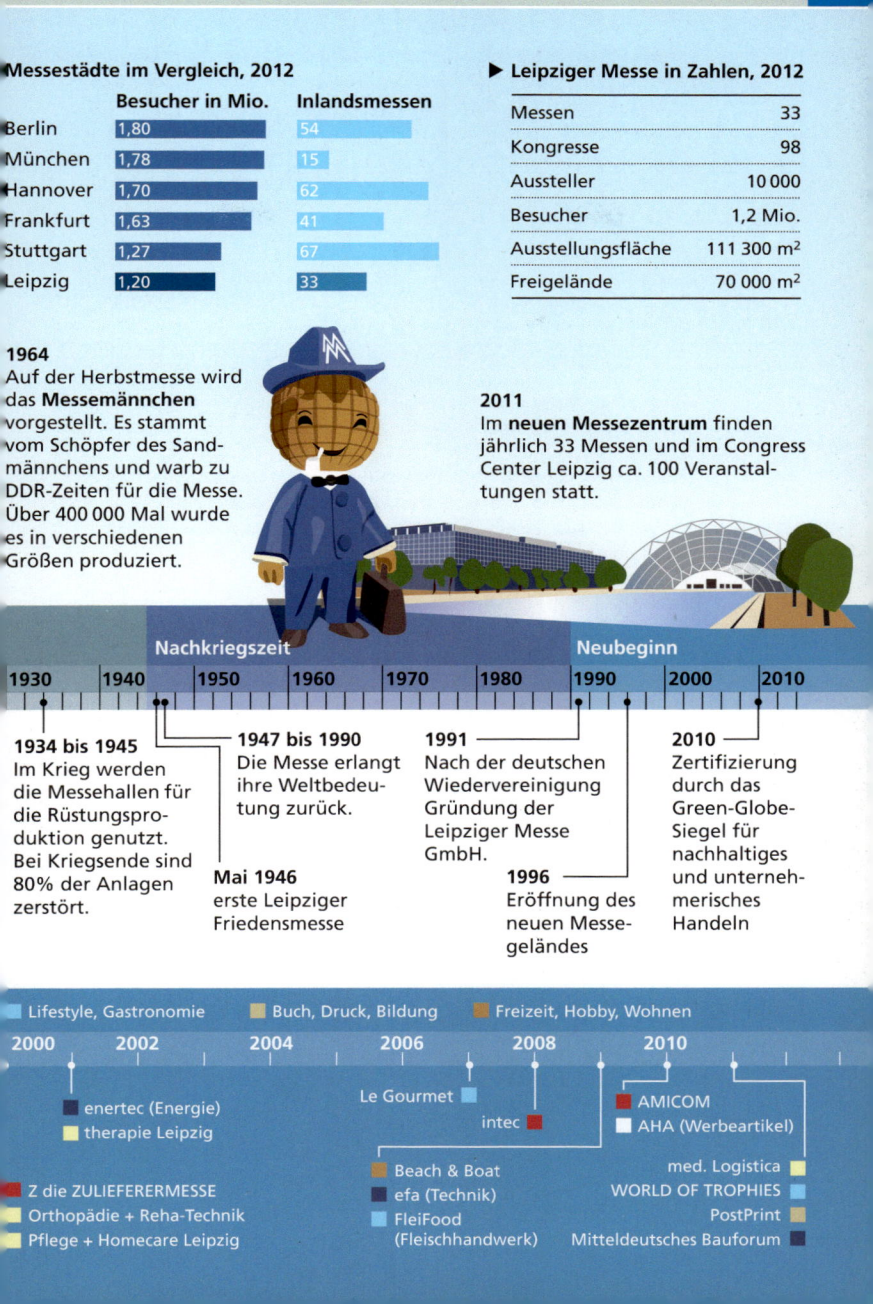

	Besucher in Mio.	Inlandsmessen
Berlin	1,80	54
München	1,78	15
Hannover	1,70	62
Frankfurt	1,63	41
Stuttgart	1,27	67
Leipzig	1,20	33

▶ Leipziger Messe in Zahlen, 2012

Messen	33
Kongresse	98
Aussteller	10 000
Besucher	1,2 Mio.
Ausstellungsfläche	111 300 m²
Freigelände	70 000 m²

1964
Auf der Herbstmesse wird das **Messemännchen** vorgestellt. Es stammt vom Schöpfer des Sandmännchens und warb zu DDR-Zeiten für die Messe. Über 400 000 Mal wurde es in verschiedenen Größen produziert.

2011
Im **neuen Messezentrum** finden jährlich 33 Messen und im Congress Center Leipzig ca. 100 Veranstaltungen statt.

Nachkriegszeit — Neubeginn

1930 — 1940 — 1950 — 1960 — 1970 — 1980 — 1990 — 2000 — 2010

1934 bis 1945
Im Krieg werden die Messehallen für die Rüstungsproduktion genutzt. Bei Kriegsende sind 80% der Anlagen zerstört.

1947 bis 1990
Die Messe erlangt ihre Weltbedeutung zurück.

Mai 1946
erste Leipziger Friedensmesse

1991
Nach der deutschen Wiedervereinigung Gründung der Leipziger Messe GmbH.

1996
Eröffnung des neuen Messegeländes

2010
Zertifizierung durch das Green-Globe-Siegel für nachhaltiges und unternehmerisches Handeln

---

■ Lifestyle, Gastronomie   ■ Buch, Druck, Bildung   ■ Freizeit, Hobby, Wohnen

2000 — 2002 — 2004 — 2006 — 2008 — 2010

- Le Gourmet
- intec
- AMICOM
- AHA (Werbeartikel)
- enertec (Energie)
- therapie Leipzig
- Z die ZULIEFERERMESSE
- Orthopädie + Reha-Technik
- Pflege + Homecare Leipzig
- Beach & Boat
- efa (Technik)
- FleiFood (Fleischhandwerk)
- med. Logistica
- WORLD OF TROPHIES
- PostPrint
- Mitteldeutsches Bauforum

gründet und entwickelte sich rasch zu einem **Zentrum der deutschen Aufklärung**. 1817 wurde sie mit der Universität Wittenberg vereinigt. Seit 1933 heißt sie Martin-Luther-Universität Halle-Wittenberg. International stark beachtete Forschungsschwerpunkte in Halle sind derzeit die Materialwissenschaften, die Biotechnologie und die Nanotechnologie. Der neue Wissenschafts- und Innovationspark in Halle mit »weinberg campus« genießt einen vorzüglichen Ruf. Halle ist Sitz der **Nationalen Akademie der Wissenschaften Leopoldina**, der ältesten ihrer Art in Deutschland, der auch etliche Nobelpreisträger angehören. Eine Besonderheit in Halle sind die 1695 gegründeten ▶Franckeschen Stiftungen mit diversen christlichen, sozialen, pädagogischen, kulturellen und wissenschaftlichen Einrichtungen, hinzu kommen ein Kunst- und Naturalienkabinett und eine barocke Kulissenbibliothek. Renommiert ist auch die **Hochschule für Kunst und Design Halle** auf Burg Giebichenstein.

Die 1409 gegründete Universität **Leipzig** ist die zweitälteste auf deutschem Boden. Hier haben u. a. Leibniz, Goethe, Lessing und Nietzsche studiert. Der Leipziger Universität mit ihren 14 Fakultäten sind u. a. das Herder-Institut sowie das einzigartige Deutsche Literaturinstitut angegliedert. Weitere renommierte Hochschulen sind die Hochschule für Grafik und Buchkunst, die Hochschule für Musik und Theater »Felix Mendelssohn Bartholdy«, die Hochschule für Technik, Wirtschaft und Kultur sowie die Handelshochschule. Einen hervorragenden Ruf genießen ferner das Leipziger Max-Planck-Institut für Kognitions- und Neurowissenschaften, das Fraunhofer Institut für Zelltherapie und Immunologie sowie das Helmholtz-Zentrum für Umweltforschung. Außerdem ist Leipzig Standort der **Deutschen Nationalbibliothek** (früher: Deutsche Bücherei) und seit 2010 auch des **Deutschen Musikarchivs.**

VERKEHRSDREHKREUZ HALLE – LEIPZIG

Straßenkreuz Seit alters her ist das Gebiet Halle – Leipzig Durchgangsraum. Im Mittelalter kreuzten sich hier wichtige Handelswege, heute treffen stark befahrene Autobahnen und Fernstraßen aufeinander. Bekanntestes Symbol ist das bereits 1936 eröffnete Schkeuditzer Autobahnkreuz zwischen Halle und Leipzig, **Europas erstes Autobahnkreuz**. Um beide Großstädte hat man in den letzten Jahren einen doppelten Autobahnring angelegt, der als sogenannte Mitteldeutsche Schleife die Verbindung zu benachbarten Ballungsräumen herstellt.

Eisenbahn- Mit dem leistungsfähigen **größten Kopfbahnhof Europas** ist Leip-
knoten zig einer der am stärksten frequentierten Bahnknoten Deutschlands sowohl im ICE- und Fernverkehr als auch im Regionalverkehr. Täglich werden hier rund 150 000 Reisende abgefertigt. Auch der kürz-

lich sanierte Hauptbahnhof von Halle ist gut ins deutsche Eisenbahnnetz eingebunden. Allerdings halten hier keine ICEs. Seit 2004 sind die S-Bahn-Netze der beiden Städte Leipzig und Halle miteinander verbunden. Ende 2013 wurde in Leipzig der neue City-Tunnel mit vier Haltestellen eröffnet, der die Verbindung zwischen dem im Norden Leipzigs gelegenen Hauptbahnhof und der Südstadt erheblich verbessert. Er sollte die Fahrzeit der Züge Richtung Süden verkürzen, bislang wird hier aber nur S-Bahn-Verkehr abgewickelt. Dafür haben sich die Baukosten im Lauf der Bauzeit auf knapp 1 Mrd. Euro praktisch verdoppelt.

Der genau auf halbem Wege zwischen den beiden Großstädten am Schkeuditzer Autobahnkreuz gelegene **Flughafen Leipzig/Halle** ist gut in das innerdeutsche Linienflugnetz eingebunden. Überragende Bedeutung als Luftdrehkreuz hat der Flughafen seit 2008 im Luftfrachtverkehr, seit hier die DHL International, ein Tochterunternehmen der Deutschen Post AG, ihren wichtigsten Hub in Europa zusammen mit Lufthansa Cargo in Betrieb genommen hat.

> **? BAEDEKER WISSEN** *Pioniere der Eisenbahn*
>
> Recht bekannt ist, dass die erste Dampfeisenbahn in Deutschland Ende 1835 von Nürnberg nach Fürth fuhr. Aber wussten Sie schon, dass die erste Fernbahnverbindung Deutschlands 1839 zwischen Leipzig und Dresden in Betrieb ging?

Geschichte

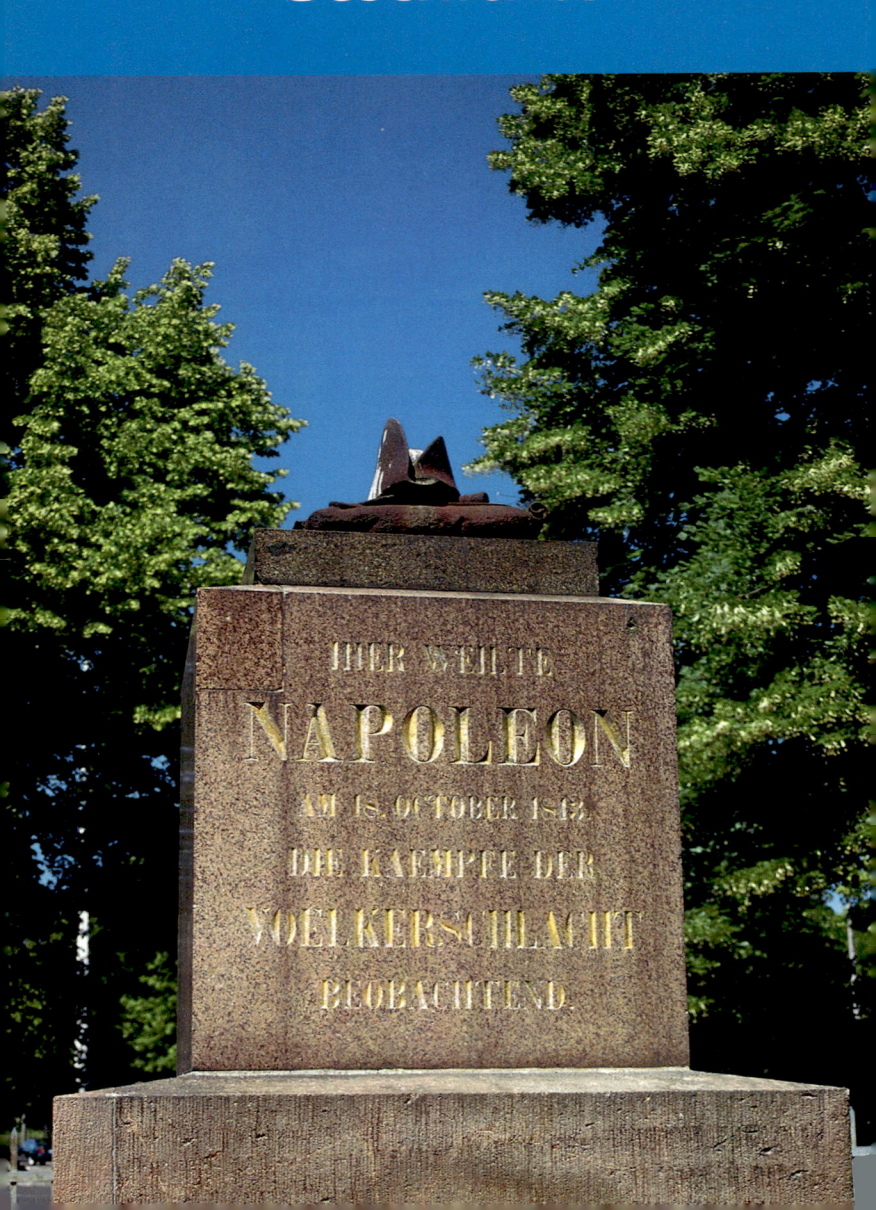

HIER WEILTE
NAPOLEON
AM 18. OCTOBER 1813
DIE KAEMPFE DER
VOELKERSCHLACHT
BEOBACHTEND.

Geschichte der Stadt Leipzig

Leipziger Disputation, Dreißigjähriger Krieg, Mustermesse und friedliche Revolution – Leipzig und seine Umgebung sind bis in die jüngste Vergangenheit hinein bedeutende Schauplätze deutscher Geschichte.

DIE ANFÄNGE BIS ZUM 15. JAHRHUNDERT

1015	Erste Erwähnung der »urbs Libzi«
um 1165	Verleihung von Stadtrecht und Marktprivileg
1212	Gründung des Augustiner-Chorherrenstifts St. Thomas
1409	Gründung der Universität Leipzig

Grabungen belegen eine Besiedlung des heutigen Leipziger Stadtkerns bereits in der Jungsteinzeit. Ab dem 7. Jh. rücken im Verlauf der Völkerwanderung slawische Bauern auf das von germanischen Stämmen bewohnte Gebiet vor. Um 800 existiert an der Pleiße die Siedlung **Lipzk** (Lipa – dt. Linde), deren Bewohner von Fischfang und Landwirtschaft leben. Als das Heilige Römische Reich unter Sachsenkönig Heinrich I. nach Osten expandiert, wird zum Schutz der Furten durch Parthe, Pleiße und Elster die »urbs Libzi« errichtet.

Erste Siedlungsspuren

Im Jahr 1015 nennt Bischof Thietmar von Merseburg eine **»urbs Libzi«** in seiner Chronik. 1165 erhält Leipzig das Stadtrecht und das erste Marktprivileg durch Markgraf Otto den Reichen von Meißen.

Stadtrecht

Günstig für die Entwicklung Leipzigs ist die Lage **an der Kreuzung von zwei Handels- und Heerstraßen**: in West-Ost-Richtung verläuft die via regia von Frankfurt a. M. über Merseburg nach Leipzig und weiter nach Osten über Grimma und Görlitz bis nach Breslau, von wo aus Verbindungen bis ins Moskowiterreich bestehen. Von Italien über Nürnberg führt die Reichsstraße via imperii durch die heutige Innenstadt und weiter über Halle und Magdeburg bis zur Nordsee. 1212 stiftet Markgraf Dietrich der Bedrängte das Augustiner-Chorherrenstift **St. Thomas**, womit die Geschichte der Thomaskirche und des Thomanerchors ihren Anfang nimmt. Mit der Herausbildung eines städtischen Bürgertums aus Handwerkern und Kaufleuten gehen Bestrebungen einher, den jeweiligen Landesherren mehr Unabhängigkeit abzutrotzen. Ständig kommt es zu Auseinan-

Universitätsstadt

Seit 1857 markiert der Napoleonstein den Ort, wo der Kaiser der Franzosen 1813 bei der Völkerschlacht seinen Befehlsstand hatte.

dersetzungen, sodass der Markgraf 1217 drei Zwingburgen errichten lässt und der Stadt bereits zugesagte Privilegien verweigert. Nach Dietrichs Tod 1221 werden zwei der Burgen wieder abgerissen. Lediglich der Vorgängerbau der **Pleißenburg** (▶Neues Rathaus) bleibt erhalten. An der Abrissstelle am Grimmaischen Tor (▶Augustusplatz) bauen Dominikanermönche ihr Kloster und die Paulinerkirche. Anstelle der Burg am Ranstädter Tor entsteht ebenfalls eine Klosteranlage.

Dietrich von Landsberg, der ab 1262 herrscht, sorgt für das weitere Gedeihen des Handels, indem er Schutzbriefe für Kaufleute auch aus feindlichen Ländern ausstellt. 1273 verkauft er das **Münzrecht** an die Stadt Leipzig, deren Münzstätte bis in das 18. Jh. hinein existiert. Ein erster Bürgermeister wird 1292 als »consulum magister« erwähnt. Ab 1301 übernimmt er zusammen mit einem 12- bis 15-köpfigen Rat die Stadtregierung. Mit der **Gründung der Universität** 1409 durch Professoren und Studenten, die die Prager Karls-Universität aus Protest gegen den tschechischen Nationalismus verlassen haben, beginnt für Leipzig eine neue geistige Ära als Universitätsstadt. Unterstützt wird die neue Alma mater von Markgraf Friedrich IV., Papst Alexander V. steuert die Genehmigung bei. Durch die 1485 unterzeichnete Leipziger Teilung fällt die Stadt zusammen mit den östlichen Wettiner Besitzungen der albertinischen Linie zu.

FRÜHE NEUZEIT

1497	Kaiserliches Messeprivileg
1519	Disputation auf der Pleißenburg
1539	Einführung der Reformation in Leipzig
1618 – 1648	Dreißigjähriger Krieg: 1632 fällt der schwedische König Gustav II. Adolf in der Schlacht bei Lützen.
1650	In Leipzig erscheint die erste Tageszeitung der Welt.
1694 – 1733	Herrschaft Augusts des Starken

Messestadt Ein Meilenstein auf dem Weg Leipzigs zum führenden Handelsplatz bildet das 1497 von **Maximilian I.** ausgehändigte **Messeprivileg**. Das Dokument erhebt die dreimal jährlich in Leipzig abgehaltenen Märkte zu Reichsmessen und legt fest, dass in keinem der fünf Leipzig umgebenden Bistümer ein weiterer Markt stattfinden darf. Zehn Jahre später wird das Privileg um die sog. Stapelgerechtigkeit erweitert, die besagt, dass Kaufleute im Umkreis von 15 Meilen (rd. 115 km) ihre Waren nach Leipzig zu bringen und feilzubieten haben. Damit erreicht die Handelsstadt eine privilegierte Vorrangstellung u. a. gegenüber Halle, Naumburg und Erfurt. Um ganz sicher zu gehen, lassen sich die Leipziger dieses Privileg durch Papst Leo X. 1514 nochmals bestätigen.

Leipziger Disputation zwischen dem katholischen Theologen Johannes Eck und Martin Luther auf der Pleißenburg

Der Leipziger Dominikanerpater **Johannes Tetzel** ist von Papst Leo X. als Generalsubkommissar für den Ablasshandel im gesamten mitteldeutschen Raum eingesetzt worden. Nach dem Thesenanschlag Martin Luthers (►Berühmte Persönlichkeiten) 1517 in Wittenberg wagt es Tetzel kaum noch, das Paulinerkloster zu verlassen, da die Leipziger Kaufmannschaft für die neue Lehre Sympathien hegt. Der Landesherr Herzog Georg der Bärtige, ein überzeugter Katholik, befürwortet den Ablasshandel nicht und will mehr über die Reformatoren erfahren. Deshalb lädt er den Theologen **Johannes Eck**, einen treuen Anhänger des Papstes, und **Martin Luther** sowie weitere Vertreter der reformatorischen Bewegung nach Leipzig zu einem theologischen Streitgespräch, bleibt aber bis zu seinem Tod ein Gegner der Reformation. Erst durch Georgs Bruder Heinrich den Frommen wird in Leipzig zu Pfingsten 1539 die **Reformation** mit einer Predigt Martin Luthers in der Thomaskirche eingeführt.

Reformation in Leipzig und Sachsen

Als Kaiser Karl V. zum Krieg gegen den Schmalkaldischen Bund, einem Bündnis evangelischer Fürsten und Städte, rüstet, verbündet sich der evangelische Landesherr Herzog Moritz mit den katholischen Kaiserlichen gegen Kurfürst Johann Friedrich von Sachsen. Leipzig ist als **reichste Stadt des Herzogtums** Angriffsziel der kurfürstlichen Truppen, weswegen 1546 die Verteidigungsanlagen in aller Eile ausgebaut werden. Trotz Belagerung und schwerer Schäden durch Geschosse hält die Stadt stand.

Schmalkaldischer und Dreißigjähriger Krieg

HINTERGRUND • Geschichte der Stadt Leipzig

Ab 1553 regiert Kurfürst August. In Leipzig setzt eine rege Bautätigkeit ein, u. a. wird das Alte Rathaus erbaut. Im Dreißigjährigen Krieg (1618 – 1648) wird Leipzig 1631 nach Belagerungen und ersten Zerstörungen kampflos dem Heer des **Feldherrn Tilly** von der Katholischen Liga übergeben, um dem Schicksal von Magdeburg, das niedergebrannt worden ist, zu entgehen. Im gleichen Jahr erleidet Tilly in der **Schlacht bei Breitenfeld** eine erste Niederlage, die eine Wende im Krieg darstellte. Nach erneuter Belagerung durch kaiserliche Truppen 1632 bei Lützen (▶Ausflugsziele S. 158) erringen die Schweden unter **König Gustav II. Adolf**, der in diesem Kampf fällt, den nächsten Sieg. Dennoch bleibt Leipzig vorerst besetzt. Obwohl Krieg und Besatzungen Leipzig über 1 Mio. Taler gekostet haben, kann die Stadt nach dem Abzug der Besatzungstruppen bald mit dem Wiederaufbau beginnen.

Mit der 1650 erschienenen ersten Tageszeitung der Welt »**Einkommende Nachrichten**« trifft der Drucker Timotheus Ritzsch den Nerv der Zeit. Einen herben Rückschlag erlitt Leipzig durch eine schwere Pestepidemie, die 1680 rund 2300 Opfer forderte – etwa jeden achten Stadtbewohner.

Herrschaft Augusts des Starken

Im Sommer 1694 beginnt eine neue Epoche, das sogenannte **Augusteische Zeitalter**, für Sachsen der Höhepunkt der feudalen Herrschaftszeit. Kurfürst August der Starke (1670 – 1733; offiziell Friedrich August I.) versucht, Sachsen wieder auf die politische Bühne Europas zurückzubringen. 1697 wird er als August II. zum König von Polen gekrönt. Leipzig gewinnt als der Ort, an dem mit exotischen Waren aus aller Welt gehandelt wird, weiter an Bedeutung. Zu den Messen wird daher in Leipzig auch häufig Hof gehalten.

Bereits 1501 ist die erste Wasserleitung und 1660 ein »Rathsmarktkehrer« zur Straßenreinigung eingeführt worden – und der Fortschritt hält unter Bürgermeister Romanus (▶Romanushaus) weiter Einzug: u. a. 1701 mit der ersten Stadtbeleuchtung und städtischen Sänftenträgern, einem Vorläufer des Nahverkehrs. Der Kurfürst bestätigt der Stadt alle Rechte, darunter die freie Ratswahl, die eigene Rechnungsführung, das Münz- und das Braurecht.

Ende und Anfang glanzvoller Zeiten

Mit dem Tod Augusts des Starken 1733 endet eine der kulturell und wirtschaftlich bedeutendsten Perioden des Kurfürstentums Sachsen. Während des Siebenjährigen Kriegs (1756 – 1763) wird Leipzig von Preußen besetzt. Nach dem Friedensschluss kommt Friedrich Christian auf den kursächsischen Thron und stößt in den wenigen Wochen seiner Regentschaft **umfassende Reformen zur wirtschaftlichen Wiederbelebung** des Landes und der Handelsstadt Leipzig an. Da sich die Befestigungsanlagen inzwischen als sinnlos erwiesen haben, werden sie an die Stadt übergeben, die bald mit der Gestaltung des heutigen ▶Promenadenrings beginnt.

18. UND 19. JAHRHUNDERT

1813	Völkerschlacht bei Leipzig
1831	Wahl der ersten Stadtverordnetenversammlung
1839	Eröffnung der ersten Ferneisenbahnstrecke
1894	Übergang von der Waren- zur Mustermesse

Mit dem 19. Jh. beginnt eine neue Ära kriegerischer Auseinandersetzungen, wobei Sachsen auch diesmal auf der Verliererseite, nämlich auf preußischer Seite steht, als die Truppen Napoleons in der Schlacht bei Jena und Auerstedt im Oktober 1806 einen triumphalen Sieg feiern. Mit dem Friedensvertrag zwischen Frankreich und Sachsen wird das Land im Dezember in den **Rang eines Königreichs** erhoben – Kurfürst Friedrich August III. regiert nun als König Friedrich August I. von Sachsen. Die »Franzosenzeit« bringt durch die Kontinentalsperre gegen England den hiesigen Kaufleuten manchen Vorteil.

Im Mai 1813 rücken erneut französische Truppen ein, bis Napoleon, der am 14. Oktober nach Leipzig kommt, zur Entscheidungsschlacht gezwungen wird. Die Völkerschlacht bei Leipzig ist die **größte und opferreichste Kampfhandlung** in Mitteleuropa im 19. Jh. (▶Baedeker Wissen S. 34): Unzählige Tote säumen die Straßen, eilig werden in öffentlichen Gebäuden und Kirchen Lazarette eingerichtet und noch bis in die Gegenwart stößt man bei Bauarbeiten auf Gräber von Gefallenen aus jener Zeit. In der Stadt liegen nach der Schlacht rund 30 000 Verwundete und Kranke, also fast genau so viele, wie Leipzig Einwohner hat. Die überlebenden 3000 sächsischen Soldaten laufen am 18. Oktober auf die Seite der Napoleon-Gegner über. Am folgenden Tag zieht sich der Kaiser der Franzosen zurück. Der sächsische König Friedrich August bleibt in Leipzig und wird gefangengenommen. Mehr als die Hälfte Sachsens wird auf Beschluss des Wiener Kongresses preußisch.

Napoleonische Zeit, Völkerschlacht

> **? BAEDEKER WISSEN**
>
> *Apelsteine*
>
> Rund 50 Apelsteine stehen in und um Leipzig. Die ersten 44 der meist 1,5 m hohen Sandsteinsäulen ließ der Leipziger Schriftsteller Guido Theodor Apel 1861 bis 1864 aufstellen. Sie markieren Truppenstandorte, wobei die Stellungen der Verbündeten gegen Napoleon durch einen zugespitzten Stein und ein V, die napoleonischen mit einem runden Kopf und einem N markiert sind. Beispiele findet man an der Nordostecke des Zoos Richtung Gohlis und gegenüber vom Völkerschlachtdenkmal.

Während der Restauration bleibt der Leipziger Bürgerschaft zunächst nur der Rückzug ins Private. Die zahlreichen Verbote bis hin zur **Pressezensur** lassen die Messestädter 1830, inspiriert von der Julirevolution in Frankreich, protestierend auf die Straße gehen. Im Er-

Restauration und Reichsgründung

Völkerschlacht 1813

Völkerschlacht bei Leipzig

Nach der verheerenden Niederlage der Grande Armée in Russland ergriffen die europäischen Mächte die Chance, Napoleons Herrschaft zu brechen. In der drei Tage dauernden Völkerschlacht bei Leipzig errangen die vereinigten Armeen von Russland, Österreich, Preußen und Schweden den entscheidenden Sieg. Danach rückten sie gegen Frankreich vor und erzwangen schließlich Napoleons Abdankung am 6. April 1814.

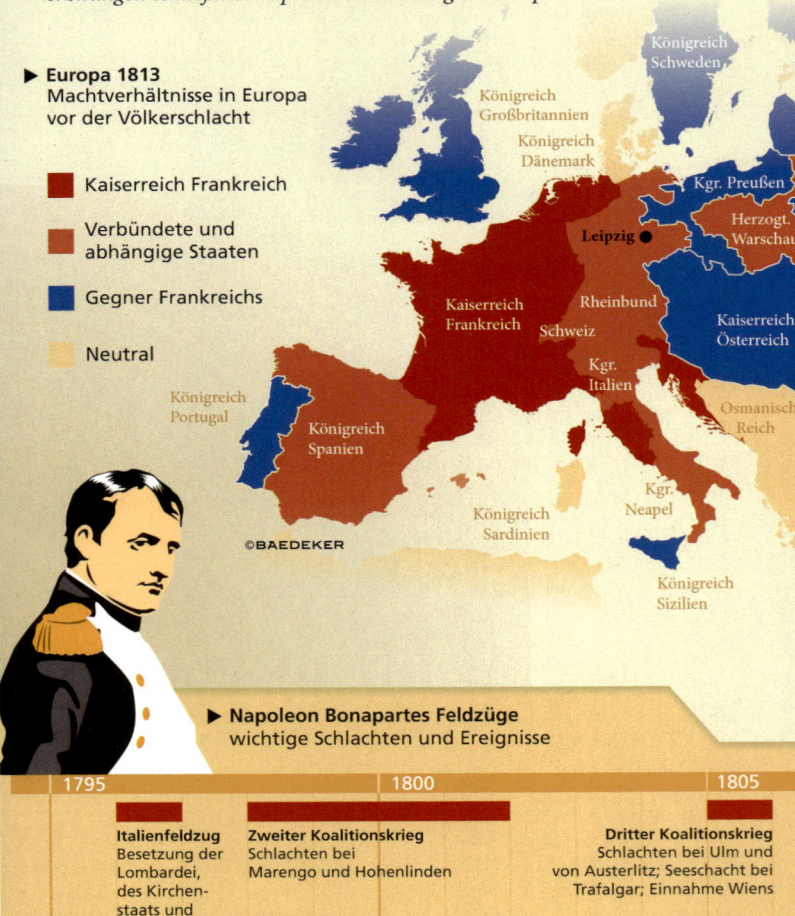

▶ **Europa 1813**
Machtverhältnisse in Europa vor der Völkerschlacht

- Kaiserreich Frankreich
- Verbündete und abhängige Staaten
- Gegner Frankreichs
- Neutral

Königreich Schweden
Königreich Großbritannien
Königreich Dänemark
Kgr. Preußen
Herzogt. Warschau
Leipzig
Kaiserreich Frankreich
Rheinbund
Schweiz
Kaiserreich Österreich
Kgr. Italien
Osmanisches Reich
Königreich Portugal
Königreich Spanien
Kgr. Neapel
Königreich Sardinien
Königreich Sizilien

©BAEDEKER

▶ **Napoleon Bonapartes Feldzüge**
wichtige Schlachten und Ereignisse

1795		1800		1805
Italienfeldzug Besetzung der Lombardei, des Kirchenstaats und Einnahme Venedigs	**Zweiter Koalitionskrieg** Schlachten bei Marengo und Hohenlinden		**Dritter Koalitionskrieg** Schlachten bei Ulm und von Austerlitz; Seeschacht bei Trafalgar; Einnahme Wiens	
	Ägypten-Expedition Schlacht bei den Pyramiden		**Feldzug gegen Preußen und Russland** Schlachten von Jena, Auerstedt und Friedland	

Truppenstärken und Verluste der Kriegsparteien

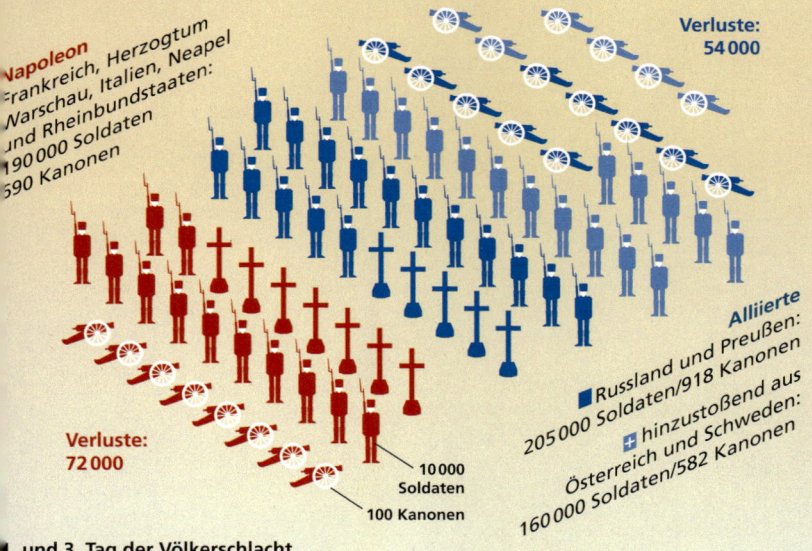

Napoleon
Frankreich, Herzogtum Warschau, Italien, Neapel und Rheinbundstaaten:
190 000 Soldaten
590 Kanonen

Verluste: 54 000

Verluste: 72 000

Alliierte
■ Russland und Preußen:
205 000 Soldaten/918 Kanonen
✚ hinzustoßend aus Österreich und Schweden:
160 000 Soldaten/582 Kanonen

10 000 Soldaten
100 Kanonen

1. und 3. Tag der Völkerschlacht

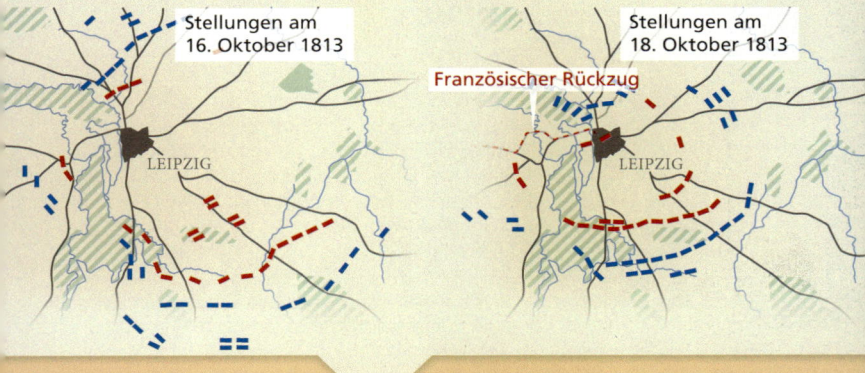

Stellungen am 16. Oktober 1813

Stellungen am 18. Oktober 1813

Französischer Rückzug

LEIPZIG

LEIPZIG

1810 — **Feldzug gegen Österreich** Schlachten von Aspern und Wagram

Leipzig

1815 — **Waterloo**

Russlandfeldzug Brand Moskaus, Schlacht an der Beresina

Feldzug in Spanien Schlacht bei Burgos, Guerillakrieg

gebnis wird der verhasste sächsische Kabinettschef Graf Einsiedel abgelöst und eine **konstitutionelle Monarchie** ausgerufen. Der sächsische Prinz Friedrich August als Mitregent ist durch die Verfassung, die u. a. die Abschaffung des Feudalsystems, Gewerbefreiheit und **städtische Selbstverwaltung** enthält, festgelegt.

Für die wirtschaftliche Entwicklung Leipzigs spielen der Beitritt zum Deutschen Zollverein 1833 und der Bau der ersten deutschen **Ferneisenbahn** von Leipzig nach Dresden 1839 eine wichtige Rolle. Die etwa 130 km lange Strecke zeichnet sich durch viele herausragende technische Leistungen beim Brücken- und Tunnelbau aus. Mit der 1840 nach Magdeburg führenden Strecke überquert die Eisenbahn erstmals eine Landesgrenze. 1842 folgt die Strecke der Sächsisch-Bayerischen Staatseisenbahn nach Altenburg, wofür der Bayerische Bahnhof errichtet wird, heute der **älteste Kopfbahnhof Deutschlands**. In den folgenden Jahren entstehen zahlreiche neue öffentliche Gebäude, die für den Fortschritt auf wissenschaftlichem, wirtschaftlichem, politischem, technischem und kulturellem Gebiet wegweisend sind, u. a. das Augusteum der Universität, das Postgebäude am Augustusplatz, aber ebenso privatwirtschaftliche Unternehmen wie die größte deutsche Kammgarnspinnerei.

> **? BAEDEKER WISSEN**
>
> *Muster-Messehaus*
>
> Leipzig besitzt das älteste Muster-Messehaus der Welt. Die Räumlichkeiten im Städtischen Kaufhaus (1894/96) waren so angelegt, dass jeweils ein Rundgang durch die gesamte Etage führte, der sich für Präsentationen der Waren optimal eignete. Bis in die 1930er-Jahre entstanden über 30 repräsentative Messehäuser, die auch »Messpaläste« genannt wurden, u. a. das Hansa-Haus und Specks Hof, die heute gemeinsam eine Einkaufspassage bilden, sowie die Mädler-Passage.

Verschiedene politische Gruppierungen entstehen, die den von Frankreich ausgehenden revolutionären Prozess unterstützen. 1863 wird der **Allgemeine Deutsche Arbeiterverein** gegründet, die Vorgängerorganisation der Sozialdemokratischen Partei.

Zur Zeit der Reichsgründung 1871 zählt Leipzig bereits über 106 000 Einwohner. Nun entstehen repräsentative Gebäude, darunter das **Reichsgericht**, heute Bundesverwaltungsgericht. Durch Vermächtnisse, Schenkungen und Legate werden Einrichtungen für die Allgemeinheit geschaffen, darunter das Völkerkundemuseum, der Mendebrunnen, das Neue Konservatorium sowie der Johannapark.

Die Gründerzeit führt zu einem neuerlichen Bauboom und zur **Entwicklung einer leistungsstarken Industrie**. In Leipzig ansässig sind Firmen, die auch auf dem Weltmarkt für ihre Produkte bekannt werden. Hierzu gehören beispielsweise Adolf Bleichert (Förderanlagen), Rudolf Sack (Landmaschinen), Karl Krause (Buchbindereimaschinen) oder der nach wie vor sehr renommierte Konzertflügelhersteller Blüthner.

Geschichte der Stadt Leipzig • HINTERGRUND

20. JAHRHUNDERT BIS ZUR WENDE

1913	Einweihung des Völkerschlachtdenkmals
1938	Reichspogromnacht
1945	Einmarsch amerikanischer Truppen am 18. April, Ablösung durch die sowjetische Armee am 2. Juli
1945	Erste Nachkriegsmesse
1953	Streiks und Demonstrationen gegen die SED-Regierung

Als 1905 das Neue Rathaus unter Anwesenheit des letzten sächsischen Königs eingeweiht wird, hat die Halbmillionenstadt Leipzig ihre führende wirtschaftliche Stellung im Königreich gefestigt. Mit der Eröffnung des Messegeländes 1920 expandiert die wichtigste wirtschaftliche Basis der Stadt. Östlich vom Zentrum haben sich Druckereien und Verlage etabliert. Weitere repräsentative Gebäude sind das **Völkerschlachtdenkmal** (▶ 3D S. 249) und die Russische Gedächtniskirche, der Hauptbahnhof, die Deutsche Bücherei und mehrere Messehäuser.

Zwischen Blüte, Niedergang und Neuanfang

Nach dem Ersten Weltkrieg leben hier mehr als 600 000 Menschen, die Zahl der Arbeitslosen wächst. Bis zur Machtergreifung der Nationalsozialisten ist Leipzig das Zentrum des internationalen Pelzhandels. Die Kürschnerinnung besteht 1925 bereits 500 Jahre und hat ihre Werkstätten am damals weltberühmten Brühl, in der Ritter-, Nikolai- und Reichsstraße. Da Pelzhandel und -verarbeitung großenteils auf jüdischen Betrieben basieren, beginnt ab 1933 der Niedergang dieser Branche in Leipzig. Die jüdische Gemeinde zählt Anfang der 1930er-Jahre ca. 14 000 Mitglieder. Fast alle werden in Konzentrationslagern ermordet, die teils international renommierten Betriebe jüdischer Unternehmer enteignet bzw. geschlossen.

> **?** *Spuren jüdischer Geschichte*
>
> **BAEDEKER WISSEN**
>
> Mit den bronzenen Stühlen als Sinnbild des Verlusts erinnert die Gedenkstätte an der Gottschedstraße (Nähe Centraltheater) an die 1938 zerstörte Synagoge. Das erste deutschlandweite jüdische Kultur- und Begegnungszentrum wurde 2009 im Ariowitsch-Haus im Waldstraßenviertel (Hinrichsenstr. 14, www.ariowitschhaus.de) eröffnet.

Am Widerstand des 20. Juli gegen die Nationalsozialisten sind auch Leipziger beteiligt, darunter der ehemalige Oberbürgermeister Dr. Carl Friedrich Goerdeler, dem eine Gedenkstätte vor dem Neuen Rathaus gewidmet wird.

Zum ersten Mal wird Leipzig im Oktober 1943 bombardiert, im Dezember erfolgt der schwerste Bombenangriff, dem bis Kriegsende weitere folgen. Die Schäden sind teilweise heute noch sichtbar. Zerstört werden fast 40 Prozent der Stadt, u. a. viele historische Ensembles in der Innenstadt, der Hauptbahnhof und ein Großteil der Messeeinrichtungen.

Am 18. April 1945 nehmen US-amerikanische Truppen Leipzig nahezu kampflos ein. Entsprechend dem Vertrag von Jalta werden sie ab Juli von der sowjetischen Besatzung abgelöst. Mit der Musterschau Leipziger Erzeugnisse versucht man bereits im Oktober 1945 wieder an die Leipziger Messegeschichte anzuknüpfen.

Zweitgrößte Bezirkshauptstadt der DDR

Die Jahre bis zur Gründung der DDR im Oktober 1949 sind äußerst entbehrungsreich für die Bevölkerung, auch aufgrund der laufenden Reparationen an die Siegermacht Sowjetunion. 1952 werden die Länder, also auch Sachsen, abgeschafft und Leipzig zu einer von 15 Bezirkshauptstädten. Die schlechte Versorgungslage und die in den volkseigenen Betrieben laufend erhöhten Normen bringen das Fass im Juni 1953 zum Überlaufen. Beim Volksaufstand rollen auch in Leipzig sowjetische Panzer in die Innenstadt, um die Tumulte niederzuschlagen. Im Salzgässchen hinter der Alten Handelsbörse ist zum Gedenken daran ein Stück Panzerkette aus Bronze in den Gehweg eingelassen.

Mit dem Bau der Mauer 1961 gewinnt die Leipziger Messe mit ihrer Brückenfunktion zwischen Ost und West nicht nur wirtschaftlich an Bedeutung. Großbetriebe prägen mehr und mehr das wirtschaftliche Leben Leipzigs, z. B. der Schwermaschinenbau. Im späteren Kombinat TAKRAF werden u. a. Maschinen für den innerbetrieblichen Transport, Kräne und Tagebau-Großgeräte hergestellt. Neue und moderne Industriebetriebe entstehen im Bereich Nachrichtenelektronik und Chemieanlagenbau. Der Verstaatlichungswelle privater Unternehmen 1972 entgehen nur wenige. Besonders südlich von Leipzig wird der Braunkohletagebau forciert, um den Energie- und Rohstoffbedarf der Chemieindustrie zu decken. Druckereien werden zu volkseigenen Betrieben (VEB). Leipzig entwickelt sich zum bedeutendsten Standort der Polygrafie in der DDR: Hier werden die meisten Bücher gedruckt, darunter auch eine Vielzahl von Schulbüchern für den Export in die Sowjetunion.

Vor allem durch die Messe nimmt Leipzig in der DDR eine **gewisse Sonderstellung** ein, da sie sich zweimal im Jahr, im März und September, in eine weltoffene Stadt verwandeln kann. Für den innerdeutschen Handel ist die Leipziger Messe von ausschlaggebender Bedeutung, ebenso für den Warenaustausch mit dem größten Außenhandelspartner der DDR, der Sowjetunion.

Nach den Aufbaujahren verfällt die historische Bausubstanz zusehends. Mit der Zerstörung historischer Gebäude am Augustusplatz 1968 soll der Stadt ein »sozialistisches Gesicht« gegeben werden. Das Wohnungsbauprogramm der DDR führt ab 1976 u. a. zur Entstehung der Plattenbausiedlung Grünau für 100 000 Menschen. In dem »Schlafstadt« genannten Stadtteil entstehen sowohl kommunale als auch genossenschaftliche Wohnungen. Für die Instandhaltung des Altbaubestands stehen immer weniger finanzielle und materielle

Mittel zur Verfügung, zumal Ressourcen für die Entwicklung Berlins, der Hauptstadt der DDR, abgezweigt werden müssen, sodass in Leipzig ganze Stadtbezirke allmählich verfallen.

1989 BIS ZUR GEGENWART

1989		Friedliche Revolution
1990		Wiedervereinigung Deutschlands
1996		Eröffnung des neuen Messegeländes
2004		Der Flughafen Leipzig-Halle wird zu einem internationalen Drehkreuz der Posttochter DHL.
2009		Feierlichkeiten zu 20 Jahren Friedliche Revolution und 600 Jahren Universität
2013		200-Jahr-Feier der Völkerschlacht

Politische Wende und Wiedervereinigung

Die Friedensgebete in der Nikolaikirche (▶Baedeker Wissen S. 224) bieten seit 1982 nicht nur Christen eine Möglichkeit, sich mit Gleichgesinnten zu treffen und kritisch zur bestehenden Ordnung des DDR-Staats zu äußern. Die wachsende Unzufriedenheit der Bevölkerung und eine Ausreisewelle über Botschaften in der Tschechoslowakei und Ungarn finden zunehmend Resonanz und führen ab Herbst 1989 auch zu Protestdemonstrationen auf dem Leipziger Innenstadtring. Am 9. Oktober 1989 hat sich die Atmosphäre gefähr-

9. Oktober 1989: Rund 70 000 Leipziger ziehen von der Nikolaikirche zum Promenadenring und skandieren: »Wir sind das Volk!«

lich aufgeheizt, ist die Staatsmacht doch mit bewaffneten Einsatzkräften in der Innenstadt präsent. Mit dieser Montagsdemonstration wird ein beispielloser Prozess eingeleitet, dem die Partei- und Staatsführung der DDR nichts mehr entgegenzusetzen hat. Als **»friedliche Revolution«** geht dieser Tag in die deutsche Geschichte ein und Leipzig wird seitdem als **»Stadt der Helden«** gefeiert. Diese Großdemonstration leitet die politische Wende und die Wiedervereinigung Deutschlands ein.

Als der Einigungsvertrag am 3. Oktober 1990 in Kraft tritt, entsteht für die vormals in das östliche Wirtschaftsbündnis RGW eingebundene DDR-Volkswirtschaft eine völlig neue Situation. Die volkseigenen Betriebe werden privatisiert und den marktwirtschaftlichen Mechanismen ausgesetzt. Der wegbrechende Absatzmarkt, das Fehlen wettbewerbsfähiger Produkte, Restitutionsansprüche früherer Eigentümer und die Tätigkeit der Treuhandanstalt sind die wichtigsten Ursachen dafür, dass zahlreiche Betriebe liquidiert oder in kleinere Einheiten bzw. neue Firmen überführt werden. Das industrielle Spektrum verändert sich tiefgreifend und die Umstrukturierung führt zu einer bis dahin nicht gekannten Arbeitslosigkeit. Weit über 100 000 Industriearbeitsplätze in der Region fallen weg und die Orientierung auf den Aufbau einer mittelständisch geprägten, durch den Dienstleistungssektor dominierten Struktur bestimmt die weitere Entwicklung. Damit einher geht die damalige Positionierung Leipzigs als Bankenzentrum in Ostdeutschland sowie als Medienstandort. Mit der Ansiedlung renommierter Pkw-Hersteller und dem Aufbau eines Logistikdrehkreuzes auf dem Internationalen Flughafen Leipzig-Halle gewinnt der mitteldeutsche Wirtschaftsraum deutlich an Bedeutung.

2013 begeht Leipzig mit einer Gedenkveranstaltung den zweihundertsten Jahrestag der Völkerschlacht. Gleichzeitig stellt der Verein »Völkerschlacht 1813« die Kampfhandlungen wie zu jedem Jahrestag in historischen Uniformen nach. Das Spektakel mit über 6000 Mitwirkenden ruft zahlreiche Kritiker, darunter auch Bürgermeister Jung, auf den Plan.

Geschichte der Stadt Halle

Bereits in der Eisen- und Bronzezeit – vor rund 3000 Jahren – gewinnt man hier Salz aus den Solequellen. Darauf bezieht sich auch der Stadtname, der sich neueren Forschungen zufolge vom urgermanischen »Halla« (Salzkruste) ableitet.

DIE ANFÄNGE BIS ZUM 15. JAHRHUNDERT

Ab. 1. Jt. v. Chr.	Salzgewinnung aus Solequellen
4. – 7. Jh. n. Chr.	Hallesche Kultur
806	Erste urkundliche Erwähnung von Halle
1280	Beitritt zur Hanse
1310	Verleihung der Stadtrechte

In der Dölauer Heide, dem Stadtwald von Halle, wird bei archäologischen Grabungen eine der ältesten und größten Befestigungsanlagen aus der Jungsteinzeit mit mehrfach gestaffelten Verteidigungsanlagen gefunden. Diese und weitere Ausgrabungen aus dem 5. und 4. Jahrtausend vor unserer Zeitrechnung bestätigen, dass die Region um Halle an der Saale früh besiedelt ist. Bereits seit dem 1. Jahrtausend werden die **Solequellen** zur Salzgewinnung genutzt. Archäologische Funde, darunter Tongefäße zum Salzsieden, belegen die Gewinnung beachtlicher Mengen Salz bereits seit dem 1. Jt. vor Christus. Vom Zeitraum des 7. bis. 4. Jh.s v. Chr. spricht man von der **Halleschen Kultur**: In dieser Zeit erreicht die Salzgewinnung ihren ersten Höhepunkt.

Geboren aus dem Salz der Erde

Die erste Erwähnung von Halle datiert auf das Jahr 806, als König Karl, ein Sohn Karls des Großen, auf dem Ostufer der Saale ein Kastell errichten lässt, um die Solequellen sowie die Furten durch die in mehrere flache Arme zergliederte Saale zu schützen. Der Ort hat sowohl eine Schutz- als auch eine Brückenfunktion nach Osten, liegt er doch an einer wichtigen Fernhandelsstraße. In anderen Quellen wird von zwei Befestigungsanlagen berichtet, die das fränkische Heer angelegt habe. Der Standort der einstigen Befestigung(en) ist jedoch nicht mehr nachweisbar.

Kastell

Bereits vor rund vier Jahrtausenden haben slawische Siedler einen Kultplatz auf einem steilen Felsen hoch über der Saale angelegt, der später von den Germanen erobert und ihrem Gott Wodan bzw. Givico (»der Gebende«) geweiht wird. Daher rührt offensichtlich der Name **Giebichenstein** – der ersten Burg über der Saale, die im frü-

Erste Burg über der Saale

BAEDEKER WISSEN

Salzwirker-Brüderschaft

Die 1524 gegründete Salzwirker-Brüderschaft im Thale zu Halle ist die älteste protestantische Brüderschaft Deutschlands. Mit ihrer festlichen Tracht – Dreispitz, Kniehosen mit weißen Strümpfen, Rock mit geblümter Weste und 18 Silberknöpfen, von denen jeder einen eigenen Namen hat – pflegen sie bis in die Gegenwart eine einzigartige Tradition (Abb. S. 109). Früher wurden sie auch als Feuerwehr, beim Hochwasserschutz und selbst heute noch als Leichenträger eingesetzt. Den »Silberschatz der Halloren«, u. a. wertvolle Geschenke für diese Dienste, kann man zu besonderen Anlässen im Technischen Halloren- und Salinemuseum sehen.

---

hen 10. Jh. unter Heinrich I. errichtet wird und zu einem ausgedehnten System von Grenzburgen gehört. Seit 987 besitzen die Burg und die südlich davon gelegene Siedlung (civitas) mit Markt-, Münz- und Zollrechten eine Vorrangstellung gegenüber Halla, dem Salzsiederort im Tal.

Das ändert sich über 100 Jahre später, als sich in Halle verstärkt Kaufleute niederlassen. Die Gewinnung und der **Handel mit Speisesalz** ist bis ins 18. Jh. der wichtigste Wirtschaftszweig. Aus vier Brunnen auf dem Hallmarkt mit unterschiedlichem Salzgehalt wird die Sole gefördert und in den benachbarten rund 100 Koten (Salzsiederhütten) eingedampft. Ab 1869 vereinigt die Pfännerschaft ihren Siedebetrieb in den Räumen der ihr vom Staat überlassenen Saline (heutiges Salinemuseum). Seit dem 15. Jahrhundert werden die Salzsieder als **Halloren** bezeichnet.

Beitritt zur Hanse Im Mittelalter gehört Halle zu den wichtigsten Handelsplätzen im römisch-deutschen Kaiserreich, bis 1497 Kaiser Maximilian I. dem benachbarten Leipzig das Messeprivileg für einen Umkreis von 15 Meilen (ca. 115 km) verleiht. Etwa um 1150 wird eine **große Verteidigungsanlage** mit vierzig Türmen errichtet, deren Verlauf noch im heutigen Ringstraßensystem erkennbar ist. Im Stadtkern entstehen neben Wohngebäuden große Kirchen und Klöster. Zu Beginn des 14. Jahrhunderts hat Halle ungefähr 4000 Einwohner, wobei die Hörigen slawischen Ursprungs integriert worden sind, während die Juden ebenso wie die Halloren jeweils eigene Gemeinden bilden. Mit dem **Beitritt zur Hanse** im Jahr 1280 wächst der Wohlstand v. a. durch den sich ausdehnenden Salzhandel. Die Pfänner bzw. Salzherren gewinnen als Ratsherren Einfluss auf die Stadtpolitik. 1310 erkennt der Erzbischof von Magdeburg die **städtische Verfassung** an, die Halle praktisch bereits seit 1263 eine relative Autonomie verschafft hat. Erzbischof Ernst von Wettin nutzt 1478 innerstädtische Auseinandersetzungen – Vertreter verschiedener Handwerksinnungen trotzen der alten Salzaristokratie Sitze im städtischen Rat ab –, um die Stadt zu besetzen und ihre Autonomie zu beenden. 1484 bis 1503 lässt er die Moritzburg als Zwingburg gegen die Hallenser Bürger errichten.

Geschichte der Stadt Halle • HINTERGRUND

1552 wird die Marienbibliothek gegründet, damit ist sie die älteste evangelische Kirchenbibliothek.

BLÜTEZEIT ALS RESIDENZSTADT

1513	Halle wird Residenzstadt von Kardinal Albrecht.
1520	Gründung des Neuen Stifts
1541	Reformation in Halle

Anno 1513 wird **Kardinal Albrecht**, Markgraf von Brandenburg, Erzbischof von Magdeburg und zusätzlich Erzbischof von Mainz und 1514 Reichskanzler. Der bei seinem Amtsantritt erst 23-jährige Regent und Anhänger des Humanismus wählt Halle zu seiner Residenz und verschafft der Stadt eine erste Blütezeit, indem er sie künstlerisch und geistig zur **Metropole Mitteldeutschlands** aufbaut. Die Feste Moritzburg wird zur Hofburg ausgebaut. In jener Zeit entstehen zahlreiche repräsentative Renaissance-Bauwerke. 1520 erfolgt die **Gründung des Neuen Stifts** – heute: Neue Residenz – als humanistisch ausgerichtete, aber klerikal gebundene Universität. Sie soll einen Gegenpol zur Universität in Wittenberg, die unter dem Einfluss der Lutheraner steht, bilden.

Erzbischöfliche Residenz

1541 kapituliert der völlig überschuldete Erzbischof vor der **Reformation** – die er u. a. durch seinen Geldbedarf, den er durch den Ablasshandel decken wollte – wesentlich mit ausgelöst hat. Er verlässt

Reformationszeit

Halle in Richtung Mainz und nimmt enorme Kunstschätze mit. In Halle wird die Reformation eingeführt und durch Martin Luthers Vertrauten **Justus Jonas** vorangetrieben. Dieser tritt sein Amt als erster evangelischer Prediger am Karfreitag 1541 an. Auch Martin Luther (▶Berühmte Persönlichkeiten) predigt mehrmals in der Marktkirche.

NACH DEM DREISSIGJÄHRIGEN KRIEG

1685	Geburt Georg Friedrich Händels
1694	Gründung der Universität
1695	Gründung der Franckeschen Stiftungen
1891	Erstes elektrisches Straßenbahnnetz in Europa
1933 – 1945	Halle im Dritten Reich

Dreißigjähriger Krieg (1618 – 1648) Die Stadt wird in Kämpfe zwischen Schweden und den Kaiserlichen Truppen unter Wallenstein verwickelt und 1625 besetzt. Die Moritzburg brennt 1637 aus, Burg Giebichenstein und viele weitere Gebäude werden stark beschädigt bzw. zerstört, sodass die Stadt Halle verarmt aus dem Krieg hervorgeht.

Wiederaufbau Seit 1642 regiert Herzog August aus dem Fürstenhaus Wettin als letzter erzbischöflicher Verwalter. Er setzt sich für die Wiederbelebung von Handel und Gewerbe sowie den Wiederaufbau der zerstörten Residenzstadt ein, weiß allerdings, dass aufgrund der Festlegungen im Westfälischen Friedensvertrag die Stadt und das Territorium des Erzbistums Magdeburg den Brandenburgern – also dem Haus Hohenzollern – zufallen wird. 1701 wird dieses Gebiet **Teil des neuen Königreichs Preußen**.

Beinahe die Hälfte der Bevölkerung, etwa 6000 Menschen, fällt 1681/1682 einer **Pestepidemie** zum Opfer. Um das wirtschaftliche und gesellschaftliche Leben nach Krieg und Seuche wieder in Gang zu setzen, fördert Preußen die alteingesessenen Gewerke und v. a. die Salzgewinnung. Ende des 17. Jh.s bringen Hugenotten aus Frankreich und später auch Pfälzer, die wegen ihres Glaubens aus ihrer Heimat vertrieben worden sind, neue wirtschaftliche und geistige Impulse nach Halle. Durch staatliche Privilegien gefördert, entwickelt sich durch sie das Textil- und Luxusgewerbe in der Stadt. Als Ausgleich für die Verlegung des Regierungssitzes nach Magdeburg 1714 wird in Halle das Anhalt-Dessauische Regiment stationiert.

Kultur und Geistesleben Am 23. Februar 1685 kommt in Halle **Georg Friedrich Händel** zur Welt. Mit der Gründung der Universität 1694 und der Armenschule als Vorläuferin der Franckeschen Stiftungen 1695 beginnt eine wichtige Periode der **Frühaufklärung und des Pietismus** in Halle.

Geschichte der Stadt Halle • HINTERGRUND

Durch Christian Wolff und Christian Thomasius wird die Alma mater, übrigens die erste, an der **in deutscher Sprache unterrichtet** wird, zur wichtigsten Universität der deutschen Frühaufklärung.

Mit der Königlichen Saline entsteht 1721 eine moderne Salzfabrikationsstätte, die kostengünstiger produzieren kann als die Saline der Pfännerschaft auf dem Hallmarkt. Durch die Einführung der Allgemeinen Salzkonskription 1726 wird jeder königliche Untertan ab neun Jahren dazu verpflichtet, preußisches Salz bei »Salz-Sellern« zu kaufen. Das sind Ausgabestellen, an denen das Salz entsprechend einer Ausgabeliste abgeholt werden muss, bei Zuwiderhandlung wird als Strafgeld der 3,5-fache Salzpreis verlangt.

Halle ist als preußische Grenzstadt während des **Siebenjährigen Kriegs** (1756 – 1763) ein besonderes Angriffsziel. 1759 besetzen kaiserliche Habsburger Truppen die durch den Salzhandel sehr wohlhabende Stadt, um Kontributionen zu erzwingen. Die angedrohte Brandschatzung kann durch die Zahlung von 44 000 Talern abgewendet werden. Trotzdem werden durch Plündereien schwere Schäden angerichtet.

Königliche Saline

Das 19. Jh. beginnt für Halle erneut mit kriegerischen Auseinandersetzungen, als die Truppen Napoleons im Oktober 1806 die Stadt belagern und nach großen preußischen Verlusten bei der Schlacht an der Hohen Brücke einnehmen. Ab Dezember 1807 gehört Halle zum per Erlass gegründeten Königreich Westfalen, dessen Krone Jérôme, der Bruder Napoleon Bonapartes, trägt. Nach der **Völkerschlacht bei Leipzig** 1813 werden zahlreiche Verletzte in die Stadt gebracht (▶Baedeker Wissen S. 34).

Napoleon

Mit der ersten Erweiterung der Stadt nach seit über 600 Jahren – durch die Eingemeindung der beiden Amtsstädte Glaucha im Süden und Neumarkt – erhöht sich 1817 die Einwohnerzahl von rund 14 000 auf über 20 000. Dies ist quasi der erste Schritt der ab Mitte des Jahrhunderts mit der **Industrialisierung** einsetzenden Entwicklung zur Großstadt. Mit der ersten Eisenbahnverbindung nach Magdeburg beginnt im Juli 1840 eine wichtige verkehrstechnische Ära, bis mit der Eröffnung des Hauptbahnhofs 1890 die Stadt in das Fernverkehrsnetz eingebunden ist. 1890 besitzt Halle sogar zwei konkurrierende Straßenunternehmen.

Die traditionelle Thalsaline stellt 1869 ihren Siedebetrieb ein, der Platz im Herzen der Stadt wird spä-

Modernisierung und Industrialisierung

> **? BAEDEKER WISSEN**
> *Öffentlicher Nahverkehr*
>
> Nach der Einbindung der Stadt in den Fernverkehr des Eisenbahnnetzes gingen die Stadtoberen daran, den innerstädtischen Verkehr fortschrittlichen Zeiten anzupassen: 1891 wurde hier das erste elektrische Straßenbahnnetz Europas in Betrieb genommen.

ter bebaut. Die Preußisch-Königliche Saline produziert weiterhin Salz, wobei mit zunehmender Industrialisierung als neues Brennmaterial für die Siederei auch Braunkohle aus den um Halle erschlossenen Gruben eingesetzt wird. Zu den neu entstehenden industriellen Bereichen gehört u. a. die Rübenzuckerindustrie. Zu Beginn des 20. Jh. hat sich Halle mit über 100 000 Einwohnern zu einer **prosperierenden Großstadt** entwickelt. Mit den Montanwerken von **Carl Adolph Riebeck**, nach dem heute der größte Verkehrsknotenpunkt der Stadt benannt ist, entsteht auch einer der ersten Großbetriebe am Standort Halle. Riebeck entwickelt u. a. ein Schwelverfahren, bei dem aus Braunkohle Ölprodukte gewonnen werden können, gründet bis zu seinem Tod verschiedene Industrieunternehmen für über 3000 Beschäftigte und sorgt für sozialen Wohnungsbau. Mit dem Leuna-Werk setzt sich 1916 die Profilierung Halles als Chemiestandort fort, 1936 kommt das Buna-Werk für synthetischen Kautschuk hinzu.

Zweiter Weltkrieg Halle erleidet im Zweiten Weltkrieg als eine der wenigen größeren deutschen Städte nur geringe Schäden. Aus Polen, der Tschechoslowakei, der Sowjetunion, Frankreich, den Niederlanden und anderen Ländern verschleppte Häftlinge des KZs Birkhahn-Mötzlich, eines Außenlagers des KZs Buchenwald, werden zur Zwangsarbeit in die Siebel-Werke gebracht, wo Kampfflugzeuge gebaut werden. Ende März und Anfang April 1945 wird Halle zweimal bombardiert. Da die Stadt auf Befehl Hitlers »bis zum Äußersten verteidigt« werden sollte, werden neun Saalebrücken gesprengt. Doch Schlimmeres kann durch **Felix Graf von Luckner** verhindert werden, der mit der 104. US-Division verhandelt und die kampflose Übergabe Halles an die amerikanische Armee erreicht. Die amerikanische Besatzung wird im Juni 1945 durch sowjetisches Militär abgelöst.

NACH DEM ZWEITEN WELTKRIEG

1947	Landeshauptstadt von Sachsen-Anhalt
1952	Bezirkshauptstadt
1964	Gründung der Chemiearbeiterstadt Halle-Neustadt
1990	Vereinigung von Halle und Halle-Neustadt

DDR 1947 wird Halle Landeshauptstadt von Sachsen-Anhalt. Nach der Eingemeindung von 14 Orten besitzt es 1950 fast 290 000 Einwohner. Mit einer Verwaltungsreform im DDR-Gebiet, bei der die Länder aufgelöst werden, bekommt Halle 1952 den Status einer Bezirkshauptstadt. Durch den sozialistischen Aufbau wird viel historische Bausubstanz beseitigt; besonders der verkehrsreiche Riebeckplatz erhält ein völlig neues Gesicht. Der Bau der «Chemiearbeiterstadt Halle-West« – das spätere **Halle-Neustadt**, das bis 1990 eigenständig

Geschichte der Stadt Halle • HINTERGRUND

ist, am Westufer der Saale ist nur durch permanentes Absenken des Grundwassers möglich. Zu den wichtigsten Großbetrieben gehört der VEB Waggonbau Ammendorf, der ab 1948 Eisenbahnwagen für den gesamten damaligen »Ostblock« produziert. Ende 1964 endet die wirtschaftlich nicht mehr vertretbare Salzproduktion in Halle. 1967 wird das **Hallorenmuseum** und zwei Jahre später das **Salinemuseum** eingeweiht. Während es am 7. Oktober 1989 – dem 40. Jahrestag der DDR – noch zu Übergriffen auf friedliche Demonstranten und Verhaftungen kommt, wagen die Staatsorgane elf Tage später nicht mehr einzugreifen, als 20 000 Demonstranten auf dem Markt mit Blumen und Kerzen zusammenkommen.

Einkaufs- und Kulturzentrum in Halle-Neustadt

Nach der Wende

Mit der Vereinigung von Halle und Halle-Neustadt entsteht 1990 die viertgrößte Stadt der neuen Bundesländer. Das erste hallesche Salzfest 1995 markiert den Beginn von Aktivitäten, die die Attraktivität der Innenstadt und den Tourismus fördern sollen. Bei Festen setzen die Auftritte der Halloren u. a. mit Fahnenschwenken, Fischerstechen und anderen traditionellen Vorführungen besondere Akzente.

Zum Wirtschaftsstandort Halle gehört heute das Bio-Zentrum im **Wissenschafts- und Innovationspark** als eine der modernsten derartigen Forschungseinrichtung Deutschlands. Hinzu kommt die Ansiedlung neuer Unternehmen, u. a. des weltgrößten PC-Herstellers DELL, der hier auch ein Cloud-Rechenzentrum betreibt. Die älteste deutsche Schokoladenfabrik »Halloren« hält sich ebenfalls erfolgreich am Markt. Die Franckeschen Stiftungen werden 2002 zum Sitz der Kulturstiftung des Bundes. Zur 1200-Jahrfeier der Stadt 2006 und bis heute präsentiert sich die Saale-Metropole als historisches Kleinod, das jung geblieben und lebendig ist. Als bedeutende Stadt der Reformation bereitet sich die Stadt auf den **fünfhundertsten Jahrestag des Thesenanschlags von Martin Luther im Jahr 2017** vor.

Kunst und Kultur

Leipzigs Kulturgeschichte

Eine reiche Musiktradition, sehenswerte Museen und zeitgenössische bildende Kunst – Leipzig bietet eine große Vielfalt an kulturellen Genüssen.

Das Kultur- und Geistesleben Leipzigs wurde über die Jahrhunderte vom aufstrebenden Bürgertum stets gefördert. Zu Zeiten von Johann Sebastian Bach und seines Wiederentdeckers Felix Mendelssohn Bartholdy, der auch das erste deutsche Konservatorium gründete, nahm die Stadt einen führenden Platz im europäischen Musikleben ein. Der auf 800 Jahre Tradition zurückblickende Thomanerchor und das seit über 300 Jahren bestehende Gewandhausorchester sind zwei Klangkörper, die in der Musikwelt Rang und Namen haben. Leipzig ist auf dem besten Weg, an die **Tradition als einst führende Musikstadt** Europas anzuknüpfen, findet man doch hier so viele Lebens- und Wirkungsstätten namhafter Komponisten und Musiker wie sonst nur in der Musikmetropole Wien. Zudem gibt es eine Vielzahl von Laienkünstlern und -ensembles vom Chor bis zur Indie-Band. Zu den Legenden der jüngeren Musikszene gehören die Rockband Klaus-Renft-Combo und Die Prinzen.

Die **vielfältige Museumslandschaft** ist ohne diejenigen Leipziger nicht denkbar, die ihre privaten Sammlungen der Allgemeinheit vererbt oder geschenkt haben, wie beispielsweise Franz Dominic Grassi. Viele wohlhabende Leipziger Bürger und Kaufleute taten es den Feudalherren gleich und trugen Kunstwerke zusammen, die nun der Öffentlichkeit zugänglich sind. Ein Beispiel dafür ist das Museum der bildenden Künste mit Werken von niederländischen Meistern über die Leipziger Schule bis hin zur zeitgenössischen Kunst.

Musen, Mammon und Museen

Das gedruckte Wort verhalf der Reformation zu rascher Verbreitung. Bereits vor 1485 gründete Meister Kunz Kachelofen die erste Druckerei Leipzigs und Marcus Brand druckte bald darauf das erste Buch: »Glossa super apokalypsim« (Anmerkungen zur Apokalypse). 1595 erschien der erste Bücherkatalog zur Messe, womit ein wichtiger Schritt getan war, um dem konkurrierenden Frankfurt a. M. auf Augenhöhe begegnen zu können. Als 1764 einflussreiche Frankfurter Buchhändler ihre Lager nach Leipzig verlegten, war das vorläufige Ende der Frankfurter Buchmesse besiegelt. Zu den Pionieren des Druck- und Verlagswesens gehörte **Immanuel Breitkopf**, der 1755 mit dem Notendruck mit beweglichen Lettern begann und 21 Jahre

Buch- und Verlagsstadt

Mit der rekonstruierten »Goldenen Ananas« erhielt die Hauptfassade der Grassi-Museen in Leipzig 2005 ihre historische Silhouette zurück.

Baedeker

Von Leipzig in die Welt

Unter den großen Verlagen, die Leipzig zur deutschen Buchstadt schlechthin werden ließen, sticht auch der Name des berühmtesten Reiseführers der Welt heraus: Baedeker.

Gegründet wurde der Verlag allerdings **in Koblenz**. Karl Baedeker (1801–1859), Sohn eines Essener Verlegers und Buchdruckers, eröffnete dort am 1. Juli 1827 seine Verlagsbuchhandlung. 1832 brachte er mit der »Rheinreise« den ersten Reiseführer heraus, dem er bis zu seinem Tod zwar nur fünf weitere folgen ließ, doch mit seiner Methode – sich das Ziel »selbst zu erwandern« und die Erkenntnisse den Lesern genau mitzuteilen, um sie auf Reisen unabhängig zu machen – begründete er den Ruf des »Baedekers« als verlässlichen und unbestechlichen Reisebegleiter.

Nach Leipzig

Nach Karl Baedekers Tod übernahm zunächst sein Sohn Karl und nach dessen Ausscheiden der zweite Sohn Fritz (1844–1925) die Verlagsleitung. Ihm gelang es, den Namen Baedeker in die Welt zu tragen. Eine Voraussetzung dafür war, aus der rheinischen Provinz in das Zentrum des deutschen Buchhandels zu ziehen: Im **November 1872** verlegte die Firma ihren Sitz nach Leipzig. Zuerst residierte der Verlag in der Lindenstr. 1, später in der Königstr. 8, dann in der Brüderstr. 15, bis man 1877 einen Neubau in der **Nürnberger Str. 43b** (Ecke Brüderstr., später in Nr. 46 umgewidmet) bezog.

Fritz Baedeker drückte den Büchern aus seinem Haus nun seinen Stempel auf. Die Reiseführer wurden inhaltlich und formal gestrafft, die Kunstgeschichte gewann an Gewicht, ohne zum zentralen Thema zu werden, und die bisweilen sehr gemütvollen Ausführungen von Vater Karl, die den besonderen Charme der ersten Baedeker ausgemacht hatten, machten der Sachlichkeit Platz. Heraus kam geballte Information bei übersichtlicher Gliederung und ohne lyrische Ausschweifungen – jener typische, sachlich-knappe **»Baedekerstil«**. Besonderes Augenmerk galt auch den in zunehmender Zahl abgedruckten Karten.

Über Europa hinaus

Damit einher ging die Ausweitung des deutschsprachigen Verlagsprogramms und die Eroberung des internationalen Markts. Wer sich zu jener Zeit auf Reisen begab (und es sich leisten konnte), war wissensdurstig und bildungshungrig. Die

Das Verlagshaus Nürnberger Straße

1927 feierte man das 100-jährige Bestehen des Verlags in der »Harmonie«.

Reisen glichen eher Expeditionen, waren strapaziös und dienten v. a. dem Zweck, möglichst viel zu sehen, um hernach zu Hause renommieren zu können. Ein verlässliches Reisehandbuch war dafür unabdingbar. Baedeker gab daher in rascher Folge sowohl deutsch- als auch fremdsprachige Reiseführer über »exotische« Ziele heraus. Es entstanden die berühmten **Standardwerke von Baedeker**, die heute begehrte Sammelobjekte und kulturgeschichtliche Fundgruben sind: »Palästina und Syrien« (1875), »Ägypten« (1877), »Griechenland« (1883) und »Russland« (1883), »Konstantinopel und Kleinasien« (1905) und schließlich »Indien« (1914). Ein solches Verlagsprogramm machte es allerdings unmöglich, sich wie der Verlagsgründer »alles selbst zu erwandern«. Fritz Baedeker installierte eine fachkundige Redaktion und engagierte **namhafte Autoren** wie den Archäologen Wilhelm Dörpfeld, Assistent Schliemanns in Troja und Erforscher von Pergamon.

Die Folgen zweier Kriege

Der Ausbruch des Ersten Weltkriegs markierte das Ende der ganz großen Zeit des Baedeker-Verlags. Nach 1918 kam der Tourismus nur zögerlich wieder in Gang. Die bürgerliche Schicht der individuellen Bildungsreisenden hatte im Krieg ihre wirtschaftliche Grundlage weitgehend verloren. Man reiste, wenn überhaupt, zu nahe gelegenen Zielen und wanderte viel. Folgerichtig brachte der Verlag in jener Zeit unter der Leitung der Brüder Dietrich, Hans und Ernst Baedeker (intern die »Heilige Dreieinigkeit« genannt) viele Regionalführer heraus, wie »Sachsen« (1920) oder »Württemberg und Hohenzollern« (1925). Das Jahr 1933 brachte einen tiefen Einschnitt in das Verlagsgeschehen: Der Fremdenverkehr war zur Staatsangelegenheit geworden und die Titelauswahl gestaltete

Baedeker

sich nun weniger nach dem Willen der Verleger als vielmehr nach den Vorstellungen des Propagandaministeriums. Ergebnis waren Titel wie »Madeira« (1934) als Ziel der KdF-Schiffe, »Berlin« zum Olympiajahr 1936 und, ganz im Zeichen des von der Naziführung propagierten Volks- bzw. KdF-Wagens der »Autoführer Deutsches Reich« (1938). Anerkennung gab es auf anderer Ebene: 1934 wurde die Charlottenstraße in Reudnitz in Baedekerstraße umbenannt. Mit Ausbruch des Kriegs wurden die meisten Redakteure an die Front geschickt; dennoch kamen in Kriegszeiten noch drei Bücher zustande, darunter als letztes 1943 »Das Generalgouvernement«, ein reines Propagandawerk. Beim Luftangriff auf Leipzig am 4. Dezember 1943 wurde auch das Verlagshaus völlig zerstört.

Damit war die Besatzungsmacht nicht einverstanden: Im Baedeker »Leipzig« von 1948 war zunächst die sowjetische Kommandantur verzeichnet.

Rasches Ende

1948 wagte man einen Neuanfang – mit einem **Stadtführer von Leipzig**. Im Vorwort schrieb der damalige Oberbürgermeister Erich Zeigner: »Für Fremde mag es zurzeit weniger in Betracht kommen, denn bis auf Weiteres werden wir mit einem nennenswerten Besuch durch Ortsfremde kaum zu rechnen haben. Für Einheimische aber kann dieses kleine Handbuch eine recht wesentliche Bedeutung erlangen, denn es erzieht ja dazu, unseren so sehr geschmälerten Besitz an kulturellen Werten aufmerksam und verständnisvoll zu genießen ...« Doch kaum waren 1000 Exemplare verkauft, untersagte die sowjetische Besatzungsmacht den Weiterverkauf: Auf dem Stadtplan war auch die sowjetische Zentralkommandantur eingezeichnet. In den verbleibenden 9000 Exemplaren wurde der Plan ausgewechselt – die unzensierte Ausgabe ist heute begehrtes Sammlerobjekt. Doch damit war die Verlagsarbeit in Leipzig unmöglich geworden. Die Gebrüder Baedeker erhielten keine Lizenz zum Weiterbetrieb mehr. Zwar erlosch die Leipziger Firma erst 1959, doch schon 1948 hatte Karl Friedrich Baedeker (1910–1979), Urenkel des Verlagsgründers, im schleswig-holsteinischen Malente den Verlag neu gegründet.

Wer sich heute in Leipzig auf **Spurensuche** macht, wird fündig in der Käthe-Kollwitz-Str. 64, wo die Villa der Brüder Ernst und Dietrich Baedeker noch steht (ehem. Plagwitzer Str. 30), und auf dem Südfriedhof mit dem Familiengrab der Baedekers.

LEIPZIG I

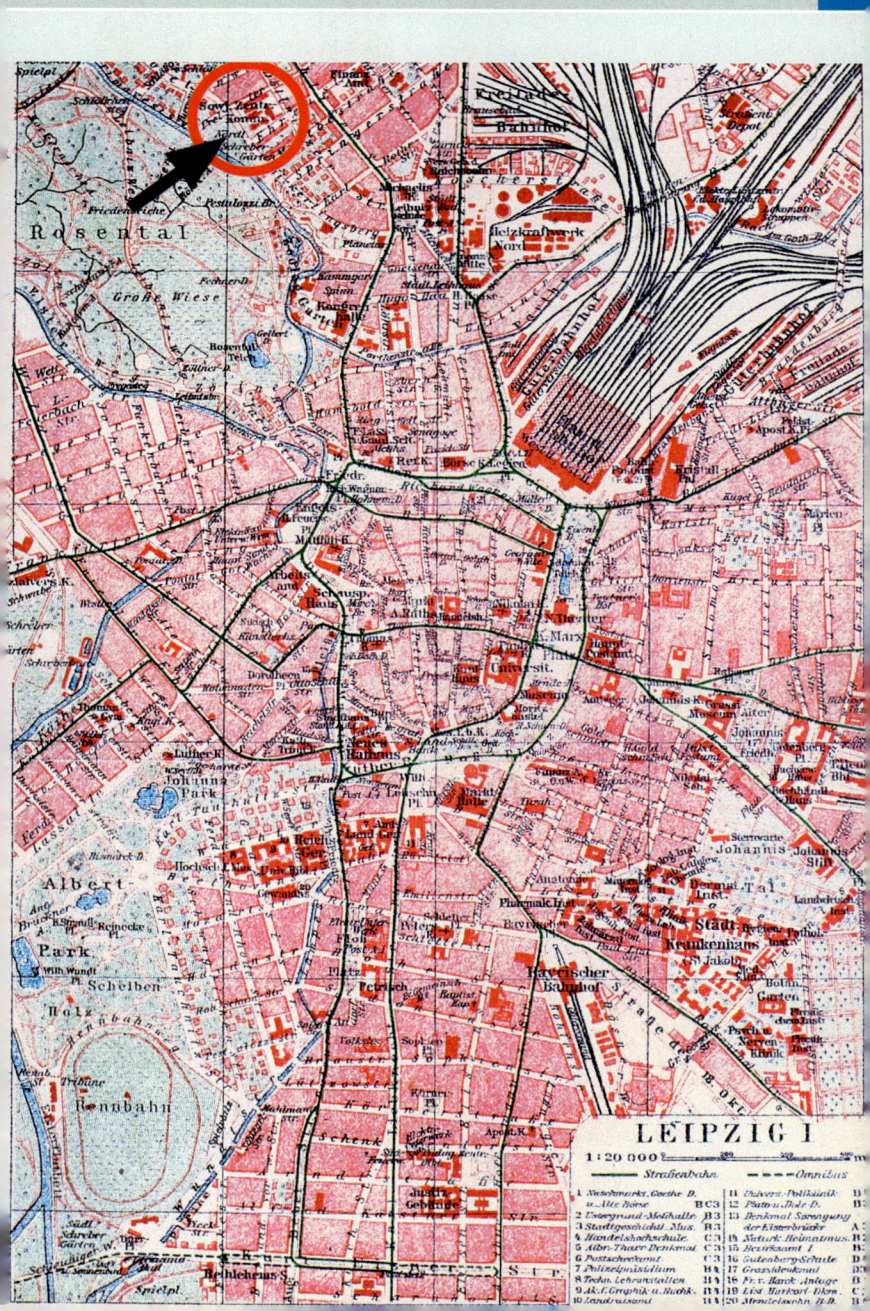

1:20 000

— Straßenbahn   --- Omnibus

1	Naschmarkt, Goethe-D. u. Alte Börse	11	Univers.-Poliklinik
2	Untergrund-Meßhalle	12	Platz v. Bode-D.
3	Stadtgeschichtl. Mus.	13	Denkmal Sapeszung der Eiserbrücken
4	Handelshochschule	14	Naturh. Heimatmus.
5	Alb. Theater-Denkmal	15	Hauptzollamt
6	Nietzschedenkmal	16	Gutenbergschule
7	Polizeipräsidium	17	Grassidenkmal
8	Techn. Lehranstalten	18	Fr. v. Barck Anlage
9	Akf. Graphik u. Buchk.	19	Liszt Markerf.-Dkm.
10	Androusant	20	Mendelssohn-D.

später den Landkartendruck mit austauschbaren Typen entwickelte. 1780 gab er die erste Fachzeitschrift für den deutschen Buchhandel heraus, das Magazin des Buch- und Kunsthandels. Dem wachsenden Informationsbedürfnis der Bevölkerung wurde ab Ende des 18. Jh.s durch die Herausgabe von Zeitschriften entsprochen; darunter etwa das Modemagazin, die Zeitung für die elegante Welt und die Allgemeine Musikalische Zeitung. 1812 erschien das **Konversationslexikon des Brockhaus-Verlags.** Philipp Erasmus Reich führte 1756 in Leipzig zur Ostermesse 56 Verleger und Buchhändler in einer **Buchhandelsgesellschaft** zusammen: Sie wehrten sich v. a. dagegen, dass ihre Bücher nachgedruckt wurden, ohne dass sie um Erlaubnis gebeten worden waren und ohne Bezahlung einer Lizenzgebühr.

1825 wurde in Leipzig der **Börsenverein Deutscher Buchhändler** gegründet: Die Leipziger Verlage gehörten zu den führenden Verfechtern des Liberalismus und kämpften gegen die Pressezensur. Mit der Gründung des Centralvereins für das Buchgewerbe 1884 und einer Vielzahl von Verlagsgründungen Ende des 19. Jh.s wurde der Standort Leipzig weiter gestärkt. Auch **Baedeker** hatte den in Koblenz gegründeten Verlag 1872 nach Leipzig verlegt (▶ Baedeker Wissen S. 50). Als herausragender Buchhandelsort verfügte die Stadt Anfang des 20. Jh.s über 800 Buchhandlungen, Kunst- und Musikalienhandlungen sowie Antiquariate. 1914 wurde die erste Ausstellung für Buchgewerbe und Grafik organisiert, 1927 fand die erste Internationale Buchkunst-Ausstellung statt. 1946 gründete sich der Börsenverein der Deutschen Buchhändler zu Leipzig, der 1991 mit dem Börsenverein des Deutschen Buchhandels in Frankfurt fusionierte. Seitdem hat der Börsenverein seinen Sitz in Frankfurt a. M.

Literatur und Theater

1727 kam **Friederike Caroline Neuber** (»die Neuberin«) erstmals mit ihrer Schauspieltruppe nach Leipzig, unterstützt durch **Johann Christoph Gottsched** und seine Deutsch-übende poetische Gesellschaft (später Deutsche Gesellschaft). Ihre Bestrebungen, ein deutsches Nationaltheater zu begründen, gingen in die Theatergeschichte ein. Insbesondere setzte sie sich für den Abschied vom derb-zotigen bzw. primitiv-rührseligen Schmierentheater und für die Ausbildung (moderner) Schauspielkunst ein. Neuber hatte engen Kontakt zu dem jungen Poeten **Gotthold Ephraim Lessing**, dessen Erstlingswerk »Der junge Gelehrte« 1747 auf ihrer Bühne Premiere hatte. In Leipzig verfasste Lessing auch seine ersten Fabeln. Ab 1751 hielt **Christian Fürchtegott Gellert** Vorlesungen über Rhetorik, Literatur, Poesie und Moral. Seine »Fabeln und Erzählungen« wurden außerordentlich beliebt. Mit dem Aufenthalt **Friedrich Schillers** in Gohlis 1785 ging das beliebte Ausflugsziel nördlich der Stadt in die deutsche Literaturgeschichte ein (▶Schillerhaus). Zwei Jahre später erschien »Don Carlos«, herausgegeben von dem Verleger Georg Joachim Göschen, den Schiller in Gohlis kennengelernt hatte.

Leipzigs Kulturgeschichte • HINTERGRUND

Die 300-jährige Leipziger Operntradition wurde 1692 von Nicolaus Adam Strungk (1640 – 1700), dem Vizekapellmeister am Dresdner Hof, begründet. Er erhielt vom sächsischen Kurfürst Herzog Johann Georg IV. die Genehmigung, in Leipzig Opern aufzuführen. Gegen den Widerstand des Leipziger Stadtrats eröffnete er die Alte Oper am 8. Mai 1693 mit seiner Oper »Alceste«. Bis zur Einstellung der Vorstellungen wegen der Baufälligkeit des Holzgebäudes 1720 wurden pro Jahr etwa 50 Stücke aufgeführt, insgesamt gab es mehr als 100 Premieren. 1701 hatte der Jurastudent **Georg Philipp Telemann** (1681 – 1767) die Direktion inne. Als **Johann Sebastian Bach** (▶Berühmte Persönlichkeiten) im Februar 1723 sein Amt als Thomaskantor und Stadtmusikdirektor antrat, ahnte niemand, dass Leipzig mit diesem Komponisten, der für die Leipziger Ratsherren nicht einmal die »erste Wahl« war, zu einem musikalischen Zentrum jener Epoche aufsteigen würde. Am Karfreitag 1729 führt Johann Sebastian Bach vor begeisterten Zuhörern erstmals die Matthäus-Passion auf. Ingesamt 27 Jahre arbeitete Bach in Leipzig und regelmäßige Aufführungen seiner Werke in den beiden Stadtkirchen St. Thomas und St. Nikolai zeigen die nach wie vor enge Verbundenheit mit dem Werk des großen Meisters.

Zentrum des europäischen Musikschaffens

Die Thomaskirche ist als Wirkungsstätte des Thomanerchors bekannt.

In der Stiftung des »Grossen Concerts« 1743 durch Bergrat Schwabe und den Buchhändler Gleditsch, die die Tradition regelmäßiger Aufführungen vor Musikfreunden begründete, sieht das **Gewandhausorchester** seinen Ursprung. Die Wende vom 19. zum 20. Jh. brachte mit der industriellen und wirtschaftlichen Blüte Leipzigs auch einen Aufschwung für Kultur und Bildung. In Leipzig wurden einige herausragende Werke uraufgeführt, z. B. 1830 die Paukenschlag-Ouvertüre B-Dur von Richard Wagner (▶Berühmte Persönlichkeiten), 1837 »Die beiden Schützen«, die erste Oper von Albert Lortzing, der seit 1833 am Stadttheater als Schauspieler tätig war, und sein »Zar und Zimmermann«.

Seinen Ruf als Weltstadt der Musik festigte Leipzig 1843 mit der Gründung des ersten deutschen Conservatoriums der Musik, heute Hochschule für Musik und Theater. Die Oper, anstelle des im Krieg zerstörten Neuen Theaters errichtet, wurde 1960 mit Wagners »Meistersingern« eröffnet. 1981 erhielt das Gewandhausorchester, das unter seinem Kapellmeister **Kurt Masur** (▶Berühmte Persönlichkeiten) einen exzellenten Ruf genoss, mit dem Neuen Gewandhaus wieder ein eigenes Domizil. Masurs Nachfolger Herbert Blomstedt (1998–2005) und Riccardo Chailly, der allerdings 2015 an die Mailänder Scala geht, setzten dessen erfolgreiche Arbeit fort.

Bildende Kunst und Malerei

Während die Literatur und die Musik in Leipzigs Kulturgeschichte einen großen Raum einnehmen, machten Vertreter der Bildenden Künste erst im 19. Jahrhundert auf sich aufmerksam. Adam Friedrich Oeser (1717 – 1799), ab 1759 Direktor der Leipziger Zeichen-, Malerei- und Architekturakademie, unterrichtete nicht nur Johann Wolfgang von Goethe in der Zeichenkunst, sondern hinterließ mit seiner klassizistischen Ausgestaltung der Nikolaikirche und dem illusionistischen Deckenfresko im Gohliser Schlösschen auch Meisterwerke der Epoche. Max Klinger (1857 – 1920) (▶Berühmte Persönlichkeiten) war in seinen Leipziger Jahren ab 1895 ein großer Förderer der Künste und schuf in dieser Zeit spektakuläre Skulpturen, Grafiken und Gemälde. Der Expressionist Max Beckmann (1884 – 1950) war wie Klinger gebürtiger Leipziger, verbrachte aber nur seine Kindheit in der Stadt.

In den 1970er-Jahren kehrten Professoren der Leipziger Hochschule für Grafik und Buchkunst mit Gründung der Leipziger Schule zurück zur gegenständlichen Malerei. Prominente Vertreter dieser Kunstrichtung waren vor allem Bernhard Heisig (1925–2011) und Werner Tübke (1929–2004) (▶Berühmte Persönlichkeiten). Mit der sogenannten Neuen Leipziger Schule (▶Baedeker Wissen S. 122) und Malern wie etwa Arno Rink (*1940), Neo Rauch (*1960; ▶Berühmte Persönlichkeiten) und Christoph Ruckhäberle (*1972) findet auch diese Kunstrichtung seit den 1990er-Jahren internationale Anerkennung.

Leipzigs Kulturgeschichte • HINTERGRUND

Architekturgeschichte

Aus der Frühzeit der Stadt ist lediglich ein Fachwerkhaus erhalten, das versteckt im Innenhof des Großen Blumenbergs (Richard-Wagner-Platz mit Tordurchgang) steht, sorgfältig restauriert wurde und das Weinrestaurant Zur Neuberin beherbergte. Auf dem Dachboden dieses oder eines benachbarten Hauses soll 1750 die Theaterintendantin Friederike Caroline Neuber aufgetreten sein.

Bis etwa 1500 wurde das Stadtbild vorwiegend durch schmale, zweigeschossige, strohgedeckte Fachwerkhäuser geprägt, deren Giebel zur Straßenseite ausgerichtet waren. Mit zunehmendem Wohlstand wurde immer mehr in Stein gebaut. Ein typisches Merkmal von Bürgerhäusern bildet der **Erker**. Der wohl schönste – der 1986 als Kopie am Neubau des 1558 errichteten und im Krieg zerstörten Fürstenhauses angebrachte Runderker aus Rochlitzer Porphyr – reicht über zwei Etagen. Andere sehenswerte Erker sieht man an Barthels Hof und am Fregehaus, in der Hainstraße bezaubert der reich dekorierte Rosenerker. Neben historischen Renaissance-Bauwerken wie dem Alten Rathaus und der barocken Alten Handelsbörse prägen heute

Die Buntgarnwerke in Leipzig-Plagwitz sind eines der größten Baudenkmäler der Gründerzeit.

HINTERGRUND • Leipzigs Kulturgeschichte

> **BAEDEKER TIPP**
>
> ### Historisches Leipzig
>
> Ein Bild von der historischen Stadt um 1823 vermittelt das Stadtmodell im 1. OG des Alten Rathauses (Stadtgeschichtliches Museum), einen Überblick über das Leipzig der 1990er-Jahre gibt das Modell im 4. OG des Neuen Rathauses. Beide können während den Öffnungszeiten kostenlos betrachtet werden.

v. a. Bauten aus der Zeit des **Historismus** das Stadtbild. Zu den bekannteren Architekten, die öffentliche Bauwerke ebenso wie Stadtvillen und Bürgerhäuser konzipierten, gehören Arwed Roßbach und Hugo Licht. Sehenswert ist insbesondere das Waldstraßenviertel, eines der größten geschlossenen Areale historischer Architektur. Bemerkenswerte Bauwerke aus moderneren Zeiten sind die ehemalige Großmarkthalle (1929) mit zwei frei tragenden Stahlbetonrippenkuppeln mit jeweils 75 m Durchmesser, die Bahnsteighalle des Hauptbahnhofs, die Glashalle der Neuen Messe, das Neue Gewandhaus und die wiedererrichtete Universitätskirche.

Universität Leipzig Die 1409 gegründete Universität entwickelte sich rasch zu einem geistigen Zentrum. 1415 wurde die medizinische, 1446 die juristische Fakultät ins Leben gerufen. Zu Beginn der Reformationszeit beharrten ältere Gelehrte auf der hergebrachten Scholastik, während Anhänger von Luther, u. a. der humanistische Gelehrte Petrus **Mosellanus**, das Neue Testament nach dem griechischen Urtext erschlossen. Durch die Auflösung des Dominikanerklosters kamen die Klosterbestände, darunter die Bibliothek (Bibliotheca Albertina) und die Kirche, in den Besitz der Universität. Neue Dynamik erhielt die Hochschule im 19. Jh. durch neue Fakultäten in den Bereichen Natur- und Landwirtschaftswissenschaft. Ab 1870 waren **Frauen** als Gasthörerinnen zugelassen, ab 1906 konnten sie ganz regulär studieren. Das weltweit erste **Institut für experimentelle Psychologie**, 1884 ins Leben gerufen, beeinflusste die Entwicklung der modernen Psychologie ganz wesentlich.

Unrühmliche Zeiten erlebte die Universität hingegen unter den Nationalsozialisten, die von vielen Professoren und Studenten tatkräftig unterstützt wurden. Ein weiterer geistiger Aderlass erfolgte nach dem Zweiten Weltkrieg, als viele Dozenten in den Westen abwanderten. Von 1953 bis 1991 hieß die Hochschule Karl-Marx-Universität. Heute ist sie insbesondere auf dem Gebiet der Medizin eine der führenden Lehranstalten Deutschlands. 2009 feierten Mitarbeiter, Lehrende und Studierende das **600-jährige Bestehen** ihrer Universität.

Halles Kulturgeschichte

Halles Musiktradition reicht von den Minnesängern bis ins 19. Jh., Eichendorff schilderte in romantischen Versen die Landschaft um Halle und in der bildenden Kunst ist v. a. Lyonel Feiningers Halle-Zyklus bekannt geworden.

Auf der ältesten Burg an der Saale lässt sich bereits im 10. Jh. ein Minnesänger nachweisen: **Heinrich von Giebichenstein**. Durch die Klöster gewann die Kirchenmusik an Bedeutung. **Samuel Scheidt** (1587 – 1654), Sohn eines Halloren, war ein Meister an der Orgel, spielte auch Trompete und förderte als Musikdirektor den Chorgesang. Von seiner Hofkapelle berichteten Zeitgenossen, dass sie »die schönste Musik gespielt hat, die Deutschland besaß«. Er bereitete mit den Weg für Johann Sebastian Bachs begabtesten Sohn, **Wilhelm Friedemann** (1710 – 1784), der 18 Jahre lang an der Marienkirche wirkte und ein begnadeter Organist war. **Georg Friedrich Händel** (▶Berühmte Persönlichkeiten) wuchs in Halle auf und trat 1702 mit 17 Jahren sein Amt als Organist der Hof- und Domkirche zu Halle an, womit er die begonnene Juristenkarriere endgültig abbrach, um sich ganz der Musik zu widmen. Die Gedichte der Romantiker vertonte **Johann Friedrich Reichardt** (1752 – 1814) und der Komponist des »Erlkönig«-Lieds **Carl Loewe** (1796 – 1869) erhielt in Halle seine Ausbildung. Zu den heute kaum noch bekannten Komponisten gehört **Robert Franz** (eigentlich Robert Knauth, 1815 – 1892). Er leitete 1842 – 1867 die Hallesche Singakademie und knüpfte mit mehr als 350 Liedern und Chormusik an die Klassik an. Als Universitätsmusikdirektor förderte er auch die Aufführung von Händel-Oratorien.

Musikalische Tradition

Ab dem 18. Jh. war Halle ein bedeutendes literarisches Zentrum des mitteldeutschen Raums. Der um 1735 gegründete Bund der Anakreontiker entwickelte sich unter dem Einfluss von Johann Wilhelm Gleim zur **Halleschen Dichterschule**, die die Romantiker an der Wende zum 19. Jh. beeinflusste. Sie setzten der sachlichen Aufklärung ihre gefühlvollen Verse entgegen, mit denen insbesondere **Joseph von Eichendorff** (1788 – 1857) die Region um Halle beschrieb: »Da steht eine Burg überm Tale / Und schaut in den Strom hinein. / Das ist die fröhliche Saale, das ist der Giebichenstein. / Da hab ich so oft gestanden / Es blühten Täler und Höhn, / Und seitdem in allen Landen / Sah ich nimmer die Welt so schön.« Die Heimstatt einer späteren Dichtergeneration bildete das »Musenparadies« Reichardts Garten am Giebichenstein. Hier hatte der Komponist **Johann Friedrich Reichardt** (1752 – 1814) einen Park und seine »Herberge der Romantik« gestaltet.

Literatur

HINTERGRUND • Halles Kulturgeschichte

Bildende Kunst und Architektur

Aus der Zeit um 1400 stammen einige Skulpturen, die der Baumeister und Bildhauer **Konrad von Einbeck** (1360 – 1428) für die Moritzkirche schuf: die Gestalt des heiligen Moritz, genannt Schellenmoritz, Christus an der Martersäule sowie ein Relief mit der Anbetung der heiligen drei Könige, das die Signatur »Conradus de Einbecke« trägt. Kennzeichnend für seine Arbeiten sind für die damalige Zeit noch ungewöhnliche realistische Gesichtszüge.

Unter Kardinal Albrecht entstanden neben der zur Hofburg ausgebauten Moritzburg weitere repräsentative Renaissance-Bauwerke: **Nickel Hoffmann** (um 1510 – 1592) schuf u. a. die Hausmannstürme der Marktkirche, den Stadtgottesacker sowie zahlreiche Patrizierhäuser, darunter auch das Schleiermacher-Haus und das Christian-Wolff-Haus, das heutige Stadtmuseum. **Matthias Grünewald** (1475/1480 – 1528) war an der Ausgestaltung des Doms beteiligt, zu dessen Ausstattung auch die beiden Lucas Cranachs und Albrecht Dürer beitrugen.

Zur Gründung des Halleschen Kunstvereins 1834 ermöglichten namhafte Persönlichkeiten der Stadt durch ihre Beiträge den Aufkauf von Kunstwerken. Am Großen Berlin wurde 1885 die Kunstsammlung der Stadt Halle eröffnet.

Die Entwicklung zur Industriemetropole ging einher mit einer erhöhten Nachfrage nach Wohnraum für die Arbeiterfamilien und nach repräsentativen Stadtvillen für die Unternehmer und Großbürger. Sehenswert sind die Gründerzeitbauten im **Paulusviertel** im Nordosten der Stadt. Ab 1900 entstand hier ein einmaliges Ensemble mit Häusern im italienischen Landhausstil (Schillerstraße), im Jugendstil (Schleiermacherstr. 39) und im Bauhausstil (Steffensstraße, Albert-Schweitzer-Straße). Ihrem Bürgermeister Richard Rive, von 1906 bis 1933 im Amt, verdankt die Stadt eine erfolgreiche Kunst- und Museumspolitik: 1908 wurde die Galerie Moritzburg als städtisches Kunstmuseum und 1913 das Landesmuseum für Ur- und Frühgeschichte eröffnet.

Der von 1919 bis 1933 am Bauhaus in Weimar und Dessau lehrende **Lyonel Feininger** schuf 29 Zeichnungen und elf Gemälde, die Landschaft und Architektur der Saalestadt verewigten. Werke aus seinem Halle-Zyklus, die 1937 von den Nazis als »entartete Kunst« aus der Moritzburger Galerie entfernt worden waren, bilden heute wieder einen Anziehungspunkt der Ausstellung (▶Baedeker Wissen S. 288). Zu den bekannten Vertretern des Sozialistischen Realismus gehört der Hallenser Künstler **Willi Sitte**, der auch außerhalb der damaligen DDR Beachtung fand. Die **Hochschule für Kunst und Design Burg Giebichenstein** ist heute insbesondere im Bereich des Industrieproduktdesigns maßgebend. Für Liebhaber zeitgenössischer Architektur sind die Georg-Friedrich-Händel-Halle, das Multimediazentrum, das MDR-Funkhaus, die Neustadt-Passage oder das Stadtcenter Rolltreppe interessant.

Halles Kulturgeschichte • HINTERGRUND

1695 erhielt der pietistische Pfarrer und Pädagoge August Hermann Francke (▶Berühmte Persönlichkeiten) eine unerwartete Spende und rief eine Armenschule ins Leben, die innerhalb kurzer Zeit um Bürger- und Adelsklassen erweitert wurde. In Halle entstand ein **Zentrum des Pietismus**, das auf ganz Deutschland ausstrahlte. Mithilfe von Spenden und staatlicher Unterstützung wurden etliche weitere Schul- und Wirtschaftsgebäude, unter anderem eine Druckerei, eine Apotheke und eine Buchhandlung, errichtet (▶Franckesche Stiftungen und Baedeker Wissen S. 64/65).

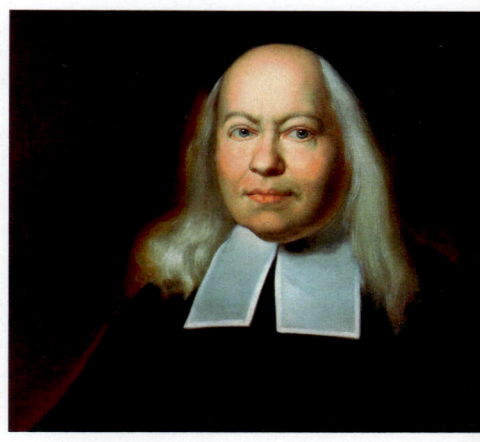

August Hermann Francke (1663 – 1727)

Universität Halle-Wittenberg

Auf Befehl Kurfürst Friedrichs wurde 1694 die »Friedrichs-Universität« gegründet, die sich vor allem unter der Leitung von Christian Thomasius zu einem **Zentrum der deutschen Frühaufklärung** entwickelte. Hier lehrten unter anderem August Hermann Francke, der Philosoph Friedrich Daniel Schleiermacher und die Juristin Gertrud Schubart-Fikentscher, die erste Professorin für Rechtswissenschaft an einer deutschen Universität. 1754 promovierte hier die erste Ärztin Deutschlands, **Dorothea Christiana Erxleben**. Allerdings war ihr das erst möglich, nachdem Friedrich der Große der Universität einen entsprechenden Befehl erteilt hatte.

Nach der Besetzung Halles durch die französische Armee 1806 wurde die Universität auf Befehl Napoleons geschlossen, zwei Jahre später aber wieder eröffnet, als Halle Teil des Königreichs Westfalen unter König Jérôme wurde. 1817 vereinigte man die beiden Hochschulen von Halle und Wittenberg, seit 1933 trägt die Einrichtung den Namen Martin-Luther-Universität Halle-Wittenberg. Derzeit sind gut 20 000 Studierende eingeschrieben.

Berühmte Persönlichkeiten

JOHANN SEBASTIAN BACH (1685 – 1750)

Der in Eisenach geborene Komponist kam 1723 nach Leipzig, um als **Thomaskantor** und städtischer Musikdirektor zu arbeiten. Gleichzeitig war er für die stimmliche Ausbildung des Thomanerchors zuständig. 27 Jahre lang war Bach für die musikalische Ausgestaltung der Gottesdienste und Andachten, für die regelmäßige Aufführung der Sonntagskantaten abwechselnd in der Thomas- und in der Nikolaikirche sowie für Musik zu anderen Anlässen verantwortlich. Er betreute 55 Thomaner, vier Stadtpfeifer und die Musiker des Collegium Musicum. In Leipzig enstanden u. a. die Matthäuspassion, die Große Messe in h-Moll, das Weihnachtsoratorium und die Kunst der Fuge. Die Reibereien mit dem Leipziger Rat und das ungeheure Arbeitspensum strengten ihn an. 1749 wurde er schwer krank, erblindete nach einer Augenoperation und starb 1750.

Komponist

AUGUST HERMANN FRANCKE (1663 – 1727)

Francke (▶Baedeker Wissen S. 64, 3D S. 266), geboren am 22. März 1663 in Lübeck, studierte Theologie sowie orientalische und moderne Sprachen an verschiedenen Universitäten in Deutschland. Nach einer existenziellen Glaubenskrise erlebte er 1687 eine Art Erweckung, die sein weiteres Leben prägte. Francke entwickelte sich zu einer führenden Persönlichkeit des **lutherischen Pietismus**. Diese innerkirchliche Bewegung trat ein für eine Reform des kirchlichen Lebens auf der Grundlage persönlichen Frömmigkeit. Wegen der Verbreitung solcher Ideen wurde Francke zunächst aus Leipzig, später aus Erfurt vertrieben. 1692 wurde er als Pfarrer und Universitätsprofessor nach Halle berufen und begründete hier sein pietistisches Sozial- und Bildungswerk, die ▶Franckeschen Stiftungen.

Theologe, Pädagoge

HANS-DIETRICH GENSCHER (GEB. 1927)

Als am längsten amtierender Außenminister der westlichen Welt genoss Hans-Dietrich Genscher die Bewunderung seiner Kollegen und den Respekt seiner Wähler. Er wurde als Sohn eines Juristen in Reideburg bei Halle geboren. Nach der ersten juristischen Staatsprüfung begann er in Halle als Referendar zu arbeiten, übersiedelte aber bald in die Bundesrepublik. Ab 1956 arbeitete Genscher hauptberuflich in der Politik. Er war über 30 Jahre Mitglied des Bundestags und als Minister unter drei Kanzlern tätig: von 1969 bis 1974 als Bundesmi-

Ehemaliger Innen- und Außenminister

Anziehungspunkt für viele Leipzig-Besucher: das Bach-Denkmal auf dem Thomaskirchhof

BAEDEKER WISSEN

Die Franckeschen Stiftungen und mehr

Werk eines streitbaren Visionärs

Wie wurde aus August Hermann Francke eine der weltweit bekanntesten Persönlichkeiten des Protestantismus und ein erfolgreicher Sozialreformer? Wie knüpfte er Beziehungen in alle Welt? Grundstock dafür war eine Schulstadt mit Waisenheim.

▶ **August Hermann Francke**
Der Sohn eines Juristen wuchs in Gotha auf, dem damaligen Zentrum der schulischen und kirchlichen Reform. In Erfurt, Kiel und Leipzig studierte er Theologie, musste jedoch später wegen Verbreitung pietistischer Ansichten auf Veranlassung der lutherischen Kirche Leipzig verlassen.
Sein Mentor Philipp Spener verschaffte ihm eine Professur an der Universität Halle und eine Pfarrstelle in Glaucha. Hier begann sein Lebenswerk der pädagogischen und sozialen Reformation.

Zeitleiste 1660–1730:

- *Franckes Leben*
- *Franckesche Stiftung*
- *Pietismus (und Reformation)*
- *(Inter-)nationale Beziehungen*

- 1663 geboren in Lübeck
- Lehrstuhl in Halle, Pfarrerstelle und Einführung strenger Gemeinderegeln in Glaucha
- großzügige Spende ermöglicht Entwicklung
- Glaubenskrise Franckes, Erweckung und Bekennung
- lutherischer Pietismus
- Sohn Gotthilf August Francke geboren
- Professor für Theologie in Halle
- Gründung Schulstadt »Pflanzstätte«
- Schule für begabte Armenkinder und Bürgert
- erste protestantische Mission »Dänisch-Hallesche Mission«
- Gründung erster Waisenschule
- 18. Jh.: pietistische Geistliche missionieren
- stirbt 1727 in Halle

▶ **Pietismus und Reformation**
Der ursprünglich spöttische Begriff Pietismus stammt vom lateinischen Wort für »Frömmigkeit« ab und galt als wichtigste Reformbewegung im 17. Jahrhundert. Sie betrachtete den Menschen als »Einzelnen« mit bewusst erlebter Gotteserfahrung. Francke verlieh Speners pietistischen Schriften Gehör in Halle.

Leitspruch am Giebel des historischen Waisenhauses in Glaucha:

Die auf den Herrn harren, kriegen neue Kraft, dass sie auffahren mit Flügeln wie Adler.

Jesaja 40,31

FRANCKENS STIFTUNGEN

Die Franckesche Stiftung zu Halle

1698 rief Francke die ursprünglich »Glauchasche Anstalten« genannte Institution ins Leben. Innerhalb von 30 Jahren entstand eine eigene Stadt aus Schul- und Wohnhäusern, Werkstätten, Gärten, einem Kinderkrankenhaus, einer Apotheke, einer Buchhandlung, einer Druckerei, sogar einer Raupenzucht und einem eigenen Wassersystem. Finanziert wurde sie durch Spenden, später durch den Verkauf von Arznei und Büchern.

Stiftungsgelände heute

- Bildung/Soziales
- Wissenschaft
- Kultur/Tourismus
- Interdisziplinär/Sonstiges

Über 4000 Menschen lernen, lehren, arbeiten und leben heute wieder in den Franckeschen Stiftungen, die auf der Vorschlagliste für das UNESCO-Weltkulturerbe stehen.

Historisches Waisenhaus

©BAEDEKER

Zeitleiste

- **1750** – Francke-Schüler Johann Julius Hecker gründet 1747 in Berlin die erste praxisorientierte Realschule.
- Heinrich Melchior Mühlenberg als Gesandter in die nordamerikanischen Kolonien
- Spätpietismus
- international
- Erweckungsbewegung
- **1800** – August Hermann Niemeyer (Urenkel Franckes) übernimmt Leitung, modernisiert und verbessert Ansehen
- **1850** – Stiftung wird in die Martin-Luther-Universität Halle-Wittenberg eingegliedert
- **1900**
- »Wende«: Grundsanierung durch Spenderfakultäten und -Bibliotheken
- **1950** – Stiftungsschulen wurden zur sozialistischen Einheitsschule, »Walter Ulbricht« Fakultät für Arbeiter- und Bauernkinder
- seit 1991 wieder öffentlich-rechtlich, 1992 Wiederaufnahme des Betriebs
- **2000** – Appellaktion »Rettet die Franckeschen Stiftungen!«

Bedeutende Orte internationaler Beziehungen

Amsterdam, London, Bristol, Den Haag, Reval, Prag, St. Petersburg, Moskau, Novouralsk, Tjumen, Vilnius, Warschau, Teschen, Omsk, Nowosibirsk, Pressburg, Nemescsó, Budapest, Adrianopel (Edirne), Konstantinopel (Istanbul), Neu-Delhi, Chennai, Bangalore, Tharangambadi (ehem. Tranquebar)

Harvard, Cambridge, MA; Trappe, Pennsylvania; Washington D.C.; Savannah, Georgia

- Zentrum des halleschen Pietismus
- Austausch mit Reformbewegungen
- Missionierung
- Sozialpolitische Arbeit
- nach 1990

Henry Kissinger, Hans-Dietrich Genscher und Michail Gorbatschow 1993 bei einem Besuch in Halle

nister des Innern sowie von 1974 bis 1992 fast ununterbrochen als Bundesminister des Auswärtigen und Stellvertreter des Bundeskanzlers. Von 1974 bis 1985 war er außerdem Bundesvorsitzender der FDP. Dabei **förderte er einen kontinuierlichen Ost-West-Dialog**. Das Ende des Kalten Kriegs und die Verhandlungen zur deutschen Einheit krönten seinen Einsatz. Hans-Dietrich Genscher ist Ehrenbürger seiner Geburtsstadt Halle und seit 2002 Ehrensenator der Martin-Luther-Universität Halle-Wittenberg.

HENRIETTE GOLDSCHMIDT (1825 – 1920)

Frauen-rechtlerin

Als eine Wegbereiterin der bürgerlichen Frauenbewegung forderte Henriette Goldschmidt gleiche Bildungschancen und die gleichberechtigte Teilnahme am öffentlichen Leben für Mädchen und Frauen. Geboren 1825 als Tochter eines jüdischen Kaufmanns in Krotoschin bei Posen, heiratete sie 1853 Dr. Abraham Meyer Goldschmidt, der 1858 als Rabbiner der Israelitischen Religionsgemeinde nach Leipzig berufen wurde. Henriette Goldschmidt war **eine der Initiatorinnen der ersten Frauenkonferenz** in Deutschland und gründete mit Gleichgesinnten, u. a. mit Louise Otto-Peters (▶S. 70), den Allgemeinen Deutschen Frauenverein. Sie gründete außerdem u. a. den Verein für Familien- und Volkserziehung, der wiederum einen Volkskindergarten und ein Seminar für Kindergärtnerinnen eröffnete, und das Lyzeum der Damen, aus dem die erste deutsche Hochschule für Frauen zu Leipzig (1911) entstand. Das spätere Sozialpädagogische Frauenseminar ist heute als Sozialpädagogische Fachschule Henriette Goldschmidt für die Ausbildung von Erzieherinnen zuständig.

GEORG FRIEDRICH HÄNDEL (1685 – 1759)

Händel galt zu Lebzeiten als **der größte Komponist seiner Zeit**. Er war in Deutschland, Italien und England gleichermaßen »zu Hause« und sprach verschiedene europäische Sprachen. In Halle verbrachte Händel seine Kindheit und Jugend als Sohn des herzoglichen Leibarztes Georg Händel und der Pfarrerstochter Dorothea Taust. Schon früh erhielt er eine musikalische Ausbildung bei dem damals besten Musiker Halles, Friedrich Wilhelm Zachow. Im Februar 1702 begann er in Halle ein Jurastudium und übernahm das Organistenamt am Dom. Das Studium brach der aufstrebende Musiker jedoch ziemlich schnell wieder ab und ging bereits 1703 nach Hamburg, dann auf eine vierjährige Italienreise und zog schließlich nach England, wo er rauschende Triumphe feierte. 1759 starb Händel im Alter von 74 Jahren und fand als erster Ausländer in der Londoner Westminster Abbey seine letzte Ruhestätte.

Komponist

MAX KLINGER (1857 – 1920)

Den »Modernsten unter den Modernen« nannte der dänische Schriftsteller Georg Brandes 1882 den Maler, Grafiker und Bildhauer Max Klinger, dessen Werk zwischen Impressionismus, Symbolismus und Jugendstil changiert. Der 1857 in Leipzig geborene Künstler studierte zunächst an der badischen Kunstschule in Karlsruhe, dann an der Königlichen Akademie der Bildenden Künste in Berlin als Schüler von Karl Gussow (1843 – 1907). Bereits im Alter von 21 Jahren beteiligte er sich mit seinem »Spaziergänger« an der Jahresausstellung der Akademie. Stationen in Brüssel – bei Emile Charles Wauters –, München, Paris, Berlin und Rom folgten, bevor er im Jahr 1895 nach Leipzig zurückkehrte und 1897 hier eine Professur an der Akademie der Grafischen Künste übernahm. Während Max Klingers erste Schaffensperiode im Wesentlichen von Grafiken und Gemälden geprägt war, entstanden in Leipzig zahlreiche bildhauerische Arbeiten, darunter sein »Beethoven«, der heute im »Museum der Bildenden Künste« ausgestellt ist.

GOTTFRIED WILHELM LEIBNIZ (1646 – 1716)

Philosoph, Wissenschaftler

Als **einer der bedeutendsten Universalgelehrten** gilt Gottfried Leibniz wegen seiner großen Leistungen auf verschiedenen wissenschaftlichen Gebieten. Der Sohn eines Ethikprofessors, 1646 in Leipzig geboren, besuchte die Nikolaischule und lernte als Achtjähriger autodidaktisch Lateinisch und Griechisch. Bereits mit 15 Jahren studierte er an der Leipziger Universität Jura und Philosophie. Als er gerade 20-jährig in beiden Fächern promovieren wollte, wurde er wegen seines jugendlichen Alters abgelehnt. Gottfried Leibniz verließ Leipzig für immer und promovierte an der Universität Altdorf bei Nürnberg, arbeitete in Braunschweig, Paris und Hannover. Der Gründer und erste Präsident der Berliner Akademie der Wissenschaften entwickelte die Integral- und Differenzialrechnung, eine Rechenmaschine, das Dualsystem u. v. m. 1716 starb er in Hannover. Leipzig ehrte ihn mit einem Denkmal auf dem Universitätscampus.

MARTIN LUTHER (1483 – 1546)

Theologe und Reformator

Martin Luther wurde als Sohn eines Bergmanns in Eisleben bei Halle geboren. Er begann in Erfurt ein Studium und trat 1505 in das Kloster der Augustinereremiten ein. 1507 empfing er die Priesterweihe und studierte Theologie. Später wurde er in den Konvent von Wittenberg versetzt, wo er bereits aushilfsweise Vorlesungen an der Universität gehalten hatte. 1512 wurde er Doktor der Theologie und übernahm eine Professur für Exegese an der Universität Wittenberg. 1517 schlug er seine **95 Thesen über den Ablass** an der Schlosskirche zu Wittenberg an und gab damit das Startsignal zur Reformation. In Leipzig predigte Luther 1515 bis 1518, bevor er im Sommer 1519 in der Leipziger Pleißenburg die berühmt gewordene **Disputation mit Johann Eck** führte (▶Abb. S. 29) und in dieser Zeit beim Buchdrucker Melchior Lotter wohnte. Anlässlich der Einführung der Reformation hielt Luther 1539 in der Kapelle der Pleißenburg und am Tag danach öffentlich in der Thomaskirche eine Predigt. In Halle predigte der Reformator 1545 und 1546 mehrfach in der Marktkirche. Bei der Überführung des Leichnams von Eisleben nach Wittenberg wurde er auch in der halleschen Marienkirche aufgebahrt, wo seine Totenmaske und ein Abdruck der Hände ausgestellt sind.

KURT MASUR (GEB. 1927)

Dirigent

1927 als Sohn eines Ingenieurs in Brieg (Schlesien) geboren, erhielt Kurt Masur seine Ausbildung in Breslau und Leipzig, es folgten Stationen in Halle und Erfurt, ehe er Generalmusikdirektor am Mecklenburgischen Staatstheater, Musikalischer Oberleiter an der Komischen Oper Berlin und Chefdirigent der Dresdner Philharmonie wurde. 1970 wurde Kurt Masur zum **17. Gewandhauskapellmeister** berufen und leitete das Orchester bis 1996. 1991 bis 2002 war er außerdem Chefdirigent der New Yorker Philharmoniker, 2000 bis 2007 Chefdirigent des London Philharmonic Orchestra und leitete als Musikdirektor bis 2008 das Orchestre National de France. **»Politiker wider Willen«** wurde Kurt Masur während der friedlichen Revolution 1989, als er gemeinsam mit fünf anderen prominenten Leipzigern den Aufruf »Keine Gewalt!« verfasste. Masur ist Gründer der Internationalen Mendelssohn-Stiftung und setzte sich für die Entwicklung des Mendelssohn-Hauses in Leipzig als kulturelles Zentrum ein. Er ist unter anderem Ehrenbürger der Stadt Leipzig, Ehrendoktor der Leipziger Universität, Träger etwa des Großen Bundesverdienstkreuzes mit Stern und des Westfälischen Friedenspreises, Kulturbotschafter von New York und Ehrengastdirigent auf Lebenszeit des Israel Philharmonic Orchestra.

Kurt Masur bei einem Gesprächsforum 1989 im Leipziger Gewandhaus

FELIX MENDELSSOHN BARTHOLDY (1809 – 1847)

Die **Wiederentdeckung Bachs**, die Förderung des Musikschaffens seiner Zeit und nicht zuletzt die musikalische Ausbildung der Jugend machen Felix Mendelssohn Bartholdys Schaffen in Leipzig so bedeutsam. Der 1809 in Hamburg geborene Komponist trat 1835 die Stelle als **Gewandhauskapellmeister** an. Daneben komponierte er u. a. Konzerte für Klavier und Violine, Sinfonien und Oratorien. Zu den ständigen Gästen im Gewandhausorchester gehörte Robert Schumann, von dem in Leipzig viele Werke uraufgeführt wurden. Mendelssohn war es auch, der erstmals Werke von Johann Sebastian Bach im Gewandhaus darbot und die Matthäuspassion in der Thomaskirche wiederaufführen ließ. 1843 stiftete er das Alte Bach-Denkmal am Dittrichring (Promenadenring) und initiierte die Gründung des ersten deutschen Konservatoriums für Musik. Zuletzt wohnte er mit seiner Familie in der heutigen Goldschmidtstraße 12, wo er 1847 starb (Mendelssohn-Haus).

Komponist

NEO RAUCH (GEB. 1960)

Maler Der 1960 in Leipzig geborene Künstler gehört zu den bedeutendsten deutschen Malern seiner Generation. Ab 1981 studierte er an der Leipziger Hochschule für Grafik und Buchkunst, insbesondere bei dem 20 Jahre älteren Arno Rink, später bei Bernhard Heisig, und wurde selbst Professor der Hochschule. Bis heute lebt Rauch zusammen mit seiner Frau, der Malerin Rosa Loy, südlich von Leipzig, sein Atelier hat er in der ehemaligen Baumwollspinnerei in Leipzig-Lindenau. Seine Bilder sind insbesondere beeinflusst vom Sozialistischen Realismus und von der Pop-Art, aber auch vom Surrealismus. Rauch gilt als einer der wichtigsten Vertreter der **Neuen Leipziger Schule** (▶Baedeker Wissen S. 122).

LOUISE OTTO-PETERS (1819 – 1895)

Mitbegründerin der Frauenbewegung Den Zugang der Frauen und Mädchen zur Bildung, die rechtliche Gleichstellung der Geschlechter und das Wahlrecht für Frauen forderte Louise Otto-Peters, die gesellschaftskritische Publizistin, Dichterin und Schriftstellerin. 1819 in Meißen als Tochter einer wohlhabenden Familie geboren, wurde sie bereits mit 17 Jahren Vollwaise und bestritt ihren Lebensunterhalt mit publizistischen Tätigkeiten. Von 1849 bis 1852 gab sie die »Frauenzeitung« heraus, die wegen des Pressegesetzes, das Frauen die Verlegertätigkeit verbot, eingestellt werden musste. 1860 zog sie mit ihrem Ehemann, dem Schriftsteller August Peters, nach Leipzig. Gemeinsam gaben sie die »Mitteldeutsche Volkszeitung« heraus. Louise Otto-Peters war Mitinitiatorin des Leipziger Frauenbildungsvereins, organisierte die erste deutsche Frauenkonferenz in Leipzig und gründete mit Henriette Goldschmidt (▶ S. 66) den **Allgemeinen Deutschen Frauenverein**, dessen erste Vorsitzende sie 30 Jahre lang war.

MORITZ SCHREBER (1808 – 1861)

Arzt und »Vater der Kleingartenbewegung« Für eine naturgemäße Lebensweise der Kinder und für viel Bewegung an der frischen Luft setzte sich der Arzt Dr. Daniel Gottlob Moritz Schreber ein. In Leipzig 1808 als Sohn eines Advokaten geboren, besuchte er die Thomasschule und studierte Medizin an der Leipziger Universität. Danach eröffnete er eine orthopädische Praxis, bevor er 1844 die Leitung der Orthopädischen Heilanstalt Leipzig übernahm. Der **Mitbegründer der Kinderorthopädie** hatte die Idee, Kinderspielplätze für die Großstadtjugend zu errichten, und wurde dabei von seinem Freund, dem Pädagogen Hauschild, unterstützt. 1865 konnte der erste Kinderspielplatz, der außer Spielgeräten

Berühmte Persönlichkeiten • HINTERGRUND

auch eine Reihe von Beeten aufwies, eingeweiht werden. Sie wurden von dem pensionierten Oberlehrer Gesell angelegt und später zu kleinen Gärten ausgebaut. 1876 entstand der **Schreberverein** der Westvorstadt zu Leipzig, heute die Kleingartenanlage Dr. Schreber. In der Aachener Straße kann man das ▶Deutsche Kleingärtnermuseum besichtigen.

CLARA UND ROBERT SCHUMANN

Clara Wieck (1819 – 1896) wurde als Tochter des erfolgreichen Klavierpädagogen und -händlers Friedrich Wieck in Leipzig geboren. Bereit als 5-Jährige begann sie mit dem Klavierunterricht bei ihrem Vater, der sie auf eine Virtuosenlaufbahn vorbereitete. Sie spielte vor Paganini und Goethe und ging 1831 zusammen mit ihrem Vater auf eine erste Konzertreise. Der 1810 in Zwickau geborene Robert Schumann (1810 – 1856) studierte ab 1826 in Leipzig eher widerwillig Jura, spielte lieber Klavier und wurde von Friedrich Wieck zum Pianisten ausgebildet. Eine Lähmung der rechten Hand, hervorgerufen durch übermäßiges Üben, beendete vorzeitig seine Laufbahn. Doch blieb das **Klavier Zentrum seines kompositorischen Schaffens**. Zwangsläufig begegneten sich die junge **Pianistin** Clara und der Komponist Robert. Der Vater verbot Clara zwar den Umgang mit Schumann, aber 1836 verlobten sie sich heimlich. Als Robert am 18. Geburtstag Claras offiziell um ihre Hand anhielt, widersetzte sich Friedrich Wieck. Beide wandten sich an ein Appellationsgericht, heirateten 1840 und bezogen vier Jahre später eine Wohnung in der Inselstraße (Schumann-Haus). Clara komponierte, interpretierte aber v. a. die Klaviermusik ihres Mannes, spielte Chopin, Beethoven und Brahms und unternahm eine von Mendelssohn Bartholdy organisierte Tournee durch Russland. Robert Schumann komponierte Klavierwerke, über 100 Lieder, Kammermusiken, sinfonische Dichtungen und erlebte seinen Durchbruch mit der 1. Sinfonie op. 38, der Frühlingssinfonie, die Mendelssohn 1841 in Leipzig uraufführte. Als ihm die Stelle als Gewandhausmusikdirektor, um die er sich beworben hatte, versagt blieb, gaben seine Frau und er im Dezember 1844 ihr Abschiedskonzert in Leipzig und zogen nach Dresden.

Künstlerpaar der Romantik

PETER SODANN (GEB. 1936)

Der nahe Meißen aufgewachsene Sodann studierte erst Rechtswissenschaften, wechselte dann aber an die Theaterhochschule Leipzig. Ein Kabarettprogramm erregte den Unwillen der Partei, Sodann wurde wegen staatsgefährdender Hetze zu einer Gefängnisstrafe verurteilt. Später konnte er sein Schauspielstudium fortsetzen. Er arbei-

Schauspieler, Regisseur

te u. a. in Berlin, Erfurt und Magdeburg, bevor er 1980 als Direktor des Landestheaters nach Halle kam. Bis 2005 war er Intendant des neuen theaters und entwickelte zusammen mit dem Ensemble die »Kulturinsel« (▶S. 9 und 91). Bundesweit bekannt wurde Sodann als Tatort-Kommissar Bruno Ehrlicher. 2009 trat er als Kandidat der Linken zur Wahl des Bundespräsidenten an. Sodann engagiert sich unter anderem für die Stiftung Kinderhospiz Mitteldeutschland und ist Ehrenbürger von Halle.

WERNER TÜBKE (1929 – 2004)

Maler Werner Tübke gehört zu den bekanntesten, aber auch umstrittensten Künstlern der Gegenwart. Als Sohn eines Kaufmanns und Enkel eines Malers wurde Tübke 1929 in Schönebeck geboren, absolvierte eine Malerlehre, besuchte die Meisterschule für das deutsche Handwerk in Magdeburg und studierte nach dem Abitur an der Leipziger Hochschule für Grafik und Buchkunst sowie an der Greifswalder Universität. Er arbeitete als wissenschaftlicher Mitarbeiter der Abteilung Bildende Künste im Leipziger Zentralhaus für Laienkunst, ehe er 1954 als freischaffender Maler und Grafiker begann. Fast 30 Jahre war er Lehrer an der Leipziger Hochschule für Grafik und Buchkunst, wurde 1972 Professor und war drei Jahre lang auch ihr Rektor. Zeichnungen waren der Ausgangspunkt all seiner schöpferischen Tätigkeit, sie verdeutlichen seine exzellente Präzision und Vielseitigkeit. Elf Jahre arbeitete er an dem ersten Sinnbildpanorama und weltgrößten Gemälde **»Frühbürgerliche Revolution in Deutschland«** für das Panorama-Museum in Bad Frankenhausen. Ursprünglich ein Auftragsbild, das revolutionären sozialistischen Geist verkörpern sollte, schuf der Künstler ein »apokalyptisches Mysterienspiel«. Zu seinen jüngsten Arbeiten gehört das riesige Gemälde für die Freischütz-Aufführung in Bonn (1993) und ein umfangreiches Altarbild für die Kirche St. Salvatoris in Clausthal-Zellerfeld (1993/97). Tübke war Mitglied der Königlichen Akademie der Künste Schwedens in Stockholm (seit 1982 als einziger Deutscher) und Ehrenmitglied der Russischen Akademie der Künste seit 1988. Er gilt als einer der bedeutendsten **Wegbereiter der Leipziger Schule**.

RICHARD WAGNER (1813 – 1883)

Komponist In Leipzig als neuntes Kind eines Polizeiprotokollführers 1813 geboren, verlebte Wagner nach dem frühen Tod des Vaters und der Wiederheirat seiner Mutter ab 1814 seine Kindheit in Dresden. 1827 kehrte die Familie nach Leipzig zurück, wo Richard von 1827 bis 1830 die (Alte) Nikolaischule besuchte. 1830 wechselte er in die Thomasschule, die er aber ohne Abschluss verließ. Eine Sondergenehmigung ermöglichte ihm 1831 das Musikstudium an der Leipziger Universität. Dort nahm er Kompositionsunterricht beim Thomaskantor Weinlig. Seine ersten Kompositionen waren erfolgreich: Weihnachten 1830 wurde die Paukenschlag-Ouvertüre uraufgeführt, 1832 im Gewandhaus die Ouvertüre in d-Moll. Seine Opern »Die Feen« und »Das Liebesverbot« stießen aber auf Ablehnung; auch seine Hoffnung, Gewandhauskapellmeister zu werden, erfüllte sich nicht. Da er 1848 aufseiten der Revolutionäre stand, wurde er von 1849 bis 1862 durch die Leipziger Behörden steckbrieflich gesucht und als »verlorener Sohn« betrachtet. Erst Ende 1862 dirigierte Wagner im fast leeren Leipziger Gewandhaus die Ouvertüren zu »Tannhäuser« und zu den »Meistersingern«. Eine Gedenktafel am ehemaligen Standort des Geburtshauses am Brühl, eine Wagnerbüste von Max

Den Sockel von Stephan Balkenhols Wagner-Denkmal schuf Max Klinger.

Klinger vor der Oper am Schwanenteich (Promenadenring) und das Richard-Wagner-Denkmal an der Richard-Wagner-Straße mit dem Sockel von Max Klinger und dem Denkmal von Stephan Balkenhol erinnern an den Komponisten.

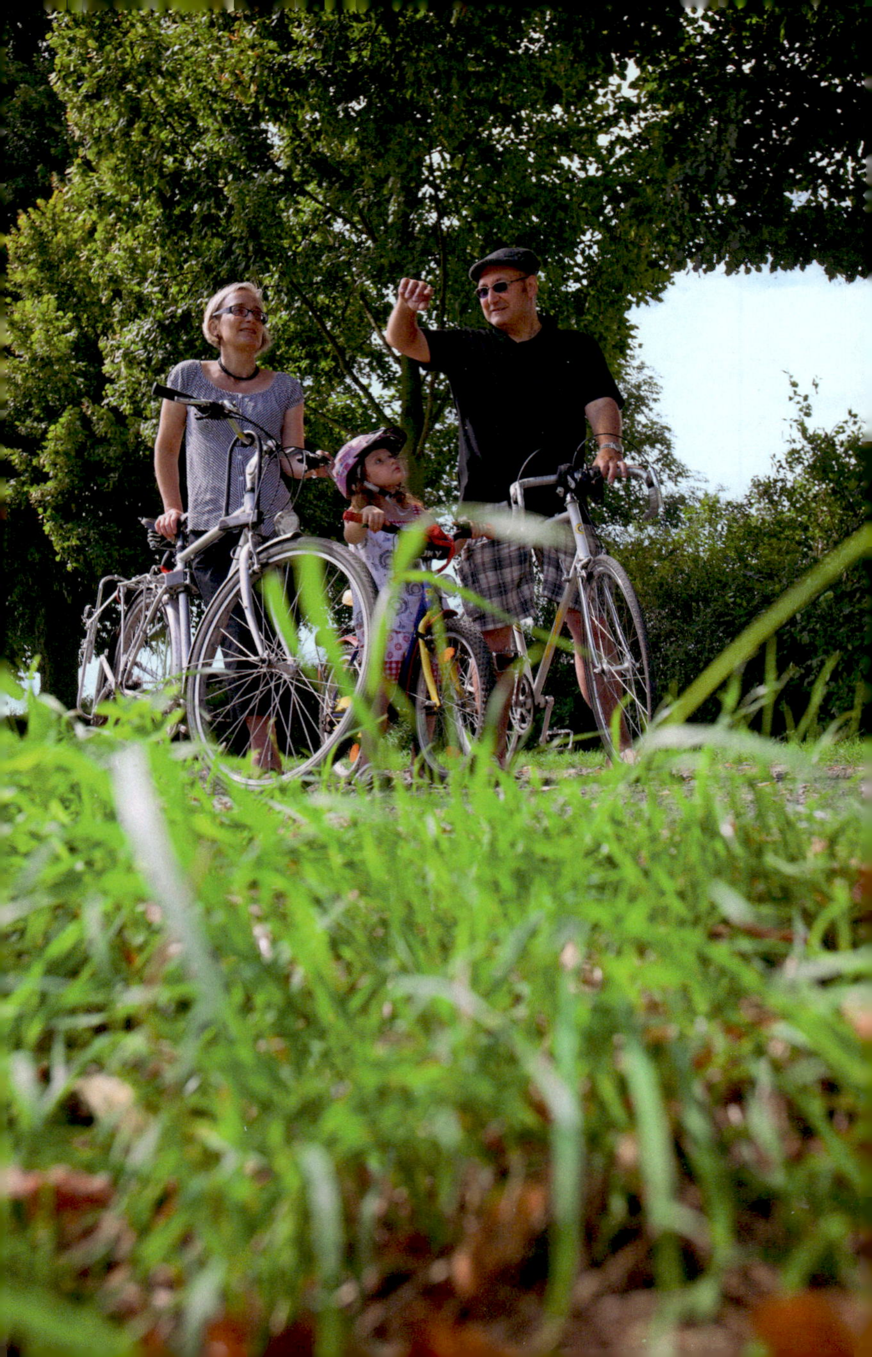

ERLEBEN UND GENIESSEN

Wohin am Abend? Welche Feste und Veranstaltungen sollte man nicht versäumen? Wo kann man besonders gut essen und wo sind kleine Kinder willkommen?

Am Abend

Vielfalt ist Trumpf

Händel, Bach, Wagner, Schumann, Masur ... in Leipzig und Halle findet sich konzentrierte musikalische Genialität. Nicht nur die von großen Namen geprägte Geschichte der beiden Städte, auch das zeitgenössische Musikschaffen ist so aufregend, dass ein Aufenthalt ohne den Besuch eines Konzerts, eines Oratoriums oder einer Motette schade wäre. Besonders reizvoll sind Aufführungen an historischen Orten wie dem Schumann-Haus in Leipzig oder dem Händel-Haus in Halle.

Die Oper von **Leipzig** besticht mit teils spektakulären Inszenierungen und einem jungen, aber virtuosen Ensemble. Das Ballett hat sich schon unter seinem 2004 verstorbenen Direktor Uwe Scholz internationale Beachtung ertanzt. Sehr vielseitig ist die Theaterszene, die das renommierte Schauspiel Leipzig mit gleich vier Nebenbühnen für kleinere Produktionen bereichert. Die freie Szene tritt an verschiedenen, oft auch nur temporären Spielstätten auf – das aktuelle Programm steht z. B. im Stadtmagazin Prinz Leipzig oder unter http://leipzig.prinz.de. Dort erhält man auch einen Überblick über Musik- oder Kabarettveranstaltungen. Vor allem Letztere sind interessant, denn in der Kabaretthauptstadt Deutschlands lässt sich der besondere sächsische Humor und Biss intensiv erleben.

Mittelpunkt des vielfältigen Theaterschaffens in **Halle** ist die Kulturinsel mit dem neuen theater (Schauspiel), dem Thalia Theater (Jugend) und dem Puppentheater. Zusammen mit Oper und Staatskapelle, zu der auch das auf historischen Instrumenten musizierende Händel-Orchester gehört, präsentieren die Bühnen ihr Programm auf http://buehnen-halle.de. Unter Halles Kabaretts stechen die bereits zu DDR-Zeiten berühmten »Kiebitzensteiner« hervor.

Vielseitige Kulturszene

Die zentrale Ausgehmeile von **Leipzig** ist der **Drallewatsch** (▶Baedeker Wissen S. 82) in der Innenstadt, wo alle Arten von Kneipen um Gäste wetteifern. Eine spannende Alternative bietet die Südvorstadt mit der von Lokalen und Restaurants gesäumten **Karl-Liebknecht-Straße**. Auch um die **Gottschedstraße** hat sich ein reizvolles Ausgehviertel entwickelt. Veranstaltungsort für große **Musikevents** ist die Red Bull Arena (www.arena-leipzig.com). Unbekanntere oder gerade im Aufstieg begriffene Bands treten z. B. in der naTo oder im Werk II auf. Als Leipziger Boygroup der Nachwende sind die Prinzen in der Pleißestadt nach wie vor sehr geschätzt.

Ausgehmeilen

Die Illuminierung deutet es schon an: In Leipzig ist abends ordentlich was los.

ERLEBEN UND GENIESSEN • **Am Abend**

Für Nachtschwärmer Als Universitätsstadt besitzt auch **Halle** ein reiches Angebot an Abendunterhaltung. Gleich drei Flaniermeilen konkurrieren um Nachtschwärmer. Klassiker ist die **Kleine Ulrichstraße** im Zentrum, an der von der schicken Bar bis zur urigen Kneipe für jeden Geschmack etwas dabei ist. Auch **Sternstraße** und **Universitätsring** sind empfehlenswerte Adressen, vor allem, wenn man Exotisches liebt und indisch essen oder lateinamerikanisch tanzen möchte. Bermudadreieck nennt die hallesche Jugend das **Viertel nahe der Burg Giebichenstein**, dessen Techno-Herz im Objekt 5 schlägt. Hier macht die Studenten- und Jugendszene die Nacht zum Tag. Das Veranstaltungsprogramm für Halle steht auf www.kulturfalter.de oder auf www.halle-nightlife.de.

Tickets In Leipzig und Halle bekommt man Tickets **meist problemlos** – nur Konzerte des Gewandhausorchesters sind lange im Voraus ausverkauft. Deshalb lohnt sich ein Blick ins Internet oder ein Anruf bei der jeweiligen Tickethotline, wenn man sich spontan für eine Vorstellung oder einen Auftritt interessiert.

Eingeschränktes Rauchverbot Übrigens gilt in Sachsen und Sachsen-Anhalt nur eingeschränktes Rauchverbot. In ausgewiesenen Nebenräumen und in Einraumkneipen dürfen die Gäste rauchen.

Adressen in Leipzig

❶ etc. siehe Plan S. 80/81

KABARETT, CLUBS & KULTUR
❶ Kabarett Pfeffermühle
(Interim im Kosmos-Haus)
Katharinenstr. 17
Tel. 0341 9 60 31 96
www.kabarett-leipziger-pfeffermuehle.de
»Dienstältestes« politisch-satirisches Kabarett in Leipzig

❷ academixer
Kupfergasse 2
Tel. 0341 21 78 78 78
www.academixer.com
Anspruchsvolle satirische Programme und bekannte Gäste, im Keller des ehemaligen Messehauses Dresdner Hof

❸ Kabarett-Theater SanftWut
Grimmaische Str. 2
(Mädler-Passage)
Tel. 0341 9 61 23 46
www.kabarett-theater-sanftwut.de
Mit feinem Gespür für Aktuelles und mit musikalischer Verve werden »weltbewegende« Fragen in amüsantem Gewand geboten.

❹ Kabarett Leipziger Funzel
Nikolaistr. 6–10 (Strohsackpass.)
Tel. 0341 9 60 32 32
www.leipziger-funzel.de
Thorsten Wolf – als vielseitiger Schauspieler in diversen Fernsehsendungen präsent – begegnet den Alltagsproblemen im Land mit bissigen Kommentaren und hintergründigem Humor.

Abtanzen in Deutschlands größtem Studentenclub, der Moritzbastei

❺ Leipzigs Centralkabarett
Markt 9
Tel. 0341 52 90 30 52
www.centralkabarett.de
Für authentischen sächsischen Humor ist Comedian Meigl Hoffmann bekannt.

❻ Krystallpalast-Varieté
Magazingasse 4
Tel. 0341 1 40 06 60
www.krystallpalast.de
Wechselnde Showprogramme mit internationaler Besetzung sorgen für Faszination und Begeisterung.

❼ Moritzbastei
Universitätsstr. 9
Tel. 0341 7 02 59-0
www.moritzbastei.de
Pralles Leben bei Jazz- und anderen Konzerten und bei Studentenfeiern herrscht im größten Studentenclub Europas.

❽ Am Palmengarten
Jahnallee 52
Tel. 0341 2 25 51 72
www.palmengarten-leipzig.de
Varieté- und Kabarett-Programm mit Abendessen, je nach Veranstaltung à la carte oder als Büffet. Hier tritt auch die Sachsen-Diva (früher Frosch Café & Theater) auf.

❾ theater fact
Hainstr. 1 (Barthels Hof)
Tel. 0341 9 61 40 80
www.theater-fact.de
Komödiantisches im Keller, Theater »zum Mieten« und Sommertheater im Hof des ältesten Messe-Durchgangshauses

❿ Metropolis
Große Fleischergasse 4
Tel. 0341 4 62 56 15
www.metropolis-leipzig.de
Tabledance-Bar

80 ERLEBEN UND GENIESSEN • **Am Abend**

Leipzig • Hotels, Restaurants und Ausgehtipps

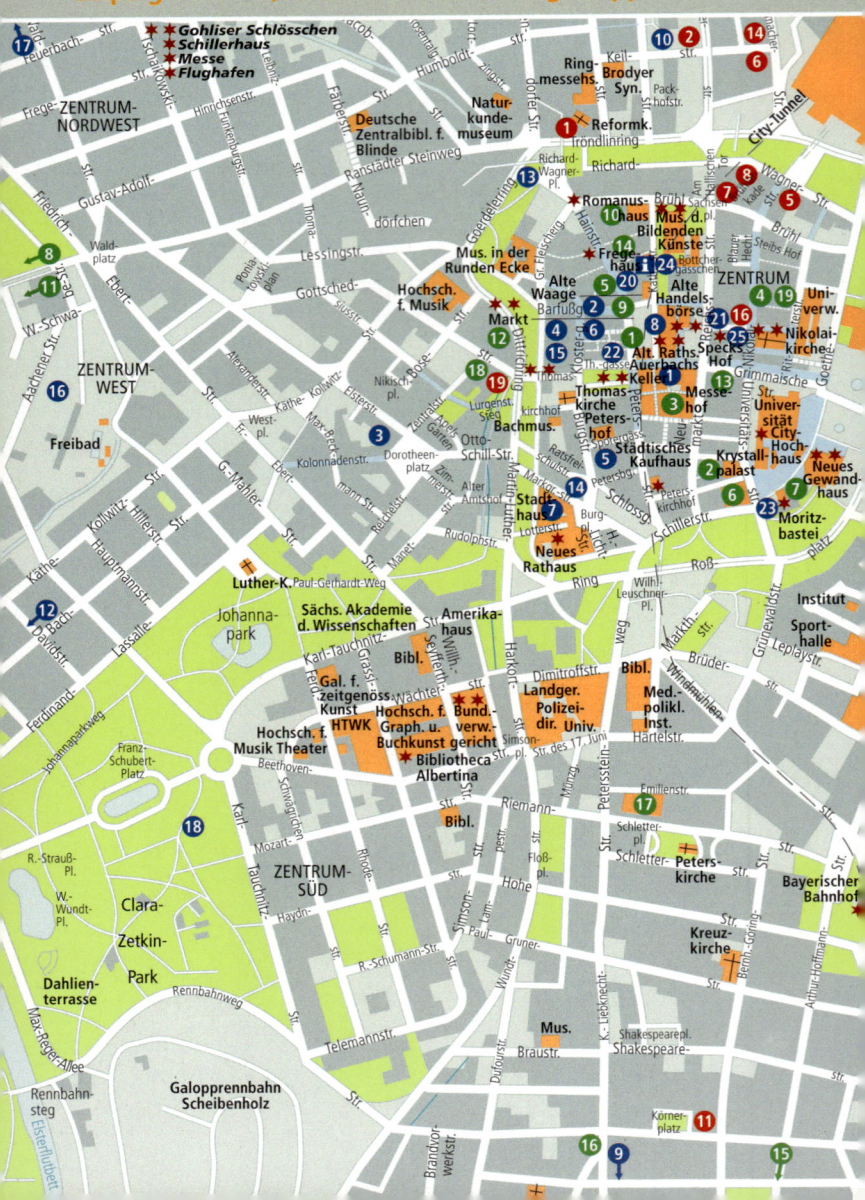

★ Gohliser Schlösschen
★ Schillerhaus
★ Messe
★ Flughafen

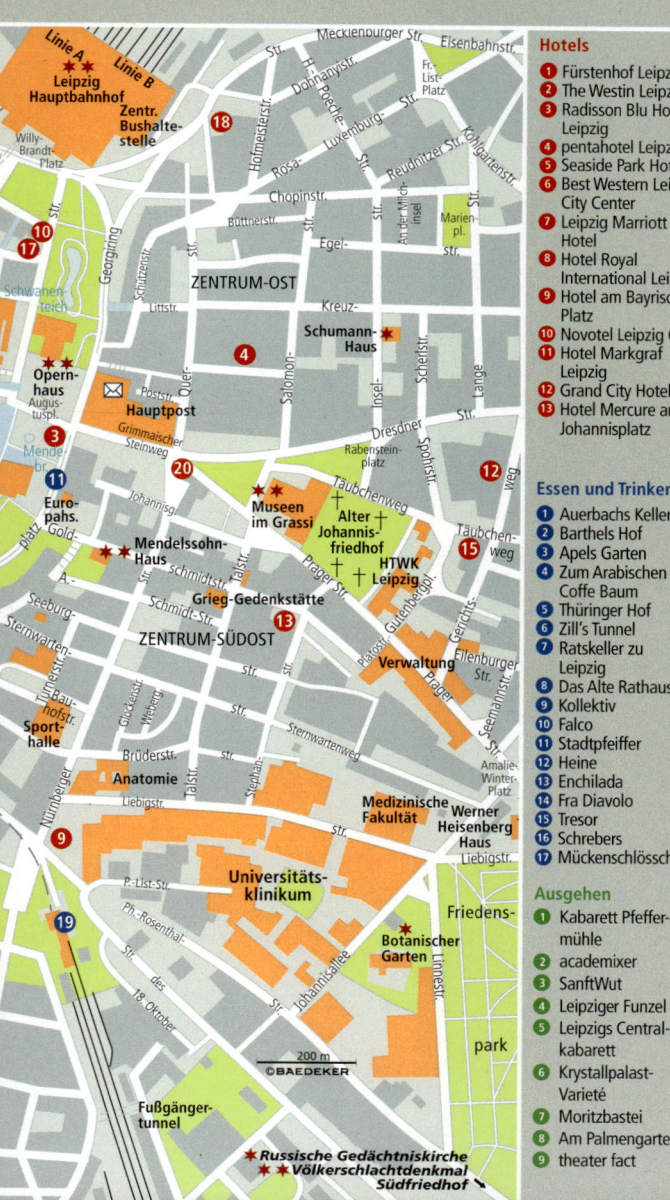

Am Abend • ERLEBEN UND GENIESSEN

Hotels
1. Fürstenhof Leipzig
2. The Westin Leipzig
3. Radisson Blu Hotel Leipzig
4. pentahotel Leipzig
5. Seaside Park Hotel
6. Best Western Leipzig City Center
7. Leipzig Marriott Hotel
8. Hotel Royal International Leipzig
9. Hotel am Bayrischen Platz
10. Novotel Leipzig City
11. Hotel Markgraf Leipzig
12. Grand City Hotel
13. Hotel Mercure am Johannisplatz
14. Günnewig-Hotel Vier Jahreszeiten Leipzig
15. Ramada Leipzig City Centre
16. Motel One
17. ibis Hotel Leipzig-Zentrum
18. A&O City Hauptbahnhof
19. Hotel Kosmos
20. SchlafGut Leipzig

Essen und Trinken
1. Auerbachs Keller
2. Barthels Hof
3. Apels Garten
4. Zum Arabischen Coffe Baum
5. Thüringer Hof
6. Zill's Tunnel
7. Ratskeller zu Leipzig
8. Das Alte Rathaus
9. Kollektiv
10. Falco
11. Stadtpfeiffer
12. Heine
13. Enchilada
14. Fra Diavolo
15. Tresor
16. Schrebers
17. Mückenschlösschen
18. Glashaus am Clarapark
19. Gasthaus und Gosebrauerei Bayerischer Bahnhof
20. Weinstock
21. Kaffeehaus Riquet
22. Caffé Pascucci
23. Café Barbakane
24. Milchbar Pinguin
25. Café Kandler

Ausgehen
1. Kabarett Pfeffermühle
2. academixer
3. SanftWut
4. Leipziger Funzel
5. Leipzigs Centralkabarett
6. Krystallpalast Varieté
7. Moritzbastei
8. Am Palmengarten
9. theater fact
10. Metropolis
11. Alte Damenhandschuhfabrik
12. Twenty One
13. L1 Club
14. Dark Flower
15. distillery
16. naTo
17. Flowerpower
18. Telegraph
19. First Whisk(e)y Bar

ERLEBEN UND GENIESSEN • **Am Abend**

> **BAEDEKER WISSEN**
>
> *Drallewatsch*
>
> Die sächsische Bezeichnung bedeutet so viel wie »etwas erleben, ausgehen«. Durchstreift man die historische Altstadt vom Markt durch das Barfußgässchen über Kleine und Große Fleischergasse oder Klosterstraße bis zum Burgplatz, erlebt man das einzigartige Flair von ca. 30 Adressen – vom Traditionsgasthof über die Szenekneipe bis zum internationalen Spezialitätenrestaurant.

⑪ Alte Damenhandschuhfabrik
Klingenstr. 20
Kein Tel.
www.damenhandschuhfabrik.de
Live-Konzerte und Themenpartys

⑫ Twenty One
Gottschedstr. 2
Tel. 0341 2 30 76 95
www.twentyone-leipzig.de
Danceclub, Bar und Lounge. Als Start- oder Zielpunkt auf der beliebten Kneipenmeile Gottschedstraße genau richtig, um in Stimmung zu kommen bzw. einen Absacker zu trinken.

⑬ L1 Club
Markt 17
Tel. 0341 30 86 05 50
www.club-l1.de
Der elitäre Club für die Schickeren und Schöneren und diejenigen, die sich dafür halten. Überraschend preiswerte Drinks zu Mainstream-Musik.

⑭ Dark Flower
Hainstr. 12 – 14
Tel. 0163 6 33 00 11
www.darkflower.de
Gothic-Szenelokal im historischen Kellergewölbe mitten in der Stadt

⑮ distillery
Kurt-Eisner-Straße 91
Tel. 0341 35 59 74 00
www.distillery.de
Einer der besten und bekanntesten Techno-Clubs Deutschlands

⑯ naTo
Karl-Liebknecht-Str. 46
Tel. 0341 3 01 43 97
www.nato-leipzig.de
Konzert- und Kinoerlebnisse deutlich abseits vom Mainstream mit leckeren Cocktails und leichter Küche

⑰ Flowerpower
Riemannstr. 42
Tel. 0341 9 61 34 41
www.flower-power.de
Eintauchen in hippi(e)ge Atmosphäre einer romantisierten Ära

⑱ Telegraph
Dittrichring 18–20
Tel. 0341 1 49 49 90
www.cafe-telegraph.de
Regelmäßig Livekonzerte mit Größen der Jazzszene

⑲ First Whisk(e)y Bar
Nikolaistr. 6 – 10 (Strohsackpass.)
Tel. 0341 2 12 63 51
www.whisky-bar.de
Vielfalt aus Destillerien und das Know-how gestandener Bar-Profis

KINOS
Passage Kinos
Hainstr. 19a
Tel. 0341 2 17 38 65
www.passage-kinos.de

Am Abend • ERLEBEN UND GENIESSEN

Kinobar Prager Frühling
Bernhard-Göring-Str. 152
Tel. 0341 3 06 53 33
www.kinobar-leipzig.de

CineStar Leipzig
Petersstr. 44
Tel. 0341 3 36 63
www.cinestar.de

Lu Luru Kino in der Spinnerei Leipzig
Spinnereistr. 7 (420)
Tel. 0341 8 79 91 65
www.luru-kino.de
Anspruchsvolles Programmkino

Filmtheater Schauburg Leipzig
Antonienstr. 21
Tel. 0341 4 24 46 41

Cineding
Karl-Heine-Str. 83
Tel. 0341 23 95 94 74
www.cineding-leipzig.de

Regina-Palast
Dresdner Str. 56
Tel. 0341 6 49 21 11
www.regina-leipzig.de
Mit dem ersten digitalen 3D-Kino in Leipzig

THEATER
Hochschule für Musik und Theater Felix Mendelssohn Bartholdy
Grassistr. 8
Tel. 0341 21 44 55
www.hmt-leipzig.de
Die Hochschule lädt häufig zu interessanten Vorträgen über Musikthemen. Hervorragende Konzerte der Studierenden kann man ebenfalls hören.

Schauspiel Leipzig
Bosestr. 1
Tel. 0341 1 26 81 68
www.schauspiel-leipzig.de
Das Theater bringt Klassiker wie auch avantgardistische Stücke auf die Bühne und besitzt mit Hinterbühne, Baustelle und Diskothek drei weitere Spielstätten für Lesungen, Poetry-Slams und Performances.

Connewitzer Cammerspiele
Kochstr. 132
Tel. 0341 3 06 76 06
www.cammerspiele.de
Breites Spektrum von Komödie über Performance bis Jugend- und Kindertheater

LOFFT
Lindenauer Markt 21
Tel. 0341 9 61 76 51
www.lofft.de
Das Lofft zeigt ausschließlich Koproduktionen mit anderen Theaterbühnen, darunter auch Musiktheater.

Theater-Fabrik-Sachsen
Franz-Flemming-Str. 16
Tel. 0341 4 42 46 70
www.theater-fabrik-sachsen.de
Kleines Ensemble mit einem Repertoire gängiger Stücke, gute Unterhaltung

KONZERTE
Gewandhaus zu Leipzig
Augustusplatz 8
Tel. 0341 1 27 02 80
www.gewandhaus.de
Neben dem Gewandhausorchester treten hier häufig auch Klangkörper aus anderen Städten und internationale Klassik-Stars auf.

Schwarze Seelen

Der Leipziger Rainraven hat es sich auf einer Bank im Clara-Park bequem gemacht. Als bekennender Cybergoth trägt er neonleuchtende Kontrastfarben zu seiner schwarzen Kleidung; sogar in die Haare hat er neonorange Bänder geflochten. Seine Freundin Kelevra wiederum fühlt sich als schwarz-lilafarbenes Manga-Püppchen mit weißen Haaren gekleidet und geschminkt dem japanischen Visual Kei-Trend verpflichtet.

Längst ist die Anfang der 1980er-Jahre entstandene Schwarze oder Gothic-Szene in zahllose Trends und Moden zersplittert. Wie exotisch, bunt, provozierend oder einfach nur düster diese Stilrichtungen sein können, führt eines der weltgrößten Wave-Gotik-Treffen am Pfingstwochenende in Leipzig vor, zu dem alljährlich rund 20 000 Menschen anreisen (www.wave-gotik-treffen.de).

Szene in der DDR

Warum ausgerechnet Leipzig? Die Stadt besaß bereits vor der Wende in Connewitz und dem dortigen Eiskeller eine ausgeprägte alternative Jugendkultur, die nach allen Richtungen offen war, darunter waren auch viele Gothic-Anhänger. Die Stasi erfasste bis zur Wende rund 600 Goths aus DDR-Städten unter der Rubrik »negativ-dekadente Jugendliche«. Stasi-Chef Erich Mielke nannte sie bei einer Rede in Unkenntnis der richtigen Terminologie Shins und Guffins (Skins und Gruftis). Wie überwacht die Randgruppe tatsächlich war und was man über deren Treiben vermutete, dokumentierte eine Sonderausstellung, die das ►Museum Runde Ecke 2012 anlässlich des Wave-Gotik-Treffens organisierte. Unter dem Titel »Als der Südfriedhof mein Wohnzimmer war – Grufti-Szene in der DDR« enthüllte die Schau manche bizarre Unterstellung. So war die Stasi der Überzeugung, Gothics vollzögen nachts auf den Friedhöfen okkulte Rituale und sie äßen nur rohes Fleisch – alles penibel in Akten festgehalten.

Leipzig und die Goths

Nach der Wende hauchten die ostdeutschen Goths der im Westen schwächelnden Bewegung wieder Leben ein. Mittlerweile gehört Leipzigs Schwarze Szene zu den größten weltweit und ihre Mitglieder prägen auch außerhalb von Pfingsten das Stadtbild.

Trotz unterschiedlicher Strömungen sind nach wie vor schwarze Kleidung, blass geschminkte Gesichter, dunkel umrandete Augen und knallrote Lippen vorherrschend. Die Gruftis, wie sie auch genannt werden, besuchen Lokale ihrer Szene, kaufen in Geschäften mit entsprechendem Angebot ein und gehen nachts in Diskotheken aus, die ihre Musik spielen.

Friedliche Goths

Ältere Leipziger, die diesem Trend und der rasanten Ausbreitung schwarz Gekleideter in der Pleißestadt sehr skeptisch gegenüberstanden, sind inzwischen vom friedvollen Charakter der jungen Leute überzeugt. Viele begleiten als neugierige Zaungäste das jährliche **Wave-Gotik-Treffen**, bei dem Goths aus aller Herren Länder die Straßen, Parks und Kirchen bevölkern. Längst hat das Festivalprogramm die Szene-Nischen verlassen. Nicht nur ein Marylin-Manson-Abend im Darkflower, auch ein Mozart-Requiem in der Krypta des Völkerschlachtdenkmals steht auf dem Programm. Zum Viktorianischen Frühstück treffen sich die Reifrockträgerinnen im Clara-Park und nachmittags bummeln nicht nur die Schwarzen, sondern auch viele ganz normale Leipziger Familien durch das Heidnische Dorf am ▶Torhaus Dölitz. Das Spektakel wird inzwischen von Leipzig mitveranstaltet und ist ein wichtiger Wirtschaftsfaktor für die Stadt.

Hier gibts den letzten Schliff für das Wave-Gothic-Treffen an Pfingsten.

Adressen

Weil es so erfolgreich ist, hat es mit Gothic meets Klassik (www.gothic-meets-klassik.de) in Haus Auensee und im Gewandhaus Festivalkonkurrenz bekommen. Außerhalb der Festivals ist die Schwarze Szene Leipzigs vor allem hier vertreten:

X-TRA-X
Brühl 10 – 12
Tel. 0341 2 25 10 74
www.x-tra-x.de
Mieder, Nietenstiefel, Skeleton Hands, Piercings und anderer Gothic-Schmuck in Riesenauswahl.

Darkflower – Alternative Club
Hainstr. 12 – 14
www.darkflower.de
Ob Independent Complex oder Veitstanz – bei den Veranstaltungen des Darkflower kommen alle schwarzen Geschmacksrichtungen auf ihre Kosten. Der Club ist der Inbegriff der Gothic-Szene in Leipzig.

Nachtschicht
Lessingstr. 7
www.villa-leipzig.de
Gothic-Veranstaltungsreihe mit DJs Cholo und Botox im soziokulturellen Zentrum Die Villa. Außerdem Themenpartys wie »Depeche-Mode-Night« in anderen Clubs, z. B. der Moritzbastei. Termine auf www.schwarzes-leipzig.de

Kulturny Dom B31
Bornaische Str. 31
www.nsk-lipsk.de
In den ehemaligen Räumen der Galerie Eigen + Art finden gelegentlich Vorträge und Veranstaltungen statt, die sich intellektuell mit der Schwarzen Szene auseinandersetzen.

Haus Auensee
Gustav-Esche-Str. 4
Tel. 0341 48 40 00
www.haus-auensee-leipzig.de
Konzerte und Veranstaltungen aller Art

Werk II
Kochstr. 132
Tel. 0341 3 08 01 40
www.werk-2.de
Konzerthalle für Rock-, Indie- und Weltmusik

KLEINKUNST
Geyserhaus
Gräfestraße 25
Tel. 0341 9 11 54 30
www.geyserhaus.de
Konzerte, (Puppen-)Theater für Kinder, Soloprogramme. Im Sommer Live-Konzerte auf der Open-Air-Bühne

Schaubühne Lindenfels
Karl-Heine-Str. 50
Tel. 0341 48 46 20
Historischer Veranstaltungssaal mit Theateraufführungen, Konzerten und Lesungen

ResidenzBaumwollspinnerei
Spinnereistr. 7 (Halle 18, Aufgang E)
Tel. 0341 1 26 81 68
www.spinnwerk-leipzig.de
www.schauspiel-leipzig.de
Die Bühne des Schauspiels für Performances und ein Artists-in-Residence-Programm

Tonelli's
Neumarkt 9,
Tel. 0163 2 93 30 01
www.tonellis.de
Beliebte Livemusikkneipe mit Blues und Jazz

OPER/OPERETTE
Musikalische Komödie
Dreilindenstr. 30
Tel. 0341 1 26 11 15
oper-leipzig.de
Heimstätte der qualitätvollen leichten Muse

Oper Leipzig
Augustusplatz 12
Tel. 0341 1 26 12 61
oper-leipzig.de
Opern- und Ballettaufführungen

Mendelssohn-Haus
Goldschmidtstr. 12
Tel. 0341 1 27 02 94
www.mendelssohn-stiftung.de
Matineen und Konzerte nicht nur mit Mendelssohns Werken, Buchpräsentationen und Gesprächsreihen im einstigen Wohnhaus des Komponisten

KINDERAUFFÜHRUNGEN
Puppentheater Sterntaler
Talstr. 30
Tel. 0341 9 61 54 35
www.puppentheater-sterntaler.de
Seit 1997 bestehendes Puppentheater, gespielt werden Klassiker wie die Biene Maja und Petterson und Findus, aber auch Märchenstücke.

Theater der Jungen Welt
Im Theaterhaus Leipzig
Lindenauer Markt 21
Tel. 0341 4 86 60 16
www.theaterderjungenwelt
leipzig.de
Ältestes Kinder- und Jugendtheater Deutschlands

Adressen in Halle

❶ etc. siehe Plan S. 88/89

BARS, KNEIPEN, CLUBS
❶ Strieses Biertunnel
Große Ulrichstr. 51
Tel. 0345 5 12 59 48
Treffpunkt der Theaterleute von der Kulturinsel (▶Baedeker-Tipp S. 91), voll wird's nach 22.00 Uhr.

❷ Tanzbar Palette
Große Nikolaistr. 9–11
Tel. 0345 2 09 08 90
www.tanzbar-palette.de
Oft Livekonzerte und -entertainment, Fanpartys für Leute zwischen zwanzig und vierzig, Club-Lounge »Havanna« zum Abhängen ab 18.00 Uhr

❸ Flower Power
Moritzburgring 1
(Kulturhaus Urania 70)
Tel. 0345 6 88 88 88
www.urania70.com/flowerpower
Im ehemaligen Kino kann man alles haben: Tanz nach Livemusik, auch Disco, Frühstück, Familienbrunch, Sporthighlights auf der Großleinwand u. v. m.

❹ Objekt 5
Seebener Str. 5
Tel. 0345 47 82 33 69
http://objekt5.com
Multifunktional: Essen, Trinken, aber auch Gastspiele bekannter Popstars, beliebter Tanzboden

❺ Café Deix
Seebener Straße 175
Tel. 0345 5 22 71 61
www.cafe-deix.de
Künstlerlokal mit entsprechendem Flair und guten Saale-Unstrut-Weinen

Kultkneipe Genschman

ERLEBEN UND GENIESSEN • Am Abend

Halle • Hotels, Restaurants und Ausgehtipps

Am Abend • ERLEBEN UND GENIESSEN 89

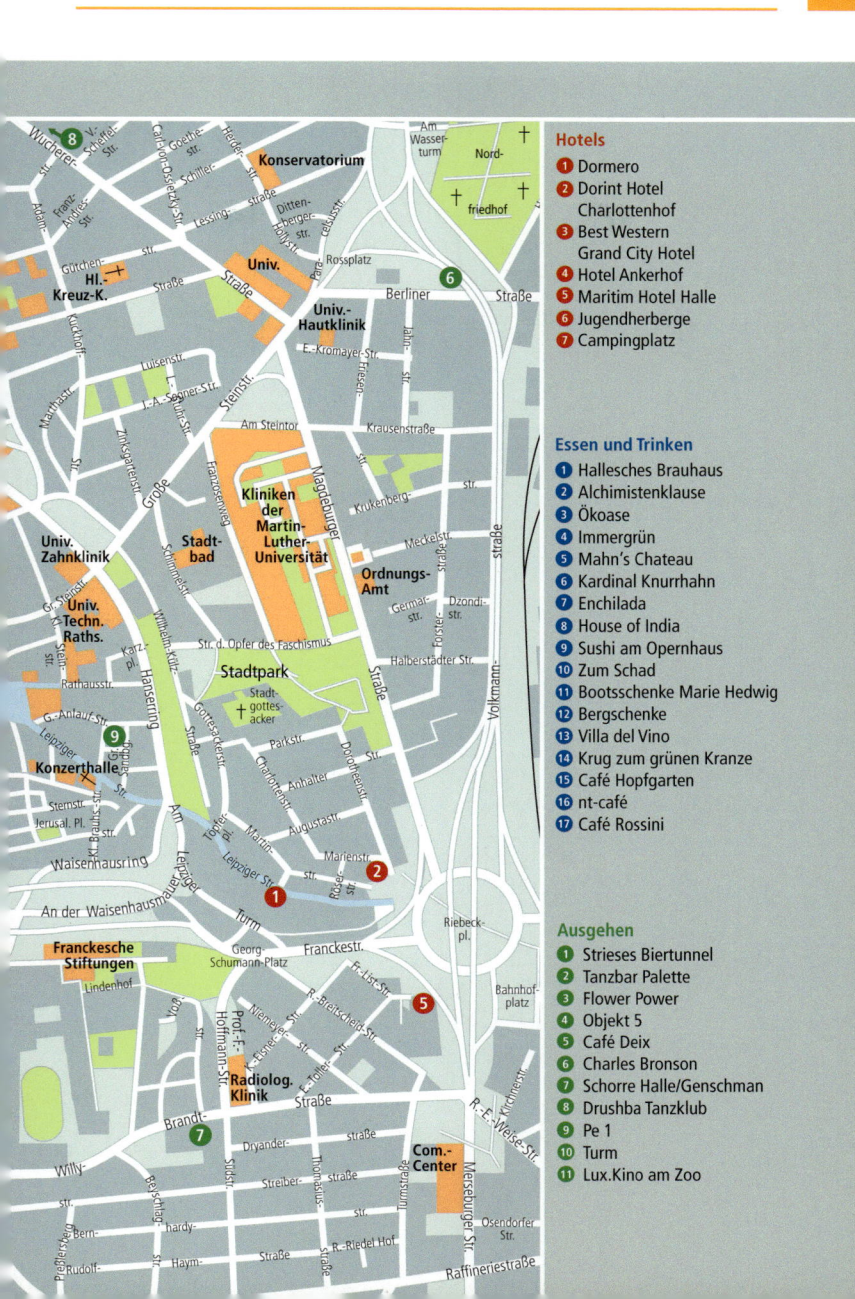

Hotels
1. Dormero
2. Dorint Hotel Charlottenhof
3. Best Western Grand City Hotel
4. Hotel Ankerhof
5. Maritim Hotel Halle
6. Jugendherberge
7. Campingplatz

Essen und Trinken
1. Hallesches Brauhaus
2. Alchimistenklause
3. Ökoase
4. Immergrün
5. Mahn's Chateau
6. Kardinal Knurrhahn
7. Enchilada
8. House of India
9. Sushi am Opernhaus
10. Zum Schad
11. Bootsschenke Marie Hedwig
12. Bergschenke
13. Villa del Vino
14. Krug zum grünen Kranze
15. Café Hopfgarten
16. nt-café
17. Café Rossini

Ausgehen
1. Strieses Biertunnel
2. Tanzbar Palette
3. Flower Power
4. Objekt 5
5. Café Deix
6. Charles Bronson
7. Schorre Halle/Genschman
8. Drushba Tanzklub
9. Pe 1
10. Turm
11. Lux.Kino am Zoo

ERLEBEN UND GENIESSEN • Am Abend

❻ Charles Bronson
Berliner Str. 242
Kein Tel.
wearecharlesbronson.de
Angesagter Club der Elektro-Szene, mit Tanzstube, Jagdzimmer und Freisitz

> **BAEDEKER TIPP**
>
> ### ⓫ *Lux.Kino am Zoo*
>
> Für seine besonderen Filmreihen und herausragenden Retrospektiven wurde das »Lux« in der ehemaligen Zoogaststätte schon mehrfach als bestes Programmkino Deutschlands ausgezeichnet (Seebener Str. 172, Tel. 0345 5 23 86 31, www.luxkino.de). Die Dependance Puschkino findet man in der Kardinal-Albrecht-Str. 6 (Tel. 0345 2 04 05 68).

❼ Schorre Halle/Genschman
Willy-Brandt-Str. 78
Tel. 0345 21 22 40
http.//schorrehalle.de
Diskothek, in der Pop- und Rockkonzerte stattfinden sowie weitere Events und Mottopartys (u. a. Gayschorre-Happenings). Im gleichen Gebäude ist die Kultkneipe Genschman untergebracht, benannt nach dem Spitznamen des früheren Außenminister der Bundesrepublik, Hans-Dietrich Genscher (▶Abb. S 66 und S. 87), **den dieser einst vom Satiremagazin »Titanic« verpasst bekam.**

❽ Drushba Tanzklub
Kardinal-Albrecht-Str. 6
Tel. 0345 20 40 50
www.noisedeluxe.com
Livekonzerte und DJs von Indie über Hip-Hop bis Elektro

❾ Pe 1
Großer Sandberg 10
Tel. 0152 04 68 82 27
www.pe1disco-halle.de
Abtanzen, gelegentlich Gay-Partys

❿ Turm
Friedemann-Bach-Platz
Tel 0345 5 48 64 86
www.turm-halle.de
Seit Jahrzehnten beliebter Studentenklub in einer Bastion der Moritzburg. Viel Musik, aber auch Talks zu Tagesthemen stehen auf dem Programm.

KINOS
Cinemaxx Charlottencenter
Charlottenstr. 8
Tel. *01805 24 63 62 99
www.cinemaxx.de

Light Cinemas
Neustädter Passage 17
(Einkaufszentrum an der Magistrale)
Tel. 0345 20 93 90
www.lightcinemas.de

Zazie Kino Bar
Kleine Ulrichstr. 22
Tel. 0345 7 79 28 05
www.kino-zazie.de
Hier werden meist fremdsprachige Filme in der Originalfassung gezeigt.

THEATER
neues theater
Große Ulrichstr. 50 – 51
Tel. 0345 5 11 07 77
http.//buehnen-halle.de
Das neue theater ist Bestandteil der Kulturinsel (▶Baedeker Wissen rechts).

Am Abend • ERLEBEN UND GENIESSEN

Großes Thalia Theater
Kardinal-Albrecht-Str. 6
Tel. 0345 5 11 07 77
buehnen-halle.de
Klassisches und Modernes

Figurentheater Märchenteppich
Kleine Ulrichstr. 11
Tel. 0345 1 35 23 16
www.maerchenteppich.de

Freylinghausen-Saal
Franckeplatz 1
Tel. 0345 2 12 74 50
www.francke-halle.de
Konzerte der Franckeschen Stiftungen

Steintor-Varieté
Am Steintor 10
Tel. 0345 2 09 34 10
www.steintor-variete.de
Artistik und Humor, Bankette, Stehkonzerte, Box- und Tanzveranstaltungen in einem der ältesten Varietétheater Deutschlands

Kabarett Die Kiebitzensteiner
Theaterhaus im Malzgarten
Große Brauhausstr. 5 – 6
Tel. 0173 5 65 39 21
www.kiebizensteiner.de
Spielstätte im CAPITOL
Lauchstädter Str. 1a

OPER/KONZERTE
Oper Halle
Universitätsring 24
Tel. 0345 5 11 07 77
buehnen-halle.de
Spannende Inszenierungen, von den Anfängen der Oper bis zu zeitgenössischen Stücken

---

? BAEDEKER WISSEN *Kulturinsel*

Sieben Gebäude – mit dem neuen theater mit Großem Saal, der Werft, dem international preisgekrönten Puppentheater, dem Riff Club, der Theaterkneipe Strieses Biertunnel mit Biergarten sowie dem Café nt –, das alles ist Halles Kulturinsel. Außerdem ist hier die zentrale Konzert- und Theaterkasse der Stadt untergebracht. Gegründet wurde das neue theater Halle 1980 von dem Schauspieler, Regisseur und späteren Tatort-Kommissar Peter Sodann (▶Berühmte Persönlichkeiten), der als Schauspieldirektor ans Landestheater kam und kurzerhand beschloss, dem Schauspiel in Halle im einstigen Kino der Deutsch-Sowjetischen Freundschaft eine eigene Spielstätte einzurichten (www.kulturinsel-halle.de, ▶Abb. S. 9).

Georg-Friedrich-Händel-Halle
Salzgrafenplatz 1
Tel. 0345 47 22 47
www.haendel-halle.de
Von der Klassik bis zur Rockmusik reicht die Bandbreite dieses Veranstaltungshauses.

Konzerthalle Ulrichskirche
Christian-Wolff-Str. 2
Tel. 0345 2 21 30 21
Die spätgotische Ulrichskirche wurde in den 1970er-Jahren zur Konzerthalle umgebaut.

Händel-Haus
Große Nikolaistr. 5
Tel. 0345 50 09 02 21
www.haendelhaus.de

Essen und Trinken

Essen und Trinken • ERLEBEN UND GENIESSEN

Köstliches Allerlei

Es ist noch keine 150 Jahre her, da galten Lerchen aus Leipzig in Deutschland als Delikatesse. In verkaufsstarken Jahren wurden mehrere Hunderttausend Singvögel nach verschiedensten Rezepten gefüllt und in der Salzgasse verkauft oder per Fuhrwerk in andere Städte exportiert.

Die meisten Lerchen kamen aus Halle, wo den Halloren im Nebenerwerb das Fischestechen und die Lerchenjagd erlaubt war. Das Hallorenmuseum berichtet beispielsweise, ein gewisser Christian Gottlieb Frosch habe allein Anfang des 19. Jhs. in zehn Jahren 8896 Lerchen gefangen. Der Lerchenfang blieb nicht ohne Folgen, die Tiere wurden rar und die Jagd auf sie 1876 verboten. Das war die Geburtsstunde des Gebäcks **Leipziger Lerche** (▶S. 100).

Lerchen waren nicht die einzige Gemeinsamkeit Leipziger und hallescher Küche. Beide schätzen das Würzfleisch und die Sülze. In der DDR-Zeit bereicherten »ost-internationale« Spezialitäten wie die Soljanka – eine deftige Suppe mit sauer eingelegtem Gemüse – oder der bulgarische Schopska-Salat aus Tomaten, Paprika, Gurken und Schafskäse das kulinarische Angebot. Bedingt durch **Kochtraditionen** und vielleicht auch Versorgungsengpässe spielte Schweinefleisch in der DDR-Küche eine große Rolle. In den ersten Jahren nach der Wende fand der Gast wenig anderes auf den Speisekarten, zumindest in einfacheren Lokalen. Das hat sich inzwischen grundlegend geändert. Es gibt kaum noch Unterschiede zwischen dem Angebot in Leipzig oder München und vegetarische Gerichte sind ebenso Standard wie mediterrane Vorspeisen.

Geblieben ist die Fleischlastigkeit der Küche. An Pfannengerichten mit **Filet, Steaks, Schnitzel und Rouladen** kann man sich fast überall sattessen – mal herzhaft-bürgerlich zubereitet, häufig auch mit einer Prise leichter Küche modernisiert. Schweinefleisch ist nach wie vor sehr beliebt, doch auch Rind, Kalb und Wild werden verarbeitet. Beilagen sind oft Spätzle, Salz- oder Bratkartoffeln. Manchmal schiebt sich der Hang zum Fertiggericht, zu Püree oder Sauce aus der Packung, unangenehm in den Vordergrund, ebenso wie der unselige, auch in westdeutschen Restaurants verbreitete Brauch, Garnelenspieße und Lachs zu allem und jedem zu servieren.

Einen kleinen Siegeszug erleben im Augenblick die DDR-Nostalgielokale wie etwa das »Kollektiv« in Leipzig und die entsprechenden Gerichte: **Fettbemmen** beispielsweise, sprich Schmalzbrot, oder

Fleischlastige Rezepte

Nostalgie

Leipziger Allerlei gehört entgegen dem, was der Name suggeriert, zur feinen Küche.

Goldbroiler, also ein Brathühnchen. Bereichert wird die bürgerlich-deutsche Tradition durch die Küchen der Welt, durch Pizza, Pasta, Tacos, Sushi und Curry, aber eben auch Soljanka, Schopska-Salat oder Borschtsch. Die Gelegenheit, die **Spezialitäten aus dem Osten** zu probieren, sollten Sie sich nicht entgehen lassen.

Sterneküche Viele junge Köche haben besonders in der Messestadt Leipzig und im nahen Halle mit exquisiter Feinschmeckerküche nach den Sternen gegriffen oder wenigstens geschielt, aber die wenigsten konnten sich etablieren. Nicht einmal das Messepublikum honorierte die aufwendige und entsprechend teure Küche so, dass sich die Restaurants getragen hätten. Deshalb gab es in den letzten Jahren **zahlreiche Wechsel in der Gastronomieszene**. Mit zwei Sternen von Michelin kocht »Falco« in Leipzig nun seit Jahren auf höchstem Niveau; der bereits seit DDR-Zeiten bestehende »Stadtpfeiffer« trägt einen Stern.

Getränke Zum Essen wird gerne Bier oder Wein getrunken, die **Weinauswahl** der aus ostdeutschen Anbaugebieten wie Saale-Unstrut oder Meißen stammenden Tropfen ist in den meisten Lokalen groß. Eine Leipziger Spezialität ist die **Gose** (▶S. 101), die man traditionell in der Gosenschänke oder im Bayerischen Bahnhof verkostet. Nach dem Essen ein Leipziger Allasch und der Magen dankt es Ihnen – oder auch nicht, denn den sehr süßen Kümmellikör muss man schon mögen. Süß schmeckt auch die Fassbrause, ebenfalls ein nostalgisches Kind der DDR, zumindest in ihrer roten, auf Himbeerbasis produzierten Variante.

Empfohlene Restaurants in Leipzig

❶ **etc. siehe Plan S. 80/81**

PREISKATEGORIEN
für ein Hauptgericht
€€€€ über 25 €
€€€ 17–25 €
€€ 10–17 €
€ bis 10 €

DEUTSCH/SÄCHSISCH
❶ **Auerbachs Keller** €€€
Grimmaische Str. 2–4
(Mädler-Passage)
Tel. 0341 21 61 00
www.auerbachs-keller-leipzig.de
Tgl. 11.00–24.00 Uhr

Weltberühmte historische Gaststätte, in der Johann Wolfgang von Goethe Inspirationen zum »Faust« erhielt. In der Szene mit den Studenten setzte er dem Keller ein literarisches Denkmal.

❷ **Barthels Hof** €€€
Hainstr. 1
Tel. 0341 14 13 10
www.barthels-hof.de
Tgl. 11.00–24.00 Uhr
Sächsische, internationale und vegetarische Genüsse im ältesten erhaltenen Gasthaus mit großem Freisitz

Essen und Trinken • ERLEBEN UND GENIESSEN

❸ Apels Garten ❸❸❸
Kolonnadenstr. 2
Tel. 0341 9 60 77 77
www.apels-garten.de
Mo.–Sa. 11.00–23.00,
So. 11.00–15.30 Uhr
Original sächsische und internationale Küche in historisch dekorierten Räumen; Arkaden-Freisitz

❹ Zum Arabischen Coffe Baum ❸❸❸ – ❸❸
Kleine Fleischergasse 4
Tel. 0341 9 61 00 60
www.coffe-baum.de
Stuben 11.00–24.00,
Restaurant 18.00–24.00 Uhr
Ältestes deutsches Kaffeehaus – mit Café, rustikalen Stuben und feinem, sächsischem Speiselokal

❺ Thüringer Hof ❸❸
Burgstr. 19
Tel. 0341 9 94 9 99
www.thueringer-hof.de
Tgl. 11.00–24.00 Uhr
Tradition seit 1494 – die thüringisch-fränkische Spezialitätenküche genossen schon Martin Luther und J. S. Bach.

❻ Zill's Tunnel ❸❸
Barfußgässchen 9
Tel. 0341 9 60 20 78
www.zillstunnel.de
Tgl. 11.00–24.00 Uhr
Sächsische Gastlichkeit in historischen Räumen auf zwei Etagen. Vor allem die Pfannen sind deftig!

❼ Ratskeller zu Leipzig ❸❸
Lotterstr. 1 (Neues Rathaus)
Tel. 0341 1 23 45 67
www.ratskeller-leipzig.de
Mo.–Sa. 11.00–23.00,
So. 11.00–15.30 Uhr

> **BAEDEKER TIPP**
>
> *Hoch hinaus*
>
> Appetit auf die deftigen Speisen des Ratskellers kann man sich beim Aufstieg auf den höchsten Rathausturm Deutschlands holen. Immerhin 250 Stufen liegen zwischen dem Besucher und dem Ausblick. Führungen gibt es Mo.–Fr. jeweils um 11.00 und 14.00 Uhr (Treffpunkt Untere Wandelhalle, Eintritt: 3 €).

In sieben Galerien wird klassisch-regionale und innovative Kost geboten.

❽ Das Alte Rathaus ❸❸
Markt 1, Tel. 0341 2 30 60 36
www.dasalterathaus-leipzig.de
Tgl. 11.00–24.00 Uhr
Sächsische Küche im Restaurant Lotter, Gustav-Adolf-Gewölbe für Feiern, Ur-Krostitzer Spezialausschank, Bustouren in die Brauerei

❾ Gaststätte Kollektiv ❸❸
Karl-Liebknecht-Str. 72
Tel. 0341 3 06 70 04
www.gaststaette-kollektiv.de
Tgl. 11.00–open end
DDR-Nostalgie an der angesagten Kneipenmeile in der Südvorstadt. Hier gibt's Fettbemmen, Würzfleisch und Goldbroiler.

INTERNATIONAL
❿ Falco ❸❸❸❸
Gerberstr. 15
Tel. 0341 9 80 27 27
www.falco-leipzig.de
Di.–Sa. ab 19.00 Uhr
Gourmetrestaurant in der 27. Etage des Hotels The Westin Leipzig – mit zwei Michelin-Sternen gekrönt

Das Mückenschlösschen

⓫ Stadtpfeiffer €€€€
Augustusplatz 8
Tel. 0341 2 17 89 20
www.stadtpfeiffer.de
Di. – So. ab 18.00 Uhr
Schon zu DDR-Zeiten war das elegante Restaurant im Gewandhaus ein Aushängeschild der Stadt. Heute trägt es einen Michelin-Stern und ist kulinarisch innovativ.

⓬ Heine €€€
Karl-Heine-Str. 20
Tel. 0341 8 70 99 66
www.restaurant-heine.de
Di. – Sa. 18.00 – 24.00 Uhr
Das intime Restaurant mit schönem Freisitz zelebriert kreative, internationale Küche zu erstaunlich günstigen Preisen.

⓭ Enchilada €€
Richard-Wagner-Platz 1
Tel. 0341 3 08 67 86
ww.enchilada.de/leipzig
Mo. – Sa. ab 17.00, So. ab 10.00 Uhr Brunch
Behagliche Atmosphäre, scharfe Gerichte, leckere Cocktails, mexikanischer Sommergarten

⓮ Fra Diavolo €€
Burgplatz 2 (Bauwens-Haus)
Tel. 0341 3 08 68 60
www.fradiavolo-leipzig.de
Mo. – Sa. 11.00 – 24.00,
So. 10.00 – 24.00 Uhr
Einer der sonnigsten Plätze in der City mit italienischem Flair und Gerichten für Eilige und Genießer.

CROSS-OVER
⓯ Tresor €€€€
Thomaskirchhof 20
Tel. 0341 22 54 03 23
www.niemannstresor.de
Di. – Sa. ab 18.30 Uhr
Einzigartiges individuelles Ambiente in historischen Bankräumen: Tabak-Lounge, Separee, Restaurant, Kochschule

BIERGÄRTEN
⓰ Schrebers €€€
Aachener Str. 7 (Nähe Waldplatz)
Tel. 0341 9 61 13 24
www.schrebers.com
Mai – Sept. Mo. – Fr. ab 15.00, Sa./So. ab 11.00, Okt. – April Mi. – Sa. ab 17.00, So. ab 11.00 Uhr
Ausflugslokal mit urigem Gastraum, Biergarten, Spielwiese und historischem Spielplatz. Deutsche und internationale Küche.

Essen und Trinken • ERLEBEN UND GENIESSEN

ⓘ Mückenschlösschen €€
Waldstr. 86, Tel. 0341 9 83 20 51
www.mueckenschloesschen-leipzig.de
Tgl. 10.00 – 24.00 Uhr
Am barocken »Tor zum Rosental« gibt es drinnen und draußen internationale Spezialitäten.

ⓘ Glashaus im Clarapark €€
Karl-Tauchnitz-Straße 26
Tel. 0341 14 99 00 04
www.glashausimclarapark.de
Tgl. ab 9.00 Uhr
Idyllisch im Clara-Zetkin-Park gelegen und beliebt für den Sonntagsbrunch. Auf der Karte stehen sächsische wie internationale Spezialitäten.

ⓘ Gasthaus & Gosebrauerei Bayerischer Bahnhof €€
Bayrischer Platz 1
Tel. 0341 1 24 57 60
www.bayerischer-bahnhof.de
Tgl. 11.00 – 1.00 Uhr
Im ältesten Kopfbahnhof Deutschlands wird Gose – das Leipziger Bier – gebraut und dazu herzhafte Kost serviert.

WEINLOKAL
ⓘ Weinstock €€
Markt 7, Tel. 0341 14 06 06 06
www.restaurantweinstock-leipzig.de
Tgl. 11.00 – 24.00 Uhr
Der echte Weinstock ist Namensgeber und Garantie für erlesene Weine zum kulinarischen Genuss.

CAFÉS
ⓘ Kaffeehaus Riquet
Schuhmachergässchen 1 – 3
Tel. 0341 9 61 00 00
www.riquethaus.de (Abb. S. 130)
Tgl. 9.00 – 20.00 Uhr
1908/09 als Messehaus der Firma Riquet & Co. erbaut. Blickfang sind die Elefantenköpfe am Eingang und das Dachtürmchen mit geschweiften Dächern. Riquet handelte mit Kakao, Schokolade, Pralinen und Waffeln aus eigener Produktion sowie mit asiatischen und orientalischen Waren. Bekannt war der Riquet-Tee. Im Wiener Café (1. Stock) mit Goldkronleuchtern gibt es echte Kaffeespezialitäten aus der Donaumetropole, im Erdgeschoss feine Kuchen- und Tortenspezialitäten.

ⓘ Caffè Pascucci
Thomasgasse 2 – 4
Tel. 0341 35 53 17 86
www.pascucci-leipzig.de
Blick zur Thomaskirche und besondere Kaffeespezialitäten

ⓘ Café Barbakane (Moritzbastei)
Universitätsstr. 9
Tel. 0341 7 02 59 30
www.moritzbastei.de
Nicht nur bei Studenten beliebt und an heißen Tagen eine »Erfrischungsoase«

ⓘ Milchbar Pinguin
Katharinenstr. 4
Tel. 0341 9 60 19 79
Seit Generationen bekannt und beliebt

ⓘ Café und Konditorei Kandler
Thomaskirchhof 11
Tel. 0341 2 13 21 81
www.cafekandler.de
Leipziger Lerchen und Bach-Taler als köstliche Souvenirs für daheim

Empfohlene Restaurants in Halle

**❶ etc. siehe Plan S. 88/89
Preiskategorien S. 94**

DEUTSCHE UND HALLESCHE KÜCHE

❶ Hallesches Brauhaus €€
Große Nikolaistr. 2
Tel. 0345 21 25 70
www.brauhaushalle.de
Eisbein, Kutschersteak und hallescher Flammkuchen in einem urgemütlichen Bierlokal, dessen Gerstensaft aus der hauseigenen Brauerei kommt

❷ Alchimistenklause €€
Reilstr. 47, Tel. 0345 5 23 36 48
www.alchimistenklause.de
Mo. ab 17.00, Di. – So.
11.30 – 24.00 Uhr
Anhaltinische Küche mit feinem, kreativen Touch; groß ist besonders die Auswahl an Gerichten von Fisch und Schwein.

❸ Ökoase €€
Kleine Ulrichstr. 2
Tel. 0345 2 90 16 04
Vegetarische Küche; reichhaltiges Angebot an Suppen, Salaten und Snacks; kleiner Öko-Shop, insbesondere Tees

INTERNATIONALE KÜCHE

❹ Immergrün €€€
Kleine Klausstr. 2
Tel. 0345 5 21 60 56
www.immergruen.de
Di. – Sa. ab 17.00 Uhr
Klein wie ein Wohnzimmer, sehr persönlich geführt und begnadet mit einem begabten Küchenchef, zählt dieses Haus zu den besten Restaurants in Halle.

❺ MahnS Chateau €€€
Oleariusstr. 4a
Tel. 0345 20 36 98 60
www.MahnS-Chateau.de
Tgl. 11.30 – 14.30 und
ab 17.00 Uhr
Frische Produkte, teils von Öko-Lieferanten, modernes Ambiente und kreative Küche

❻ Kardinal Knurrhahn €€€
Bergstr. 1
Tel. 0345 97 72 67 01
www.kardinal-knurrhahn.de
Mo. – Sa. 17.00 – 24.00 Uhr
Ursprünglich auf Fisch spezialisiert, verwöhnt das hübsche Restaurant heute auch mit anderen Speisen und bestem Service.

❼ Enchilada €€€ – €€
Universitätsring 6
Tel. 0345 6 86 77 55
www.enchilada.de
Tgl. 11.00 – 24.00 Uhr
Mexikanische Küche und Cocktails, inkl. Disko und Livemusik, lateinamerikanische und internationale Charts

❽ House of India €€
Große Ulrichstr. 16
Tel. 0345 2 08 38 88
www.house-of-india.de
Tgl. 11.30 – 14.30,
17.30 – 23.30 Uhr
Vielfältige Speisekarte mit Köstlichkeiten aus allen Regionen des Subkontinents

❾ Sushi am Opernhaus €€
August-Bebel-Str. 3–5
Tel. 0345 6 81 66 27
www.sushifreunde.de

Essen und Trinken • ERLEBEN UND GENIESSEN

Mo. – Fr. 11.30 – 14.00, 18.00 – 22.00, Sa./So.18.00 – 22.00 Uhr
Sushi, japanisches Bier, aber auch Wein zu moderaten Preisen

❿ Zum Schad ✆✆
Kleine Klausstr. 3
Tel. 0345 5 23 03 66
www.zum-schad.de
Tgl. 11.00 – 23.00 Uhr
Klassische hallesche und anhaltinische Küche mit DDR-Reminiszenzen in rustikalem Rahmen

AN DER SAALE
⓫ Bootsschenke Marie Hedwig ✆✆
Riveufer 11
Tel. 0345 5 32 12 13
www.bootsschenkemariehedwig.de
Im Winter Mo. – Mi. geschl.
Auf dem Deck und im »Laderaum« des 100 Jahre alten Saalekahns kann man zum Bier schlichte deutsche Küche genießen.

⓬ Bergschenke ✆✆
Kröllwitzer Str. 45
Tel. 0345 2 11 88 55
Restaurant mit gutem Angebot. Der großzügige Biergarten über der Saale bietet von seinen Terrassen den besten Blick auf die Burg Giebichenstein. Bowlinganlage und eine Pension für müde Zecher.

VINOTHEK
⓭ Villa del Vino
Ankerstr. 15
Tel. 0345 8 07 60
www.villa-del-vino.de
Große Auswahl an Weinen von allen Kontinenten, speziell Weine von Saale und Unstrut. Immer wieder musikalisch-literarische Veranstaltungen rund um das Kulturgut Wein.

CAFES
⓯ Café Hopfgarten
Rannische Str. 13
(Nähe Franckeplatz)
Tel. 0345 2 02 36 72
Ältestes Café der Stadt, leckere Blechkuchen wie vor 100 Jahren

⓰ nt-café
Große Ulrichstr. 51
Tel. 0345 5 11 07 12
www.ntcafe.de
Stimmungsvolles Theatercafé (▶Baedeker Tipp S. 91) mit großem Spektrum an Getränken und kleinen Speisen

⓱ Café Rossini
Marktplatz 24
Tel. 0345 6 85 65 21
www.rossini-halle.de
Italienisches Eiscafé im Erdgeschoss, vom Restaurant (1. Stock) schöner Blick auf den Markt

---

> **BAEDEKER WISSEN**
>
> ⓮ *Krug zum grünen Kranze* ✆✆
>
> Gegenüber der Burg Giebichenstein, direkt am Ufer der Saale, liegt die Traditionsgaststätte Krug zum grünen Kranze in der halleschen Talstraße. Ein Lokal mit Geschichte: Schon die Brüder Grimm und der romantische Freiherr von Eichendorff – er studierte in Halle u. a. bei Schleiermacher und Steffens Rechtswissenschaft und Philosophie – sind hier eingekehrt (Tel. 0345 2 99 88 99, tgl. 11.00 bis 24.00 Uhr, krugzumgruenenkranze.de).

Typische Gerichte

Klassiker der Küche

Die charakteristischen Gerichte Leipzigs und Halles sind mindestens ebenso von der kulinarischen Tradition wie von den Versorgungsengpässen zu DDR-Zeiten geprägt.

Leipziger Lerchen: Nach dem gesetzlichen Verbot, Lerchen zu füllen und zu backen, standen die Öfen nutzlos herum. Flugs kreierte ein findiger Bäcker ein Mürbteiggebäck in Gestalt der einstigen Lerchen, das er mit gemahlenen Mandeln, Nüssen und Konfitüre füllte. Inzwischen sind die Leipziger Lerchen kreisrund; nur noch die beiden überkreuzten Teigbänder darauf erinnern an die ursprüngliche Form.

Leipziger Allerlei: In ein echtes Leipziger Allerlei gehören Erbsen, Spargel, Karotten, Morcheln, manchmal auch Blumenkohl und Kohlrabi. Alles wird in Butter geschwenkt und mit einer Mehlschwitze oder gerösteten Semmelbröseln oder Semmelklößchen serviert. Die Festtagsvariante bereichern Mettwurst oder Flusskrebse. Die Herkunft des Leipziger Allerleis datiert auf die Zeit nach den Napoleonischen Kriegen – angeblich wollten die Stadtväter den Reichtum Leipzigs vor Steuereintreibern verbergen und servierten ihnen deshalb Gemüseeintopf.

Sülze: Das Gericht, zumeist aus Schweinskopf zubereitet, findet sich häufig auch unter der Bezeichnung Tellerfleisch auf der Speisekarte. Man bekommt Sülze übrigens auch in bester Qualität beim Metzger. Im Restaurant werden in der Regel knusprige Bratkartoffeln dazu gereicht.

Würzfleisch: Andernorts hieße es Ragout fin. Es besteht aus klein geschnittenem Kalb- oder Geflügelfleisch, das mit Dosenchampignons angebraten, in Brühe gekocht und mit Kräutern gewürzt in Blätterteigpasteten gefüllt und mit Käse überbacken wird. Dazu gibt es Worcester Sauce Dresdner Art, eines der wenigen DDR-Produkte, das die Wende überdauert hat und heute noch von Exzellent Feinkost in Dresden hergestellt wird.

Halloren-Kugeln: Sie sollen den Knöpfen der Traditionsuniform der Halloren nachempfunden sein: Die aus Sahne und Schokolade bestehenden Kugeln der halleschen Halloren Schokoladenfabrik AG sind der Renner unter den Produkten des Unternehmens, dessen Wurzeln bis ins 19. Jh. zurückreichen. Erfunden wurden die Kugeln in der DDR. Aus dem ursprünglichen Rezept entwickelten sich weitere Kreationen mit Eierlikör, Rum oder Vanille.

Gose: In Goslar fand einst Kaiser Otto III. im 10. Jh. Geschmack an dem leicht säuerlich schmeckenden Bier, das mit Salz und Koriander gewürzt war und einen relativ hohem Milchsäureanteil besaß. Ab dem 17. Jh. wurde die Gose auch in Leipzig produziert und abgefüllt. Dass das als typisch leipzigerisch geltende Getränk heute in mehreren Gaststätten der Messestadt ausgeschenkt wird, geht auf die Initiative einer Berliner Brauerei zurück, die 1886 die Gosenschänke gründete und damit die alte Tradition wiederbelebte.

Feiertage · Feste · Events

Feiertage · Feste · Events • ERLEBEN UND GENIESSEN

Musik liegt in der Luft

Auf dem Leipziger Markt erklingen eigenwillige Rhythmen und Töne. »Chattin' with Bach« heißt das Projekt, das ein paar junge Jazzmusiker zum Bachfest beisteuern. Der barocke Komponist im neuzeitlichen Jazzgewand ist ebenso stimmig wie die Auseinandersetzung mit Bach, die Rapper, Sprayer und Poetry Slammer im Untergeschoss des Hauptbahnhofs versuchen. Aber natürlich ist auch der klassische Bach bei diesem großen Leipziger Event vertreten.

Johann Sebastian Bach ist nicht der einzige Musiker, der in **Leipzig** gewürdigt wird. Die Musikstadt hatte viele prominente Bewohner, deren Festwochen musikalische Highlights im ohnehin schon anspruchsvollen Kulturbetrieb beisteuern. Da wären **Richard Wagner, Felix Mendelssohn Bartholdy, Edvard Grieg** und andere. — **Musikfestwochen**

Was Bach für Leipzig, ist **Händel** für **Halle**. Sein Werk und seine Wirkung bis heute werden nicht nur in der klassischen Rezeption gefeiert. Zu »Happy Birthday Händel« kommen in Halle Ende Februar Chorsänger aus aller Herren Länder zusammen, um den Messiah vorzutragen. Die jedes Jahr über 400 Teilnehmer haben nur wenige Tage Zeit, sich aufeinander abzustimmen, und doch ist das Oratorium Jahr für Jahr ein wirklich atemberaubendes Erlebnis. Die klassischen Händel-Festspiele wiederum warten mit hochkarätigen Interpreten an historischen Aufführungsstätten auf, darunter dem ehemaligen Wohnhaus des Komponisten.

Halle wie Leipzig feiern natürlich auch ganz volkstümliche Feste: Beim **halleschen Laternenfest** versuchen die Halloren, Konkurrenten beim Fischerstechen aus ihren Booten zu stoßen, und beschließen das feuchtfröhliche Event mit einem zauberhaften, mit Laternen erleuchteten Bootskorso. Die Leipziger setzen beispielsweise auf Badewannen anstelle von Booten und nehmen mit einem **Badewannenrennen vor dem Völkerschlachtdenkmal** dem düsteren Bauwerk wenigstens für einen Moment seinen hehren Ernst. Welche Veranstaltungen in Leipzig auf dem Programm stehen, findet man unter www.leipzig-im.de. — **Laternen und Badewannen**

In beiden Städten gelten die deutschlandweiten gesetzlichen Feiertage, mit einem Unterschied: Das protestantische Leipzig begeht auch den Reformationstag (31. Oktober), während das mehrheitlich katholische Halle den Heiligen Drei Königen huldigt (6. Januar). — **Feiertage**

Das Lindenblütenfest findet alle zwei Jahre im Lindenhof der Franckeschen Stiftungen in Halle statt.

Veranstaltungskalender für Leipzig

MÄRZ
Leipziger Ostermesse Spektakel

Historisches Markttreiben vor der Kulisse der Altstadt mit mittelalterlichen Spielleuten, Gauklern und Händlern
www.heureka-leipzig.de

Honky Tonk

Eine Nacht mit Livemusik aller Genres in den Kneipen der Stadt
www.honkytonk.de

APRIL/MAI
Kleinmesse

Parallel zu den Leipziger Messen entstandene Veranstaltung mit verschiedenen Fahrgeschäften und Schaustellern auf dem modernisierten Kleinmesseplatz am Cottaweg (April/Mai: Frühjahrskleinmesse, August/Sept.: Herbstkleinmesse, Okt./Nov.: Winterkleinmesse). Attraktion der Veranstaltung ist das jeden Samstagabend stattfindende Höhenfeuerwerk
www.leipziger-kleinmesse.net

MAI
a cappella

Beliebtes Festival mit der Weltspitze der Vokalensembles in der Leipziger Innenstadt
www.a-cappella-festival.de

Wagner-Festtage Leipzig

Dem 1813 in Leipzig geborenen Komponisten sind bei diesen Festtagen zahlreiche Konzerte und Vorträge gewidmet
www.wagner-festtage.com

JUNI
Wave-Gotik-Treffen

Größtes Europäisches Szenetreffen mit Konzerten und Open-Air-Veranstaltungen jedes Jahr an Pfingsten
www.wave-gotik-treffen.de

Leipziger Stadtfest

Auf mehreren großen Bühnen in der Innenstadt wird ein tolles Kulturprogramm mit namhaften Künstlern geboten sowie alles, was zu einem zünftigen Volksfest gehört.
www.leipzigerstadtfest.de

Bachfest Leipzig

Der international beachtete Höhepunkt des Musikjahrs in Leipzig nähert sich Bach mit Aufführungen seiner Kompositionen an historischen Orten wie der Thomaskirche, aber auch mit Vorträgen und Führungen.
www.bach-leipzig.de

JULI
Badewannenrennen

Mitte Juli treten im See vor dem Völkerschlachtdenkmal Wasserfahrzeuge unterschiedlichster Herkunft gegeneinander an.
www.nato-leipzig.de/badewannenrennen

JULI/AUGUST
Montagskonzerte am Bach-Denkmal

Die Freiluftkonzerte unterschiedlicher musikalischer Genre finden alljährlich mit internationaler Beteiligung statt.
www.bachkonzerte.eu

Nachstellung eines Gefechts der Völkerschlacht bei Leipzig

AUGUST
Classic Open
Freiluftveranstaltung mit Livedarbietungen sowie Konzertaufzeichnungen, »public viewing«
classic-open-leipzig.de

Leipziger Jazztage
Traditionfestival: Leipziger Jazzformationen gemeinsam mit Gästen aus dem In- und Ausland
www.jazzclub-leipzig.de

Mendelssohn-Festtage
Konzerte mit Kompositionen von Mendelssohn bis zur Gegenwart
www.gewandhaus.de

OKTOBER
Herbst ´89: Aufbruch zur Demokratie
Gedenkveranstaltungen am 9. Oktober zum Jahrestag der friedlichen Revolution
www.leipzig.de

Lachmesse
Europäisches Humor- und Satire-Festival Leipzig
www.lachmesse.de

Völkerschlacht bei Leipzig 1813
Diverse Veranstaltungen und Vorführungen bzw. Nachstellungen des Geschehens zum Jahrestag der Schlacht (16. – 18. Oktober, ▶Baedeker Tipp S. 247)
www.leipzig1813.de

DOK Leipzig
Internationales Festival für Dokumentar- und Animationsfilm
www.dok-leipzig.de

NOVEMBER
euro-scene Leipzig
Festival des zeitgenössischen europäischen Theaters mit jungen und experimentellen Gruppen Europas
www.euro-scene.de

NOVEMBER/DEZEMBER
Leipziger Weihnachtsmarkt
Der Weihnachtsmarkt vor dem Alten Rathaus gehört zu den größten und schönsten in Deutschland.
www.leipzig.de

Leipziger Buchmesse

Wiedergeburt einer Institution

Vier Messetage, 2800 Veranstaltungen, 160 000 Besucher – die Leipziger Buchmesse wächst von Jahr zu Jahr und vermeldet immer neue Rekorde. Dabei galt sie in den ersten Jahren nach der Wende als sterbender Schwan. Zumindest im Westen der Republik wollte kaum jemand glauben, dass die traditionsreiche DDR-Veranstaltung gegenüber der modernen Frankfurter Buchmesse Zukunft hätte.

Die beiden großen deutschen Buchmessen in Frankfurt und Leipzig konkurrierten bereits im 17. Jh. Der Leipziger Buchhändlertreff, der schon im 16. Jh. bestand, überflügelte 1632 Frankfurt in der Anzahl der ausgestellten Bücher und behielt diese Vormachtsstellung bis 1945. Dann allerdings entwickelten sich die beiden Messen unterschiedlich. Frankfurt wurde internationaler Player, während Leipzig sich als Fenster zum Osten etablierte. Ohne die Leipziger Buchmesse und die Kontakte ihrer Aussteller kamen westdeutsche Verleger nur mit Mühe an Ostblockautoren und -verlage heran. Dies galt auch noch für die erste Zeit nach der Wende. Aber schließlich wurde das Leipziger Know-how nicht mehr benötigt – der Westen hatte seine eigenen Kontakte aufgebaut. Die Buchmesse fand bei Fachbesuchern von Jahr zu Jahr weniger Anklang, Aussteller zogen sich zurück. Auch das Publikum war nicht mehr so neugierig wie zu DDR-Zeiten. Das mag auch am Umzug der Buchmesse aus dem Messehaus im Stadtzentrum in die Neue Messe an der Peripherie Leipzigs gelegen haben.

»Leipzig liest«

Mit »Leipzig liest« kehrte die Messe zurück. Der Bertelsmann Club, der die geniale Veranstaltungsreihe ersonnen hat, darf sich getrost als Retter der Buchmesse feiern. Allerdings wäre dem Konzept, während der vier Messetage Autoren an verschiedenen Orten in der Stadt aus ihren Büchern lesen zu lassen, kein Erfolg beschieden gewesen, hätte es nicht die Leipziger und ihre unbändige Leselust gegeben. Lesen, Zuhören, den Kontakt zum Autor suchen, mit ihm diskutieren – die Leipziger ergriffen die ihnen dargebotene Möglichkeit, in den Messetagen Literatur zu erleben, mit beiden Händen. »Leipzig liest« startete 1991 mit 80 Autoren an 160 Veranstaltungsorten; ein Jahr später gab es bereits 220 Lesungen und einen deutlichen Besucheranstieg. Heute gilt die Leipziger Messe als Lesefest.

Das Lesefestival

Bei diesem Fest gehen die Verlage immer neue kreative Wege, um auf ihre Bücher und Autoren aufmerksam zu machen. So lud 2013 der Buchvolk Verlag zur Langen Nacht der kurzen Krimis in einer Friedhofs-Trauerhalle. Die Moritzbastei gehörte eine kurzweilige Nacht lang einer Lyrik-Performance. Friedensnobelpreisträger Michail Gorbatschow stellte seine Autobiografie in der Peterskirche vor. Bibliotheca Albertina, Museum der Bildenden Künste, der Diako-

Die Leipziger Buchmesse im Frühjahr ist ein Lesefest für alle.

nie-Laden Nikolai-Eck oder eine Sauna – die Veranstaltungsorte der Lesungen sind mindestens ebenso vielseitig wie die präsentierte Literatur.

Buchmesse der Zukunft

Auf dem Feld professioneller Vertragsabschlüsse kommt die Buchmesse Leipzig an Frankfurt nicht heran. Dafür ist sie jünger. Leseförderung, Bildung durch Lesen, diese Themen spielen in Leipzig, wo ein Viertel der Fläche der Kinder- und Jugendliteratur vorbehalten sind, eine große Rolle. Rund 25 000 Schulkindern kommen jedes Jahr auf die Messe, nehmen an über 400 Lesungen oder Workshops teil. Seit 2001 widmet Leipzig japanischen Mangas einen eigenen Bereich und wird deshalb von Anhängern dieser Comics besucht, die sich in den modernen Messehallen in der schrillen Kostümierung ihrer Vorbilder präsentieren. 2014 haben die Messemacher daher eine erste Manga-Comic-Konvention veranstaltet. Im Aufspüren aktueller Trends sind Leipziger mindestens so geschickt wie die Frankfurter. Bereits im Jahr 2000 machten sie das Hörbuch zum thematischen Schwerpunkt.

Buchpreis

Auf der Leipziger Buchmesse werden verschiedene Preise vergeben. Der bekannteste ist der Preis der Leipziger Buchmesse. Er wird seit 2005 in drei Kategorien verliehen: Übersetzung, Sachbuch/Essayistik und Belletristik. Schon die Nominierung ist eine Ehre, die sich außerdem positiv auf die Verkaufszahlen auswirkt, denn die Verlage wuchern eifrig mit diesem Pfund. Informationen über das Programm und die Preise finden sich unter: www.leipziger-buchmesse.de.

Veranstaltungskalender für Halle

FEBRUAR
Happy Birthday Händel
Ende Februar versammeln sich rund 400 Chorsänger in Halle, um den Messiah (Messias), Händels wohl mit Abstand berühmtestes Oratorium, in englischer Sprache aufzuführen.
www.happy-birthday-haendel.de

> **BAEDEKER WISSEN ?**
>
> *Halleluja*
>
> Das jubelnde Halleluja, der bekannteste Chor aus Händels Messias, von Hunderten Chorsängerinnen und -sängern zu hören ist auch für diejenigen, die mit Barockmusik wenig am Hut haben, ein Erlebnis. Die Tradition, dass sich Chöre zusammenfinden und das Werk gemeinsam aufführen, entstand bereits im England des 19. Jahrhunderts. In Halle gibt es die Aufführung mit großer Chorbesetzung immerhin schon seit dem Jahr 2000.

MAI
Museumsnacht
Alle Museen öffnen bis Mitternacht und präsentieren auch sonst nicht zu sehende Schätze aus ihren Magazinen.
www.museumsnacht-halle-leipzig.de

MAI/JUNI
Knoblauchsmittwoch
Ein uraltes »duftendes Fest« rund um die scharfe Zwiebel, das vor wenigen Jahren wiederbelebt wurde und immer am Mittwoch nach Pfingsten gefeiert wird.

MAI
Internationale Händel-Festspiele
Alljährlich finden zwischen 60 und 80 Veranstaltungen (Konzerte, Oper, Konferenzen) an Spielorten in Halle und der näheren Umgebung statt (▶Baedeker-Tipp S. 270).
www.haendelfestspiele.halle.de

Lindenblütenfest
Konzerte, Veranstaltungen und Ausstellungen im Lindenhof der Franckeschen Stiftungen (▶Baedeker-Tipp S. 264; alle zwei Jahre: 2015, 2017 …)

JULI – SEPTEMBER
mdr-Musiksommer
Der Mitteldeutsche Rundfunk präsentiert in Sachsen-Anhalt, Thüringen und Sachsen an ausgewählten Orten und Schauplätzen – in Kirchen, auf Burgen, aber auch im Freien – erlesene Konzerte; überwiegend klassische Musik.
www.mdr.de

AUGUST
Nacht der Kirchen
Über 40 Kirchen der Stadt laden zur Besichtigung und Andacht unter einem jährlich wechselnden Bibelwort ein.

Laternenfest
Eines der größten Volks- und Heimatfeste Mitteldeutschlands: Zu den Attraktionen des Laternenfests zählen das Fischerstechen, ebenso der mit Lichtern geschmückte Bootskorso sowie das Höhenfeuerwerk. Musik,

Die Fahnenschwinger der Halloren in traditionellen Kostümen zeigen ihre Kunst auf dem Salzfest.

Show, Sport und Spiel sowie kulinarische Köstlichkeiten runden das bunte, fröhliche Fest ab (▶Abb. S. 295).
laternenfest.halle.de

SEPTEMBER
Salzfest der Halloren
Jeweils am letzten September-Wochenende laden die Halloren zum Salzfest in die Innenstadt ein. Einer der Höhepunkte ist das traditionelle Fahnenschwenken auf dem Markt, begleitet von mittelalterlichem Treiben, sowie das Schausieden (▶auch Abb. S. 13) in der Saline auf der Salinehalbinsel. Zum Fest gehört auch das Fischerstechen auf der Saale, bei dem die halleschen Salzwirker Gelegenheit haben, ihre Spring- und Schwimmkünste und die Geschicklichkeit der Stecher und Kahnfahrer zur Schau zu stellen.
www.halle.de.

NOVEMBER/DEZEMBER
Weihnachtsmarkt
Stimmungsvoller Markt ab Ende November bis einschließlich 4. Advent in Halles Innenstadt
www.halle.de

Mit Kindern unterwegs

Spiel und Spaß

Unterhalb des Wasserfalls haben die Kinder zwei niedliche Zwergflusspferde entdeckt und drüben auf der Insel im Fluss toben putzige Totenkopfäffchen. Bevor die Erwachsenen auch nur einen Einwand vorbringen können, turnen die Kleinen schon auf dem Baumwipfelpfad in luftiger Höhe über dem dichten Blätterdach des Dschungels.

Weiter geht's im Gondwanaland mit dem Boot auf dem Fluss Gamanil, vorbei an einem echt unheimlich wirkenden Komodo-Waran und misstrauisch blinzelnden Runzelhornvögeln. Der Zoo ist nur eine der vielen kinderfreundlichen Attraktionen in **Leipzig**, aber sicher seine spektakulärste, denn er bildet die Lebensräume seiner Tiere wirklich so authentisch nach, dass es nur wenig Fantasie bedarf, sich nach Afrika oder Südamerika versetzt zu fühlen.

Der **einzige Bergzoo Deutschlands** in Halle zeigt auf rund 9 Hektar mehr als 1700 Tiere aus über 250 Arten. Schwerpunkte sind Bergtiere und die Tierwelt in Südamerika, vertreten etwa durch den südamerikanischen Nasenbären, Lamas und Vikunjas.

Zoo Leipzig, Bergzoo Halle

Kinderfreundliche Angebote hatten auch vor der Wende Tradition, und da **Leipzig** eine Stadt ist, in die viele Familien zuziehen, wird einiges für Kinder getan. Spezielle Vorstellungen in der Oper, Kinderveranstaltungen in Museen, eigene Stadtführungen für die Kleinen und modern ausgestattete Spielplätze sorgen für eine altersgerechte Unterhaltung.

Ähnliches gilt für **Halle**, dessen Theater sehr auf Familienfreundlichkeit setzen. Mit dem Landesmuseum für Vorgeschichte besitzt Halle zudem ein modern und interaktiv gestaltetes Haus, das Kindern jeden Alters Spaß macht.

Viel für Familien

Vielfältig und kindgerecht ist auch das Freizeitangebot im Sportbereich. Die in **Leipzig** wieder zugänglich gemachten Kanäle laden Kanuten mit etwas Erfahrung zu Paddeltouren vom Zentrum bis in die Auwälder. Das ▶Neuseenland mit seinen großen und kleinen Wasserflächen, unterschiedlichen Stränden, Radwegen und vielen Sport- und Spielmöglichkeiten begeistert Groß wie Klein. Der Kanupark Markkleeberg beispielsweise hat auch Angebote für Kinder und Jugendliche. In **Halle** können Kids unter 120 Spiel- und Bolzplätzen wählen oder im Skatepark Rollmops ihr Geschick an Channels oder Hop-over-Quarters trainieren.

Sportlich

Spielgeräte im historischen Stil bietet der riesige Spielplatz beim Restaurant und Biergarten Schrebers in Leipzig.

Angebote für Kinder in Leipzig

EuroEddy's FamilyFunCenter
Kastanienweg 1
(Leipzig-Rückmarsdorf)
Tel. 0341 9 40 62 44
www.euroeddy-leipzig.de
Mo.–Fr. 14.00–20.00, Sa./So. 10.00–20.00 Uhr; Eintritt: Kind ab 6 €, Erw. Begleitperson 4,50 €
FamilyFunCenter mit vielen Spielen und Attraktionen

> **BAEDEKER TIPP**
>
> *BELANTIS*
>
> Themenwelten, Fahrgeschäfte und Shows offeriert der größte Freizeitpark Ostdeutschlands, südlich von Leipzig gelegen (erreichbar über die A 38; April–Ende Okt., Tel. *01378 40 30 30 (Service-Nummer), www.belantis.de, Eintritt: Kinder von 1 bis 1,45 m Körpergröße 24,90 €, Erw. 26,90 €).

Skateparks/Halfpipe
Skatepark Conne Island
Koburger Str. 3
www.urban-souls.de
Skatepark Heizhaus Leipzig
Salzstr. 63
www.heizhaus-leipzig.de
Eine Halfpipe steht am Richard-Wagner-Platz.

Kinder- und Jugendmuseum Lipsikus
Böttchergässchen 3
Tel. 0341 96 51 30
www.stadtgeschichtliches-museum-leipzig.de
Puppenspiele, Theateraufführungen, Spielnachmittage u. Ä. im Neubau des Stadtgeschichtlichen Museums. Das Kindermuseum ist bis auf Weiteres geschlossen.

Museen im Grassi
▶Grassi-Museen
Ein Progamm und diverse »Mitmachmöglichkeiten« für Kinder und Jugendliche bieten alle drei Grassi-Museen.

Naturkundemuseum
Führungen im ▶Naturkundemuseums gibt es auch für die kleinen Gäste der Stadt.

Parkeisenbahn am Auensee
Gustav-Esche-Str. 8
Tel. 0341 46 11 51
www.parkeisenbahn-auensee-leipzig.de
Eine Attraktion im Sommer sind die Parkeisenbahn am Auensee und der Abenteuerspielplatz mit dem großen Holzschiff.

Theater der Jungen Welt
Lindenauer Markt 21
Tel. 0341 4 86 60 16
www.tdjw.de
Speziell auf Kinder und Jugendliche ausgerichtet ist das Repertoire des TDJW im Theaterhaus Leipzig.

Zoo Leipzig
▶Zoo Leipzig
www.zoo-leipzig.de
Nov.–März tgl. 9.00–17.00, Okt./April tgl. 9.00–18.00, Mai–Sept. 9.00–19.00 Uhr; Eintritt: Kind 8–10 €, Erw. 14–17 €.
Hier kann die Familie gemeinsam auf Safari gehen unter dem passenden Motto: »Der Natur auf der Spur«.

Angebote für Kinder in Halle

Bergzoo

Haupteingang Reilstr. 57
Saisoneingang Seebener Straße
Tel. 0345 5 20 34 20
www.zoo-halle.de
Straßenbahn: 3 (Trotha), 8 (Seebener Straße), S-Bahn: 7 (Haltestelle Zoo)
April – Okt.: Mo. – Fr.
9.00 – 17.00, Sa./So. bis 18.30;
Nov. – Febr. tgl. 9.00 – 16.00,
März Mo. – Fr. 9.00 – 16.00, Sa./So. bis 17.00 Uhr; Eintritt: Kind 3,50 €, Erw. 8,50 €
Ein modernes Raubtierhaus, ein Urwaldhaus mit Affen und ein Streichelgehege für die Kleinsten sind nur einige der Attraktionen.

Franckesche Stiftungen/ Krokoseum

▶Franckesche Stiftungen
www.francke-halle.de
Mo. – Do. 12.00 – 16.00, Fr. 12.00 – 14.00, So. 10.00 – 18.00 Uhr, Eintritt je nach Programm
Besonders interessant für Kinder und Jugendliche ist hier das Naturalienkabinett. Im Souterrain des Hauptgebäudes befindet sich das Kinderkreativzentrum Krokoseum. Es bietet an den Nachmittagen ein offenes Museumsprogramm für alle Kinder.

Skatepark Rollmops

An der Magistrale/Ecke Hallorenstraße
www.halle-rollt.de
Die große Skateranlage in Halle-Neustadt wurde anlässlich der Internationalen Bauausstellung 2010 installiert und ist immer zugänglich.

Kinderstadt

Kontakt: Thalia Theater
Tel. 0176 12 04 05 19
www.kinderstadt-halle.de
In geraden Jahren lädt die Kinderstadt ab Juni für fünf Wochen auf die ▶Peißnitzinsel ein. Mädchen und Jungen ab 6 Jahren bauen mit vorgefertigten Modulen ihre Stadt nach und kaufen dort ein mit dem ersten selbst verdienten Geld, den »Hallörchen«.

Figurentheater Anna Sophia

Wittenberger Str. 24
(Stadtteil Silberhöhe)
Tel. 0345 2 09 01 29
www.figurentheater-anna-sophia.de
Für Kinder ab 3 Jahren

Figurentheater Märchenteppich

Kleine Ulrichstr. 11
Tel. 0345 1 35 23 16
www.maerchenteppich.de

Steinzeitspielplatz

vor dem ▶Landesmuseum für Vorgeschichte
Hier soll den Kleinsten »begreifbar« gemacht werden, was im Museum ausgestellt ist, u. a. mit Pfahlhütten, Ausgrabungsfeld und einer verbuddelten Himmelsscheibe.

thalia theater

Richard-Wagner-Str. 9 – 10
Tel. 0345 20 40 30
buehnen-halle.de
Das Thalia- wie das angeschlossene Puppentheater zeigt auch Stücke für Kinder und Jugendliche.

Museen und Galerien

Museen und Galerien • ERLEBEN UND GENIESSEN

Jede Menge zu sehen

Die Museums- und Galerielandschaften in Halle und Leipzig sind so vielseitig, dass wohl jeder eine Ausstellung findet, die seinen persönlichen Vorlieben entspricht. Nicht nur die großen, mit staatlichen oder städtischen Geldern unterhaltenen Häuser, sondern auch die vielen kleinen Museen und Galerien, auf private Initiative hin entstanden und oft ehrenamtlich geführt, lohnen den Besuch.

Interessiert Sie die Geschichte der Pharmazie? Möchten Sie sich über zeitgenössische Kunst informieren oder auf die Spuren der Kleingartenbewegung begeben? Hat es Ihnen Georg Friedrich Händels Werk angetan oder fasziniert Sie die Himmelsscheibe von Nebra? Eine besondere Stellung nimmt die **Universität Leipzig** ein, deren Sammlung von über 10 000 Objekten vom 15. bis zum 21. Jh. an verschiedenen Orten präsentiert wird. Die herausragenden Exponate sind im Rektorhaus der Universität zu sehen; weitere Stücke bereichern das neu errichtete Augusteum und fügen sich harmonisch in die moderne Architektur des wieder aufgebauten Komplexes.
Eine Reise durch die Kulturgeschichte verspricht das Grassimuseum mit der faszinierend vielfältigen ethnologischen Ausstellung sowie den Museen für Angewandte Kunst und für Musikinstrumente. In Halle entführt die exquisite Sammlung der **Stiftung Moritzburg** in das Schaffen berühmter Expressionisten, auch Bilder von **Lyonel Feiningers Halle-Zyklus** (▶Baedeker Wissen S. 288), sind zu sehen. Vor- und Frühgeschichte präsentiert das Landesmuseum so anschaulich, dass der Besucher meint, die Schöpfer der Felsbilder leibhaftig vor sich zu sehen. Und noch eine Besonderheit weisen die Museen auf: **In der DDR pflegte man andere Sammlungsschwerpunkte** als im Westen; auch waren den Wissenschaftlern andere Kulturkreise zugänglich. So lassen sich hier Künstler, Regionen und Brauchtum entdecken, die man im Westen bis zur Wende kaum kannte.

Enorme Vielfalt

Diese Museumslandschaft ist dank des privaten Engagements stetig in Bewegung, allerdings fehlen oft auch **Freiwillige und Gelder**. Das 2002 unter großem öffentlichen Interesse eröffnete Goetz-Haus in Leipzig, das an einen Weggenossen von Turnvater Jahn erinnerte, ist seit Jahren geschlossen. Das vorbildliche Leipziger Jugendprojekt GaraGe, dessen Ziel technische Wissensvermittlung war, empfängt heute nur noch vorangemeldete Gruppen. Sogar die beliebte und viel besuchte Zinnfigurensammlung im Torhaus Dörlitz schloss ihre

Ein stetes Auf und Ab

Das Halloren- und Salinemuseum in Halle ist auch ein interessantes Industriedenkmal.

ERLEBEN UND GENIESSEN • **Museen und Galerien**

Pforten. Noch turbulenter ist die Entwicklung in der **Galerieszene**: In der Spinnerei zu Leipzig wechseln die Galeristen ebenso schnell wie im Stadtbild. Die renommierte und alt eingesessene Galerie am Sachsenplatz existiert heute nur noch im virtuellen Raum. Zugleich entstehen **neue Projekte**: Die Galerie KUB beispielsweise bietet jungen Gegenwartskünstlern eine Plattform. Nicht zuletzt bereichern die beiden Hochschulen – **Grafik und Design in Leipzig und Kunst und Design in Halle** – die Kunstszene mit Ausstellungen, Rundgängen und Events. Es lohnt sich immer, ins Programm zu sehen.

Hinweis Eine Auflistung der Leipziger Museen und Galerien und deren aktuelle Ausstellungen und Events finden Interessierte auf www.leipzig.de oder www.leipziger-museen.de; www.kunstinleipzig.de beschreibt auch Galerien, ist aber nicht immer aktuell. Für Halle empfehlen sich www.halle-entdecken.de und www.halle.de.
Die meisten Museen sind montags geschlossen; in Leipzig ist Mittwoch Museentag – dann ist in vielen Häusern der Eintritt frei. Auch hier lohnt sich ein Blick auf die jeweilige Homepage.

Museen in Leipzig

Ägyptisches Museum
▶Augustusplatz, S. 172

Alte Handelsbörse
▶S. 162

Antikenmuseum
Nikolaikirchhof 2
(Alte Nikolaischule)
www.uni-leipzig.de/antik/
Straßenbahn: 12 (Augustusplatz)
Di. – Do., Sa./So. 12.00 – 17.00 Uhr
Eintritt: 3 €
Ursprünglich als Anschauungsmaterial für die Studenten gedacht; Mäzene waren u. a. die Verleger Brockhaus und Baedeker.

Automuseum Da Capo
Oldtimer-Museum & Eventhalle
Karl-Heine-Str. 105
www.michaelis-leipzig.de
Straßenbahn: 14 (Karl-Heine-Straße/Gießerstraße)
Mi. – So. 10.00 – 16.00 Uhr
Eintritt: 3 €
Oldtimer und nostalgische Mode; bei Veranstaltungen bleibt das Museum geschlossen.

Bach-Museum im Bach-Archiv
▶S. 175

Botanischer Garten
Linnéstr. 1
www.uni-leipzig.de/bota
Straßenbahn: 15 (Ostplatz 15)
Freiland: Mai – Sept. 9.00 – 20.00, Nov. – Febr. 9.00 – 16.00, März/April/Okt. 9.00 – 18.00 Uhr; Gewächshäuser (inkl. Schmetterlinge) April – Sept. Di. – Fr. 13.00 – 18.00, Sa./So. 10.00 – 18.00, Okt. – März: Di. – Fr. 13.00 – 16.00, Sa./So. 10.00 – 16.00 Uhr; Eintritt bei Ausstellungen: 4 € (▶Baedeker Wissen S. 246)

Museen und Galerien • ERLEBEN UND GENIESSEN

Bundesverwaltungsgericht
▶S. 177

**Deutsches Buch-
und Schriftmuseum**
▶S. 180

Deutsches Fotomuseum
Raschwitzer Str. 11–13
04416 Markkleeberg
www.fotomuseum.eu
Straßenbahn: 9 (Parkstraße),
S-Bahn: S2, S4, S5, S 5X
(Markkleeberg Nord)
Di.–So.13.00–18.00 Uhr
Eintritt: 5 €
Ca. 600 historische Fotoapparate
und Fotografien, eine historische
Dunkelkammer u. v. m.

**Deutsches
Kleingärtnermuseum**
▶S. 181

**Edvard-Grieg-Gedenk-
und Begegnungsstätte**
Talstr. 10
www.edvard-grieg.de
Straßenbahn: 2, 9, 16
(Bayrischer Platz)
Bus: 60 (Bayrischer Platz)
Mi.–Fr. 14.00–17.00, Sa. 10.00
bis 14.00, So. 11.00–14.00 Uhr
Eintritt frei

**Gedenkstätte für Zwangs-
arbeiter »Erinnern für die
Zukunft«**
Permoserstr. 15
www.ufz.de
Straßenbahn: 3 (Permoser-/
Torgauer Straße)
Bus: 90 (Permoser-/Torgauer
Straße)
Di.–Fr. 10.00–18.00 Uhr
Eintritt frei

Botanischer Garten

Gohliser Schlösschen
▶S. 186

Grassi-Museen
▶S. 188

**Historischer Straßenbahn-
hof Leipzig-Möckern**
Georg-Schumann-Str. 244
www.strassenbahnmuseum.de
Straßenbahn: 10, 11, 80
(Straßenbhf. Möckern)
Bus: 90 (Slevogtstraße)
Mai–Sept. jeden 3. So. 10.00 bis
17.00 Uhr Führungen und Fahrt
mit historischen Straßenbahnen
Eintritt: 2 €
Straßenbahnmuseum der Leip-
ziger Verkehrsbetriebe (LVB)

ERLEBEN UND GENIESSEN • Museen und Galerien

Kriminalmuseum des Mittelalters
Nikolaistr. 59
www.kriminalmuseum-leipzig.de
Straßenbahnen 1, 7, 9, 10, 12 (Hauptbahnhof)
Tgl. 9.00 – 18.00 Uhr
Eintritt: 5,80 €
Makaber oder interessant? Das Museum zeigt eine Sammlung von Folter- und Hinrichtungswerkzeugen aus dem Mittelalter und möchte damit über die Grausamkeiten dieser Zeit aufklären.

Kunsthalle der Sparkasse Leipzig
►S. 195

Kustodie – Kunstsammlung der Universität Leipzig
Ritterstr. 26
www.uni-leipzig.de/kustodie
Mo. 13.00 – 15.00 Uhr
Die Sammlung umfasst mehr als 10 000 Objekte aus dem 14. bis 21. Jh., darunter Gemälde, Skulpturen, wissenschaftliche Dokumente, kostbare Bücher u. v. m. Die Highlights sind in der Ausstellung »600 Jahre Kunst an der Universität Leipzig« im Rektoratsgebäude zu besichtigen.

Mendelssohn-Haus
►S. 203

Mitspielzeugmuseum Mehrweg
Friedhofsweg 1a
www.mehrweg-ev.de
Straßenbahn: 2, 15 (Naunhofer Straße)
Bus: 70, 74 (Naunhofer Straße)
Mo. – Fr. 15.00 – 18.00 Uhr
Eintritt frei

Das Mitspielzeugmuseum verfügt über eine der größten Sammlungen historischer Spielzeuge aus der ehem. DDR und den Staaten des Ostblocks. Durch das Spielen mit historischem Spielzeug sollen die Kinder die damalige Zeit unmittelbar erfahren.

Museum der bildenden Künste
►S. 205

Museum FORUM 1813
►Völkerschlachtdenkmal, S. 251

Museum für Druckkunst
►S. 208

Museum in der »Runden Ecke«
►S. 209

Museum zum Arabischen Coffe Baum
►S. 240

Naturkundemuseum
►S. 211

Sächsisches Apothekenmuseum
Thomaskirchhof 12
apothekenmuseum.de
Straßenbahn: 9 (Thomaskirche)
Bus: 89 (Markt)
Di./Mi. 11.00 – 17.00, Do. 14.00 – 20.00, Fr. – So. 11.00 – 17.00 Uhr
Eintritt: 3 €
Kleine Exposition über die Geschichte der Pharmazie Sachsens im Gebäude der ehemaligen Central-Apotheke. Neben Gerätschaften und Dokumenten werden auch historische Persönlichkeiten

Museen und Galerien • ERLEBEN UND GENIESSEN

vorgestellt sowie die vom Leipziger Samuel Hahnemann im Wesentlichen entwickelte Homöopathie. Einen herrlichen Ausblick hat man vom Balkon auf ▶Thomaskirche und Bach-Denkmal.

Sächsisches Psychiatriemuseum
Mainzer Str. 7
www.psychiatriemuseum.de
Straßenbahn: 1, 2, 14 (Marschnerstraße)
Mi. – Sa. 13.00 – 18.00 Uhr
Eintritt: 2 €
Das Projekt des Vereins Durchblick e. V. zeigt die Psychiatrie als Teil der Kultur- und Sozialgeschichte Sachsens und setzt mit der Perspektive der Betroffenen einen besonderen Schwerpunkt.

Schillerhaus
▶S. 237

Schulmuseum
Goerdelerring 20
www.schulmuseum-leipzig.de
Straßenbahn: 1, 3, 4, 7, 9, 12, 13, 14, 15 (Goerdelerring)
Mo. – Fr. 9.00 – 16.00 Uhr
Schüler von heute sitzen auf Schulbänken ihrer Ur-Ur-Großeltern und erleben anschaulich, wie es damals in der Schule zuging.

Schumann-Haus
Inselstr. 18
Straßenbahn: 4, 7 (Gerichtsweg)
www.schumann-verein.de
Di. – Fr. 14.00 – 18.00, Sa./So. 10.00 – 18.00 Uhr u. n. V.
Führung: So. 15.00 Uhr
Eintritt: 3 €
Hier befand sich die erste gemeinsame Wohnung (1840 – 1844) von Clara und Robert Schumann. Im historischen Schumann-Saal finden regelmäßig Kammerkonzerte statt. Gespräche mit Repräsentanten des Kultur- und Musiklebens finden im Rahmen der »Inselreihe« in loser Folge statt. Das Gebäude gehört zu den bedeutendsten klassizistischen Wohnhäusern in Leipzig.

Sparkassenmuseum Leipzig
Schillerstr. 4
www.sparkasse-leipzig.de
Straßenbahn: 2, 8, 9, 10, 11 (Wilhelm-Leuschner-Platz)
Di. 15.00 – 17.00, Mi. 10.00 – 13.00 Uhr u. n. V.
Eintritt frei
Die Entwicklung des Bankwesens wird anhand der Leipziger Sparkassengeschichte von den Anfängen bis in die Gegenwart dargestellt. Zu den Exponaten gehören das erste Hauptbuch der Sparkasse Leipzig von 1826 bis 1838, Sparbücher, Büromaschinen und -geräte verschiedener Epochen, einer der ersten Panzergeldschränke (Mitte 19. Jh.), Münzen und Geldscheine sowie Beispiele historischer Sparwerbung.

Stadtgeschichtliches Museum
▶S. 239

Torhaus Dölitz
▶S. 244

Völkerschlachtdenkmal
▶S. 246

Zeitgeschichtliches Forum Leipzig
▶S. 251

ERLEBEN UND GENIESSEN • **Museen und Galerien**

Museen in Halle

Beatles-Museum
▶Alter Markt

Burg Giebichenstein
▶S. 259

DB-Museum
Berliner Str. 240
www.db-museum.de
Straßenbahn: 10 (Steintorbrücke)
Sa. 10.00 – 16.00 Uhr
Eintritt: 2,50 €
Rund 20 historische Eisenbahnfahrzeuge sind im alten Lokschuppen IV des DB-Museums ausgestellt.

Franckesche Stiftungen
▶S. 263

Nostalgie im Beatles-Museum

Gedenkstätte Roter Ochse
Am Kirchtor 20b
Straßenbahn: 8 (Diakoniewerk), 7 (Hermannstraße)
Di. – Fr. 10.00 – 16.00, am 1. Sa./So. im Monat 10.00 – 17.00 Uhr
Eintritt frei
Die Haftanstalt diente von 1933 bis 1935 als Gefängnis und »Schutzhaftlager« und dann bis 1945 als Zuchthaus überwiegend für politische Gefangene des nationalsozialistischen Regimes. Nach wenigen Wochen US-Besatzungszeit nutzte die sowjetische Besatzungsmacht sie ab Juli 1945 als Haft- und Internierungsort. Von 1950 bis Dezember 1989 kamen mehr als 9000 Gefangene in denjenigen Teil des »Roten Ochsen«, der vom Ministerium für Staatsicherheit der DDR als Untersuchungshaftanstalt geführt wurde. 1996 wurde in dem ehemaligen Verhör- und Wirtschaftsgebäude eine Gedenkstätte für die Opfer politischer Verfolgung von 1933 bis 1989 eingerichtet.

Händel-Haus
▶S. 269

Halloren-Schokoladenmuseum
▶S. 273

Halloren- und Salinemuseum
▶S. 272

Historisches Straßenbahndepot
Seebener Str. 191
www.halle-strassenbahnfreunde.de

Museen und Galerien • ERLEBEN UND GENIESSEN

Mai – Okt. 1. u 3. Sa. im Monat
11.00 – 17.00 Uhr, Eintritt: 2 €
Diese Sammlung historischer Fahrzeuge befindet sich in der Wagenhalle des ehemaligen Depots in der Nähe der Burg Giebichenstein.

Kindermuseum
Böllberger Weg 188
Straßenbahn: 1 (Böllberg)
Interaktive Ausstellungen und offene Werkstätten im Künstlerhaus 188

Kunstmuseum Moritzburg
▶Moritzburg

Museum universitatis
▶Universitätsplatz

Musikmuseum im Wilhelm-Friedemann-Bach-Haus
▶S. 270

Landesmuseum für Vorgeschichte
▶S. 274

Meckelsche Sammlung
▶Universitätsplatz

Naturkundliches Universitätsmuseum (Geiseltalmuseum)
▶Universitätsplatz

Robertinum
▶Universitätsplatz

Stadtmuseum
▶S. 299

In der Moritzburg logiert das Kunstmuseum des Landes Sachsen-Anhalt.

Zeitgenössische Kunst

Nicht nur die Leipziger Schule

Jedes Jahr Ende Juli öffnet die Leipziger Hochschule für Grafik und Druckkunst HGB ihre Tore für die Diplomschau: Die Studierenden präsentieren der breiten Öffentlichkeit ihre Abschlussarbeiten.

Der Besucherandrang ist enorm, und eindrucksvoll die Vielfalt der präsentierten Werke, von Fotografie über Medienkunst bis zu Rauminstallationen und Malerei. Wenngleich die für Leipzig so berühmte Kunstform beim HGB-Rundgang eher unterrepräsentiert ist. Vielleicht scheuen die jungen Künstler die Auseinandersetzung mit Pinsel und Leinwand, um ja nicht in die Schublade der Neuen Leipziger Schule gesteckt zu werden.

Arno Rink, Neo Rauch (▸Berühmte Persönlichkeiten)**, Rosa Loy, Christoph Ruckhäberle** sind einige der berühmten Namen der vor allem in den USA sehr geschätzten »Leipzig School«, der Neuen Leipziger Schule, deren Siegeszug bei deutschen und internationalen Sammlern mit dem Galeristen Judy Lübke und seinem Ausstellungsraum **EIGEN + ART** Mitte der 1990er-Jahre begann. Doch so neu war diese »Schule« gar nicht, denn bereits die DDR-Maler **Bernhard Heisig, Wolfgang Mattheuer und Werner Tübke** (▸Berühmte Persönlichkeiten) hatten ab den 1960er-Jahren in Leipzig gegenständlich, aber nicht im Sinne des sozialistischen Realismus gemalt, weswegen sie auch zeitweise politisch in Ungnade fielen. Alle drei waren an der HGB ausgebildet worden und hatten an ihr gelehrt. 1977 stellten sie ihre Werke erstmals auf der documenta aus. Dort wurde auch der Name **Leipziger Schule** geprägt. Neo Rauch war in den 1980er-Jahren Meisterschüler von Bernhard Heisig und entwickelte aus der Gegenständlichkeit dieser ersten Leipziger Schule eine Art surrealen oder magischen Realismus, der zum Kennzeichen der **Neuen Leipziger Schule** werden sollte. 1986 präsentierten Rauch und andere junge Leipziger Künstler ihre Werke erstmals in einer Gemeinschaftsausstellung der Öffentlichkeit. Seither arbeitet Rauch mit dem Galeristen Lübke zusammen, den er von der HGB kannte.

Strömungen

Die meisten Künstler, die von den Galeristen oder Kunstjournalisten der Neuen Leipziger Schule zugerechnet werden, lehnen es ab, ihre Arbeiten unter diesen Oberbegriff zu fassen. Es gibt auch, abgesehen vom mehr oder weniger großen Hang zur Gegenständlichkeit und der Ausbildung an der HGB, wenig Gemeinsamkeiten zwischen ihnen. Der aus dem oberbayerischen Pfaffenhofen stammende Christoph Ruckhäberle malt marionettenartige Figuren in prallen Farben, der Leipziger **Tilo Baumgärtel** arbeitet gerne mit Kohle und Tusche, Rauchs Ehefrau Rosa Loy widmet sich sehr figurativ dem Thema Weiblichkeit, Matthias Weischers Werk ist geprägt von bizarren Architekturformen. Übrigens arbeiten viele dieser Stilrichtung zugerechneten Künstler nach

Abstechern nach Berlin oder in andere Kulturmetropolen wieder in Leipzig.

Baumwollspinnerei

Als Keimzelle und Herz dieser neuen Kunstrichtung galt lange Zeit die **Baumwollspinnerei**, in der EIGEN + ART bis heute residiert. Die 1885 errichteten Fabrikhallen waren bereits zu DDR-Zeiten nach und nach stillgelegt worden. Auf die Arbeiter folgten Künstler. Sie richteten in den leer stehenden Hallen Ateliers ein und übernahmen die Spinnerei schließlich ganz. Bereits 1995 öffnete die Galerie Kleindienst, bei der u. a. Christoph Ruckhäberle ausstellt. 2005 folgte Judy Lübke, der bereits zu DDR-Zeiten heimlich mit Kunst gehandelt hatte, mit seiner Galerie EIGEN + ART. Zwei Jahre zuvor war die Halle 14 an den Start gegangen, die sich der gemeinnützigen, nichtkommerziellen Kunstvermittlung verschrieben hat.

Heute sind elf Galerien und mehrere Kunstprojekte wie Halle 14 oder die Pilotenküche für Artists in Residence in der Baumwollspinnerei beheimatet. Viele Künstler, die die Spinnerei zum Zentrum der Leipziger Kunstszene gemacht haben, arbeiten wie Neo Rauch noch heute hier. Rundgänge und Ausstellungen: www.spinnerei.de.

Galerien und Museen

Auch außerhalb der Spinnerei findet Interessantes und Sehenswertes statt. Die kleine KUB in der Südvorstadt beispielsweise wird von einer Künstlervereinigung betrieben und versteht sich als Plattform für junge, zeitgenössische Kunst.

Gehört zu den international renommiertesten deutschen Künstlern: Neo Rauch

Seit 2007 findet hier das **Performancekunst-Festival Blauverschiebung** statt. Auch die **Galerie für Zeitgenössische Kunst** setzt sich mit den verschiedenen Formen der Gegenwartskunst auseinander. In der historischen Villa mit modernem Anbau residieren zudem ein Mini-Hotel und das beliebte Café Kafič, wo auch Kunstevents stattfinden. Kleiner und nicht ganz so etabliert wie die Spinnerei ist das **Tapetenwerk** mit seinen Ateliers und Galerien (▶S. 125).

Galerien in Leipzig und Halle – eine Auswahl

LEIPZIG

Galerie ARTAe
Gohliser Str. 3
Tel. 0341 35 52 04 66
www.artae.de
Mi. – Sa. 15.00 – 19.00 Uhr

> **BAEDEKER TIPP**
>
> *Galerie Hotel Leipziger Hof*
>
> »Hier schlafen Sie mit einem Original« ist der Werbeslogan für das im Viertel am Neustädter Markt gelegene Hotel. Gemeint sind damit Originalgemälde von Leipziger Künstlern (ab ca. 1920 und der Leipziger Schule), die hier die Korridore und Gästezimmer schmücken. Ein Galeriegebäude im Hof entstand als Domizil für Ausstellungen, in denen meist Nachwuchskünstler vorgestellt werden (Galerie Hotel Leipziger Hof €€€€ – €€€, Hedwigstr. 1–3, Tel. 0341 6 97 40, www.leipziger-hof.de). Öffnungszeiten der Galerie: tgl. 10.00 – 20.00 Uhr.

Galerie EIGEN + ART Leipzig
Spinnereistraße 7/Halle 5
Tel. 0341 9 60 78 86
www.eigen-art.com
Di. – Sa. 11.00 – 18.00 Uhr

Galerie Irrgang
Thomaskirchhof 11
Tel. 0341 9 26 01 48
www.galerie-irrgang.de
Di. – Fr. 11.30 – 19.00,
Sa. 12.00 – 18.00 Uhr

Galerie Kleindienst
Spinnereistraße 7/Halle 3
Tel. 0341 4 77 45 53
www.galeriekleindienst.de
Di. – Fr. 13.00 – 18.00,
Sa 11.00 – 15.00 Uhr

Galerie KUB
Kantstr. 18
www.galeriekub.de
Während Ausstellungen
Di. – Fr. 11.00 – 18.00 Uhr
Plattform für junge Gegenwartskunst

Galerie im Neuen Augusteum
Augustusplatz 10
Tel. 0341 9 73 01 70
www.uni-leipzig.de/kustodie
Mo. – Fr. 11.00 – 18.00 Uhr
Der Ausstellungsraum wird von der Kustodie für wechselnde Ausstellungen aus der reichen Universitätssammlung genutzt.

Galerie Schwind
Springerstr. 5
Tel. 0341 2 53 89 80
www.galerie-schwind.de
Di. – Fr. 10.00 – 18.00,
Sa.10.00 – 14.00 Uhr
Im ehemaligen Wohnhaus von Werner Tübke (▶Berühmte Persönlichkeiten), Sitz der Tübke-Stiftung

Galerie Süd
Karl-Liebknecht-Str. 84
Tel. 0341 3 91 39 98
www.galerie-sued.de
Mo. – Fr. 10.00 – 18.00,
Sa. 10.00 – 14.00 Uhr

Galerie für Zeitgenössische Kunst
Karl-Tauchnitz-Straße 9–11

Museen und Galerien • ERLEBEN UND GENIESSEN

Tel. 0341 1 40 81 26
www.gfzk-leipzig.de
Mo. – Fr. 14.00 – 19.00,
Sa./So. 12.00 – 18.00 Uhr
Wechselnde Ausstellungen
zur Gegenwartskunst

HALLE 14
Spinnereistr. 7
Tel. 0341 4 92 42 02
www.halle14.org
Zu den Ausstellungen
Di.–So. 11.00 – 18.00 Uhr

Haus des Buches
Gerichtsweg 28/
Ecke Prager Straße
Tel. 0341 9 95 41 34
www.haus-des-buches-leipzig.de
Mo. – Do. 9.00 – 17.00,
Fr. 9.00 – 15.00 Uhr

Hochschule für Grafik und Buchkunst Leipzig
Wächterstr. 11
Tel. 0341 2 13 51 49
www.hgb-leipzig.de
Di. – Fr. 12.00 – 18.00,
Sa. 10.00 – 15.00 Uhr

Tapetenwerk
Lützner Str. 91
www.tapetenwerk.de
Wie die Spinnerei beherbergt
auch diese ehemalige Fabrik
Kunstateliers und Galerien, in
denen regelmäßig Ausstellungen
stattfinden. Aktuelles Programm
auf der Homepage.

HALLE

Kunstverein »Talstraße« e. V.
Talstraße 23 (nahe der Burg
Giebichenstein)
Tel. 0345 5 50 75 10

Ausstellung in der Galerie EIGEN + ART, Standort Leipzig

www.kunstverein-talstrasse.de
Di. – Fr. 14.00 – 19.00,
Sa./So. 14.00 – 17.00 Uhr
Retrospektiven bedeutender
deutscher und internationaler
bildender Künstler, Gesprächskreise über Kunst und Politik

Galerie der Hochschule für Kunst und Design
Burgstr. 27 (im Volkspark)
Tel. 0345 7 75 15 80 80
www.burg-halle.de
Mo. – Fr. 14.00 – 19.00,
Sa./So. 11.00 – 16.00 Uhr

Kunsthalle Villa Kobe
Philipp-Müller-Str. 65
Tel. 0345 4 78 92 07
www.kunsthalle-halle.de
Do. – So. 14.00 – 19.00 Uhr
Thematische Ausstellungen
zu allen Kunstgattungen

Shopping

Bummeln und mehr

Ob Mode oder Kunst, Souvenirs oder kulinarische Spezialitäten, vor allem Leipzig hat hier einiges zu bieten, doch auch in Halle kann man fündig werden.

In der Leipziger **Innenstadt** schlägt das Herz der alten Handelsmetropole. Vom Warenhaus bis zum individuellen Einzelhändler ist im historischen Stadtzentrum alles vertreten, was das Käufer(innen)- herz höher schlagen lässt. Und ist man hier nicht erfolgreich, gibt es noch einige Geheimtipps abseits der City. Genießen Sie das Flair einer pulsierenden Innenstadt beim Schaufensterbummel entlang der Einkaufsmagistralen Grimmaische, Peters-, Nikolai- und Hainstraße sowie im Promenaden-Hauptbahnhof. Die traditionsreichen Passagen, die aus den historischen Messedurchgangshäusern hervorgingen, bilden reizvolle Flaniermeilen, wo man in kleinen Läden und Boutiquen so manche Entdeckung machen kann. Die Mädler-Passage (▶Baedeker Wissen S. 198) und Specks Hof mit dem Hansahaus sowie die kleinen Läden unter den Arkaden und auf der Naschmarktseite des Alten Rathauses sowie die Nikolaistraße halten manche Überraschung bereit.

Einkaufstipps für Leipzig

Rund um das Alte Rathaus findet man Besonderes in kleinen stilvollen Läden: Heinrich Schneider (Fachgeschäft für Schmuck und Uhren, einst Königl.-sächsischer Hofjuwelier), Schmuckwerk, Oliver Pocher (Uhrmachermeister), die Verlagsbuchhandlung Bachmann (Laden Nummer eins für Leipzig-Souvenirs und Bücher), Graphikantiquariat Koenitz, Erzgebirgische Souvenirs, Fachgeschäft Meissener Porzellan, Edler Tropfen (Spirituosen aller Art) und Julius Blüthner (Pianofortefabrik und Fachgeschäft).

Passagen

In Leipzigs Passagen kann man bei jedem Wetter bummeln gehen. In der **Mädler-Passage** sammeln sich Geschäfte für gehobene Ansprüche, u. a. Porsche Design, Ingrid Janik (Schreibkultur & Papeterie), Juwelier Wempe, Swarowski, Scala, apriori und Lacoste.

Man kann nicht sagen, dass Halle eine ausgemachte Einkaufsstadt wäre. Aber neben den Kaufhäusern am Markt und den bundesweit etablierten Marken-Kettenläden auf der »Einkaufsmeile« Leipziger Straße und Große Ulrichstraße haben sich doch einige Geschäfte niedergelassen, die mehr als die übliche Konfektion und Massenware bieten. Diese Adressen befinden sich vor allem in der Kleinen Ulrichstraße, am Alten Markt und in der Unteren Steinstraße.

Halles Einkaufsmeilen

Die Mädler-Passage ist die größte und bekannteste Passage in Leipzig.

Angebote in Leipzig

Promenaden Hauptbahnhaof
Willy-Brandt-Platz 7
Tel. 0341 14 12 70
www.promenaden-hauptbahnhof-leipzig.de
Modernes Einkaufsparadies im größten Kopfbahnhof Europas
(▶Hauptbahnhof)

ANTIQUITÄTEN
Antiquitäten-Beier
Nikolaistraße 55
Tel. 0341 9 80 66 66
www.beier-antik.de
Umfangreiches Angebot von Möbeln über Porzellan bis Münzen. Auch Ankauf.

Leipziger Münzhandlung und Auktion
Nikolaistr. 25
Tel. 0341 12 47 90

Lecker: Leipziger Lerchen vom Café Kandler

www.numismatik-online.de
Spezialisiert auf Münzen, Orden, Geldscheine und Wertpapiere, die auch online zu besichtigen sind.

BÜCHER/MUSIK
Leipziger Antiquariat
Ritterstr. 16
(nahe der Nikolaikirche)
Tel. 0341 2 11 81 88
www.leipziger-antiquariat.de
Bücher aus allen Themenbereichen; auch breites Angebot an Notenmaterial.

Musikalienhandlung M. Oelsner
Schillerstr. 5
Tel. 0341 9 60 52 00
www.m-oelsner.de
Eines der ältesten deutschen Notenfachgeschäfte; Karten für Oper, Theater, Konzert, Events

INNENAUSSTATTUNG/ ACCESSOIRES
Jenaer Glas Shop
Hainstr. 1 (Barthels Hof)
Tel. 0341 2 12 58 96
Bestens sortiertes Fachgeschäft für Jenaer Haushaltsglas

Galerie am Nikolaikirchhof
Ritterstraße 5
Tel. 0341 9 60 56 77
www.galerie-am-nikolaikirchhof.net
Spezialisiert auf das wunderbare Keramikgeschirr der Bauhaus-Künstlerin Hedwig Bollhagen

Meissner Porzellan im Alten Rathaus
Markt 1
Tel. 0341 9 60 17 14

Shopping • ERLEBEN UND GENIESSEN

www.bodo-zeidler.de
Eine Fundgrube für Freunde des ebenso hübschen wie kostbaren und ausgesprochen kostspieligen Porzellans

KULINARISCHES
Goethes Schokoladentaler Manufaktur
Marktstr. 11 – 15
Tel. 0341 2 68 94 49
www.goethe-schokoladentaler.de
Feine, handgefertigte Schokoladen und Pralinés

Café Kandler an der Thomaskirche
Thomaskirchhof 11
Tel. 0341 2 13 21 81
www.cafekandler.de
Im Traditionscafé bekommen Sie Leipziger Lerchen und viele andere Leckereien.

Stuff
Willy-Brandt-Platz
(Hauptbahnhof)
Tel. 0341 9 61 71 97
Wein & mehr

Gourmétage
Grimmaische Straße 2–4
(Specks Hof)
Tel. 0341 2 11 74 21
www.gourmetage.com
1000 internationale Weine aller Preisklassen & 500 Whisky-Sorten

MODE/ACCESSOIRES
Silke Wagler
Thomaskirchhof 20
Tel. 0341 9 80 09 50
www.silke-wagler.de
Feminine, sehr tragbare und individuelle Mode in fließenden Formen, weiche Stoffe

Inch
Nikolaistr. 18
Tel. 0341 4 42 86 66
www.inch-web.com
Gutes Sortiment internationaler Labels wie Fred Perry oder Paul Frank

Hivyohivyoh
Arndtstr. 32
Tel. 0341 9 75 94 49
http://hivyohivyo.de
Zwei Leipziger Designerinnen präsentieren in ihrem Atelier hochwertig verarbeitete Mode von schlichter Eleganz.

x-tra-x
Brühl 10–12
Tel. 0341 2 25 10 74

? BAEDEKER WISSEN
Karli als Ideenmeile

Die Karl-Liebknecht-Straße ist nicht nur eine Kneipenmeile, sondern bietet auch das besondere Shopping mit jungen, individuellen Angeboten:
Comic Combo Röpke (KL-Str. 2) ist auf Comics, Fantasy und Mangas spezialisiert.
Die angesagtesten Adressen für Mode und Accessoires sind 9 m Schön schwanger (KL-Str. 79), pussyGALORE (KL-Str. 52), herMAN (KL-Str. 52), Graue Maus (KL-Str. 50) und Mrs. Hippie »Geh bunt« Basar (KL-Str. 36).
Deko, Wohnaccessoires und kleine und große Dinge aus Fernost gibt's im Tranquillo (KL-Str. 91). Wer Schmuck liebt, geht zum Perlentaucher (KL-Str. 51) und auf der Suche nach Spielwaren wird man in der Spielerei im Volkshaus (KL-Str. 30) fündig.

Hier gibt es für Gothic-Anhänger fantasievolle Mode, ungewöhnlichen Schmuck und Schminke.

Der Hutladen
Nikolaistr. 6 (Strohsackpassage)
Tel. 0341 9 61 55 27
www.derhutladen.de
In dem 1928 gegründeten Traditionsgeschäft findet jeder Kopf den passenden Hut.

Taschenkaufhaus
Ritterstr. 9–13
Tel. 0341 2 25 13 20
www.taschenkaufhaus.de
Große Auswahl an Handtaschen

SCHMUCK
Goldschmiede Garcia
Schuhmachergässchen 2
Tel. 0341 2 25 45 03

Für eine Pause bietet sich das Café Riquet an.

www.gold-garcia.de
Kostbarkeiten in mondän-minimalistischer Umgebung

Goldschmiede Monika Götze
Hainstr. 1
Tel. 0341 9 60 56 49
www.monika-goetze.de
Eleganter, handgearbeiteter Schmuck in modernem Design

SOUVENIRS
Souvenir & Geschenke
Willy-Brandt-Platz 5
(Hauptbahnhof)
Tel. 0341 2 53 56 51

Legler Erzgebirgische Volkskunst
Promenaden Hauptbahnhof/
Untergeschoss
Tel. 0341 9 61 71 56
www.hodrewa.de
Vom Mini-Tannenbaum über das Engelsorchester und die Sternsinger bis hin zu Riesennikoläusen gibt es in diesem Laden alles, was das erzgebirgische Kunsthandwerk für die Liebhaber von schönem Weihnachtsschmuck herstellt.

SPIELWAREN
Herrmann Modellbahnen
Burgstr. 4
Tel. 0341 9 61 12 49
www.hml24.com
Ein Paradies für große und kleine Bahnfreunde

Puppenklinik Zsitva
Pfaffendorfer Str. 10
Tel. 0341 9 60 93 87
Hier werden auch Puppensammler fündig.

Angebote in Halle

KULINARISCHES
Biotopia
Kleine Ulrichstr. 18a
Tel. 0345 6 85 63 12
www.biotopia-greifenhagen.de
Alles Bio: Delikatessen aller Art, auch Wein, Bier, Säfte …

Gourmétage
Große Ulrichstraße (Stadtcenter Rolltreppe)
www.gourmetage.com
Ausrichtung mediterran: Käse, Wein, Pasta, Öle

MODE/ACCESSOIRES
Niru
Kleine Ulrichstr. 24
Tel. 0345 6 82 50 79
Exklusive Modetrends aus Italien, inkl. Taschen und Gürteln; Latte Macchiato und Prosecco auch für Shopping-Begleiter

Stilbruch
Kleine Ulrichstr. 20
Tel. 0345 4 78 13 33
www.stilbruch-halle.de
Ausgeflippte Mode mit flotten Sprüchen und Accessoires

SCHMUCK
Schmuckwerkstatt Claudia Baugut & Silvia Nagel
Graseweg 6
Tel. 0345 2 02 61 18
Zwei Künstlerinnen bieten individuell gestaltete Kostbarkeiten aus edlen wie einfachen Materialien.

SPORT
Sporthaus Cierpinski
Große Ulrichstraße (Stadtcenter Rolltreppe)
Tel. 0345 4 70 17 80
www.cierpinski-sport.de
Großes Sortiment im Laden des zweifachen Marathon-Olympiasiegers Cierpinski, insbesondere für Leichtathleten

MUSIK
Musikhaus Polyhymnia
Geiststr. 49
Tel. 0345 2 00 33 01
www.musikhaus-polyhymnia.de
Tonträger und Instrumente von der Blockflöte bis zum Klavier

SCHUHE
Aleithe Naturschuhe
Richard-Wagner-Str. 4
Tel. 0345 5 23 70 04
info@aleithe-naturschuhe.de
Modisch attraktive Naturschuhe aus pflanzlich, vegetabil gegerbtem Leder. Außerdem kann man hier auch schöne Taschen und hochwertige Pflegeprodukte finden.

SPIELZEUG
Tobs
Große Steinstr. 79
Tel. 0345 20 36 92 70
www.spieltobs.de
Gut sortiert, v. a. Spielzeug für die Kleinsten, viel Holz, kaum Plastik

Flohmärkte
Einmal pro Monat (zumeist am 2. Wochenende) gibt es in den Messehallen Bruckdorf einen Antik- und Trödelmarkt und – vor allem im Sommer – verschiedene kleinere Flohmärkte in den Stadtteilen und auf der Pferderennbahn.

Stadtbesichtigung

Stadtbesichtigung • ERLEBEN UND GENIESSEN

Touren für jeden Geschmack

Heutzutage gestalten Veranstalter und Stadtführer die Rundgänge mit viel Fantasie und schauspielerischem Talent. So entdecken Besucher Halle in Begleitung von Martin Luther oder vergleichen Lyonel Feiningers Halle-Bilder mit der Realität. Sie folgen in Leipzig den Spuren des Pleite-Bauunternehmers Jürgen Schneider, nähern sich der Szene in der Südvorstadt durch Kostproben in den Multikulti-Lokalen an oder sausen auf dem Segway durch die Altstadt.

Das Angebot wechselt häufig, deshalb lohnt sich ein gründlicher Blick auf das Programm der einzelnen Unternehmen. Wer die Umgebung von **Leipzig** erkunden will, ist z. B. mit dem Fahrrad bestens unterwegs. Verschiedene Touren mit Informationspunkten wurden durch den Grünen Ring Leipzig entwickelt. Wem es nicht ausreicht, von einem hoch gelegenen festen Standort aus die Umgebung zu erkunden, z. B. von der Aussichtsplattform auf dem City-Hochhaus, vom Völkerschlachtdenkmal, vom Aussichtsturm auf dem Scherbelberg im Rosental oder vom Rathausturm aus, der kann je nach Wetterlage per Ballon noch mehr entdecken. Auch Thementouren wie etwa die »Leipziger Notenspur« sind sehr beliebt.

Themen- und andere Touren

Die wichtigsten Sehenswürdigkeiten von **Halle** liegen in einem Umkreis von bis zu 500 m um den Marktplatz. Sie lassen sich auf eigene Faust problemlos finden, denn überall sind hilfreiche Hinweisschilder aufgestellt. Die Tourist-Information bietet Führungen durch die Kernstadt und zu wichtigen Sehenswürdigkeiten in den Vorstädten an. Sehr beliebt sind auch die Rundfahrt mit der historischen Straßenbahn oder der Aufstieg auf die Hausmannstürme der Marienkirche, von denen man den besten Blick über die Stadt und das Umland hat (▶Baedeker-Tipp S. 278 und S. 283). Aus der Luft kann man Halle im Flugzeug, Helikopter oder Ballon erleben.

> **BAEDEKER TIPP !**
>
> *Unterwegs mit Bach und Schiller*
>
> Beim Besuch in Leipzig kann man Johann Sebastian Bach oder seiner Ehefrau Anna Magdalena »persönlich« begegnen. Mit schauspielerischem Geschick und handfestem Wissen über das Leben historischer Persönlichkeiten und ihre Zeit schlüpfen Leipziger Gästeführer in die Haut geschichtsträchtiger Prominenter. So kann man den jungen Poeten im Schillerhaus antreffen oder die Völkerschlacht aus der Sicht von Napoleon Bonaparte betrachten. Infos: Tel. 0341 7 10 42 30 und www.leipzig-erleben.com.

Besuchergruppe in der Leipziger Thomaskirche

Schiffsausflüge und Bootsverleih Rundfahrten auf der Saale werden zwischen den Anlegestellen an der Burg Giebichenstein, der Peißnitzinsel und dem Forstwerder angeboten (▶Baedeker-Tipp S. 261). Wer auf eigene Faust losziehen will, mietet ein Ruderboot, Kanu oder und führerscheinfreies Motorboot.

Sightseeing in Leipzig

Gläserner Leipziger
Tel. 0341 1 94 49
www.lvb.de
Sightseeing-Tour per Straßenbahn der Leipziger Verkehrsbetriebe. Bei schönem Wetter alternativ mit dem »Offenen Leipziger«, einer Cabrio-Straßenbahn.

Leipzig erleben
Richard-Wagner-Str. 1
Tel. 0341 7 10 42 80
www.leipzig-erleben.com
Das offizielle Stadtführer-Team der Leipziger Touristinformation offeriert ein buntes Programm.

City Touren Leipzig
Tel. 0341 4 79 48 13
www.segwaytourenleipzig.de
Stadtbesichtigung per Segway

Eat the World Leipzig
Ferdinand-Lassalle-Str. 16
Tel. 0341 99 85 67 30
www.eat-the-world.com
Bei Führungen durch die Innenstadt, die Südvorstadt und Plagwitz wird erzählt und verkostet.

Leipzig Details
Bernhard-Göring-Str. 152
Tel. 0341 3 03 91 12
www.leipzigdetails.de
Lebhaft gestaltete Führungen, darunter viele zu Spezialthemen wie Jugendstil, Lockere Frauenzimmer oder Kulinarik sowie Stadttouren mit dem Rad.

Leipziger Notenspur
Ritterstraße 12/201
Tel. 0341 9 73 37 41
www.notenspur-leipzig.de
Die Leipziger Notenspur-Initiative hat drei individuelle Touren entwickelt, auf denen man Leipzigs Musiktradition kennenlernt: die Leipziger Notenspur (5,3 km), das Leipziger Notenrad (40 km, per Fahrrad) und den Leipziger Notenbogen (5 km durch die Stadtviertel westlich der Innenstadt). Die Kleine Leipziger Notenspur ist ein Angebot für Kinder.

Leipzig per Rad
Reginenstr. 11
Tel. 0341 2 23 94 82
www.lipzitours.de
Ein Rad wird gestellt für die 2- oder 3-stündige Rundfahrt. Es gibt auch Touren zu Spezialthemen wie Völkerschlacht, Neuseenland u. a.

Leipziger Oldtimer Fahrten
Plautstr. 39, Tel. 0341 22 56 57 61
www.oldiefahrten.de
Stadtrundfahrten im Oldtimer- oder Doppelstockbus, u. a. Flughafen- oder Seentour

Historia-Event & Souvenir Leipzig
Tel. 0341 4 61 78 03
www.historia-souvenir.de
Auf den Spuren historischer Ereignisse

Stadtbesichtigung • ERLEBEN UND GENIESSEN

LEIPZIGER UMGEBUNG
Grüner Ring
Tel. 0341 1 40 77 90
www.gruener-ring-leipzig.de
Interessante Rad- und Wandertouren durchs Leipziger Umland

Lust auf Leipzig
Kultur- u. Kongresscenter Böhlen
Leipziger Str. 40
Tel. 0341 8 60 59 01
www.lust-auf-leipzig.de
Touren durch das ▶Neuseenland, Phoenix-Tour vom Bergbau zur Seenplatte u. a.

Reiseperle
Tel. 0341 3 38 51 27
www.reiseperle-sachsen.de

Sachsen Ballooning
Eisenbahnstr. 111
Tel. 0341 5 21 53 15
www.sachsen-ballooning.de
Für die perfekte Sicht von oben

Ballonteam
Mittelstr. 15
04451 Borsdorf/Panitzsch
Tel. *0700 22 55 66 22
www.ballonteam-leipzig.de

Gyrocopter-Taucha Rundflüge
Am schwarzen Berg 1
Flugplatz Leipzig Taucha Halle
Dresden, 04425 Taucha
Tel. 0173 3 71 57 65
www.gyrocopter-taucha.de

Sightseeing in Halle

Touristinformation im Marktschlösschen
Marktplatz 13
Tel. 0345 1 22 99 84
Mo.–Fr. 9.00–19.00, Sa. 10.00–16.00, nur Mai–Okt. auch So. 10.00–16.00 Uhr

Lips Flugdienst
Tel. 0341 3 93 91 70
www.lips-flugdienst.de
Geflogen wird mit Typen wie Piper, Cessna und Partenavia.

Air Lloyd
Tel. 034604 2 01 23
Rundflug mit einem Helikopter vom Typ Robinson (Start und Landung auf dem Flugplatz Halle-Oppin); Dauer: ca. 30 Min.

Windtour – Ballonfahrt Halle
Jägerplatz 29
Tel. 0345 5 22 20 08
www.windtour.de
Halle übersichtlich vom Ballon aus

Bootsverleih Halle
Peißnitzstraße
Tel. 0345 20 36 90 87
www.bootsverleih-halle.de
Tretboote, Kanus, Kajaks und Motorboot stehen zur Auswahl.

> **BAEDEKER TIPP**
>
> *Nachtwächter*
>
> StattReisen Halle bietet, insbesondere an den Wochenenden, Rundgänge mit einem Nachtwächter an, der jede Menge Tipps auf Lager hat. Wer mag, kann den Abend in einem Lokal in der historischen Altstadt beenden (Tel. 0345 1 31 71 89, www.nachtwaechter-halle.de).

Übernachten

Etwas für jeden Geldbeutel

Als Messe- und Kongressstadt besitzt Leipzig ein breit gefächertes Angebot an Unterkünften aller Kategorien. Allerdings kann es zu Messezeiten oder auch im Umfeld großer Events wie der Bach-Festspiele oder dem Jahrestag der Völkerschlacht schwierig sein, ein Zimmer zu ergattern. Zudem steigen dann die Preise teils aufs Doppelte.

Vom Hotel bis zur Pension

Die meisten internationalen Ketten sind in **Leipzig** mit Hotels in zentraler Lage, meist um den Hauptbahnhof herum, vertreten. Daneben gibt es zahlreiche privat geführte Häuser, darunter viele Pensionen und Hostels. Trotzdem: Wer zeitlich nicht gebunden ist, sollte die Messetermine und Hauptveranstaltungszeiten meiden. Das Hotelangebot in **Halle** ist etwas eingeschränkter, und da Messebesucher oder Geschäftsreisende, die in Leipzig nichts mehr bekommen haben, gerne auf die nahe und problemlos erreichbare Händel-Stadt ausweichen, gilt oben Gesagtes auch für Halle. Außerdem lockt die Stadt an der Pleiße selbst ebenfalls mit überregionalen Veranstaltungen wie den Händel-Festspielen. Sind die innerstädtischen Hotels belegt, lohnt sich ein Blick auf die Unterkünfte im **Umland**: In Leipzigs ▶Neuseenland beispielsweise gibt es eine Vielzahl von Hotels, Pensionen, Apartments und Ferienhäusern, die auf www.neuseenland.de mit weiterführenden Links gelistet sind.

Rechtzeitig buchen

Zeitig zu buchen ist auf jeden Fall sinnvoll. Achten Sie auf Angebote und Pauschalen: Ein **Pauschalpaket**, das oft eine Leipzig- bzw. Halle-Card beinhaltet, kann günstiger sein. In manchen Hotels wird mit dem nicht im Übernachtungspreis eingeschlossenen Frühstück Kasse gemacht. Gelegentlich gibt es Preisvorteile, wenn man kurzfristig bucht. Allerdings hat man dann meist keine große Auswahl mehr.

Mitwohnen

Eine interessante Alternative zum eher anonymen Hotel sind Mitwohnangebote. Das Portal www.wimdu.de vermittelt online Zimmer in Privatwohnungen, Apartments und Ferienwohnungen. Ein ähnliches Angebot findet sich auf www.leipzig-lodge.de. Auch ungewöhnliche Unterkünfte sind attraktiv: In Leipzigs Spinnerei wohnen Gäste der Meisterzimmer in einem Fabrikloft und mitten im Herzen der Galerieszene (www.meisterzimmer.de, ▶S. 20). »Paris Syndrom« heißen die Gästezimmer der Leipziger Galerie für Zeitgenössische

Das Seaside Park Hotel liegt verkehrsgünstig gegenüber dem Leipziger Hauptbahnhof am Rand der Innenstadt.

Kunst, die auch Nicht-Künstlern offen stehen (www.hotelgfzk.de). Bewohner der abito suites bekommen keinen Rezeptionisten zu Gesicht. Sie buchen und zahlen per Internet und checken mittels eines Codes ein (www.abitosuites.de).

Parkplätze Wer mit dem eigenen Auto anreist, sollte unbedingt das Parkplatzangebot der Unterkunft beachten: Vor allem in Innenstadtlage sind Stellplätze rar und so manches Hotel verweist seinen Gast auf das nächstgelegene Parkhaus, wo hohe Gebühren anfallen.

Adressen in Leipzig

❶ etc. siehe Plan S. 80/81

PREISKATEGORIEN
für eine Übernachtung im DZ
€€€€ DZ über 120 €
€€€ DZ 80–120 €
€€ DZ 40–80 €
€ DZ unter 40 €

❶ Hotel Fürstenhof Leipzig €€€€
Tröndlinring 8
Tel. 0341 14 00
www.hotelfuerstenhofleipzig.com
92 luxuriöse Zimmer und Suiten. Exzellente Küche im Restaurant Villers und Vinothek 1770. Mediterranes Aqua-Marin-Spa mit Snackbar am Pool, Hallenbad, Sauna, WLAN und Gartenterrasse. Rollstuhlgerecht.

❷ The Westin Leipzig €€€€
Gerberstr. 15
Tel. 0341 98 80
www.westin-leipzig.de
436 modernste Zimmer auf 27 Etagen. Kulinarisch wird man im Gourmetrestaurant Falco und im japanischen Restaurant Yamato verwöhnt. Konferenzräume und Ballsaal, Annehmlichkeiten wie Friseur, Foyerbar, Schwimmbad, Sauna und Solarium.

❸ Radisson Blu Hotel Leipzig €€€€
Augustusplatz 5/6
Tel. 0341 2 14 60
www.radisson-leipzig.com
Vis-à-vis von Oper und Gewandhaus die ideale Herberge (214 Z.) für Kulturtouristen, mit Restaurant, Fitness- und Tagungsbereich

❹ pentahotel Leipzig €€€
Großer Brockhaus 3
Tel. 0341 1 29 20
www.pentahotels.com
Komplett neu gestaltetes Hotel mit 356 modernen Zimmern im Brockhaus-Center in direkter Citynähe. 17 Konferenz- bzw. Veranstaltungsräume, Sauna, Whirlpool, Fitnesscenter, Gratis-Pay-TV.

❺ Seaside Park Hotel €€€
Richard-Wagner-Str. 7
Tel. 0341 9 85 20
ww.parkhotelleipzig.de
(▶Abb. S. 136) Zentrale Lage am Hauptbahnhof, im Art-déco-Stil eingerichtet; Seminar- und Konferenzräume. Das Restaurant Steaktrain verwöhnt im Ambiente eines Luxusspeisewagens. Bistro und Pianobar sowie Whirlpool, Friseur und Kinderspielplatz am/im Hotel. Behindertengerecht.

Übernachten • ERLEBEN UND GENIESSEN

❻ Best Western Leipzig City Center ❸❸❸
Kurt-Schumacher-Str. 3
Tel. 0341 1 25 10
www.bestwestern-leipzig.de
Das gegenüber dem Bahnhof gelegene Haus bietet komfortable Unterkunft in 115 Zimmern verschiedener Kategorien und sichere Parkplätze. Gemütlicher Wellnessbereich.

❼ Leipzig Marriott Hotel ❸❸❸
Am Hallischen Tor 1
Tel. 0341 9 65 30
www.marriott.com
Am Nordrand der Innenstadt gelegen (226 Zi., fünf Suiten, sieben Meetingräume). Restaurant, Bar, Innenpool mit Jacuzzi und Wellnesscenter. Behindertengerecht.

❽ Hotel Royal International Leipzig ❸❸❸
Richard-Wagner-Str. 10
Tel. 0341 2 31 00 60
www.royal-leipzig.de
In bester verkehrsgünstiger Innenstadtlage (64 Z.) im historischen Gebäude mit Konferenz- u. Meeting-Möglichkeiten. Kleintiere erlaubt, behindertengerechte Einrichtung, WLAN, hoteleigene Leihfahrräder, Hotelrestaurant u. -bar, Café/Bistro für kleine Snacks vorhanden.

❾ Hotel am Bayrischen Platz ❸❸❸
Paul-List-Str. 5
Tel. 0341 14 08 60
www.hotel-bayrischer-platz.de
Schöne Zimmer im italienischen Stil in einer Villa in unmittelbarer Nähe des ersten Kopfbahnhofs Deutschlands, des Bayerischen Bahnhofs. Räumlichkeiten für Seminare oder Familienfeiern. 1874 hat hier Karl Marx mit seiner Tochter Eleanor übernachtet.

❿ Novotel Leipzig City ❸❸❸
Goethestr. 11
Tel. 0341 9 95 80
www.novotel.com
200 klimatisierte und schalldichte Zimmer sowie 10 Apartments u. 2 Suiten in bester Innenstadtlage gegenüber dem Hauptbahnhof. Hotelrestaurant mit Terrasse im Innenhof, Hotelbar. Tipp: Zwei Kinder bis 15 J. können hier kostenlos im Zimmer der Eltern übernachten.

⓫ Hotel Markgraf Leipzig ❸❸❸
Körnerstr. 36
Tel. 0341 30 30 30
www.markgraf-hotel-leipzig.com
Mit dem Slogan »Badische Gastlichkeit in Sachsen« bietet das moderne 4-Sterne-Hotel südlich der City nahe der beliebten Studentenmeile Karl-Liebknecht-Straße gemütliches Flair und helle, großzügige Zimmer. Zwei Veranstaltungsräume vorhanden.

⓬ Grand City Hotel ❸❸❸
Gerichtsweg 12
Tel. 0341 1 27 80
www.markhotelgarni.de
Zentrumsnah und ruhig gelegenes Hotel mit 72 Z. (inkl. 30 Familienapartments). Zwei Kinder/Jugendliche bis 16 J. können kostenfrei im Zimmer der Eltern übernachten. Gebührenfreie Parkplätze am Haus. Reichhaltiges Frühstücksbuffet, Konferenzraum.

ERLEBEN UND GENIESSEN • **Übernachten**

❸ Hotel Mercure am Johannisplatz ❻❻❻–❻❻
Stephanstr. 6
Tel. 0341 9 77 90
www.mercure.com
Wenige Gehminuten östlich der Innenstadt in ruhiger Lage, eleganter Neubau (174 Zi.), Restaurant, Hotelbar, WLAN, Dach- u. Gartenterrasse, guter Service.

❹ Günnewig-Hotel Vier Jahreszeiten Leipzig ❻❻❻/❻❻
Kurt-Schumacher-Str. 23–29
Tel. 0341 9 85 10
www.guennewig.de
Das moderne 3-Sterne-Hotel garni (67 Z.) liegt zentrumsnah an der Westseite des Promenaden-Hauptbahnhofs, Service u. a.: WLAN, Safe am Empfang, Zeitungen, Schuhputz- u. Kopierservice.

❺ Ramada Leipzig City Centre ❻❻
Gutenbergplatz 1–5
Tel. 0341 1 29 30
www.ramada.de
In den oberen beiden Etagen der 1996 erbauten Gutenberg-Galerie (122 Z.), wenige Gehminuten östlich der City, Restaurant u. Hotelbar, umfangreicher Service. Behindertengerecht eingerichtet, Kleintiere erlaubt.

❻ Motel One ❻❻
Nikolaistr. 23
Tel. 0341 3 37 43 70
www.motel-one.com
Unmittelbar am Nikolaikirchhof gelegenes Low-Budget-Designhotel (190 Z.) mit familienfreundlichen Angeboten, »One Lounge« als Lobby, Frühstückscafé und Bar. WLAN kostenlos.

❼ ibis Hotel Leipzig-Zentrum ❻❻
Brühl 69 (zwischen Hauptbahnhof und Augustusplatz)
Tel. 0341 2 18 60
www.ibishotel.com
Das 1995 erbaute Hotel liegt am Innenstadtring, sodass die meisten Sehenswürdigkeiten zu Fuß erkundet werden können. Unter den 126 Zimmern sind 93 für Nichtraucher und 4 mit behindertengerechter Ausstattung. Bar mit Terrasse durchgängig geöffnet. Öffentliche Tiefgarage gegen Gebühr. Internet im Empfangsbereich.

❽ A&O City Hauptbahnhof ❻
Brandenburger Str. 2
Tel. 030 8 09 47 51 10
www.aohostels.com/de/leipzig
Die im ehemaligen Reichsbahnpostamt eröffnete Kombination von Hostel und Low-Budget-Hotel in unmittelbarer Citylage ist für Jugendgruppen eine Alternative zur Jugendherberge, aber auch für Individualreisende idealer Ausgangspunkt für Stadtentdeckungen. Einzel-, Doppel- und Familienzimmer sowie Mehrbettzimmer (bis 6 Pers.). Lobby mit Bar, Terrasse und Internetecke. Auch längere Aufenthalte möglich.

❾ Hotel Kosmos ❻
Gottschedstr. 1
Tel. 0341 2 33 44 22
www.hotel-kosmos.de
Übernachtungen in der Leipziger Innenstadt zum günstigen Pensionspreis. 24 Zimmer mit jeweils individueller Thematik (u. a. Popart-, Dschungel-, 70er-Jahre-, Hochzeits-, Märchen-, Barock-,

De-Sade- oder Olympiazimmer). Direkt an der Kneipenmeile Gottschedstraße.

❷⓪ SchlafGut Leipzig €
Nürnberger Str. 1
Tel. 0341 2 11 09 02
www.schlafgut-leipzig.de
In bester Innenstadtlage offeriert diese sympathische Pension farbenfroh eingerichtete Zimmer mit und ohne Bad zu konkurrenzlos günstigen Preisen. Frühstück kostet extra.

Adressen in Halle

❶ etc. siehe Plan S. 88/89 Preiskategorien S. 138

❶ Dormero €€€
Leipziger Str. 76/Franckestr. 1
Tel. 0345 23 34 30
www.dormero-hotel-rotes-ross.de
Modernes Haus in zentraler Lage (Fußgängerzone), 73 Zimmer und zahlreichen Suiten. Parkhaus, großer Wellnessbereich, Restaurant, riesiges Congress Center.

❷ Dorint Hotel Charlottenhof €€€
Dorotheenstr. 12
Tel. 0345 2 92 30
hotel-halle-saale.dorint.com
Attraktiver Neubau beim Riebeckplatz. 166 gepflegte, ruhige Zimmer. Wellnessbereich, Tiefgarage, Restaurants und Tagungsräume.

❸ Best Western Grand City Hotel €€€
Neustädter Passage 5
Tel. 0345 69 31 00
www.hotel-halle-city.de
Modernes Haus (122 Z.) westlich der Saale, Restaurant, Barbetrieb. Parkplatz, kostenlose Nutzung des öffentlichen Nahverkehrs.

❹ Hotel Ankerhof €€€
Ankerstr. 2, Tel. 0345 2 32 32 00
www.ankerhotel.de
Modernes Freizeit- und Tagungshotel (50 Z.) in einem rekonstruierten Speicher an einem Saalearm

❺ Maritim Hotel Halle €€
Riebeckplatz 4
Tel. 0345 5 10 10
www.maritim.de
Verkehrsgünstig gelegen, direkt am Bahnhof, aber doch ruhig. 300 klimatisierte Zimmer, Wellnessbereich mit Pool, Friseur. Zwei Restaurants.

❻ Jugendherberge €
August-Bebel-Str. 48a
Tel. 0345 2 02 47 16
halle.djh-sachsen-anhalt.de

❼ Campingplatz Am Nordbad €
Am Nordbad 12 (Zugang über die Pfarrstraße)
Tel. 0345 58 17 38 60
0,4 ha, ganzjährig geöffnet

Zimmervermittlung HomeCompany
Breite Straße 35
06108 Halle
Tel. 0345 68 23 59 67
halle.homecompany.de

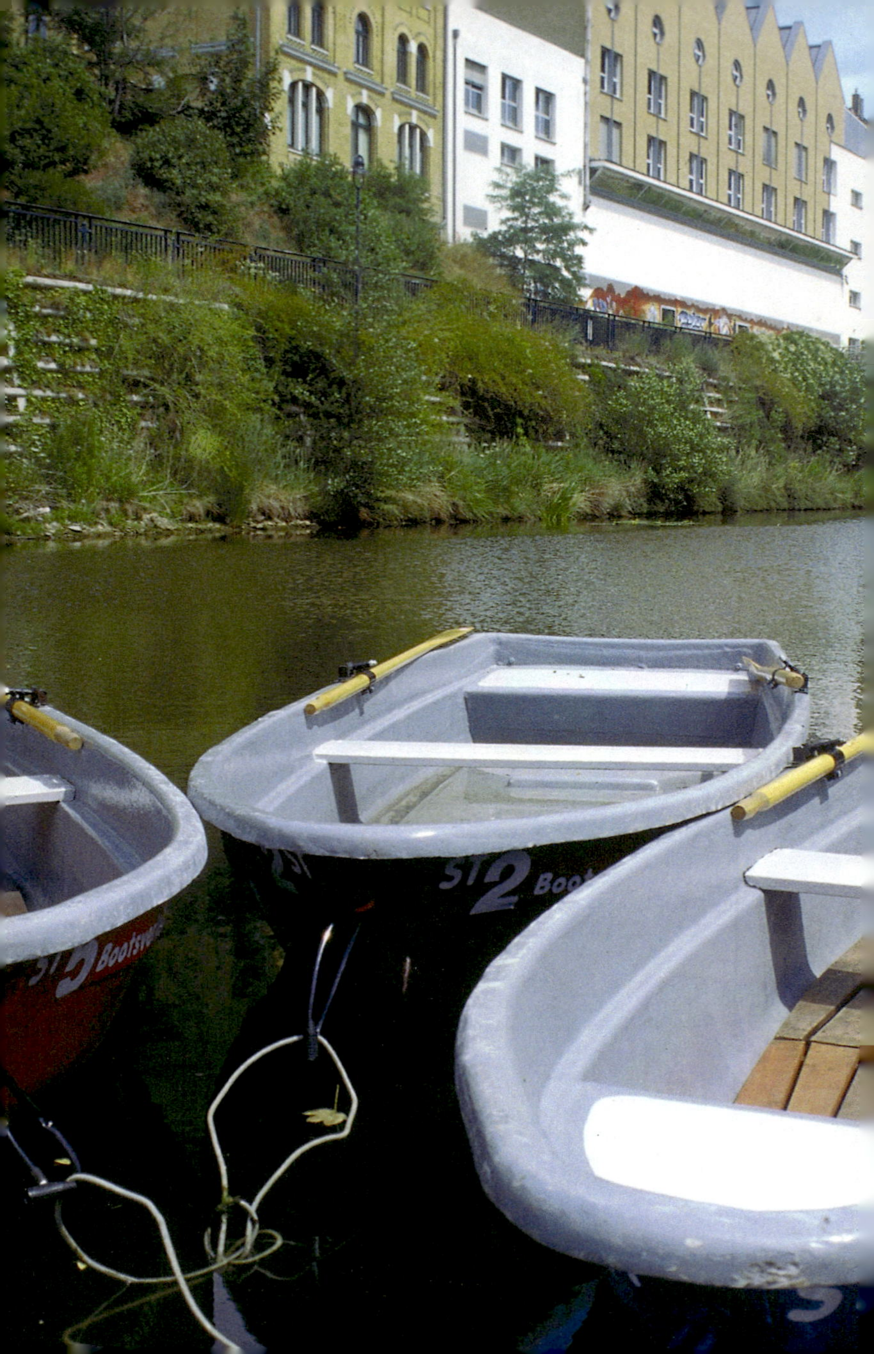
ST 2
ST 5

TOUREN

Stadtrundgänge, bei denen man die wichtigsten Sehenswürdigkeiten passiert, Boots- oder thematische Touren oder Ausflüge in die Umgebung von Leipzig und Halle – hier folgen Anregungen für einen gelungenen Aufenthalt.

Touren durch Leipzig und Halle

Fünf Spaziergänge – wer gut zu Fuß ist, schafft sie in den Mindestzeiten, aber lassen Sie sich lieber Zeit. Es lohnt sich! Dazu einige Vorschläge für Ausflüge in die schöne Umgebung der beiden Städte.

Tour 1 **Leipzig an einem Tag**
Dieser Spaziergang berührt viele der bekanntesten Sehenswürdigkeiten der Messestadt.
▶Seite 145

Tour 2 **Leipziger Musikgeschichte**
Auf den Spuren bedeutender Komponisten und Musiker
▶Seite 147

Tour 3 **Plagwitz im Wandel**
Vom Industrieareal zum kreativen Szeneviertel
▶Seite 150

Tour 4 **Halle an einem Tag**
Was man in der Saalestadt gesehen haben sollte …
▶Seite 152

Tour 5 **Auf den Spuren der Halloren**
Halle und das Salz – wichtige Punkte der Stadtgeschichte
▶Seite 154

Unterwegs in Leipzig und Halle

Problemlos zu Fuß erreichbar Beide Städte lassen sich bequem zu Fuß erkunden. Alle wichtigen Sehenswürdigkeiten liegen in einem Umkreis von etwa 2 km um den jeweiligen Marktplatz, nur wenige sind etwas weiter entfernt. Doch auch sie können schnell erreicht werden, denn es gibt sowohl in Leipzig als auch in Halle ein gutes Verkehrsnetz.

Hinzu kommt, dass die nähere und weitere Umgebung Etliches zu bieten hat. Dazu gehören beispielsweise die »Perle an der Mulde«, das Städtchen Grimma, aber auch Merseburg mit seinem kostbaren Domschatz, Lutherstadt Wittenberg als Wiege der Reformation – aber sehen Sie selbst …

# Leipzig an einem Tag

Tour 1

Start und Ziel: vom Hauptbahnhof zur Nikolaikirche
Dauer: 4 bis 6 Stunden

Dieser ca. 5 km lange Stadtspaziergang streift die wichtigsten Sehenswürdigkeiten Leipzigs, die im Altstadtkern, d. h. innerhalb des Promenadenrings bzw. an seiner Peripherie, liegen.

Schon am Ausgangspunkt dieser Tour, dem ❶***Hauptbahnhof** mit seinen Geschäftspassagen, könnte man länger verweilen. Durch die Ritterpassage geht es bis zum Brühl, der einst als Domäne des Pelzhandels und der Kürschner weltbekannt war. Schlendert man nach rechts, vorbei am ❷** **Museum der bildenden Künste**, entdeckt man das schön verzierte ❸***Romanushaus**. Hier geht es linker Hand in die Katharinenstraße, an deren Westseite ebenfalls wunderbare Bürgerhäuser stehen. In dieser Straße findet man auch die **Touristinformation**, wo man sich mit allerlei Leipzig-Material versorgen, Veranstaltungskarten erwerben oder eine Stadtrundfahrt buchen kann. Wer sich das ❹***Fregehaus**, heute ein Boutique-Hotel, ansehen möchte, fragt an der Rezeption.

Attraktiver Ausgangspunkt

> **BAEDEKER TIPP** ❗ *Alternative*
>
> Bei schönem Wetter mit klarer Sicht lohnt es sich, vormittags die Tour mit dem Völkerschlachtdenkmal (erreichbar mit der Straßenbahnlinie 15 Richtung Probstheida) zu beginnen. Von dessen Aussichtsplattform bietet sich ein wundervoller Panoramablick. Anschließend geht es mit der Bahn zum Hauptbahnhof.

Weiter geht es zum ❺***Markt** mit dem **Alten Rathaus** und dem Stadtgeschichtlichen Museum. Durchquert man das Renaissance-Bauwerk, gelangt man auf den ❻****Naschmarkt** mit der Alten Handelsbörse und dem Goethe-Denkmal. Am Löwenbrunnen vorbei kommt man zur berühmtesten Passage, der **Mädler-Passage**, wo man ab 11.30 Uhr in ❼****Auerbachs Keller** einkehren kann. In der Rotunde biegt man rechts in die Königshaus-Passage und hat eventuell das Glück, dass gerade das Glockenspiel aus Meissener Porzellan ertönt. Wieder im Freien, geht es über die Petersstraße zur ❽****Thomaskirche**. Am Bach-Denkmal finden im Sommer jeden Montagabend Freiluftkonzerte statt.

Ein kurzer Abstecher durch die Klostergasse führt zum Barfußgässchen mit dem historischen Restaurant und Caféhaus ❾****Zum Arabischen Coffe Baum**. Hier befindet man sich direkt an der »Kneipenmeile« bzw. dem Drallewatsch und hat die Qual der Wahl von klassisch-deutscher Küche bis zu Sushi. Um wieder zurück zur Tho-

Kneipenmeile Drallewatsch

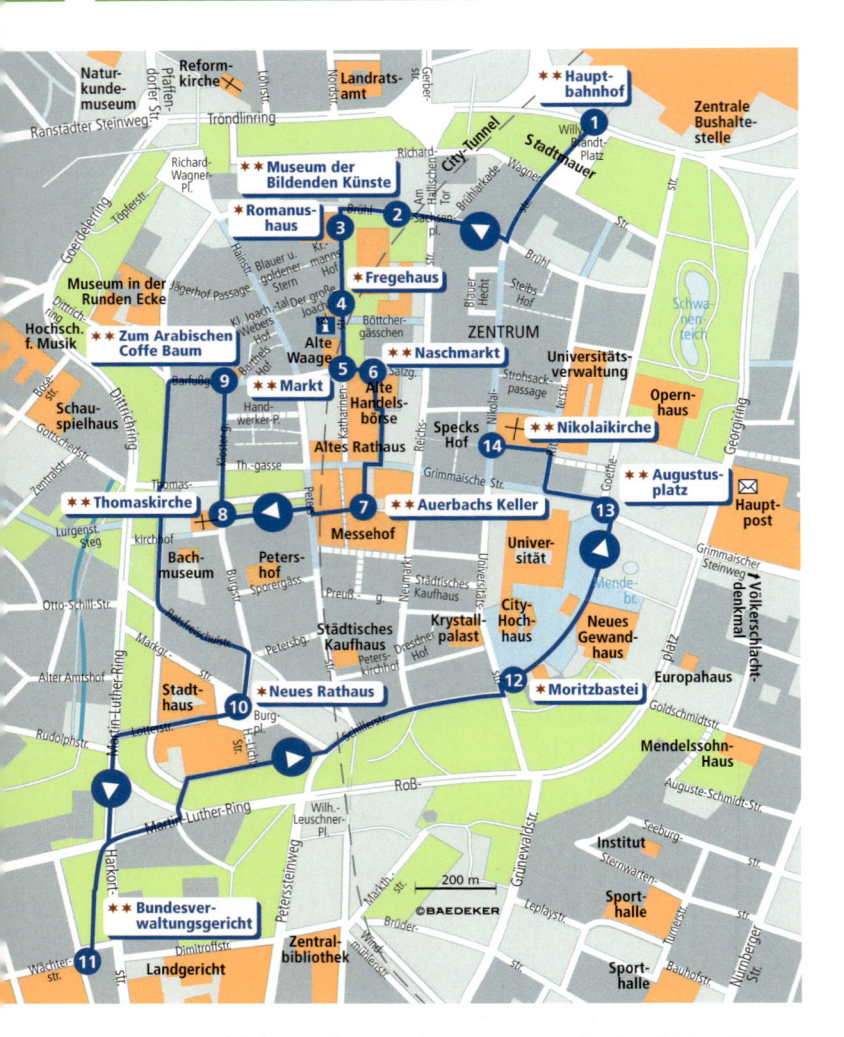

maskirche zu gelangen, nimmt man entweder den gleichen Weg retour oder geht über den Dittrichring (▶Promenadenring) vorbei am Mendelssohn-Denkmal zurück. Über die Markgrafenstraße geht es nun zum Burgplatz mit dem ❿ ***Neuen Rathaus**. Ein kleiner Abstecher zum ⓫ ***Bundesverwaltungsgericht** bietet sich hier an. Vom Promenadenring geht es weiter vorbei am Schillerhain und der neuen Mensa der Universität zur ⓬ ***Moritzbastei**, in deren urigen Kellergewölben der größte Studentenclub Europas residiert. Zwischen dem **City-Hochhaus** und dem **Neuen Gewandhaus** geht es unter der gläsernen »Orchesterbrücke« hindurch zum ⓭**Augustusplatz** mit dem markanten **Mendebrunnen**, der **Oper** und dem Universitätscampus. Bei gutem Wetter sollte man den höchsten Aussichtspunkt der Stadt auf dem City-Hochhaus aufsuchen und die spektakuläre Aussicht genießen. Die letzte Station des Stadtspaziergangs ist der Nikolaikirchhof mit der ⓮**Nikolaikirche** – Symbol und Ausgangsort der friedlichen Revolution von 1989.

Leipziger Musikgeschichte Tour 2

Start und Ziel: von der Thomaskirche zum Promenadenring
Dauer: mind. 4 Stunden

Leipzig gehört zu den wenigen Städten, in denen Musikfreunde tatsächlich auf Schritt und Tritt auf die Spuren berühmter Komponisten und Musiker stoßen.

Auftakt dieses Stadtspaziergangs ist der **Thomaskirchhof** mit dem überlebensgroßen **Denkmal von Johann Sebastian Bach**, einem der beliebtesten Fotomotive der Stadt. Musikliebhaber aus aller Welt pilgern in die ❶**Thomaskirche**, in der der große Musiker beigesetzt wurde. Sie ist auch die musikalische Heimat des Thomanerchors. Verlässt man die Kirche durch das Mendelssohn-Portal in Richtung Westen, so stößt man in der anschließenden Grünanlage an der Gottschedstraße auf das **Denkmal von Felix Mendelssohn Bartholdy**. Schaut man nach links, so entdeckt man etwa 100 m weiter das erste in Leipzig errichtete, »alte« Bach-Denkmal.

Auftakt: Bach

Nach Überqueren des Dittrichrings geht es nach links weiter, entlang einem Teil des wieder freigelegten Pleißemühlgrabens. Dabei passiert man die ▶Kunsthalle der Sparkasse, wechselt an der Otto-Schill-Straße die Uferseite und kommt nach etwa 400 m zum **Neuen Rathaus**. Auf der anderen Straßenseite der Karl-Tauchnitz-Straße sieht man im Wasser eine Installation mit Mühlrad zur Erinnerung an die früheren Wassermühlen. Das repräsentative Gebäude des Bundesverwaltungsgerichts lässt man links liegen, biegt rechts in die Wächterstraße ein und geht an mehreren Villen vorbei, eine davon ist das US-Generalkonsulat. Linker Hand folgt die Hochschule für Grafik und Buchkunst, dann die ❷**Hochschule für Musik und Theater Felix Mendelssohn Bartholdy**. Im sogenannten **Musikviertel Leipzig** sind die Straßen nach berühmten Musikern und Komponisten benannt. Linker Hand um die Hochschule herum sieht man an

Kunst, Theater, Musik

Leipziger Thomaskirche: Hier wirkte Bach.

der Ecke Ferdinand-Rhode-/Mozartstraße die ❸ **Gedenkplakette für Rentaro Taki**, den japanischen Komponisten und Absolventen des Leipziger Konservatoriums. Geht man eine Querstraße zurück und nach rechts entlang der Beethovenstraße weiter, so erblickt man nach der nächsten Kreuzung auf der linken Seite die Universitätsbibliothek sowie rechts das Geisteswissenschaftliche Zentrum der Universität an der Stelle des früheren Gewandhauses.

In der dahinterliegenden Grünanlage, die bis zum Pleißemühlgraben reicht, befindet sich eine ❹ **Mendelssohn-Büste**. Nach dem Floßplatz führt die Riemannstraße ein wenig bergan, bis auf der rechten Seite am Schletterplatz die ❺ **Peterskirche** auftaucht, wo regelmäßig Konzerte, Lesungen und Ausstellungen stattfinden. Weiter geht es entlang der Emilienstraße über die Windmühlenstraße zum Roßplatz. Hier folgt man ein Stück dem Ring, bis man rechts in die Goldschmidtstraße einbiegt. Nun ist man am ❻ ***Mendelssohn-Haus**, heute eine Gedenk- und Veranstaltungsstätte. Es folgt die Sozialpädagogische Fachschule Henriette Goldschmidt und rechts in der Talstr. 10 im Gebäude des einstigen Musikverlags C. F. Peters die ❼ **Edvard-Grieg-Gedenk- und Begegnungsstätte**. Nun geht es auf der Talstraße in entgegengesetzter Richtung weiter, wo man nach Überqueren der Prager Straße nahe dem Johannisplatz den Komplex der **Grassi-Museen** mit dem ❽ ****Musikinstrumentenmuseum** erreicht. Der Alte Johannisfriedhof hinter dem Museumskomplex lohnt ebenfalls einen Besuch.

Schumann und Wagner

Wenn man nun stadtauswärts der Dresdner Straße bis zur Inselstraße folgt, kommt man links zum ❾ ***Schumann-Haus**. Weiter geht es an der nächsten Ecke links entlang der Kreuz-, Dörrien- und Littstraße sowie über den Promenadenring an den Schwanenteich. Hier steht eine ❿ **Richard-Wagner-Büste** direkt hinter der ⓫ ***Oper**.

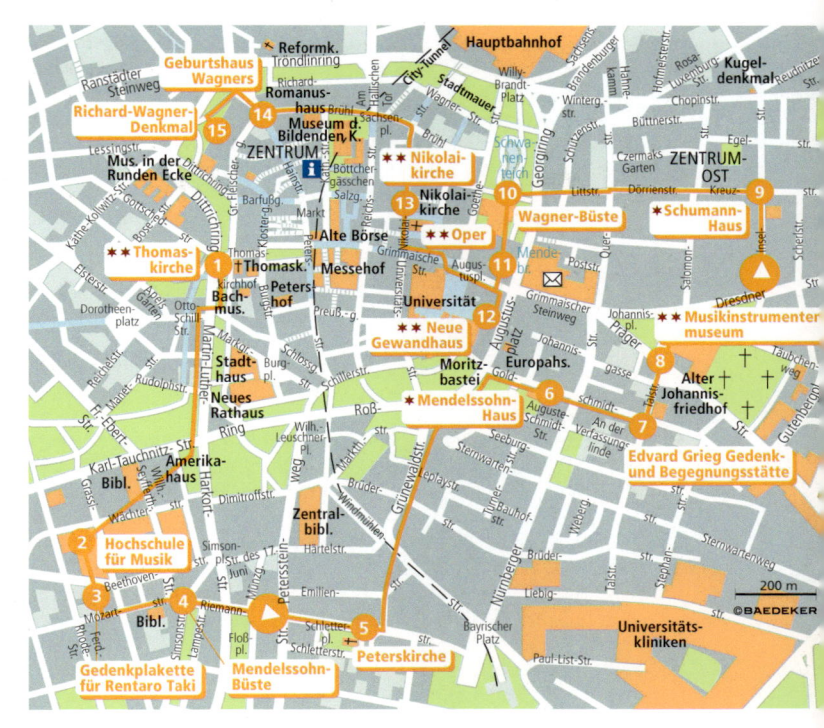

Gegenüber vom Haupteingang der Oper am Augustusplatz erblickt man das ⑫ **★★Neue Gewandhaus**, Wirkungsstätte des weltberühmten Gewandhausorchesters. In Blickrichtung Innenstadt kann man das Hochhaus mit den Glockenschlägern auf dem Dach gar nicht übersehen. Darin haben u. a. die Kustodie sowie das Ägyptische Museum der Universität ihren Sitz. Durch das Gebäude führt die Theaterpassage direkt auf den Nikolaikirchhof. Die ⑬ **★★Nikolaikirche** ist v. a. durch die Friedensgebete berühmt geworden, die zur friedlichen Revolution im Herbst 1989 führten. Auf der anderen Seite des Kirchhofs befindet sich mit der **Alten Nikolaischule** die ehemals erste Bürgerschule Leipzigs, deren Schulbänke u. a. Richard Wagner drückte. Die Nikolaistraße hinunter zum Brühl und dann links geht es zu den letzten beiden Stationen des Musikrundgangs. Wenn man das Museum der bildenden Künste und das barocke Romanushaus passiert hat, erblickt man auf der rechten Seite eine geschwungene Aluminiumfassade an einem Bauwerk, das im Volksmund »Blechbüchse« heißt. Hier verweist eine Plakette auf den ehemaligen Standort des ⑭ **Geburtshauses von Richard Wagner**. Der anschließende

TOUREN • **Tour 3**

Richard-Wagner-Platz führt erneut auf den Promenadenring, wo einst die Ranstädter Bastei und später das »Alte Theater« als erstes Stadttheater in Deutschland standen. Das große Gebäude auf der Südseite ist der Große Blumenberg – eng verbunden mit **Friederike Caroline Neuber**, der »Neuberin«, einer Wegbereiterin des modernen Sprechtheaters. Der Rundgang endet schließlich am 2013 errichteten ⑮ **Wagner-Denkmal** von Stephan Balkenhol – der Sockel stammt von Max Klinger – in der Grünanlage des Promenadenrings.

Tour 3 Plagwitz im Wandel

Start und Ziel: von der Haltestelle Clara-Zetkin-Park zur Baumwollspinnerei
Dauer: min. 4 Stunden

Aus einer Industriebrache wird Klein-Venedig: Dieser Spaziergang führt durch das kreative In-Viertel Plagwitz bis Neu-Lindenau. Er eignet sich auch als Fahrradausflug.

Vom Dorf zum Industrieviertel

Die Tour beginnt an der **Straßenbahnhaltestelle Clara-Zetkin-Park** (H1, Linie 1, 2). Zunächst geht es vorbei an der ehemaligen **Villa von Dr. Karl Heine**, dem das Dörfchen Plagwitz die Wandlung zum Industrieviertel verdankt. Der Verfall des Viertels konnte nach der Wende v. a. deswegen gestoppt werden, weil Plagwitz 2000 als externer Standort der EXPO Hannover auf sich aufmerksam machte, womit die Wandlung vom Industrie- zum Wohn- und Freizeitrevier begann. Gleich hinter der Karl-Heine-Villa quert eine Stahlgitterbrücke, die Könneritzbrücke, die Weiße Elster. Die Gondeln auf dem Wasser ließ der Wirt des **Ristorante Da Vito** (Nonnenstr. 11b) aus Venedig kommen. Seine Gondoliere, die übrigens eine Prüfung nach deutschem Recht ablegen mussten, staken die Gäste gern entlang der Elster und durch den Karl-Heine-Kanal. Schräg gegenüber in der Nonnenstraße 38 hat das ❶ *****Museum für Druckkunst** seinen Sitz. Hinter dem Backsteingebäude-Ensemble der ehemaligen ❷ *****Buntgarnwerke** führt die Nonnenbrücke über den Karl-Heine-Kanal. Von hier aus geht man wieder ein Stück auf der Nonnenstraße zurück durch das gegenüberliegende Gebäudeensemble am Restaurant Prellbock vorbei bis zum Rad- und Wanderweg, in den man nach links einbiegt. An der nächsten

> **BAEDEKER TIPP**
>
> *Per Boot oder Gondel*
>
> Wer die Gegend vom Wasser aus erkunden möchte, bucht eine Fahrt mit dem Motorboot oder mietet ein Ruderboot bzw. Kajak (Bootshaus Klingerweg, nahe der Haltestelle Clara-Zetkin-Park H1, oder Boot-Shop Herold, nahe der Haltestelle Rödelstraße H2). Fast wie in Venedig fühlt man sich bei den Gondelfahrten, die das Ristorante Da Vito anbietet.

Tour 3 • TOUREN

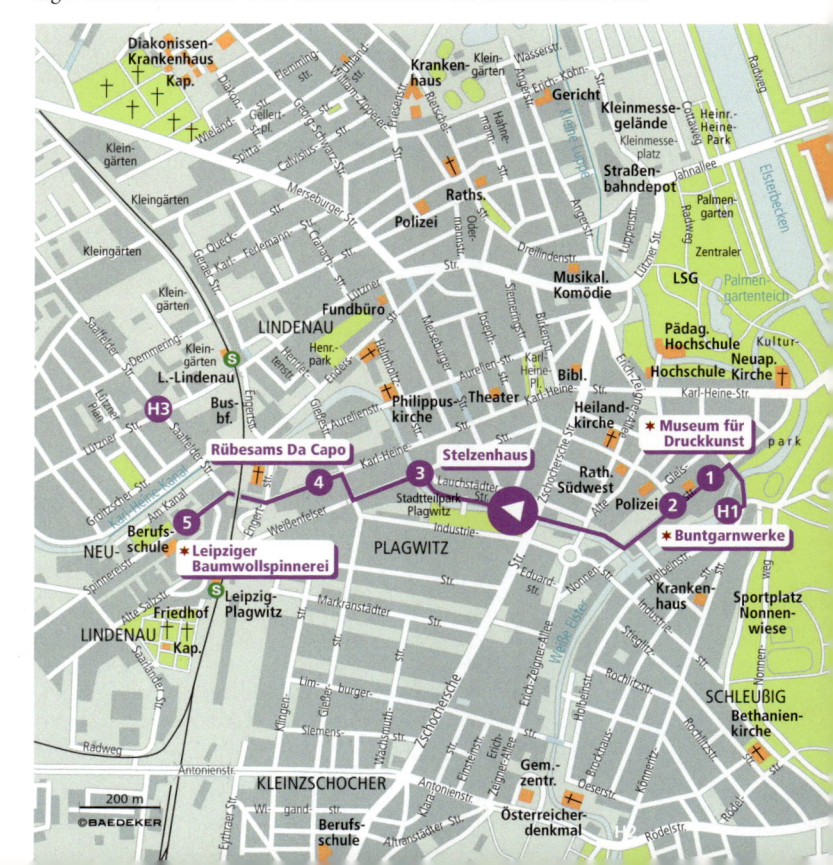

Brücke erreicht man das **»Riverboat«**, das in Schiffsform errichtete Studio, von dem aus einige Jahre lang die beliebte MDR-Talkshow Freitagabends gesendet wurde. Nach ca. 150 m auf der rechten Kanalseite überquert man erst die Erich-Zeigner-Allee und unterquert nach etwa 400 m die König-Johann-Brücke. Hier sieht man an einer Hausfassade eine überdimensionale historische Persilwerbung, die vor einigen Jahren renoviert worden ist. Eine moderne Fußgängerbrücke führt auf die andere Kanalseite. In der Rechtsbiegung fällt ein imposantes Industriegebäude auf, das ❸ **Stelzenhaus**. Die einstige Verzinkerei beherbergt heute ein sehr gutes Restaurant mit Terrasse am Wasser, eine Bootsvermietung sowie Büros und Wohnungen. Eine steile Eisentreppe führt hinauf zu einem Park, der auf den einstigen Industriegleisen angelegt wurde. Dahinter sind die Häuserfassaden der Industriestraße sichtbar, darunter das Backsteingebäude der Leipziger Konsumzentrale. Über die Dachterrasse des Stelzenhauses und durch das ehemalige Fabriktor gelangt man auf die Weißenfelser Straße, in die man nach links einbiegt. Rechter Hand befindet sich die **GaraGe, ein Technologiezentrum für Jugendliche**, daneben das **B.I.C. – Business- and Innovation Centre**, das Existenzgründern Räume und Infrastruktur für ihre Start-ups bietet. An der Gießerstraße geht es nach rechts am Gebäude des B.I.C. entlang bis zur Karl-Heine-Straße, in die man links einbiegt. Auf dem Dach einer Halle fällt ein Originalflugzeug des russischen Hersteller Iljuschin, eine IL 18, auf. Innen kann man im ❹**Automuseum Da Capo** (S. 97) u. a. amerikanische Straßenkreuzer bewundern. Die Straße führt nun in eine kleine Senke; links liegt der S-Bahnhof Plagwitz.

Kunstszene Nachdem man die Eisenbahnstrecke unterquert hat, biegt man links auf die Spinnereistraße ein und ist nunmehr im Stadtteil Lindenau angelangt. An der Ecke der Spinnereistraße steht ein Backsteinhaus mit der Leuchtreklame ❺*****Leipziger Baumwollspinnerei**. Nach etwa 100 m links durchquert man ein altes Betriebstor und findet sich in einer längst vergangenen Welt wieder. Der morbide Charme der historischen Fassaden täuscht: hier ist die aktuelle Kunstszene Leipzigs zu Hause (▶Baedeker Wissen S. 122).

Rückfahrt in die Innenstadt: S-Bahn oder Straßenbahnlinie 14 vom Bahnhof Plagwitz bzw. S-Bahnhof Lindenau oder die Straßenbahnen 8 bzw. 15 an der Saalfelder/Lützner Straße.

Tour 4 Halle an einem Tag

Start und Ziel: Marktplatz
Dauer: ca. 8 Stunden

Zur Vorbereitung des Rundgangs lohnt sich der Besuch im Café-Restaurant auf der Dachterrasse des Kaufhofs, denn von dort bietet sich der schönste Blick auf das Zentrum der Stadt.

Markt, Kirche, Roland Zu Füßen liegt der ❶*****Marktplatz** mit dem Händel-Denkmal, dem Roten Turm und dem Roland. Am westlichen Rand des Marktplatzes steht die ❷******Marktkirche** und gegenüber den südlichen Portalen die ❸*****Marienbibliothek** mit einer Sammlung kostbarer Wiegendrucke und vielen Raritäten. Am Markt finden sich Gebäude aus vier Jahrhunderten, darunter das Marktschlösschen, das Neue Rathaus und das Stadthaus. Von der Nordwestecke des Markts führen zwei Gassen zum ❹******Händel-Haus**. Hier kann der Raum besichtigt werden, in dem das Musikgenie geboren wurde. Das Haus präsentiert u. a. eine Sammlung historischer Musikinstrumente. Zur ❺******Moritzburg** mit dem Kunstmuseum des Landes Sachsen-Anhalt sind es über den Domplatz nur wenige Hundert Meter. Der Dom und die angrenzende Neue Residenz lohnen einen Extrabesuch. Über den Universitätsring kommt man zum ❻ **Universitätsplatz**. Hier liegt die **Kulturinsel** mit dem neuen theater und dem Puppentheater (▶Baedeker-Tipp S. 91). Weiter auf der Ringstraße führt der Weg zum Renaissancefriedhof ❼ **Stadtgottesacker** mit den Gräbern berühmter Hallenser. Südwärts über den Hansering und vorbei am

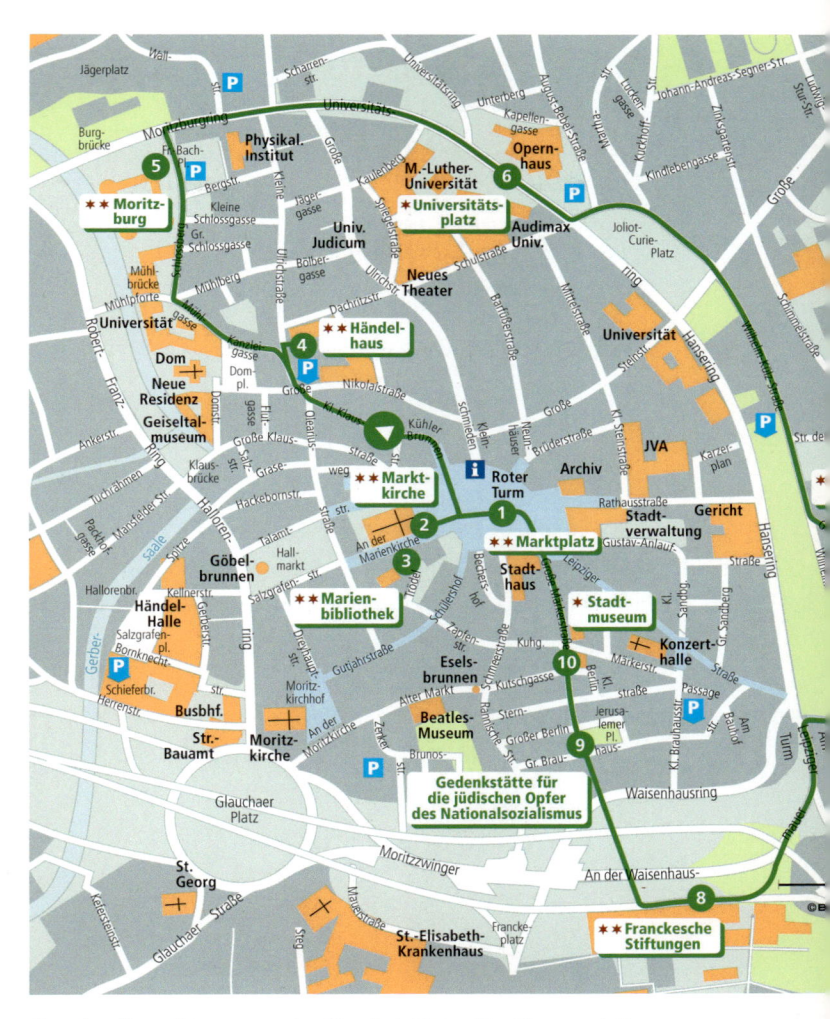

Leipziger Turm, einem anschaulichen Rest der alten Stadtbefestigung, geht es zu den ❽**Franckeschen Stiftungen** mit ihren reichen Sammlungen, Bibliotheken und Archiven. Hier steht das längste Fachwerkhaus Europas. Zurück zum Marktplatz geht man über den Großen Berlin mit der ❾**Gedenkstätte für die jüdischen Opfer des Nationalsozialismus**. Der Weg dorthin führt durch die Große Märkerstraße. Hier liegen die Häuser der berühmten Professoren der halleschen Alma mater des 18. und 19. Jh.s und das Christian-Wolff-Haus, heute der Sitz des ❿*Stadtmuseums*.

Tour 5 Auf den Spuren der Halloren

Start und Ziel: Marktplatz
Dauer: 2 bis 3 Stunden

Halle und Salz – das ist untrennbar miteinander verbunden, denn die Stadt verdankt ihre Existenz den reichen Solequellen, die bereits in der Eisen- und Bronzezeit der Salzgewinnung dienten.

Wirtschaftsgrundlage Salz

Zwischen der Marienkirche und der Marienbibliothek führt eine breite Treppe hinab zum ❶*Hallmarkt*. Dort und in den umliegenden Straßen standen einst die Kotten der **Salzwirker (Halloren)**. Hier wurde das weiße Gold gefördert und gesiedet, hier starteten die

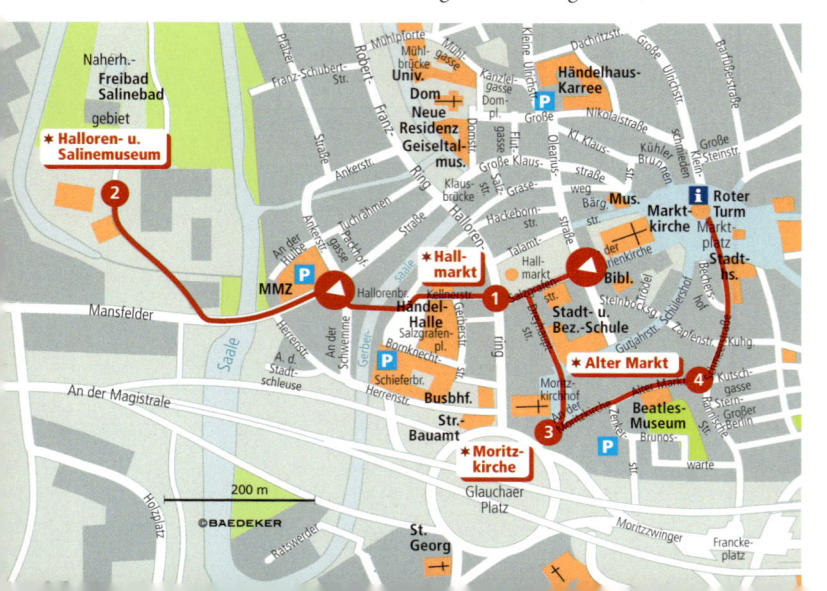

Kaufmannswagen mit der kostbaren Fracht in alle Himmelsrichtungen. Heute erinnert der **Göbelbrunnen**, ein großes Wasserspiel mit kleinen Skulpturen und großen Figurengruppen, an Halles bewegte Stadtgeschichte. Auf der gegenüberliegenden ehemaligen Strohinsel lagerten die Halloren einst den Brennstoff für die Salinen. Zu den modernen Bauten zählen die Georg-Friedrich-Händel-Halle und das Funkhaus des Mitteldeutschen Rundfunks (mdr). Von hier zur Saline-Halbinsel sind es über ein Brückchen am Ende der Händel-Halle und über die Schieferbrücke am Multimedia-Zentrum nur wenige Hundert Meter. Das ❷***Halloren- und Salinemuseum** dokumentiert in den verbliebenen Gebäuden der alten königlich-preußischen Saline anhand zahlreicher Exponate die Geschichte der mehr als tausend Jahre währenden Salzgewinnung in Halle. Mehrmals im Jahr wird hier gesiedet wie in alten Zeiten, dann kann auch der berühmte Silberschatz der Salzwirkerbrüderschaft im Thale zu Halle bewundert werden.

Das Gotteshaus der Halloren – der Weg dahin führt wieder über den Hallmarkt – war seit dem 12. Jh. die ❸***Moritzkirche**, ein prächtiger spätgotischer Hallenbau. Seine Plastiken und Skulpturen gehören zu den ältesten und schönsten im mitteldeutschen Raum. Die Straße zum Alten Markt führt am **Beatles Museum** vorbei. Den **Eselsbrunnen** auf dem ❹***Alten Markt** krönt das legendäre Wahrzeichen der Stadt: der Müllerbursche mit dem Esel, der auf Rosen geht. Durch die Schmeerstraße kommt man wieder auf den Marktplatz. Kurz vor der Einmündung der Straße liegt links das **Goldene Schlösschen**, ein altes Stadtpalais, in dem Martin Luther mehrfach logiert hat.

Kunst und Musik

Beliebte Ausflugsziele

In der Umgebung von Leipzig und Halle gibt es Ziele für jeden Geschmack: für kulturell und historisch Interessierte wie für Erholungsuchende.

Die östlich von Leipzig zwischen Elbe und Mulde gelegene Dahlener Heide ist ein beliebtes **Ausflugsziel für Wanderer und Radfahrer**. Nördlich von Dahlen beginnt ein ausgedehntes Waldgebiet, an dessen Nordrand die »Schildbürgerstadt« Schildau liegt. Über Wermsdorf erhebt sich das **Jagdschloss Hubertusburg**: August der Starke ließ es zu Sachsens größtem und schönstem Schloss ausbauen. Gut 500 Jahre Fischzuchttradition wird im Herbst beim Abfischen des größten Zuchtgewässers, des **Horstsees**, mit einem zünftigen Fischerfest gefeiert. Dort gibt es auch eine Bootsausleihe.

Dahlener Heide und Wermstedt

Umgebung Leipzig/Halle

Informationen unter: www.zweistromland.org, www.dahlenerheide-wermsdorferwald.de, www.dahlener-heide.de und www.wermsdorf.de). **Anfahrt** mit dem Auto: über die A 14 Richtung Dresden, Abfahrt Mutzschen/Wermsdorf; mit der Bahn vom Leipziger Hauptbahnhof nach Dahlen Richtung Dresden über Riesa.

Beliebte Ausflugsziele • TOUREN

Der Marktplatz von Grimma mit dem Renaissance-Rathaus

Grimma

Bei den Jahrhunderthochwassern 2002 und 2013 erlitt die schöne mittelalterliche Innenstadt von Grimma, rund 30 km südöstlich von Leipzig, erhebliche Schäden, doch inzwischen ist die Stadt wieder die »Perle an der Mulde«. Besonders sehenswert ist das Renaissance-Rathaus am Markt. Das Museum im Göschenhaus ist dem Verleger der Werke Schillers, Lessings und Goethes, Georg Joachim Göschen (1852–1828), gewidmet und das Seume-Haus erinnert an den Schriftsteller Johann Gottfried Seume (1763–1810). Zur Zeit der Reformation predigte Martin Luther mehrmals in der Klosterkirche der Muldestadt. In dem nur noch als Ruine vorhandenen **Zisterzienserinnen-Kloster Marienthron in Nimbschen**, ca. 3 km südlich von Grimma, lebte Luthers spätere Frau Katharina von Bora zwölf Jahre lang als Nonne.

Mit einer Personenfähre von Nimbschen gelangt man nach **Höfgen**, wo man das Museum in der Wassermühle, die historische Schiffmühle, die Denkmalschmiede und den Jutta-Park besichtigen kann. Im gesamten Kloster- und Mühlental gibt es etliche reizvolle Ausflugsgaststätten. Mit Ausflugsbooten der Muldenschifffahrt geht es auf diesem Teil des Flusses auf Entdeckungsreise.

Informationen unter: www.grimma.de. **Anfahrt** mit dem Auto: über die A 4 von Halle/Leipzig Richtung Dresden, Abfahrt Grimma; mit dem Bus 690 bzw. mit dem Zug vom Leipziger Hauptbahnhof Richtung Döbeln, Meißen.

Lützen Die 1269 erstmals erwähnte Stadt Lützen (ca. 20 km südwestlich von Leipzig) spielte eine wichtige Rolle im Dreißigjährigen Krieg. Im Stadt- und Regionalgeschichtlichen Museum, untergebracht im Lützener Schloss, zeigt ein Großdiorama mit 3600 Zinnfiguren die **Schlacht bei Lützen** 1632, in der Schwedenkönig Gustav II. Adolf fiel. Ein anderes stellt die Schlacht bei Großgörschen 1813 während der Napoleonischen Befreiungskriege dar. Zum Museum gehören auch eine Ausstellung über den Dichter und Schriftsteller Johann Gottfried Seume sowie das historisches Stadtarchiv.
Informationen unter: www.stadt-luetzen.de. **Anfahrt** über die A 9 und L 187 Richtung Bad Dürrenberg/Lützen, mit Bus 65 von Leipzig-Grünau nach Markranstädt, weiter mit Bus 164 nach Lützen.

Röcken Bekannt ist das 2 km entfernte Röcken als Geburtsort des Philosophen **Friedrich Nietzsche** (1844 – 1900). Sein Elternhaus ist bis heute das Pfarrhaus der Kirchengemeinde. Das Gotteshaus aus der ersten Hälfte des 12. Jh.s gehört zu den ältesten Kirchenbauten der Region um Lützen. Auf dem Kirchenareal befindet sich auch die sehenswerte Nietzsche-Gedenkstätte mit der Dauerausstellung »Friedrich Nietzsche und Röcken«.
Anfahrt über die A 9 und L 187 Richtung Bad Dürrenberg/Lützen.

> **!** **BAEDEKER TIPP**
>
> *Straße der Romanik*
>
> In Form einer Acht läuft diese Tourismusroute durch Sachsen-Anhalt. Mehr als 70 Bauwerke in der typisch romanischen Rundbogenarchitektur liegen an der Route, u. a. Burg Giebichenstein und Halles älteste Kirche St. Nikolaus im Stadtteil Böllberg. Zu den Publikumsmagneten gehören die Dome in Halberstadt, Merseburg, Naumburg sowie die Stiftskirche in Quedlinburg.

Merseburg, die Dom- und Hochschulstadt an der Saale, liegt ca. 18 km südlich von Halle. Das vieltürmige Dom- und Schlossensemble, eines der schönsten Baudenkmale auf der Touristikroute »Straße der Romanik« überragt die Stadt. Daneben liegt der bezaubernde Schlossgarten. Kulturgeschichtlich bedeutend ist der **Merseburger Domschatz**, zu dem neben kostbaren Handschriften wie der prachtvoll ausgemalten Merseburger Bibel (13. Jh.) ein romanischer Tragaltar, ein Elfenbeinkästchen und Altarretabeln gehören.
Informationen unter www.merse burg.de. **Anfahrt**: über die B 91 Richtung Merseburg/Weißenfels; die Straßenbahnlinie 5 fährt von Halledirekt nach Merseburg. Vom Leipziger Hauptbahnhof (Linie 131) und von Leipzig-Grünau (Linie 65) kann man den Bus nach Markranstädt, nehmen, von dort geht es mit dem Bus 743 über Bad Dürrenberg weiter nach Merseburg.

Bad Lauchstädt Bad Lauchstädt, ca. 12 km südwestlich von Halle, zählte nach der Entdeckung einer Heilquelle im 18. und 19. Jh. zu den berühmtesten

Kurbädern Deutschlands. Goethe übernahm 1791 die Leitung des Theaters und ließ ein neues Sommertheater errichten, dessen barocke Bühnentechnik noch heute tadellos funktioniert. Die Vorstellungen im **Goethe-Theater** und die Konzertveranstaltungen im Historischen Kursaal ziehen noch heute Besucher in Scharen an. Bei Führungen durch die Kuranlagen erhält der Besucher einen Eindruck von der Bade- und Theatergeschichte.
Informationen unter: www.goethestadt-bad-lauchstaedt.de. **Anfahrt** über die A 38, Abfahrt Bad Lauchstädt, mit dem Bus 335 über Merseburg.

Wettin, ca. 25 km nordwestlich von Halle, ist Stammsitz der Wettiner, die als Markgrafen, Kurfürsten und später als Könige von Sachsen über Jahrhunderte die deutsche Geschichte maßgeblich beeinflussten. Die Burg auf dem Felsen prägt das Stadtbild. Durch seine Lage an der Saale ist Wettin ein beliebtes Ausflugsziel, das auch von Fahrgastschiffen angelaufen wird. Im Ortsteil Müchen wurde um 1280 eine **Kapelle des Ordens der Templer** geweiht, heute finden hier Sommerkonzerte und Gottesdienste statt.
Informationen unter: www.wettin.de. **Anfahrt** über die B 6 oder die A 14 Richtung Magdeburg; Bus 314 ab Hauptbahnhof Halle.

Wettin

Etwa 15 km nördlich von Halle erhebt sich weithin sichtbar mit einer Höhe von 250 m ü. d. M. der Petersberg. Der heute dicht bewaldete Berg ist vulkanischen Ursprungs und Ausgangspunkt der ersten Besiedlung in dieser Region. Ein Tierpark, der Bismarckturm, die Ganzjahresrodelbahn, schöne Wanderwege, ein romanisches Kloster und die Augustinerstiftskirche St. Petrus mit der Grablege der Wettiner machen den Petersberg zu einem **beliebten Ausflugsziel**.
Informationen unter: www.gemeinde-petersberg.de. **Anfahrt**: über die B 6 Richtung Magdeburg, mit den Buslinien 310 und 311 ab Hauptbahnhof Halle.

Petersberg

Etwa 70 km nördlich von Leipzig bzw. 60 km nordöstlich von Halle liegt Lutherstadt Wittenberg. Eine gut 700-jährige Geschichte hat sie aufzuweisen, aber berühmt wurde sie im 16. Jh., als **von hier die Reformation ausging**. Die Kirchentür der Schlosskirche, an die Martin Luther 1517 der Überlieferung zufolge seine 95 Thesen schlug, gehört heute neben anderen Erinnerungsorten in Wittenberg und Eisleben zum UNESCO-Weltkulturerbe. Während der »Lutherschen« Zeit lebten und arbeiteten in Wittenberg u. a. Philipp Melanchthon und Lucas Cranach d.Ä. Besuchenswert sind die Schlosskirche, das Lutherhaus, das Melanchthonhaus, die Cranachhäuser, die Stadtkirche und das Historische Rathaus.
Informationen unter: www.wittenberg.de. **Anfahrt**: A 9 aus Richtung Nürnberg, Abfahrt Coswig, weiter auf der B 187.

Lutherstadt Wittenberg

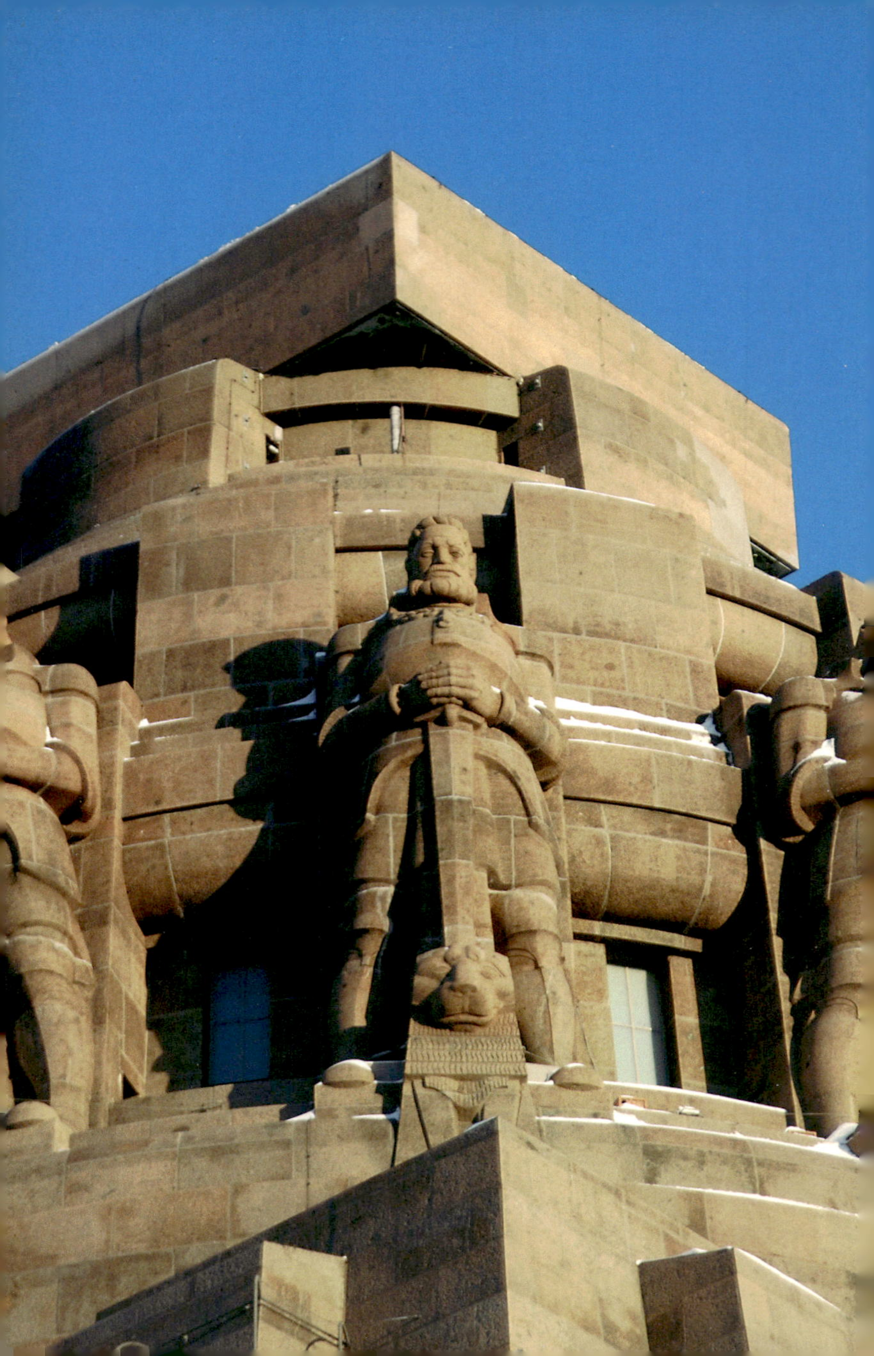

LEIPZIG VON A BIS Z

Leipzigs Musiktradition ist legendär: Bach, Mendelssohn Bartholdy, die Thomaner und das Gewandhausorchester sind am bekanntesten. Für seine Rolle bei den Montagsdemonstrationen 1989 wurde Leipzig als »Heldenstadt« gefeiert.

Alte Handelsbörse

★★ G 7

Lage: Naschmarkt
Innenstadtplan: I C 4
Bus: 89 (Markt)

Die Alte Handelsbörse ist die älteste erhaltene Versammlungsstätte der Leipziger Kaufmannschaft. Sie gehört heute zum ▶Stadtgeschichtlichen Museum der Stadt.

Erster öffentlich genutzter Barockbau der Stadt

Als es nach dem Ende des Dreißigjährigen Kriegs mit Handel und Wirtschaft wieder bergauf ging, entstand der Brauch unter Kaufleuten, sich zum Abschluss von wichtigen Geschäften zu versammeln. Bis dato hatte man sich im Freien getroffen, doch nun forderten 30 Leipziger Großkaufleute beim Rat der Stadt ein entsprechendes Gebäude. Baubeginn des barocken Kleinods war 1678 und bereits zur Michaelismesse 1679 konnte das neue Gebäude genutzt werden. Die komplette Fertigstellung dauerte jedoch bis 1687, was wohl an den üppigen und umfangreichen Stuckelementen und dem aufwendig betriebenen Ausbau lag. Da die Räumlichkeiten Ende des 19. Jh.s den gewachsenen Anforderungen nicht mehr entsprachen, errichtete die Handelskammer 1883/85 am Tröndlinring Ecke Gerberstraße (▶Promenadenring) ein neues Gebäude, das als Effekten- und Produktbörse diente. Nach dem Umbau des Börsensaals zum Sitzungssaal der Stadtverordneten tagte die Stadtverordnetenversammlung hier von 1887 bis 1905.

Architektur

Der Entwurf des Bauwerks wird dem Dresdner Oberlandbaumeister Georg Starcke zugeschrieben. Auf den vier Ecken des Dachs thronen die vom Leipziger Bildhauer Johann Caspar Sandtmann geschaffenen Statuen von Hermes und Apollo auf der Portalseite sowie Venus und Athena an der Nordseite zum Salzgässchen. Der Vorbau mit dem beidseitigen Treppenaufgang und dem prachtvollen farbigen Stadtwappen aus Stuck entstand 1816. Im Zweiten Weltkrieg wurde das Gebäude vollständig zerstört; der Wiederaufbau erfolgte von 1955 bis 1962. Anfang der 1990er-Jahre wurde die Bauhülle einer umfangreichen denkmalgerechten Erneuerung unterzogen.
Gegenüber dem Portal bildet das *Goethe-Standbild (▶Abb. S. 14) inmitten einer eingezäunten Rabatte ein **beliebtes Fotomotiv** auf dem ▶Naschmarkt.

Aktuelle Nutzung

In der Alten Börse werden u. a. Kammerkonzerte, Kunstauktionen, literarische Veranstaltungen und Feiern durchgeführt. Hier fand 2008 der Festakt zur Verleihung der Ehrendoktorwürde der Leipziger Universität an die Bundeskanzlerin Angela Merkel statt.

Altes Rathaus • ZIELE 163

** Altes Rathaus

G 7

Lage: Markt 1
Innenstadtplan: I C 4
Bus: 89 (Markt)

Das Alte Rathaus an der Ostseite des Markts zählt zu den schönsten Renaissancegebäuden Deutschlands. Hier ist der Hauptsitz des ▶Stadtgeschichtlichen Museums.

Außerdem finden in den Räumlichkeiten bedeutende Höhepunkte des Leipziger gesellschaftlichen Lebens statt, vom Kammerkonzert bis zum offiziellen Festakt. Im Erdgeschoss gibt es – auf der Marktseite von Arkaden überdacht – repräsentative Geschäfte, die v. a. Touristen anlocken, sowie ein Restaurant mit regionaler und deutscher Küche (▶Essen und Trinken). Da die Westseite zum Markt hin bei schönem Wetter ab Mittag von der Sonne beleuchtet wird, ist das Alte Rathaus **eines der beliebtesten touristischen Fotomotive**. Wegen seiner Fassadenlänge von 90 m lässt es sich jedoch nur mit spezieller Fotoausrüstung im Ganzen aufnehmen.

Museum und gesellschaftlicher Treffpunkt

Von 1557 bis 1905 war hier der Sitz der Stadtverwaltung und der städtischen Gerichtsbarkeit. Das vom kurfürstlichen Baumeister und Bürgermeister Hieronymus Lotter 1556/57 in nur neun Monaten errichtete Gebäude war **das erste Renaissance-Rathaus Deutschlands**. Die Eile war geboten, um den Zeitraum zwischen zwei Messen (▶Baedeker Wissen S. 30) für die Bauarbeiten optimal zu nutzen, sodass bereits zur Michaelismesse 1556 Gewölbe an Kaufleute vermietet werden konnten.

Geschichte

Da das Gebäude trotz mehrfacher Renovierungen und Umbauten stark baufällig geworden war und räumlich den Ansprüchen der wachsenden Großstadt nicht mehr genügte, sollte es Ende des 19./Anfang des 20. Jh.s abgerissen und durch einen größeren Neubau ersetzt werden. Mit nur einer Stimme Mehrheit im Rat der Stadt konnte das zum Glück verhindert werden. So wurde es von 1906 bis 1909 zum ▶Stadtgeschichtlichen Museum und Ratsarchiv umgestaltet. Bei diesen Umbaumaßnahmen wurden an der Südseite sogenannte. romanische Biforienfenster in Form eines gekoppelten Rundbogen-

> **? BAEDEKER WISSEN**
>
> *Berühmter Knick*
>
> Bei der Errichtung des Gebäudes entstand der berühmte Knick an der zur Marktseite gerichteten Gebäudewand. Hier stieß das alte Ratsgebäude mit dem Tuchmacherhaus zusammen, dessen Wand jedoch etwa einen Meter weiter nach vorn ragte. Um eine einheitliche Fassade zu erhalten, wurden beide Gebäude schräg miteinander verbunden.

fensters unter dem Putz entdeckt, die Fachleute auf etwa 1230 datieren. Erst 1926 erhielt die Fassade ihren **ockergelben Farbanstrich**. Beim Bombenangriff auf Leipzig am 4. Dezember 1943 brannten Dachgeschoss und Turm vollständig aus. 1946 bis 1950 wurde das Alte Rathaus als erstes öffentliches Gebäude von Leipzig wieder aufgebaut. Eine umfassende Renovierung erfolgte Ende der 1980er-Jahre, ein Umbau 2001/2002. Dabei wurden u. a. ein Aufzug eingebaut und zur Naschmarktseite hin weitere Ladenflächen geschaffen. Im Durchgang zum ▶Naschmarkt befindet sich der Museumsshop.

Architektur

Anders als etwa bei italienischen Renaissance-Bauwerken wurde in Deutschland im 16. Jh. weniger Wert auf Symmetrien und strenge Proportionen gelegt. Dafür wurde die senkrechte Linie betont, quasi als Symbol aufstrebenden bürgerlichen Selbstbewusstseins.
Der **Rathausturm** wird an der lang gestreckten Frontseite links von zwei und rechts von vier reich verzierten Zwerchgiebelhäusern flankiert. An der Rückseite des Gebäudes findet sich anstelle des Turms ein weiterer von insgesamt 13 Zwerchgiebeln, die aus dem steilen Ziegeldach hervorragen. Gekrönt werden sie mit Zierknäufen in **Form überdimensionaler Pinienzapfen** aus Porphyrtuff. Aus dem gleichen rötlichen Material, das noch heute in der sächsischen Kreisstadt Rochlitz gewonnen wird, bestehen auch die Fensterrahmen und Simse am Gebäude. Zierknäufe in drei verschiedenen Varianten sind

Im Alten Rathaus ist u. a. das Stadtgeschichtliche Museum Leipzig untergebracht.

Altes Rathaus • ZIELE

ebenfalls auf den der gesamten Front- und den beiden Giebelseiten vorgebauten Arkaden zu finden. Diese wurden bei der umfassenden Sanierung 1906 bis 1909 anstelle der aus Holz bestehenden Laubengänge in Stein erreichtet und auf der Frontseite um die Giebelseiten herum erweitert. Die **szenisch gestalteten Schlusssteine** der einzelnen Bögen zeigen u. a. an der Südseite »Singende Studenten«, »Bauleute« sowie den »Nachtwächter mit (Gevatter) Tod«, an der Nordseite »Händler mit Waage« und »Handelnde Juden«. Hinter dem Eingang zum ▶Stadtgeschichtlichen Museum unter dem Rathausturm, der gleichzeitig als Durchgang zum ▶Naschmarkt dient, stößt man auf **zwei Brunnen**: »Die Badende« und »Der Schwammjunge« von Carl Seffner, dem Schöpfer des Bach-Denkmals vor der ▶Thomaskirche. Bei einer Entdeckungstour rund um das malerische Gebäude lässt sich auch die historische Inschrift mit goldenen Messingbuchstaben von 1593 (ergänzt: 1672) entziffern, die um das gesamte Rathaus geführt ist und mit einer Länge von 220 m **zu den längsten Schriftzügen an einer Gebäudefassade** zählt.

Rathausturm

Der asymmetrisch angeordnete, oktogonale Rathausturm ist 41 m hoch. 1599 fügte man den Bläseraustritt an, seit 1744 trägt er eine barocke Turmhaube und 20 Jahre später wurde der Turmbalkon angefügt. Hier treten noch heute zu städtischen Feierlichkeiten wie dem Stadtfest oder dem Weihnachtsmarkt die historischen **Stadtpfeifer** auf – das Quartett stand ab 1479 in städtischen Diensten. Heute wird dieses Amt bei besonderen Anlässen von einem Bläserquartett in historischen Kostümen wahrgenommen. Einen Blickfang bildet die **Rathausuhr**, deren großer Zeiger einen Meter lang ist. Das große zum Markt gerichtete Zifferblatt auf himmelblauem Grund ist etwa 18 m² groß, die beiden seitlich angebrachten jeweils ca. 12 m². Im unteren Teil des Hauptzifferblatts werden die Mondphasen angezeigt, das Stadtwappen darunter wird flankiert von **Löwen als Leipziger Wappentier** sowie dem kursächsischen Wappen. Während der Völkerschlacht von 1813 schlug ein Geschoss rechts oberhalb der II ein. Bei der Neubemalung von 1909 wurde an der gleichen Stelle eine Halbkugel aufgebracht, die an dieses Ereignis erinnern soll.

Festsaal

Im ersten und zweiten Obergeschoss hat das ▶Stadtgeschichtliche Museum seine ständige Ausstellung. Prachtvoll eingerichtet ist der historische Festsaal. Er wird u. a. für Konzerte, Preisverleihungen und Lesungen genutzt. Mit Ausmaßen von 43,5 m Länge und 11,5 m Breite war er lange Zeit der prächtigste und größte Saal in Sachsen. Mit fantasievollen und üppigen Verzierungen wie Masken, Fruchtgebinden, Girlanden und Figuren sind die drei Sandsteinkamine im Raum ausgestattet. Auf der Musikempore am Nordende befindet sich der **»Pfeiferstuhl«**, auf dem die vier Stadtpfeifer bei festlichen Gelegenheiten aufspielten. Die **59 Stadtrichter-Porträts** im Festsaal sind

z. T. in das fest mit der Längswand verbundene Holzgestühl integriert. Darüber hängt ebenso wie in der Ratsstube (s. u.) eine Galerie von 30 zumeist in voller Größe dargestellter **sächsischer Kurfürsten** bis zum letzten König, Friedrich August III., der 1918 der Überlieferung nach mit folgenden Worten abdankte: »Macht doch Euern Dreck aleene!« Von der einst kompletten Galerie der regierenden Herrscher des Hauses Wettin ab dem Ende des 15. Jh.s mit vermutlich 52 Bildern sind noch 38 erhalten und im Museumsbesitz.

Ratsstube, Schatzkammer Beeindruckend ist die zu einem Großteil in **Renaissance-Ausstattung** erhaltene Ratsstube mit hölzerner Kassettendecke. Der Aktenschrank, der Beratungstisch des Leipziger Rats mit einer runden, in Holz gefassten Platte aus Thüringer Schiefer und der Bürgermeisterstuhl verdienen besondere Beachtung. An der Ostwand setzt sich die Galerie sächsischer Kurfürsten- und Königsporträts aus dem Festsaal fort. Bedeutende Bürgermeister wurden auf Kupferstichen verewigt. Die einstige Schatzkammer, das **Aerarium**, ist original erhalten. Sie diente als Geheimkammer zur Lagerung des Stadtsiegels, wichtiger Dokumente sowie des Ratsschatzes. In der ständigen Ausstellung kann man weitere geschichtsträchtige Räume besichtigen, darunter eine **Gefängniszelle** im Keller des Gebäudes.

Archiv Bürgerbewegung Leipzig

K 7

Lage: Bernhard-Göring-Str. 152
Tram: 9, 11, 11E (Connewitz Kreuz)
🕐 Di. – Fr. 10.00 – 16.00 Uhr

Eintritt: frei
archiv-buergerbewegung.de

Das Archiv Bürgerbewegung e. V., untergebracht im Haus der Demokratie, einer Begegnungs- und Arbeitsstätte auch für diverse Vereine, sammelt Dokumente und Zeitzeugnisse der jüngsten politischen Regionalgeschichte, bereitet sie auf, publiziert sie und stellt sie für die wissenschaftliche Aufarbeitung zur Verfügung. Anhand historischer Ereignisse werden die Geschichte und die Bedeutung der Opposition und des Widerstands gegen das SED-Regime der früheren DDR in allen ihren Facetten aufgezeigt. Umfangreiche Dokumentationen von Bürgerrechtlern zeigen die Entwicklungen und Erfolge u. a. kirchlicher Initiativen, Umweltschutzgruppen und der Friedensbewegung, aber auch die Repressalien, denen sie ausgesetzt waren. Auf Wunsch werden auch Führungen angeboten (Anfrage und Anmeldung unter Tel. 0341 3 06 51 75).

** Auerbachs Keller

Lage: Grimmaische Str. 2 – 4
(Mädler-Passage)
Innenstadtplan: I C 3/4
Straßenbahn: 4, 7, 8, 10, 11, 12, 15, 16 (Augustusplatz)

G 7

www.auerbachs-keller-leipzig.de

»Wer nach Leipzig die Messe zu sehen gereiset und nicht in Auerbachs Hof kommen ist, der darf nicht sagen, dass er in Leipzig gewesen sei«, schrieb der Hofpoet des Kurfürsten von Sachsen im 16. Jahrhundert.

Teuflische Tradition

1525 erwarb der Medizinprofessor Dr. Heinrich Stromer aus Auerbach in der Oberpfalz die Gewölbe südlich vom Rathaus und eröffnete einen Weinausschank. Ab 1530 wurde darüber das Messehaus »Auerbachs Hof« errichtet. Beim Bau des Messehauses **Mädler-Passage** 1911 wurde der unterste »Fasskeller« in den Neubau integriert, die anderen Galeräume jedoch neu gestaltet. Heutzutage ist »Auerbachs Keller« **das berühmteste Gasthaus von Leipzig** und gehört zu den Top 10 der bekanntesten Gaststätten der Welt. Zu verdanken ist das v. a. Johann Wolfgang von Goethe (▶Berühmte Persönlichkeiten), der während seiner Studentenzeit hier häufig zu Gast war und

Szenen aus dem »Faust« am Eingang zu Auerbachs Keller in der Mitte der Mädler-Passage

dabei die Inspiration für die berühmte »Szene mit den Studenten« im »Faust I« erhielt. Die Legende erzählt, dass Dr. Faust einmal mit Studenten in Leipzig zur Messe war und vor einem Weinkeller beobachtete, wie sich mehrere Männer vergeblich darum bemühten, ein großes Fass aus dem Keller herauszutragen. Als er sie deswegen verspottete, kam es zum Streit und der schlichtend eingreifende Wirt erklärte, dass das Fass demjenigen gehören solle, der es aus dem Keller tragen würde. Flugs sprang Faust auf das Fass und »ritt« es bis auf die Straße. Danach trank er es in fröhlicher Runde mit den Studenten aus. Diese Geschichte wurde mehrfach kolportiert und – obwohl ihr Wahrheitsgehalt wenig wahrscheinlich ist – ließ der Wirt von Auerbachs Hof die Szene malen und in seinem Gastraum aufhängen. Zufällig war das 1625 – zum 100-jährigen Bestehen des Kellers. Damit war eine Marketingidee entstanden, deren Umsetzung ihm und seinen Nachfolgern stets viele Gäste verschaffte. Goethe nun griff die überlieferte Geschichte auf und schuf dem Gasthaus damit ein literarisches Denkmal, das auch den heutigen Werbemaßnahmen von Nutzen ist. Seit dem Frühjahr 2009 kann man die »Szene mit den Studenten«, bei der Faust den Wein aus dem Tisch zapfte, auch als ganz gewöhnlicher Gast erleben, wenn man sich für den **»Schlampamp«** anmeldet (Informationen dazu findet man auf der Webseite von Auerbachs Keller).

** Augustusplatz

G / H 7

Lage: Innenstadt
Innenstadtplan: I C 4
Straßenbahn: 4, 7, 8, 10, 11, 12, 15, 16 (Augustusplatz)

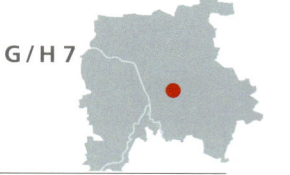

Mit einer Fläche von über 40 000 m² gehört der am ▶Promenadenring gelegene Augustusplatz zu den größten innerstädtischen Plätzen in Europa. Einst war hier das Grimmaische Tor, der östliche Eingang zur historischen Innenstadt.

Bedeutender Platz mit stolzer Geschichte

Nach dem Abriss der Stadtbefestigung wurde 1785 mit der Gestaltung des »Platz(es) vor dem Grimmaischen Thor« begonnen, der 1839 nach dem ersten König von Sachsen, Friedrich August von Wettin (1750 – 1827), benannt wurde. 1945 erfolgte die Umbenennung in Karl-Marx-Platz und am Tag der Deutschen Wiedervereinigung, dem 3. Oktober 1990, erhielt er wieder seinen ersten Namen. Nirgendwo sonst wird der Wandel Leipzigs so deutlich wie an diesem Platz: Seit 1990 hat fast jedes Gebäude sein Gesicht verändert, gehören Baustellen zum Alltag. 2012 wurde der neue Universitätscampus

Augustusplatz • ZIELE

mit Neuem Augusteum und Paulinum der Öffentlichkeit übergeben, das die in moderner Glasarchitektur wieder aufgebaute Universitätskirche sowie die Aula beherbergt.

In die jüngste Geschichte ging der Platz ein, als sich am 9. Oktober 1989 hier über 70 000 Leipziger zu einer friedlichen Demonstration um den Leipziger Ring versammelten, um mit den Worten **»Wir sind das Volk«** ihre Stimme zu überfälligen Reformen in der DDR zu erheben. Die Montagsdemonstrationen (▶Geschichte) leiteten den Untergang der DDR und die politische Wende ein. Anfang 2009 beschloss man, in Leipzig ein Einheitsdenkmal zu errichten, als Standort wird der Augustusplatz favorisiert. Im selben Jahr wurde auch die vom Berliner Künstler Via Lewandowsky gestaltete »Glocke der Demokratie« auf dem Augustusplatz enthüllt.

Die architektonische Umgestaltung des Platzes erfolgte 1995 bis 1998, verbunden mit dem Bau einer Tiefgarage. Als wichtige Dominanten stehen hier mit der ▶Oper auf der Nordseite und dem ▶Neuen Gewandhaus im Süden des Platzes zwei der renommiertesten kulturellen Einrichtungen der Stadt einander direkt gegenüber. Das Neue Gewandhaus ist die Heimstatt des weltberühmten Gewandhausorchesters, dessen Wurzeln bis 1743 zurückreichen.

> **! BAEDEKER TIPP**
>
> ### Einkehren am Augustusplatz
>
> Wer hier eine Pause einlegen oder den Abend ausklingen lassen will, hat die Qual der Wahl: Edle und dekorierte Gastronomie bietet der »Stadtpfeiffer« im Neuen Gewandhaus, das höchstgelegenen Restaurant Mitteldeutschlands mit Aussichtsplattform auf 119 m Höhe ist der »Panorama-Tower« im City-Hochhaus, im »Augustus« bleibt man bodenständig im Art-déco-Ambiente, das »Operncafé« bietet kulinarische Höhepunkte und im Hotel Radisson Blu lädt »Spagos« ein.

Mendebrunnen

Der Mendebrunnen vor dem ▶Neuen Gewandhaus (▶Abb. S. 12, 170) ist zweifellos **das schönste Wasserspiel der Stadt**, inspiriert von italienischen Vorbildern und im Neorenaissancestil gestaltet. Gestiftet hat ihn Marianne Pauline Mende, die Witwe eines reichen Leipziger Kaufmanns, der sich 1857 das Leben genommen hatte. Da der Rat von einem Selbstmörder kein Vermächtnis annehmen wollte, ließ sich seine Frau etwas einfallen. Nach ihrem Tod hinterließ sie der Stadt 50 000 Taler, die zum Bau eines Brunnens verwendet werden sollten, um so den Namen Mende zu verewigen. Nach mehreren Wettbewerben wurde der imposante Brunnen von dem Nürnberger Architekten Adolf Gnauth und dem Münchner Bildhauer Jacob Ungerer erbaut und 1886 eingeweiht.

Das Pikante an der Entstehungsgeschichte ist jedoch die **Legende**, die sich dank des »rasenden Reporters« Egon Erwin Kisch hartnäckig hält. Er hörte von dem Fall und recherchierte offensichtlich recht oberflächlich, denn er stieß auf eine Frau Mende, die Besitzerin

ZIELE • Augustusplatz

eines Freudenhauses war. So ließe sich der offensichtliche Reichtum der Dame erklären, meinte Kisch, doch weder die Tatsache noch die Zeit stimmten, denn als diese Frau Mende aktiv war, gab es den Brunnen bereits.
Der Brunnen als Sinnbild für die Bedeutung des Wassers wird durch **Figuren der griechischen Mythologie und durch Meereswesen** wie Delfine verkörpert; auch Triton, Sohn des Poseidon – halb Mensch, halb Fisch –, ist zu erkennen. Auf drei Ebenen bis hinauf zum 18 m hohen Obelisken mit goldenem Stern sind die Gestalten angeordnet. Rings um die von Blumenrabatten eingerahmte Anlage stehen zahlreiche Bänke. Von hier kann man auch das Pendant zum historischen Mendebrunnen vor der Oper erkennen: Auf der Nordseite des Augustusplatzes beeindruckt ein großzügiges Wasserspiel mit einer mehr als 20 m hohen Fontäne.

City-Hochhaus und Mendebrunnen

Hauptpostamt
Das ehemalige Gebäude der Hauptpost (Augustusplatz/Ecke Grimmaischer Steinweg) wird derzeit entwickelt: Gut ein Drittel soll Gewerbefläche sein, ein weiteres Drittel Studentenapartments.
Nach Plänen des Baumeisters Albert Geutebrück wurde das Postgebäude einst bis 1836 im klassizistischen Stil errichtet und nach der Eröffnung des Neuen Theaters (▶Oper) auf dem Augustusplatz von 1881 bis 1884 im Neorenaissancestil so umgebaut, dass es den damaligen Repräsentationsansprüchen genügte. Hier waren verschiedene Verwaltungen untergebracht, darunter die oberste sächsische Postbehörde, sowie Steuer- und Zollbehörden. Der jetzige Gebäudekomplex entstand bis 1964.
Daneben steht das komplett modernisierte Hotel Radisson Blu (▶Übernachten), das früheren Leipzig-Besuchern noch als **Hotel Deutschland** oder »Hotel am Ring« in Erinnerung sein dürfte.

*City-Hochhaus
An der Südwestecke des Augustusplatzes ragt als ein Wahrzeichen Leipzigs das City-Hochhaus auf. 1968 bis 1972 als Hauptgebäude der Universität erbaut, wirkt es **wie ein aufgeschlagenes Buch** und war

mit 142 m Höhe das höchste Gebäude der DDR. Der nie um einen Spottnamen verlegene Volksmund nannte es »Weisheitszahn«, »Professorensilo« oder »Uniriese«. Im Jahr 2000 wurde es zu einem Bürohochhaus umgestaltet und im unteren Teil ein schwarz verglaster Kubus als Probensaal für das MDR-Sinfonieorchester angebaut, der über eine Brücke mit dem Gewandhaus verbunden ist. Im obersten Stockwerk lockt das **Restaurant »Panorama Tower«** mit einer Freiluftterrasse. Aus 130 m Höhe können Besucher den imposantesten **Ausblick über Leipzig und die angrenzende Leipziger Tiefebene** genießen.

Campus

Zum 600-jährigen Bestehen der ▶Universität im Dezember 2009 wurde der Campus der Alma mater Lipsiensis dort völlig neu errichtet, wo bis zum Abriss 1968 nach den starken Beschädigungen im Zweiten Weltkrieg das Augusteum stand, unmittelbar neben der Universitätskirche. Für die frühere Karl-Marx-Universität bebaute man die Fläche bis zur Universitätsstraße in den 1970er-Jahren komplett neu. Von diesen Gebäuden wurden das Hörsaal- und das Seminargebäude teilweise erhalten und umgebaut. Der Abschluss zur Grimmaischen Straße hin mit einem Institutsgebäude und Geschäften im Erdgeschoss ist neu entstanden. Mit der hypermodernen architektonischen Lösung des niederländischen Stararchitekten Erick van Egeraat erhielt die Westseite des Augustusplatzes einen besonderen Blickfang: das »Neue Augusteum« und das »Paulinum«.

Paulinum

Auch die bis dato älteste Stadtkirche gehörte – wie das Augusteum – zu den wenigen noch erhaltenen Universitätsbauten, die 1968 für das neue Rektoratsgebäude der Karl-Marx-Universität Platz machen mussten. Damit wurde auch eine der wichtigsten Wiegen des geistlichen Lebens der Stadt zerstört. An die Stelle der **Paulinerkirche** tritt mit dem Neubau des Universitätscampus nun das Paulinum, das sowohl als Kirche als auch als Aula nutzbar ist. Es ist vorgesehen, Epitaphien als Ausstellungsstücke in den Neubau zu integrieren, die vor der Sprengung aus der Paulinerkirche geborgen wurden.

Café Felsche

Unmittelbar neben dem Paulinum stand bis 1943 das »Café Felsche«, das sich ab 1835 als »Café français« zu einem legendären Kaffeehaus entwickelt hatte. Mit Beginn des Ersten Weltkriegs musste es seinen angestammten Namen ablegen und wurde nach dem ersten Eigentümer, dem Zuckerbäcker Wilhelm Felsche, benannt. Ein **Neubau** nimmt die Grundrisse des ehemaligen Gebäudes auf und wird u. a. vom touristischen Apartmentkomplex »abito suites« genutzt.

Königsbau

Der »Königsbau« mit einem Arkadengang im Erdgeschoss flankiert die vom Augustusplatz bis zum Markt neu gestaltete Fußgängermeile Grimmaische Straße. Eröffnet wurde das repräsentative Gebäude

1911 als **Konfektionskaufhaus »Bamberger & Hertz«**, dessen jüdische Eigentümer nach der Reichspogromnacht 1938 zum Verkauf an die Alte Leipziger Versicherung gezwungen wurden.

Krochhaus Auf der Westseite des Augustusplatzes fällt das 1927/28 als **erstes Leipziger Hochhaus** errichtete Kroch-Haus ins Auge. Der elfgeschossige, mit Kalkstein verkleidete Stahlbetonbau wurde für das jüdische Bankhaus Kroch gebaut und **erinnert an den Campanile San Marco** in Venedig. Die Glockenschläger bildeten damals das größte Turmschlagwerk der Welt. Es erklingt jede Viertelstunde. Das von zwei »venezianischen« Löwen flankierte Uhrenzifferblatt im zehnten Stock hat einen Durchmesser von 4,3 m. Das Gebäude gehört jetzt der Universität Leipzig, die hier vorrangig ihre Kunstsammlungen ausstellt. Es wurde komplett saniert, die einstige Schalterhalle der Bank ist nun der architektonisch wertvollste Innenraum im Art-déco-Stil in Leipzig.

Hier ist auch das **Ägyptische Museum** mit seiner ständigen Ausstellung untergebracht. Mit einem ursprünglich für die Antikensammlung der Universität erworbenen altägyptischen Sarkophag begann 1842 die Geschichte dieses Museums. Zahlreiche Exponate stammen von Expeditionen und Grabungen des »Ägyptologischen Instituts« aus den Jahren 1903 bis 1931. Dargestellt sind u. a. die vordynastischen Kulturen Ägyptens (4000 bis 2982 v. Chr.) mit Beispielen der damals bereits hochentwickelten Töpferei, das Neue Reich (1536 – 1069 v. Chr.) mit seiner immensen Machtentfaltung sowie die christliche Zeit (395 – 640 n. Chr.). Zu den besonderen Schätzen zählen der große Zedernholzsarg des Hedeb-bastet-iru sowie eine fast vollständige Grabausstattung des Priesters Herischef-hotep aus der klassischen Periode des Mittleren Reichs (2020 – 1645 v. Chr.).

❶ Di. – Fr. 13.00 – 17.00, Sa./So. 10.00 – 17.00; Eintritt: 5 €, www.gko.uni-leipzig.de/aegyptisches-museum/

> **? BAEDEKER WISSEN**
>
> *Hochhaus mit Anlauf*
>
> Architekt Bestelmeyer hatte das Hochhaus mit 12 Etagen angelegt, das Gebäude sollte gut 43 m hoch werden. Diese Höhe war aber umstritten. So verfiel man auf eine salomonische Lösung: Die obersten vier Etagen waren zunächst Attrappen. Auf diese Weise konnte sich der Stadtrat von der positiven städtebaulichen Wirkung überzeugen und erteilte dann die Genehmigung, auch diese Stockwerke auszuführen.

Dresdner Bank Das 1910/11 für die Dresdner Bank als Leipziger Zentrale errichtete Gebäude weist viele vom Historismus und vom Jugendstil beeinflusste Gestaltungselemente auf. Bei der denkmalgerechten Sanierung 1995/96 wurden u. a. Turmaufbau und Dachreiter wieder hergestellt. Beeindruckend ist die von einem Oberlicht überdachte Schalterhalle, die auch für Kammerkonzerte und Veranstaltungen genutzt wird.

Auwald • ZIELE

Auwald

✦ E / F 3 – 5

Lage: westlich des Zentrums
Straßenbahn: 7 (Böhlitz-Ehrenberg, Gundorf) oder 9 (Wildpark)

Der Leipziger Au(en)wald ist in seiner Art und Größe eine Besonderheit, wie sie keine andere Großstadt aufzuweisen hat. Ihm verdankt Leipzig den Ruf, eine der grünsten Städte Deutschlands zu sein.

Das in den natürlichen Flussauen von Luppe, Weißer Elster und Pleiße entstandene Waldgebiet erstreckt sich heute noch über eine Länge von rund 20 km von Schkeuditz im Nordwesten über Leipzig bis nach Markkleeberg im Süden und beinahe bis Merseburg im Westen. Auf Leipziger Stadtgebiet wurden aus dem wild gewachsenen Forst eindrucksvolle Gartenanlagen und Parks gestaltet. Der bedeutendste ist der **Clara-Zetkin-Park**, der unmittelbar bis an das Stadtzentrum reicht. Außerdem hatten Landschaftsarchitekten seit dem 17. Jh., als

Ein Kleinod der Natur

Das reizende Dianatempelchen steht im Auwald.

die Stadt damit begann, ihre Befestigungsanlagen abzureißen, Landschaftsgärten für vermögende Leipziger angelegt. Dafür wurden große Flächen des natürlichen Auwaldes gerodet. Die vor den Toren der damaligen Stadt gelegenen architektonischen Kleinode konnten sich hinsichtlich Größe und Gestaltung mit Schlossgärten so manches Adeligen jener Zeit messen. Vom ehemals größten – **Apels Garten** (▶Essen und Trinken) – zeugt nur noch der Name eines gutbürgerlichen Restaurants, das heute in einem Neubau betrieben wird. Unmittelbar davor wurden zwei Kopien von Sandsteinplastiken des barocken Bildhauers Balthasar Permoser wieder aufgestellt, die einst den Garten zierten.

Nördlich der City liegt das **Rosental**, eine der beliebtesten grünen Oasen. Hier wollte Kurfürst August der Starke einst ein Lustschloss errichten lassen. Für die barocke Anlage wurde ein Dutzend Sichtschneisen durch den Wald geschlagen, von denen heute noch sechs erhalten sind. Die Leipziger Bürgerschaft verhinderte den Bau eines Schlosses und ließ den Landschaftspark im englischen Stil durch den späteren Ratsgärtner Rudolph Siebeck umgestalten. Treffpunkt und Flaniermeile im Grünen ist die »Große Wiese«, die östlich von der Afrika-Savanne des ▶Zoos begrenzt wird. Hier könnte Goethe zu seinem Osterspaziergang im »Faust« inspiriert worden sein.

> **! BAEDEKER TIPP**
>
> *Beliebte Ausflugsziele ...*
>
> im Auwald sind u. a. die Domholzschänke, das Gut Schloss Gundorf mit Schlosspark und Reiterhof, der Auensee mit Campingplatz, Bungalows und Restaurant sowie das nördlich an das Sportforum angrenzende Gelände des Schützenhofs mit Restaurant und Schießplätzen des ältesten Schützenvereins Leipzigs.

Freizeitaktivitäten Leipzigs grüne Lunge bietet ein **ausgedehntes Wegesystem**. Hier kann man joggen, wandern, radfahren oder auch hoch zu Ross die Natur erkunden. Wegen des in weiten Teilen relativ niedrigen Wasserstands sind die Flussläufe und Kanäle nur bedingt für den Wassersport geeignet.

Durch Renaturierung und Überflutung großer Bereiche im Frühjahr haben sich zahlreiche Pflanzen- und Tierarten wieder angesiedelt. Alljährlich werden ein Auwaldtier und eine Auwaldpflanze des Jahres in den Blickpunkt des Interesses gestellt, um das Verständnis für diese einzigartige Umwelt zu wecken. **Frühlingsblüher-Teppiche** mit Märzenbechern begeistern Naturfreunde ebenso wie der **Bärlauch**, dessen typischer Geruch meist ab Mitte April bis Mitte Mai beim Durchqueren des Auwalds in die Nase steigt. Die Leipziger nutzen die Zeit vom Auftauchen der ersten Blätter bis zur beginnenden Blüte, um die würzige Pflanze für die heimische Küche zu ernten. Dabei sollte pro Pflanze nicht mehr als ein Blatt gepflückt werden, um das weitere Wachstum zu garantieren.

Im citynahen Auwald wurde seit etwa 200 Jahren eine Reihe von Parks angelegt, deren prägnante Bezeichnungen an ehemalige Revierorte erinnern oder auch an die »Stifter« der großzügigen Anlagen. Die Pferde-Galopp-Rennbahnen im Scheibenholz (1867) gehört zu den ältesten in Deutschland. Im daran angrenzenden **Johannapark** finden sich eine Freilichtbühne sowie das ganzjährig betriebene Ausflugsrestaurant Glashaus. Der südliche Auwald lockt mit dem Wildpark, in dem man einheimische Tierarten, aber auch Luchse, Wisente und Elche beobachten kann. Von hier aus ist es nicht mehr weit bis in die Landschaft von ▶Neuseenland.

Bach-Museum

G 6 / 7

Lage: Thomaskirchhof 15/16
Innenstadtplan: I C 3
Straßenbahn: 9 (Thomaskirche)
Bus: 89 (Thomaskirche)
❶ Di. – So. 10.00 – 18.00 Uhr

Eintritt: 8 €
www.
bach-leipzig.de

Der große Musiker und Komponist Johann Sebastian Bach ist in Leipzig beinahe allgegenwärtig: Eine besonders intensive Begegnung mit dem Musikgenie erleben Besucher des Bach-Museums.

Es residiert zwar nicht in dem Haus, das die vielköpfige Familie Bach einst neben der Thomaskirche bewohnte, aber immerhin im Haus seines großen Bewunderers und Gönners Georg Heinrich Bose, in dem der Thomaskantor gelegentlich musizierte. Bose erwarb das Gebäude 1710 und ließ ein aufwendiges Musikzimmer, den heutigen Sommersaal, einbauen. Der weitgehend im Originalstil erhaltene Barockbau präsentiert diverse Zeugnisse, darunter Handschriften und Noten, aber auch Musikinstrumente, aus der Wirkungszeit des genialen Musikers. **Museum**

Das Bach-Archiv wurde 1950 aus Anlass des 200. Todestages des Komponisten gegründet und ist seit 1998 als »Stiftung Bach-Archiv Leipzig« tätig. Es dient als Forschungsinstitut zur Sammlung, Dokumentation und Vermittlung aller mit dem Leben und Wirken Johann Sebastian Bachs verbundenen Ereignisse. Außerdem wirkt es bei der Herausgabe seiner kompositorischen Werke, etwa der Überarbeitung des Bachwerkeverzeichnisses (BWV) nach neuesten Forschungserkenntnissen, und bei weiteren wissenschaftlichen und populären Veröffentlichungen wie dem Bach-Jahrbuch der Neuen Bachgesellschaft mit. **Bach-Archiv**

Bibliotheca Albertina

H 6

Lage: Beethovenstraße 6
Innenstadtplan: I E 2/3
Straßenbahn: 2, 8, 9 (Neues Rathaus)
Bus: 89 (Neues Rathaus)
www.ub.uni-leipzig.de

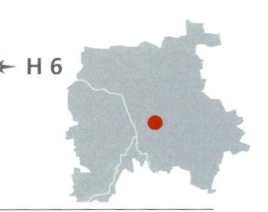

Die Universitätsbibliothek Leipzig – Deutschlands zweitälteste – wurde 1543 gegründet. Herzog Moritz von Sachsen schenkte der Universität infolge der Säkularisierung im Juni 1543 das Paulinerkloster, in dessen Räumen die Büchersammlungen der bis dato bestehenden vier Stadtklöster und weiterer Klöster aus Sachsen sowie Thüringen zusammengefasst wurden.

Wissenschaftliches und Büchersammlungen

Damit besaß die Einrichtung einen Grundstock von ca. 5000 Druckschriften und ca. 750 Handschriften. Mit wachsendem Bestand der »Gelehrtenbibliothek« wurden auch Kataloge herausgegeben. Ab 1833 wurde die dem Sächsischen Ministerium für Kultus und öffentlichen Unterricht unterstellte Bibliothek nach wissenschaftlichen Grundsätzen reorganisiert. Neben der steigenden Verlagsproduktion führte auch die Übernahme großer Büchersammlungen – wie die wertvolle Goethe-Sammlung des Verlegers Salomon Hirzel – zu einem rasch zunehmenden Bestand, der bald die räumlichen Möglichkeiten sprengte.

Mit dem Bau der Bibliotheca Albertina wurden ausreichende Lager bzw. Magazine geschaffen. Das nach vierjähriger Bauzeit im Oktober 1891 übergebene **historische Bibliotheksgebäude** ist wohl das Glanzstück des Leipziger Architekten Arwed Rossbach. Verschiedene architektonische Einflüsse fanden Eingang in die repräsentative Gestaltung des Bauwerks: Seine über 100 m lange Fassade erinnert an französische Schlösser des 17. Jh.s, Elemente der italienischen Hochrenaissance mischen sich mit barockem Zierrat. In die Innenraumgestaltung wurden verschiedene bauliche Details historischer Gebäude einbezogen, wie z. B. eine Renaissance-Holzkassettendecke aus dem früheren Fürstenhaus in der Grimmaischen Straße. Zum Kriegsende war das Gebäude zu zwei Dritteln zerstört, doch die ausgelagerten Bestände und Kataloge blieben fast vollständig erhalten. Der Wiederaufbau des während der DDR-Zeit nur provisorisch instand gesetzten Komplexes dauerte fast zehn Jahre. In neuer alter Pracht und mit modernster Ausstattung bietet die Einrichtung in ihren Lesesälen 780 Plätze. Hier können allein 200 000 Bände aus der Freihandaufstellung genutzt werden. Zur Universitätsbibliothek gehören weitere 40 Zweigstellen in unmittelbarer Nähe der wissenschaftlichen Einrichtungen der Hochschule. Im Bestand befinden sich über 5 Mio. Bücher sowie 7700 laufende Zeitschriften. Nutzer der Einrichtung sind in erster Linie Studenten und Wissenschaftler der Universität Leipzig. In der Präsenzbibliothek haben aber auch die Bevölkerung und Nutzer anderer Bildungseinrichtungen die Möglichkeit, Publikationen einzusehen. Groß ist das Interesse am wertvollen Altbestand und den Sondersammlungen. Einen hohen Stellenwert haben Inkunabeln (Drucke bis 1500), mittelalterliche Handschriften, Papyri, die Autografensammlung, eine **Ostrakasammlung** (Tonscherben und -tafeln) und die Münzsammlung.

✱ Bundesverwaltungsgericht

H 6

Lage: Simsonplatz 1
Innenstadtplan: I D/E 3
Straßenbahn: 2, 8, 9
(Neues Rathaus)
Bus: 89 (Neues Rathaus)

❶ Mo. – Fr.
8.00 – 16.00 Uhr
www.bverwg.de

Knapp war die Abstimmung, doch dem Ergebnis verdankt Leipzig das ehemalige Reichsgerichtsgebäude, das neben dem Reichstagsgebäude in Berlin bedeutendste Staatsbauwerk des Historismus im Deutschen Kaiserreich.

Das Reichsgericht nahm bereits im April 1877 seine Tätigkeit auf; das repräsentative Gebäude wurde jedoch erst 1888 bis 1895 errichtet. 1884 wurde dazu ein nationaler Wettbewerb ausgeschrieben, den Ludwig Hoffmann und der Norweger Peter Dybwad mit ihrem Entwurf »Severus« gewannen. Internationales Aufsehen erregte 1933 der **Reichstagsbrandprozess**, dessen Verhandlungen sowohl in Leipzig als auch in Berlin stattfanden. Nach dem Freispruch für den bulgarischen Kommunisten Georgi Dimitroff wurde dem Reichsgericht ab 1934 die Rechtsprechung für Hochverrat entzogen und dem neu geschaffenen, berüchtigten Volksgerichtshof übertragen. Von 1951 bis 1991 war im Gebäude auch das Georgi-Dimitroff-Museum beheimatet. Ebenfalls seit 1952 befand sich

> **? Knappe Entscheidung**
>
> **BAEDEKER WISSEN**
>
> Die neue Reichshauptstadt Berlin hatte den Sitz des Reichsgerichts scheinbar schon sicher, als sich der Bundesrat am 28. Februar 1877 mit 30 gegen 28 Stimmen für Leipzig entschied. Ausschlaggebend dafür war u. a., dass in Leipzig bereits seit 1869 das Bundes-, später Reichsoberhandelsgericht tätig war und dass die Stadt dem Reichsjustizamt Bauplätze zur Verfügung stellen konnte.

ZIELE • Bundesverwaltungsgericht

im Erdgeschoss das ▶Museum der bildenden Künste, das 2004 seinen Neubau beziehen konnte. Den Nordflügel nutzte das Staatsarchiv Leipzig seit seiner Gründung 1954. Nach der Wiedervereinigung wurde Leipzig 1992 von der Föderalismuskommission zum Sitz des Bundesverwaltungsgerichts bestimmt. Mit großem finanziellen Aufwand wurde das historische Gebäude saniert und modernisiert. Besucher können unabhängig von Gerichtsverfahren den historischen Plenarsaal und die Kuppelhalle besichtigen. Führungen werden schriftlich bzw. per E-Mail über den Besucherdienst des Bundesverwaltungsgerichts vereinbart.

Architektonische Besonderheiten
Der Gebäudekomplex ist 126 m lang, 76 m breit und um zwei große Innenhöfe angelegt. Durch die lang gestreckte, wenig verzierte Fassade wirkt der Monumentalbau nicht überladen. Natürlich wurden, der Repräsentationsfunktion entsprechend, überdimensionale Wappen und Figuren eingesetzt, um den Status des hier residierenden Gerichtshofs zu unterstreichen. Der Grundriss gliedert sich in den **öffentlich zugänglichen Mittelbau**, der von einer fast 70 m hohen gläsernen Kuppel mit der fackeltragenden Skulptur der »Wahrheit« gekrönt wird, sowie den Nord- und den Südflügel mit Diensträumen der Juristen. Der Mittelbau besitzt zwei Hauptgeschosse mit sechs

Im Reichsverwaltungsgericht, heute Bundesverwaltungsgericht, fand u. a. der Reichstagsbrand-Prozess gegen Georgi Dimitroff statt.

Sitzungssälen sowie dem historischen Plenarsaal. Bemerkenswert sind die Wand- und Deckenverkleidungen aus Eichenholz mit den eingearbeiteten Wappen der Königreiche Preußen, Bayern, Sachsen und Württemberg sowie die fünf Bleiglasfenster, die 25 Wappen deutscher Städte zeigen. Prachtvollster Raum des Gebäudes ist der im neobarocken Stil gestaltete Festsaal der ehemaligen Präsidentenwohnung. Hier finden offizielle Empfänge und repräsentative Veranstaltungen statt wie im November die Verleihung des Leipziger Medienpreises **»Heiße Kartoffel«**.

* Deutsche Nationalbibliothek

J 8

Lage: Deutscher Platz 1
Straßenbahn: 2, 16 (Deutsche Nationalbibliothek)
Bus: 74

❶ Mo. – Fr.
9.00 – 22.00, Sa.
10.00 – 18.00 Uhr
www.dnb.de

Seit ihrer Gründung 1912 hat die Deutsche Bücherei in Leipzig die Aufgabe, als Gesamtarchiv des deutschsprachigen Schrifttums zu wirken. Alle in Deutschland herausgegebenen und die im Ausland erscheinenden Publikationen in deutscher Sprache werden hier gesammelt, für die Nachwelt archiviert und unter anderem für wissenschaftliche Zwecke zugänglich gemacht.

Seit 1941 werden auch die über Deutschland weltweit erscheinenden Druckwerke erfasst, die sogenannte »Germanica«, und Übersetzungen deutschsprachiger Werke in andere Sprachen. Die nahezu lückenlose bibliografische Erfassung und Sammlung wird durch »Pflichtexemplare« garantiert, die die Verlage an die Bibliothek abzugeben haben. Der Bestand ist in der Regel allgemein zugänglich und kann im Lesesaal nach Vorbestellung eingesehen werden.
Mit der deutschen Teilung ergab sich auch für die Deutsche Bücherei eine besondere Situation. 1947 wurde in Frankfurt a. M. die Deutsche Bibliothek gegründet, die die Funktion der Deutschen Bücherei für die westlichen Besatzungszonen und später die Bundesrepublik Deutschland übernahm. 1970 entstand das Deutsche Musikarchiv Berlin, heute dem Standort Leipzig zugeordnet. Mit der Wiedervereinigung Deutschlands wurden die Einrichtungen zur **»Deutsche Bibliothek«** vereinigt. 2006 erhielt diese einen neuen Namen: Deutsche Nationalbibliothek. Ihr Gesamtbestand beläuft sich momentan auf rund 24,1 Mio. Einheiten, davon etwa 14,3 Mio. in Leipzig, etwa

BAEDEKER WISSEN

Pioniere des Verlagswesens

Leipzig war nicht nur eine bedeutende Druck- und Verlagsstadt. Hier gab beispielsweise ab Juli 1650 der Drucker Timotheus Ritzsch »Einkommende Nachrichten«, die erste Tageszeitung der Welt, sechs Mal pro Woche in einer Auflage von 200 Exemplaren heraus. Bereits 1507 war das erste Lehrbuch, das Meteorologiebuch »Wellendarffers Decalogium«, erschienen und 1826 entstanden die ersten Wetterkarten, entwickelt vom Physikprofessor Heinrich Wilhelm Brandes. Auch der erste maßstabsgerechte Stadtplan in Deutschland wurde 1749 in Leipzig hergestellt.

8,3 Mio. in Frankfurt am Main und ungefähr 1,5 Mio. im Deutschen Musikarchiv. **Besondere Einrichtungen** in Leipzig sind das Deutsche Buch- und Schriftmuseum (s. unten), die Sammlung Exil-Literatur 1933 – 1945 und die Anne-Frank-Shoah-Bibliothek.

Die von 1912 bis 1914 nach Plänen des Architekten Oskar Pusch errichtete Deutsche Bücherei war eines der letzten öffentlichen Gebäude, die im Königreich Sachsen entstanden und gesamtdeutsche Bedeutung haben. Auffallend sind die großzügige Freitreppe und die Porträts von Otto von Bismarck, Johannes Gutenberg und Johann Wolfgang von Goethe über den kunstvoll gestalteten Portalen. Weitere allegorische Skulpturen stehen für Technik, Kunst, Recht, Philosophie, Theologie und Medizin. Bei der Innengestaltung sind u. a. die Wandmosaiken in der Eingangshalle und das **Wandbild »Brunnen des Lebens«** im Großen Lesesaal erwähnenswert.

Bei der Erweiterung Ende der 1970er-Jahre wurde der »Bücherturm« errichtet, der über eine Transportbrücke mit dem Hauptgebäude verbunden war. Bis 2010 wurde der **4. Erweiterungsbau** für die Deutsche Nationalbibliothek im unmittelbaren Anschluss an das historische Gebäude errichtet, um sowohl für die Archivierung, das Deutsche Buch- und Schriftmuseum und das Deutsche Musikarchiv Platz zu schaffen.

Deutsches Buch- und Schriftmuseum
Das Deutsche Buch- und Schriftmuseum ging aus dem 1884 in Leipzig gegründeten Deutschen Buchgewerbe-Museum hervor. Es ist **weltweit die älteste Einrichtung dieser Art** und vom Umfang und von der Qualität seiner Bestände her das bedeutendste Museum auf diesem Gebiet. Hier werden Zeugnisse der Buch-, Schrift- und Papierkultur gesammelt und aufbewahrt. Ein Teil der Sammlungen ist in Ausstellungen zu sehen.

Mit der Fertigstellung des 4. Erweiterungsbaus stehen für die neu konzipierte Ausstellung rd. 4000 m² Fläche zur Verfügung. Zum Museumsbestand von etwa 1 Mio. Objekten gehören historisch gewachsene Studiensammlungen sowie eine der größten Fachbibliotheken der Welt zum Buchwesen.

❶ Di. – So. 10.00 – 18.00, Do. bis 20.00 Uhr, Eintritt frei, www.dnb.de

Hauptgebäude der Deutschen Nationalbibliothek

Deutsches Kleingärtnermuseum

H 5

Lage: Aachener Straße 7
Straßenbahn: 3, 4, 7, 8, 15 (Waldplatz)
Bus: 131 (Waldplatz)
🛈 Di. – Do. 10.00 – 16.00 Uhr

Eintritt: 2 €
www.klein
gartenmuseum.de

Das Deutsche Kleingärtnermuseum im Vereinshaus des ersten deutschen Schrebervereins von 1864 in Leipzig ist weltweit das einzige Museum zu diesem Thema.

Zur unter Denkmalschutz stehenden Anlage des Kleingärtnervereins Dr. Schreber e. V. gehören auch ein Museums- und ein Ausstellungsgarten, in denen eine der ältesten Gartenlauben Deutschlands von 1880 sowie weitere sächsische Lauben aus der Zeit von 1890 bis 1930 zu sehen sind. Die Ausstellung »Deutschlands Kleingärtner vom 19. bis zum 21. Jahrhundert« erläutert die Geschichte des organisierten Kleingartenwesens und beschreibt u. a. Armengärten, die Naturheil- und die Schreberbewegung, Berliner Laubenkolonien, Gärten von

Unternehmen und verschiedenen Einrichtungen sowie Bürgerinitiativen. Noch heute gibt es in Leipzig mehr als 31 500 Kleingärten. Vor dem Vereinshaus ehrt eine Gedenkplakette die »Pioniere der Kleingartenbewegung«: den Orthopäden und Pädagogen Moritz Schreber (▶Berühmte Persönlichkeiten) und seinen Freund, den Lehrer Ernst Hauschild. Ein historischer Kinderspielplatz mit Spielgeräten, wie sie um 1900 üblich waren, zieht Familien an, ebenso das nahe gelegene Freibad »Schreberbad«. Für die gastronomische Betreuung der Museumsbesucher sorgt das Restaurant »Schrebers« im Erdgeschoss des historischen Vereinshauses.

* Fregehaus

G 7

Lage: Katharinenstraße 11
Straßenbahn: Goerdelerring (Linien 1, 3, 4, 7, 9, 12, 13, 14, 15)
Innenstadtplan: I B 3

Zu den schönsten erhaltenen barocken Wohn- und Geschäftshäusern Leipzigs zählt das Fregehaus gegenüber dem ▶ Museum der bildenden Künste.

Barockes Kleinod — Eine Relieftafel im Hof verweist auf 1535 als vermutliches Baujahr. Seit der Umgestaltung im barocken Stil 1706/07 trägt es ebenso wie das ▶Romanushaus und das Königshaus (▶Markt) die Handschrift des Leipziger Ratsmaurermeisters Johann Gregor Fuchs. Dabei wurden der reich mit Fruchtgirlanden verzierte Erker und die Dachgaupen angebaut. Die Kreuzgewölbehalle im Eingangsbereich stammt aus dem 16. Jh., im Treppenhaus ist noch ein Teil der Delfter Zierkacheln als Wandverkleidung vorhanden. Der historische Seitenflügel wurde 1992 wieder errichtet und damit eine umfassende Restaurierung beendet. Bei den Arbeiten war u. a. ein historisches Münzmusterbuch des Bankhauses Frege in einem Wandversteck gefunden worden. Der Bankier **Christian Gottlob Frege** besaß das Haus seit 1782. Für den sächsischen Hof hatte das Bankhaus mit den Repräsentanten Napoleons 1806/07 die Höhe der Kriegskontributionen ausgehandelt und zu einem Großteil aus eigenem Vermögen beglichen. Berühmte Gäste gingen bei Familie Frege ein und aus, wie Johann Wolfgang von Goethe, Robert Schumann (beide ▶Berühmte Persönlichkeiten) und die Brüder Humboldt.

Lange Zeit nutzte die Stadt Leipzig das Fregehaus als Sitz für verschiedene Ämter und Behörden; seit 2014 ist es ein **Boutique-Hotel** (hotel-fregehaus.de). Wer das Haus besichtigen möchte, wendet sich an die Rezeption.

Das aus der Reformationszeit stammende **Spottrelief** im öffentlich zugänglichen Innenhof, auf dem Papst und Kaiser über den am Boden liegenden Luther triumphieren, kann tagsüber besichtigt werden, solange im Blumenladen oder im Hotel jemand da ist.

Friedhöfe

Auf einigen Leipziger Friedhöfen sind bedeutende Persönlichkeiten begraben. Führungen werden durch mehrere Ruhestätten angeboten.

* SÜDFRIEDHOF

Lage: Friedhofsweg 3
Stadtplan: K/L 9
S-Bahn: S1/S3 (Völkerschl.denkmal)
Straßenbahn: 15 (Südfriedhof)

Einer der schönsten und mit 78 ha auch größten Parkfriedhöfe Europas ist Leipzigs Südfriedhof. Entworfen wurde die Anlage im Jugendstil durch Stadtbaurat Hugo Licht und Gartendirektor Otto Wittenberg. Die Wegeführung ist **der Form eines Lindenblatts** nachempfunden, um einen Bezug zu Leipzigs slawischen Ursprungsnamen Lipzk (»Der Ort, an dem die Linden stehen«) herzustellen. Zum Teil wurden die Flächen mit seltenen Bäumen, Sträuchern und Blumen bepflanzt; bekannt ist der Südfriedhof auch für seine zirka **9000 Rhododendren**, die während der Blütezeit im Mai einen prächtigen Anblick bieten. Schon von Weitem ist der Glockenturm des auf einem 5 m hohen Plateau stehenden neoromanischen Feierhallenkomplexes zu sehen: Er vereint ein Krematorium, die Hauptkapelle und die östliche Kapelle (vorwiegend für konfessionelle Trauerfeiern) sowie die westliche Kapelle (vorwiegend für weltliche Trauerfeiern). Architektonisch interessant ist der Gesamtkomplex, der nach dem Vorbild des Benediktinerklosters Maria Laach entstand.

Parkfriedhof

Grabskulptur auf dem Südfriedhof

Viele berühmte Persönlichkeiten haben auf dem Südfriedhof ihre letzte Ruhestätte gefunden, darunter die Verlegerfamilien Baedeker (▶Baedeker Wissen S. 50), Hinrichsen, Meyer und Ullstein, die Mundartdichterin Lene Voigt, Kabarettist Jürgen Hart, die Maler Werner Tübke (▶Berühmte Persönlichkeiten) und Wolfgang Mattheuer, Thomaskantoren und Gewandhauskapellmeister, Ärzte und Wissenschaftler. Andere Grabstätten kamen durch Umbettung vom Alten Johannisfriedhof hinzu, wie die des Dichters Christian Fürchtegott Gellert und des Begründers der Lautsprachenmethode für Taubstumme, Samuel Heinicke. Hinzu kommen interessant gestaltete und Grabmale von hohem künstlerischem Wert, wie z. B. die von Max Klinger, Carl Seffner und Walter Arnold.

* ALTER JOHANNISFRIEDHOF

Lage: Täubchenweg
Innenstadtplan: I C/D 6

Straßenbahn: 4, 7, 12, 15 (Johannisplatz)

Älteste Begräbnisstätte in Leipzig

Der Alte Johannisfriedhof schließt nahtlos an den Komplex der ▶Grassi-Museen an. Alte Baumbestände und großzügige Rasenflächen unterstreichen den **Parkcharakter**. Rund 400 Grabmale umfasst die älteste Begräbnisstätte Leipzigs. Hier wandert man zwischen **Grabmalkunst aus Barock, Klassizismus und Historismus** umher. Interessante Epitaphien, vielfältige Gestaltungselemente sowie spezielle Symbole zeigen die künstlerische Auseinandersetzung mit dem Themas Tod.

Die Ruhestätten bekannter Kaufmanns-, Handels- und Bankiersfamilien wie Frege, Dufour, Apel, Harkort und Grassi sind ebenso zu finden wie das von Anna Katharina Kanne, geb. Schönkopf (Käthchen Schönkopf; Goethes Jugendfreundin während seiner Studienzeit in Leipzig), von Johanna Rosina Wagner und Johanna Rosalie Marbach, geb. Wagner (Mutter und Schwester Richard Wagners), von Johann Conrad Hinrichs (Verleger und Begründer der ersten Buchhandlung in Leipzig), von Karl Christoph Traugott Tauchnitz (Buchdrucker und Verlagsbuchhändler) und von Ernst Hauschild (neben Moritz Schreber Mitbegründer der Schrebergartenbewegung). Die einzige erhaltene Gruftkapelle des Friedhofs ist das Grufthaus der Verlagsbuchhändler-Familie Baumgärtner unmittelbar hinter dem Grassi-Museum.

Auf dem Gelände ist außerdem eine Sammlung mit Grabmonumenten des säkularisierten Neuen Johannisfriedhofs, des heutigen Friedensparks, zu sehen. Hier befinden sich z. B. Grabmale der Sammelgrabstätte der Leipziger Universität, die Grabdenkmale von Anton Philipp Reclam sowie der Verlegerfamilie Brockhaus, von berühmten Bürgermeistern wie Wilhelm Otto Koch und Carl Bruno Tröndlin, von Kämpferinnen der Frauenbewegung wie Auguste Schmidt und Louise Otto-Peters (▶Berühmte Persönlichkeiten), oder von Dr. Karl Heine, dem Gründer des Elster-Saale-Kanal-Vereins und Förderer der Industrialisierung des Stadtteils Leipzig-Plagwitz (▶ S. 150).

ALTER ISRAELITISCHER FRIEDHOF

Lage: Berliner Str. 123
Stadtplan: E 8

Straßenbahn: 9 (Hamburger Straße)

Ein Kulturdenkmal besonderer Art ist der Alte Israelitische Friedhof in der Berliner Straße. Er ist nicht der älteste jüdische Friedhof in Leipzig, denn bereits 1814 erwarb die jüdische Gemeinde von der Stadt Land und weihte im gleichen Jahr ihre erste, nicht mehr existente Begräbnisstätte im Johannistal. Da Leipzig eine der größten jüdischen Gemeinden hatte, reichte dieser Friedhof aber bald nicht mehr aus, sodass 1864 der Alte Israelitische Friedhof eröffnet wurde, auf dem heute dicht gedrängt die **Grabsteine mit Inschriften in deutscher und hebräischer Sprache** stehen. Man findet auch neugotische, ägyptisierende und spanisch-maurische Stilelemente und orientalische Ornamentik sowie Neorenaissance-Formen.

Die Inschriften an vielen Grabmalen belegen außerdem ein Kapitel schwärzester deutscher Geschichte, denn sie sind ehemaligen jüdischen Mitbürgern gewidmet, die in den Konzentrationslagern Sachsenhausen, Ravensbrück, Theresienstadt, Buchenwald, Dachau oder Riga Opfer der nationalsozialistischen Gewaltherrschaft wurden.

Leipzigs Wirtschaft und Kultur wurde entscheidend mitgeprägt durch das Wirken bekannter jüdischer Familien, deren letzte Ruhestätten bei einem Rundgang über den Alten Israelitischen Friedhof zu sehen sind: z. B. die rekonstruierte Ruhestätte von Henriette Goldschmidt (Pädagogin, Frauenrechtlerin sowie Gründerin des ersten Volkskindergartens und der ersten Hochschule für Frauen in Leipzig, ▶Berühmte Persönlichkeiten) sowie ihres Ehemanns Dr. Abraham Meyer Goldschmidt, der mehr als 30 Jahre lang als Rabbiner in der Stadt wirkte. Weiterhin sind hier unter anderem die Ruhestätten von Prof. Julius Fürst, dem ersten jüdischen Professor an der Universität Leipzig, von Jacob Plaut – Förderer der Leipziger Messe und großzügiger Stifter, und von Dr. Pascal Deuel, dem ersten Leiter des von Chaim Eitingon für die Bürger der Stadt Leipzig gestifteten Eitingon-Krankenhauses zu finden.

Da nach jüdischer Sitte die Verstorbenen ewiges Ruherecht haben und die Grabstätten also nicht wieder neu belegt werden können, legte die Israelitische Religionsgemeinde zu Leipzig einen weiteren Friedhof, den Neuen Israelitischen Friedhof, in der Delitzscher Straße an.

Ratsbaumeister Richter baute sich 1756 diesen feudalen Landsitz.

** Gohliser Schlösschen

F 6

Lage: Menckestraße 23
Straßenbahn: 12 (Fritz-Seger-Straße) 4 (Menckestraße, Schillerhaus)
Führung: 5 €

www.gohliser-schloss.de

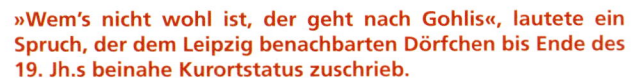

»Wem's nicht wohl ist, der geht nach Gohlis«, lautete ein Spruch, der dem Leipzig benachbarten Dörfchen bis Ende des 19. Jh.s beinahe Kurortstatus zuschrieb.

Kleinod mit Kunst und Gastronomie

So hielten es auch die gut betuchten Leipziger, die im Sommer zum Kurzausflug zu Fuß, mit dem Boot auf der Pleiße, hoch zu Ross oder mit der Kutsche in das Dorf kamen. Manche verbrachten hier bei frischer Landluft sogar einige Wochen. Die meisten wohnten in Bauernhöfen, die sich auf ihre städtischen Gäste eingerichtet hatten. Rings um Leipzig waren verschiedene prachtvoll gestaltete Gärten entstanden und das Bauland im Grünen war knapp. Als der Handelsherr und Ratsbaumeister Johann Caspar Richter in den Besitz von drei benachbarten Bauernhöfen am Dorfanger von Gohlis gelangte, ließ er 1755/56 auf dem Gelände ein schlossartiges Anwesen im Rokokostil errichten.

Nach vielen Jahrzehnten der Vernachlässigung erstrahlt das Kleinod seit 1991 wieder im alten Glanz. Dass es bis heute erhalten geblieben ist, obwohl die expandierende Großstadt es längst eingekreist hat, ist glücklichen Umständen zu verdanken. Dank des Engagements des Freundeskreises Gohliser Schlösschen e. V. finden hier **Konzerte, Lesungen und Ausstellungen** statt. Zu repräsentativen Anlässen und Feiern werden Räumlichkeiten vermietet.

Den Schlossgarten betritt man vom Poetenweg her durch ein schmiedeeisernes Tor, das zu einem der einstmals berühmten Leipziger Gartengrundstücke gehörte. Der frühere Rokokogarten des Schlösschens, von zwei arkadenförmigen Gebäudeflügeln umrahmt, wurde um 1800 im englischen Stil umgestaltet. Markant ist der Turm mit Wetterfahne; in einem der Flügelbauten finden Ausstellungen statt. Der historische Steinsaal im Untergeschoss wird jetzt gastronomisch genutzt, der Festsaal im ersten Obergeschoss, auch Oeser-Saal genannt, bietet einen festlichen Rahmen für Kammerkonzerte und Lesungen. Die meisten architektonischen Details und zahlreiche Einrichtungsgegenstände sind original erhalten.

Architektur

> **! BAEDEKER TIPP**
>
> *Konzerte*
>
> Jeden ersten Sonntag im Monat um 15.00 Uhr stellen sich Musikstudenten der Leipziger Hochschule vor, am letzten Sonntag im Monat um 15.00 Uhr erklingen die Gohliser Bürgerkonzerte. Im Juli und August lockt das Sommertheater zu Open-Air-Aufführungen im Schlosshof (Karten: Di.–Fr. 10.00–17.00 unter Tel. 0341 5 89 69-0 oder unter kontakt@gohliser-schloss.de).

Die Lage des Gohliser Schlösschens ist auch heute noch einzigartig, denn in Richtung Süden führt ein breiter Fußweg über rund 1,5 km durch das Rosental (▶Auwald) am ▶Zoo Leipzig vorbei und durch die Rosentalgasse direkt in das historische Stadtzentrum. Dieser Weg gehörte zu den geplanten 13 Alleen, die sich durch einen Park mit Lustschloss für den sächsischen Kurfürst August den Starken ziehen sollten. Dank der pfiffigen Leipziger Bürgerschaft wurde der Bauplan des Landesherrn vereitelt: Sie verwies auf die in der Flussauenlandschaft stark verbreiteten Mücken.

Der alte Gohliser Dorfanger ist in seiner Struktur noch auf der Menckestraße erkennbar, die die nördliche Begrenzung des Grundstücks bildet. Die rund 100 m von der Sommerresidenz entfernt gelegene **einzige authentische Gosenschenke** (▶Baedeker Wissen S. 101) »Ohne Bedenken« lädt zur Einkehr in einen der schönsten Biergärten Leipzigs ein. Etwa 250 m nördlich liegt an der Menckestraße das ▶Schillerhaus.

** Grassi-Museen

H 7/8

Lage: Johannisplatz 5–11
(östlich vom Stadtzentrum
Innenstadtplan: I C 5/6
Straßenbahn: 4, 7, 12,
15 (Johannisplatz/
Grassimuseum)

❶ Di. – So.
10.00 – 18.00 Uhr
Eintritt: 8/6/8 €
www.grassi
museum.de

Das museale Dreigestirn aus Museum für Angewandte Kunst, Museum für Völkerkunde und Museum für Musikinstrumente der Leipziger Universität zeigt ein repräsentatives Spektrum aus dem jeweiligen reichen Fundus.

Geschichte und Architektur

Grundstock des Museums bildet die kulturhistorische Sammlung des Hofrats Dr. Gustav Klemm, mit der die Stadt ihre Völkerkunde- und Kunstgewerbeausstellung 1870 begründete. Auf dem heutigen Wilhelm-Leuschner-Platz wurde aus Stiftungsmitteln des vermögenden Kaufmanns **Franz Dominic Grassi** das »alte« Grassi-Museum – die jetzige Stadtbibliothek – errichtet. Da der Platz bald nicht mehr ausreichte, entstand das heutige Museumsgebäude am Johannisplatz 1925 bis 1929 nach den Plänen von Leipziger Architekten. 2000 begann eine umfassende Sanierung des Komplexes. Unmittelbar neben dem Museum liegt der **Alte Johannisfriedhof** (▶Friedhöfe) mit historischen Grabstätten, darunter auch die von Grassi.

Die Gebäudearchitektur des Areals wurde so abgestimmt, dass der parkähnliche Gottesacker mit seinem alten Baumbestand in die Gesamtkomposition integriert werden konnte. Ein schlossähnlicher Grundriss empfängt die Museumsbesucher in zwei hintereinanderliegenden Ehrenhöfen, von denen die Gebäudeflügel abzweigen. Über dem Eingangsportal, weithin sichtbar und nachts angestrahlt, leuchtet eine vergoldete, fontänenartige Dachbekrönung, im Volksmund »Ananas« genannt (▶Abb. S. 48). Zierelemente im Art-déco-Zackenstil aus Porphyrtuff betonen die Eingangsportale eines der **architektonisch reizvollsten Museumsgebäude Europas**.

MUSEUM FÜR VÖLKERKUNDE

Bedeutende Sammlung

Zu den Mäzenen und Förderern der ethnografischen Sammlung gehörten Ende des 19. Jh.s u. a. der Entdecker von Troja, Heinrich Schliemann, der Erstbesteiger des Kilimandscharo, Hans Meyer, sowie weitere namhafte deutsche Forscher und Reisende. Mit etwa 200 000 Objekten gehört sie zu den größten und bedeutendsten Sammlungen dieser Art in ganz Deutschland. Neben Kollektionen,

Grassi-Museen • ZIELE

die kulturelle Zeugnisse aus ehemaligen Kolonien zusammentrugen, führten auch Expeditionen der Museumswissenschaftler zur systematischen Erweiterung des Bestands.

Aus den mehr als 45 000 afrikanischen Objekten sind v. a. die **wertvolle Benin-Sammlung**, teilweise sehr alte und kostbare Stücke aus dem mittleren und südlichen Zentralafrika und bedeutende Kollektionen der San (Buschmänner), erwähnenswert. Die Amerika-Abteilung zeigt hauptsächlich Exponate der südamerikanischen Kulturen, darunter solche einiger Stämme der Amazonasindianer. Ostasien ist mit mehr als 20 000 Stücken aus China, Taiwan und Tibet, Japan und Korea vertreten. Mit über 700 Objekten besitzt das Leipziger Museum die drittgrößte Ainu-Sammlung (Ureinwohner von Hokkaido) in Europa sowie bedeutende Japan-Sammlungen, darunter die der Weltausstellungen in Wien und in Paris. Unter den Exponaten aus Südostasien sind interessante Stücke aus dem Ende der Kolonialzeit verschiedener Länder. 1926/27 trug der Anthropologe Egon von Eickstedt Gegenstände aus dem Leben der Ureinwohner u. a. von Sri Lanka, Zentralindien und Nikobar zusammen. Die Sammlung aus Westasien ist zwar klein, wartet aber mit wahren Raritäten auf: ein Schamanenkostüm der Ewenken sowie Alltags- und Kultgegenstände des Amurgebiets und aus Ost- und Westsibirien. Die Ozeanien-

Sammlungen

Neben einem Beduinenzelt und einem indianischen Tipi kann man im Museum für Völkerkunde auch eine mongolische Jurte sehen.

Sammlung vermittelt anhand von 30 000 Objekten ein Bild vom Leben auf den Inseln Melanesiens und zeigt Exponate aus Mikronesien. 900 Objekte aus dem westlichen Iran sowie usbekische und tadschikische Keramik des 20. Jh.s sind die Schwerpunkte der Orient-Abteilung. Lange spielte Europa eine untergeordnete Rolle bei der Ausstellungsgestaltung, doch von Beginn an hat sich das Museum um die Bereicherung der historischen Balkan-Sammlung bemüht.

MUSEUM FÜR MUSIKINSTRUMENTE

Schwerpunkt Europa Wer hat schon den Originalklang einer Stradivari oder eines antiken Cembalos gehört? Derartige **authentische Eindrücke** vermitteln Klangbeispiele mithilfe eines neu entwickelten 3D-Soundsystems. Die hochkarätige Sammlung weist unter den rund 5000 Objekten absolute Raritäten auf. Hauptinteresse ist der europäische Instrumentenbau von der Renaissance bis zur Gegenwart, aber auch 300 Musikinstrumente aus Asien, Afrika und Amerika gehören dazu, ebenso historische Tonträger und mechanische Musikinstrumente, z. B. Drehorgeln, Saitenspielwerke und Zungenspielwerke.

Sammlungen Der Grundstock des 1929 eröffneten Museums kam aus Leipzig: Am Anfang stand die Sammlung des holländischen Kaufmanns und Musikliebhabers Paul de Wit, der bereits 1893 ein Museum am Thomas-

Eine musikhistorische Zeitreise durch die Entwicklung des Instrumentenbaus bietet das Museum für Musikinstrumente.

kirchhof (heute Sitz des Bach-Archivs) eröffnete. Er verkaufte die Instrumente an einen Kölner Fabrikanten, der sie ab 1913 im dortigen musikhistorischen Museum zeigte. Der sächsische Staat und der Musikverleger Hinrichsen stellten die erforderliche Summe zur Verfügung, um die wertvollen Instrumente für die Leipziger Universität zu erwerben. Außerdem fanden verschiedene private Sammlungen Eingang in den Bestand des Museums, u. a. die des Barons Alessandro Kraus, zu der einer der ältesten Hammerflügel der Welt gehört, und die von Johann Adolph Ibach, der eine bedeutende Pianofortefabrik betrieb. Unter den Tasteninstrumenten verschiedener Hersteller sind seltene Stücke wie ein Virginal im Nähkästchen und ein Clavichord von Donat. Zahlreiche Exponate stammen von Wiener Künstlern und Kunstliebhabern, vom Orgelbauer Wilhelm Meissner kam eine Spende und eine Reihe von Membranophonen stammt aus dem Nachlass von Thomas Wolf.

MUSEUM FÜR ANGEWANDTE KUNST

Die ersten 30 Räume im rekonstruierten Gebäude gestatten unter der Thematik **»Antike bis Historismus«** einen Rundgang durch 2500 Jahre Kunst- und Kulturgeschichte. Besondere Höhepunkte bilden u. a. eine begehbare Vitrine mit italienischen Majoliken der Renaissance sowie drei historische Raumausstattungen, darunter die Refektoriumsvertäfelung aus dem Kloster Cori nahe Rom. Sonderausstellungen zeigen weitere Schätze des über 90 000 Stücke umfassenden Fundus. Zu den traditionellen Sammelgebieten des Hauses zählen Keramik, Glas, Porzellan, Gold- und Silberarbeiten, Holz- und Steinplastiken, Möbel, Münzen und Plaketten sowie eine umfangreiche Textilkollektion. Hinzu kommt ein umfangreicher Bibliotheksbestand. Der zweite Ausstellungsbereich, **»Asiatische Kunst«**, besitzt neben einer Vielzahl seit Jahrzehnten nicht mehr gezeigter Einzelobjekte einen kostbaren Koromandel-Lackschirm aus Japan. Im Ausstellungsteil **»Jugendstil bis Gegenwart«** erhalten die Besucher einen lebendigen Eindruck vom Zeitgeist dieser Periode anhand ausgewählter kunsthandwerklicher Meisterstücke. Zum Abschluss des Rundgangs kann man im interaktiven Medienraum selbst gestalterisch tätig werden. Dieses Projekt wurde in Zusammenarbeit mit Professor Axel Buether von der Kunsthochschule Halle, Burg Giebichenstein, entwickelt.

2500 Jahre Kunst- und Kulturgeschichte

1920 fand die erste Grassi-Messe statt, mit deren Hilfe die **individuelle Meisterschaft im Kunsthandwerk** der kommerziellen Massenproduktion entgegengestellt werden sollte. Der Plan ging auf und die Grassi-Messe wurde zu einem international anerkannten Treffpunkt in diesem Bereich, v. a. auch durch eine hochkarätige Jury, die mit

Grassi-Messe

ihren Urteilen die schöpferischen Erzeugnisse »adelte«. Mitte der 1950er-Jahre wurde die Messe eingestellt, erlebt aber seit 2001 eine **international beachtete Renaissance**. Besondere Exponate der Grassi-Messe wurden angekauft und in die Sammlung »Archiv der Moderne« aufgenommen (www.grassimesse.de).

＊ Hauptbahnhof

G 7

Innenstadtplan: I A/B 4/5
Straßenbahn: 1, 3, 4, 7, 10, 11, 12, 13, 15, 16 (Hauptbahnhof/Zentralhaltestelle), 9, 14 (Hauptbhf. Westseite)
Bus: 72, 73, 100, 131 (Hauptbahnhof Zentralhaltestelle), 89 (Hauptbahnhof/Goethestraße)

Der Hauptbahnhof ist nicht nur unter Bahnreisenden eine Legende, denn er ist der größte Kopfbahnhof Europas und zählt zu den wichtigsten Wahrzeichen Leipzigs.

Moderner Verkehrsknotenpunkt

Nach der Fertigstellung der ersten deutschen Ferneisenbahnstrecke über 120 km von Leipzig nach Dresden, die am 7. April 1839 in Betrieb ging, begann für die Messestadt Leipzig als Warenumschlagsplatz eine neue Ära. Auch im Hinblick auf den wachsenden Personenverkehr, denn der hatte insbesondere auf die Messe (▶Baedeker Wissen S. 30) bedeutenden Einfluss. In den folgenden sechs Jahrzehnten wurden am Standort des heutigen Hauptbahnhofs neben dem Dresdner noch der Magdeburger, der Thüringer, der Berliner und der Eilenburger Bahnhof gebaut. Das Territorium des ehemaligen Berliner Bahnhofs wird noch heute von der Bahn genutzt, während das Gelände des Eilenburger Bahnhofs inzwischen zu einem weitläufigen Park umgestaltet wurde. Der südöstlich vom Stadtkern gelegene Bayerische Bahnhof (Inbetriebnahme 1842) gewann mit der Fertigstellung des City-Tunnels (s. u.) wieder an verkehrstechnischer Bedeutung. Er ist der **älteste in seiner ursprünglichen Anlage noch erhaltene Kopfbahnhof in Deutschland**. Im Bahnhofsgebäude mit authentischen Ausstattungsdetails sind die Gose-Brauerei und ein Gasthaus untergekommen (▶Essen und Trinken).

Preußisch-sächsischer Schienenstrang

Das wachsende Verkehrsaufkommen erforderte einen modernen Bahnhof, der auch dem Rang Leipzigs entsprechend repräsentativ und großzügig sein sollte. Deshalb wurden mit der preußischen Regierung ab 1874 Verhandlungen geführt. Ein Streitpunkt war der Standort des neuen Bahnhofs, der als Durchgangsbahnhof konzipiert war, wovon Preußen jedoch nichts hielt, weil es für seinen Bahnhof

Shoppen, bummeln, essen, wahlweise auch verreisen ...

in Halle Konkurrenz befürchtete. Schließlich einigte man sich 1902 auf den zentrumsnahen Standort, der aber nur einen Kopfbahnhof zuließ. Ende 1909 wurde der Grundstein gelegt. Der Dresdner, der Magdeburger und der Thüringer Bahnhof wurden abgerissen und das aus preußischem Westteil (Bahnsteige 1 bis 13) und sächsischem Ostteil (Bahnsteige 14 bis 26) bestehende Bahnhofsgebäude war am 4. Dezember 1915 fertiggestellt. Damit fanden auch die unterirdischen Arbeiten für einen 710 m langen Tunnel ihren Abschluss, der eines Tages unter der Innenstadt hindurch bis zum Bayerischen Bahnhof verlängert werden sollte. Bis zur Gründung der Deutschen Reichsbahn 1920 blieb der Hauptbahnhof zweigeteilt und hatte sowohl auf der sächsischen als auch auf der preußischen Seite u. a. je einen Bahnhofsvorsteher, einen Wartesaal und sogar eigene Uhren- und Orientierungssysteme. Dennoch ist er gestalterisch eine Einheit und mit seinen Dimensionen einzigartig in Europa, denn er war aus damaliger Sicht für eine Millionenstadt konzipiert. Eine **ingenieurtechnische Meisterleistung** stellt z. B. die den mehr als 240 m langen Querbahnsteig überspannende Stahlblechkonstruktion dar. Die eindrucksvolle Frontseite des Bahnhofs misst 298 m.

Nach den starken Zerstörungen im Zweiten Weltkrieg begann der Bahnverkehr schrittweise bereits ab 1945 wieder, der Wiederaufbau ab 1955 war jedoch erst 1968 beendet. Ab 1990 erfolgten die denkmalgerechte Sanierung und die Umgestaltung zu einem modernen Reiseknotenpunkt. Dessen Kern ist das Einkaufs-, Kommunikations- und Dienstleistungszentrum **Promenaden Hauptbahnhof** mit rund 140 Geschäften und Einrichtungen auf drei Etagen. Der Bahn-

Renaissance eines Bahnhofs

hof wird täglich von bis zu 100 000 Reisenden und Besuchern frequentiert. Ausstellungen und Veranstaltungen erhöhen die Attraktivität dieses beliebten innerstädtischen Treffpunkts noch.
❶ Mo. – Sa. 9.30 – 22.00, So. 13.00 – 18.00 Uhr

CITY-TUNNEL

Innerstädtisch schneller

Das ehrgeizigste und teuerste Bauprojekt in Leipzig ist der City-Tunnel. Er verläuft unter dem historischen Stadtzentrum hindurch vom ▶Hauptbahnhof bis zum Bayerischen Bahnhof über eine Strecke von etwa 4 km. Unterirdische Stationen (▶Abb. S. 306) gibt es an den beiden Bahnhöfen, am Markt und am Wilhelm-Leuschner-Platz.

Der Rohbau mit einer speziellen Tunnelbohrmaschine wurde Ende 2008 abgeschlossen. Ursprünglich sollte der Verkehr ab 2009 rollen, doch erst im Dezember 2013 konnte das Projekt für den S-Bahn-Verkehr freigegeben werden. Damit verkürzen sich die innerstädtischen Fahrzeiten in Nord-Süd-Richtung beträchtlich. Allerdings lautete das Ziel ursprünglich, nicht nur die des Regionalverkehrs, sondern auch die des Fernverkehrs zu verkürzen. Fast alle Züge müssen bislang aber immer noch einen großen Bogen um die Stadt fahren. Die Kosten für den Tunnel und die vier unterirdischen Stationen beliefen sich auf rund 960 Mio. Euro, geplant hatte man mit deutlich weniger.

Übrigens: Bereits 1892 sollte eine als U-Bahn konzipierte »Stadtbahn für den Personenzugverkehr« unter der Innenstadt hindurch gebaut werden. Beim Bau des Hauptbahnhofs war ein entsprechender Tunnel auf der sächsischen Ostseite vorbereitet worden, der Plan eines Durchgangsgleises wurde jedoch zunächst wegen des Ersten Weltkriegs fallengelassen und später aus Kostengründen nicht umgesetzt.

* Haus des Buches

✧ H 8

Lage: Gerichtsweg 28
Innenstadtplan: I D 6
Straßenbahn: 15 (Prager Straße/Gerichtsweg)
❶ Mo. – Do. 9.00 – 17.00, Fr. bis 15.00 Uhr
www.haus-des-buches-leipzig.de

Deutschlands größtes Literaturhaus, das Haus des Buches in Leipzig, befindet sich an der Stelle des 1943 zerstörten Buchhändlerhauses des Börsenvereins der Deutschen Buchhändler, der 1825 in Leipzig gegründet wurde und damit zu den ältesten Verleger- und Buchhändlervereinen der Welt gehört.

Das Haus dient der **Förderung der Buch- und Lesekultur**, bietet ein reges Veranstaltungs- und Ausstellungsprogramm und verfügt über ein eigenes Tagungszentrum, das gastronomisch vom Literaturcafé im Haus betreut wird. Es gehört zum Verbund der Literaturhäuser und organisiert mit dem Medienpartner ARTE regelmäßig Previews und Themenabende. Der Börsenverein des Deutschen Buchhandels unterhält hier sein Leipziger Büro. Außer-

> **? BAEDEKER WISSEN**
>
> *Vereine im Haus des Buches*
>
> Neben so speziellen Vereinigungen wie dem Arbeitskreis für Vergleichende Mythologie e. V. und der Gesellschaft für zeitgenössische Lyrik haben u. a. auch eine Schreibwerkstatt für Kinder bzw. für Jugendliche und Erwachsene sowie der Verband deutscher Schriftsteller eine Bleibe im Haus des Buches gefunden.

dem sind mehrere Vereine ansässig. Das Konzept der **Verbindung von Kunst, Kultur und Kommerz** unter einem Dach ist deutschlandweit einmalig. Das Gebäude im traditionsreichen Grafischen Viertel Leipzigs erhielt bereits mehrere Architekturpreise. Beeindruckend sind die beiden Höfe des Klinkerbaus, die zur Prager Straße durch riesige Glaswände sichtbar sind. Typische bauliche Kunstwerke bilden die **Buchstabensäule** am Haupteingang und die Metallinstallation **Buchstabenfeld**.

Kunsthalle der Sparkasse Leipzig

H 6

Lage: Otto-Schill-Straße 4 a
Innenstadtplan: I C 3
Straßenbahn: 9 (Gottschedstraße/ Thomaskirche)
❶ Di., Do. – So. 10.00 – 18.00, Mi. 12.00 – 20.00 Uhr
Eintritt: 5 €
kunsthalle-sparkasse.de

Seit 1993 hat die Sparkasse Leipzig systematisch eine der bedeutendsten Kunstsammlungen von Gemälden, grafischen und bildhauerischen Werken sowie Fotografien Leipziger Künstler ab etwa 1946 bis zur Gegenwart aufgebaut.

Unter den über 2500 Kunstwerken ist ein repräsentativer Querschnitt der **Leipziger Schule** (▶Baedeker Wissen S. 122) zu finden. Das Kreditinstitut eröffnete anlässlich des 175-jährigen Bestehens 2001 in seinen historischen Räumen direkt am freigelegten Pleißemühlgraben unweit der Thomaskirche seine Kunsthalle. Seither finden hier regelmäßig Expositionen unter dem Motto »blick in die sammlung« sowie Sonderausstellungen und andere Veranstaltungen statt.

Markt

Lage: Innenstadt
Innenstadtplan: I C 4
Straßenbahn: 9 (Gottschedstraße/Thomaskirche)
Bus: 89 (Gottschedstraße/Thomaskirche)

G 7

Ab dem 12. Jh. entwickelte sich der Markt zum zentralen Platz der Innenstadt und Mittelpunkt des gesellschaftlichen Lebens. Die heutige Anlage besteht etwa seit der Stadtgründung.

Im Herzen der Stadt Ursprünglich lag hier eine Lehmgrube, aus der man den zur Ziegelherstellung benötigten Lehm gewann. Etwa 150 Jahre lang befand sich das Zentrum der städtischen Selbstverwaltung südlich der ▶Nikolaikirche, etwa am heutigen Neumarkt/Grimmaische Straße. Seit dem Bau des ▶Alten Rathauses 1557 dominiert das Renaissancegebäude die Ostseite des Platzes. Das Stadtwappen im Pflaster gegenüber vom Rathausturm besteht aus farbigen Natursteinen. Unter dem Marktpflaster befand sich bis 2004 die sogenannte **Untergrundmessehalle**. Seit Fertigstellung des City-Tunnels **ist** hier die Station Markt über den historischen Eingangsbereich des Untergrundmessehauses erreichbar. Etwas zurückgesetzt liegt auf der östlichen Marktseite ein Wohnkomplex mit gastronomischen Einrichtungen und Geschäften im Erdgeschossbereich. An dessen Nordseite zur Böttchergasse wird an der Fassade während des Weihnachtsmarkts **der weltgrößte Adventskalender** aufgebaut.

> **BAEDEKER WISSEN**
>
> *Woyzeck und Wozzeck*
>
> Auf dem Leipziger Markt wurde am 27. August 1824 Johann Christian Woyzeck geköpft, nachdem er aus Eifersucht seine Geliebte erstochen hatte. Dieser Fall wurde literarisch von Georg Büchner in seinem Drama »Woyzeck« (1879) verarbeitet, Alban Berg diente er als Grundlage für seine Oper »Wozzeck« (1923). Das war übrigens die letzte öffentliche Hinrichtung in Leipzig.

Westseite Gegenüber vom Alten Rathaus prägen drei dominante Gebäude die Westseite des Markts. Vor dem König-Albert-Haus zwischen Hainstraße und Barfußgässchen fallen ganzjährig die Schirme der im Erdgeschoss beheimateten Restaurants ins Auge, die den Abschluss der Kneipenmeile **Drallewatsch** (▶Baedeker-Tipp S. 82) bilden. Ein kleiner Abstecher in den ersten von zwei Innenhöfen lohnt sich, um einen Blick in das Marmortreppenhaus des 1913 errichteten Geschäftshauses zu werfen. Auf der Frontseite des fünfgeschossigen Gebäudes fallen verschiedene Ornamente, Putti und die Wappen sächsischer Städte auf. Zur Hainstraße hin schließt sich ****Barthels**

Ein lauer Sommerabend auf dem »Drallewatsch« im Barfußgässchen

Hof an. Auf der gegenüberliegenden Seite vom Barfußgässchen leuchtet die in Gelbocker gehaltene Fassade der 1845/46 errichteten Kaufhalle mit gleichfalls fünf Hauptgeschossen. Eine Gedenktafel erinnert daran, dass der russische Stadtkommandant Oberst **Victor von Prendel** nach der Völkerschlacht hier von 1813 bis 1814 seinen Sitz hatte. Das Bauwerk im spätklassizistischen Stil bildet eine architektonische Ausnahme in Leipzig und wurde als einer der letzten Repräsentanten der bis Ende des 19. Jh.s typischen **Durchgangshäuser** errichtet.

Der hofartige, lang gestreckte Durchgang bis zur Klostergasse wurde 1989 als Handwerkerpassage eingerichtet und mit der 2005 eingeweihten **Marktgalerie** verbunden. Diese nimmt den Platz des früheren Verwaltungsgebäudes des Leipziger Messeamts ein, das als Neubau im Jahr 1965 anlässlich »800 Jahre Leipziger Messe« fertiggestellt worden war (▶Baedeker Wissen S. 30). Der moderne Bau mit großzügiger Einkaufspassage bis zur Klostergasse, einem Kaufhaus, Hörfunkstudios und Apartmentwohnungen im Obergeschoss belegt auch Flächen, die nach der Zerstörung historischer Gebäude im Krieg nicht neu bebaut worden waren.

Auf der Südseite des Markts zur Grimmaischen Straße hin bietet sich heutzutage über eine Grünfläche hinweg ein **wunderbarer Blick zur ▶Thomaskirche**. In Richtung Süden verlässt die Petersstraße als brei-

Südseite

Leipziger Passagen

Die Stadt in der Stadt

Der sächsische Kurfürst August der Starke wollte Leipzig ebenso wie sein geliebtes Dresden mit repräsentativen Bauten schmücken, nur wollte die dort niemand haben. Die Notwendigkeit, in einem sehr kompakten und nur 45 Hektar kleinen Stadtgebiet optimale Bedingungen für den Warenaustausch zu schaffen, stand im Vordergrund der Stadterneuerung. Leipzig beehrte August der Starke dennoch: Ab 1710 veräußerte er auf den Messen in Auerbachs Hof sein Meißner Porzellan.

Die Messen haben Leipzig groß gemacht und seine Entwicklung nachhaltig geprägt, auch im architektonischen Sinne. Leipzigs erste Antwort auf das Platzproblem war der Durchhof. Ab dem 16. Jh. verband man mehrere neben- und hintereinander stehende Kaufmannshäuser mittels eines Durchgangshofs zu einer Einheit, in der Lager-, Geschäfts- und Wohnräume sowie Stallungen des Kaufmanns untergebracht waren. Um Platz zu sparen, verzichtete man auf Wendemöglichkeiten für die Fuhrwerke. Sie fuhren vorne hinein und verließen den Durchhof hinten wieder. Ab dem 18. Jh. wurden architektonisch einheitliche Hausanlagen mit Durchhof geplant. So entstand das Durchhaus.

Handelshöfe

Noch waren all diese Kaufmannshöfe ausschließlich dem Handel vorbehalten. Normalerweise wurden die Waren in den Kellergewölben gelagert, in den Räumen des Erdgeschosses kamen Kaufleute und Kunden zusammen, die Zimmer darüber wurden an Durchreisende vermietet. In Barthels Hof, wo die Keller feucht waren, schaffte man die Waren mittels Kran ins Dachgeschoss. Die Kranbalken sind heute noch sichtbar. In der ersten Hälfte des 19. Jh.s kamen – von Paris ausgehend – teils mit Glas überdachte Passagen in Mode, durch die die Bürger trockenen Fußes promenieren konnten. Für diesen Trend war Leipzig mit seinen Höfen wie geschaffen. Ende des 19. Jhs. besaß die Messestadt ihre erste repräsentative Passage, den im Zweiten Weltkrieg zerstörten Äckerleins Hof.

Mädler-Passage

Stilbildend für alle folgenden Passagensysteme war die Mädler-Passage (▶ Abb. S. 126) zwischen Grimmaischer Strasse und Neumarkt, erbaut 1912 – 1914 durch den Leipziger Kofferfabrikanten Anton Mädler. Dafür wurde Leipzigs ältester Durchhof, Auerbachs Hof, abgerissen. Nur laute Bürgerproteste verhinderten, dass auch die berühmten Kellergewölbe von Auerbachs Keller verschwanden, in denen angeblich Doktor Faustus seinen Fassritt demonstriert hatte (▶Auerbachs Keller). Die Mädler-Passage ist nicht nur Leipzigs schönste Passage, sie war damals auch das erste moderne Messehaus der Stadt. Die industrielle Produktion hatte das Bild der Messe an der Wende zum 20. Jhs. verändert – nicht mehr Waren, sondern Muster waren ausgestellt. Lager wur-

Zu den hübschesten Leipziger Passagen gehört Specks Hof.

den nicht mehr benötigt, dafür aber Raumfluchten, durch die der Interessent so geführt wurde, dass er keinen Stand übersehen konnte.

Messehausboom

Dem Wandel der Messe folgte ein Bauboom, in dessen Verlauf viele historische Durchhöfe abgerissen oder in Neubauten integriert wurden. Nur Barthels Hof, 1747–1750 zwischen Hainstraße und Barfußgässchen unter Einbeziehung älterer Bausubstanz errichtet, überlebte diese Neuordnung relativ unbeschadet. Auch im Kleinen Joachimsthal zwischen Hainstraße und Kleiner Fleischergasse sind barocke Elemente wie die Kreuzgewölbe erhalten. Die anderen Leipziger Passagen, so Steibs Hof, das Städtische Kaufhaus, der Blaue Hecht oder der Dresdner Hof, sind vom Ende des 19. Jh.s beliebten Neobarock geprägt.

Bei Flächenbombardements 1943 wurden viele Paläste schwer beschädigt. Der Wiederaufbau in der DDR-Zeit erfolgte nicht immer im Originalstil, schuf aber neue, architektonisch interessante Perspektiven: Der 1949/50 errichtete Messehof ist ein gutes Beispiel für die neue Sachlichkeit der Architektur, die allerdings oft das großzügige Raumgefühl der alten Passagen vermissen lässt. Die niedrigen Decken des Messehofs vermitteln eher das Gefühl von Enge.

Restaurierung

Nach der Wende wurde die teils durch Kriegszerstörung, teils durch Vernachlässigung marode Bausubstanz der Innenstadt mit großem finanziellem wie ideellem Einsatz wiederhergestellt. Ungefähr 30 Durchhäuser oder Passagen sind heute wieder für Passanten geöffnet und werden von Restaurants, Kneipen, Büros und Geschäften gewerblich genutzt. Der jüngste wieder hergestellte Durchhof ist das Kleine Joachimsthal. Auch viele

Leipziger Passagen

Neubauprojekte in der Innenstadt orientieren sich am traditionellen Passagenmodell: Das ebenso detailreiche wie spannende Buch »Die Leipziger Passagen und Höfe« (Wolfgang Hocquél, Sax-Verlag) stellt deshalb nicht nur die historischen Durchhöfe, sondern auch die Brühl-Arkade und die Promenaden im Hauptbahnhof vor.

Die schönsten Passagen

Mädler-Passage zwischen Grimmaischer Straße und Neumarkt:
In den Messehäusern der ca. 140 m langen Passage wurden Porzellan und Steingut ausgestellt. In den aus dem 16. Jh. erhaltenen Gewölben residiert die Traditionsgaststätte »Auerbachs Keller«. Zwei lebensgroße Figurengruppen stellen am Treppenabgang Mephisto und Faust sowie die verzauberten Studenten dar (Matthieu Molitor 1913; ►Abb. S. 167). Das Glockenspiel aus Meissener Porzellan in der Rotunde wurde 1969 installiert.

Messehof zwischen Petersstraße und Neumarkt
Durch einen Übergang mit der Mädler-Passage verbunden, präsentiert das 1949/50 errichtete Messehaus mit seiner schnörkellosen Gestaltung die neue Sachlichkeit. Blickfang in der ehemaligen Eingangshalle ist die vom Bildhauer Fritz Przibila mit Reliefs sozialistischer Werktätiger geschmückte Pilzsäule. Im Zuge der Umgestaltung und Verbindung mit dem benachbarten Messehaus am Markt in den 1990er-Jahren erhielt sie ein modernes Lichtkonzept und erstrahlt nun abwechselnd in Blau, Rot oder Grün.

Barthels Hof zwischen Hainstraße und Barfußgässchen
Leipzigs ältester, noch erhaltener Durchgangshof wurde 1870 durch einen Durchbruch zum Marktplatz erweitert. Der an dieser Fassade angebrachte Renaissance-Erker wurde dabei in den Innenhof versetzt. Im schmalen, lang gezogenen Hof ist heute noch die ursprüngliche Nutzung der Räume und Etagen gut zu erkennen.

Specks Hof/Hansa-Haus zwischen Grimmaischer Straße, Nikolaistraße, Reichsstraße und Schumachergässchen
Mit 10 000 m² war der Anfang des 20. Jhs. errichtete Specks Hof damals das größte Messehaus Leipzigs. Im Krieg schwer beschädigt, wurde er in der DDR-Ära wieder aufgebaut und in den 1990er-Jahren saniert. Sehenswert ist besonders die Jugendstil-Ladenpassage.

Der leuchtend gelbe Barthels Hof

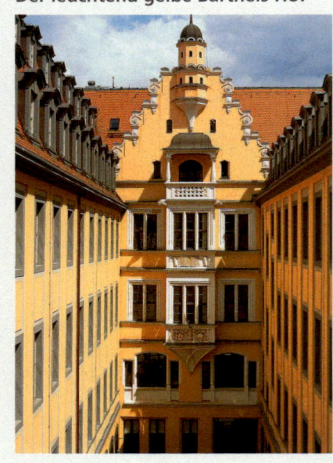

te Fußgängermagistrale den Markt und wird an der Ecke zur Grimmaischen Straße vom ehemaligen Messehaus am Markt flankiert. In diesem Gebäude stellten ab 1963 bis zum Umzug in die ▶Neue Messe 1996 die Verlage und Buchhändler zur Leipziger Buchmesse ihre Publikationen aus.

Vor der Zerstörung im Zweiten Weltkrieg stand hier das Messehaus National – und von 1696 bis 1787 das **erste Kaffeehaus Leipzigs**, das also vor dem erhaltenen ältesten deutschen Kaffeehaus Coffe Baum (▶Stadtgeschichtliches Museum, S. 239) gegründet wurde. Nach kompletter Modernisierung hat jetzt ein Modekaufhaus hier sein Domizil.

Daran schließt sich das *****Königshaus** an, das in seiner Geschichte mehreren gekrönten Häuptern als Unterkunft gedient hat: Zar Peter der Große wohnte im Mai 1698 auf seiner Heimreise von Holland zwei Tage hier. Während der Leipziger Messen nahm der sächsische Kurfürst August der Starke Quartier und der preußische König residierte während des Siebenjährigen Kriegs gar zweimal in diesem Gebäude. Napoleon Bonaparte besuchte hier nach der so blutig verlorenen Schlacht 1813 seinen Verbündeten, den sächsischen König Friedrich August I.

Johann Gregor Fuchs, der auch das ▶Romanushaus und das ▶Fregehaus erbaute, gestaltete das 1610 errichtete Gebäude 1707 für den damaligen Besitzer Andreas Dietrich Apel im barocken Stil um. Seit 1904 präsentiert sich das Königshaus im Wesentlichen in seiner heutigen Gestalt. Unter dem üppig dekorierten dreistöckigen Erker beginnt die Königshauspassage, von der man einen Blick in das Treppenhaus mit dem Renaissance-Wendelstein (Wendeltreppe) werfen kann.

Die markanten Fassaden der den nördlichen Abschluss bildenden Gebäudegruppe wurden nach historischem Vorbild rekonstruiert. Die 1555 errichtete **Alte Waage** mit dem beeindruckenden Staffelgiebel an der Ecke zur Katharinenstraße besitzt die interessanteste Geschichte dieses Marktensembles: Hier herrschte stets ein munteres Treiben, denn das Renaissancebauwerk gehörte zu den wichtigsten Handelsgebäuden der Stadt: Hier wurden zu Zeiten der Warenmesse die zu verzollenden Güter gewogen. Die anfallenden Gebühren waren eine bedeutende Einnahmequelle der Kommune. Im Keller befand sich einst der Ausschank des Rats der Stadt und im ersten Obergeschoss die (Rats-)Herrentrinkstube, die Vorläuferin des Ratskellers im ▶Neuen Rathaus. 1661 – 1712 war das Gebäude Domizil des ersten Leipziger Postamts, 1917 wurde es Sitz des neu gegründeten Leipziger Messeamts bis zur Zerstörung 1943. Am 1. März 1924 nahm der ▶MDR hier von seinem ersten Senderaum aus den Betrieb auf. Nach dem Wiederaufbau 1963/64 wurde auch der Giebel mit der Sonnenuhr originalgetreu erneuert.

Nordseite

MDR (Mitteldeutscher Rundfunk)

H 7

Lage: Kantstraße 71/73
Innenstadtplan: I C 4
Straßenbahn: 9 (Arthur-Hoffmann-/Richard-Lehmann-Straße)
Bus: 70 (Richard-Lehmann-/Altenburger Straße)
www.mdr.de

Der Mitteldeutsche Rundfunk (MDR) ist die viertgrößte öffentlich-rechtliche Sendeanstalt der ARD und zuständig für die Bundesländer Sachsen, Sachsen-Anhalt und Thüringen. Sitz des MDR mit Intendanz und Fernsehzentrum ist Leipzig. In Halle befindet sich der MDR-Hörfunk und in Erfurt wird der Kinderkanal produziert.

Moderne Zentrale

Im ehemaligen Leipziger Schlachthof wurde 2000 die neue Zentrale eröffnet, als gelungene Synthese von historischen Gebäuden in gelber Backsteinoptik und modernen Neubauten. Blickfang ist das Hauptgebäude in Form eines gewölbten Bildschirms, in dem sich fünf Studios befinden. Sitz des Intendanten ist die Alte Schlachthofbörse, deren ehemaliger Börsensaal in seiner Gestaltung an die italienische Renaissance angelehnt ist. In unmittelbarer Nachbarschaft der MDR-Sendezentrale wurde das Mediencenter Media City Atelier mit Büros, Werkstätten und Studios errichtet.
Studiotour: Media City Atelier, Tel. 35 00 25 00, www.mdr-die-studiotour.de

Als zweite Rundfunkanstalt in Deutschland nach der Sendestelle Berlin nahm der Leipziger Sender am 1. März 1924 seinen Betrieb in der Alten Waage (▶Markt) auf. Dazu war u. a. mit Unterstützung durch AEG, Siemens und Telefunken – als Hersteller von Rundfunkgeräten und Aussteller auf der Leipziger Messe – sowie auf Betreiben der Handelskammer und des Messeamts (▶Baedeker Wissen S. 30) die MI-

---

BAEDEKER WISSEN

Beliebte Filmlocation

Leipzig ist eine beliebte Kulisse für Film- und Fernsehproduktionen. Nicht nur Serien wie »In aller Freundschaft«, »Elefant, Tiger & Co.«, »SOKO LEIPZIG« oder Tatort-Produktionen tragen Leipzig-Bilder in die Wohnzimmer der Republik. Die Neuverfilmung des »Fliegenden Klassenzimmers« (frei nach Erich Kästners Buch) wurde großteils in einer ehemaligen Leipziger Schule gedreht, wobei Mitglieder des Thomanerchors mitwirkten. In einer Gohliser Villa stand Marianne Sägebrecht als Köchin Marga Engel vor der Kamera. Und auch Hollywood hat Leipzig im Visier: Für den Film »Flightplan« mit Jodie Foster wurden Szenen auf dem Flughafen Leipzig-Halle aufgenommen.

RAG (Mitteldeutsche Rundfunk AG, Gesellschaft für Unterhaltung und Belehrung Leipzig) gegründet worden. Zum Sendegebiet gehörten Leipzig, Dresden, Chemnitz, Erfurt, Halle mit ihrer Umgebung sowie teilweise Magdeburg und Braunschweig. Während des Kriegs endete der Sendebetrieb (1941). 1946 bis 1952 wurde er unter der sowjetischen Besatzungsmacht wieder aufgenommen; danach wurde in Leipzig eine Berliner Außenstelle eingerichtet. 1990 erfolgte die Gründung des MDR als öffentlich-rechtliche Dreiländeranstalt in Leipzig, 1992 nahm er seinen Sendebetrieb auf.

In der Leipziger Rundfunkgeschichte spielten auch eigene Klangkörper eine wichtige Rolle. Der **Rundfunkchor Leipzig** wurde bereits 1924 gegründet und wechselte mehrfach seinen Namen. In den 1950er-Jahren entwickelte er sich zu einem Chor der europäischen Spitzenklasse. Mit Dirigenten wie Herbert von Karajan, Claudio Abbado und Kurt Masur (▶Berühmte Persönlichkeiten) entstanden zahlreiche Platten-, später CD-Aufnahmen. Heute bildet der **73-köpfige MDR-Chor** das größte professionelle Chorensemble der ARD. Bis 1923 reichen die Wurzeln des **Rundfunksinfonieorchesters** zurück. Es war damals als Leipziger Sinfonieorchester aus dem einstigen Philharmonischen Orchester hervorgegangen und trat bis 1940 auch im Gewandhaus und in der Oper auf.

Chöre und Orchester

Nach dem Krieg erfolgte die Neugründung. Das Spitzenorchester machte sich insbesondere durch seine Interpretationen der Werke von Bach, Händel, Mozart und Beethoven einen Ruf. Seit 1992 sind das Sinfonieorchester des MDR und die mit Orchestermitgliedern besetzten eigenständigen Kammerensembles bei den beliebten Konzerten des MDR-Musiksommers zu hören.

★ Mendelssohn-Haus

H 7

Lage: Goldschmidtstraße 12
Innenstadtplan: I D 5
Straßenbahn: 4, 7, 8, 10, 11, 12, 15, 16 (Augustusplatz), 4, 7, 12, 15 (Johannisplatz)
Innenstadtplan: I D 5

Tgl. 10.00 bis 18.00 Uhr
Eintritt: 7,50 €
www.mendelssohn-haus.de

Im August 1835 kam der 26-jährige Felix Mendelssohn Bartholdy (▶Berühmte Persönlichkeiten) als neuer Musikdirektor des Gewandhauses nach Leipzig. Nach einem anderthalbjährigen Abstecher nach Berlin kehrte er mit seiner Familie 1845 in die Stadt zurück.

Musikmetropole Leipzig Für die Entwicklung Leipzigs zu einer Metropole der europäischen Musikkultur war Mendelssohns Einfluss sehr bedeutsam – als Initiator für die Gründung des ersten deutschen Konservatoriums (heute Hochschule für Musik und Theater) und als **Wiederentdecker der Musik von Johann Sebastian Bach**. Gewandhauskapellmeister Kurt Masur (▶Berühmte Persönlichkeiten) initiierte die Gründung der Internationalen Mendelssohn-Stiftung, deren Vorsitzender er seitdem ist. Ihr Ziel war und ist es, die Wohn- und Sterbestätte des Komponisten zu erhalten und als Museum und Stätte kultureller Begegnungen auszubauen. In dem spätklassizistischen Gebäude werden seit 1997 wichtige Zeugnisse von Mendelssohns Schaffenszeit bewahrt. In der ehemaligen Wohnung im ersten Stock kann man das rekonstruierte Wohn- und Arbeitszimmer der Familie Mendelssohn besichtigen. Der Musiksalon ist mit einer der damaligen Zeit entsprechenden Einrichtung ausgestattet und Veranstaltungsort sonntagvormittäglicher Kammerkonzerte (11.00 Uhr).

In der 2014 eröffneten erweiterten Ausstellung haben Besucher die Möglichkeit, in einer umfangreichen Musikbibliothek zu stöbern oder im Effektorium ein virtuelles Orchester zu dirigieren. Auch ein Museumsshop ist vorhanden. Im Hof wurde eine vom Gewandhausmusiker Felix Ludwig gestaltete Mendelssohn-Büste aufgestellt.

> **! BAEDEKER TIPP**
>
> *»Auf der Notenspur ...*
>
> ... zum Mendelssohn-Haus« kann man jeden Samstag um 10.30 Uhr wandeln. Treffpunkt ist das Mendelssohn-Denkmal an der Thomaskirche, von dort geht es zum Mendelssohn-Haus. Veranstalter dieser Touren ist das Mendelssohn-Haus.

✶ Moritzbastei

H 7

Lage: Universitätsstraße 9
Straßenbahn: 4, 7, 8, 10, 11, 12, 15, 16 (Augustusplatz), 2, 8, 9, 10, 11 (Wilhelm-Leuschner-Platz)
Innenstadtplan: I C 4

Für viele Leipziger Studenten der 1970er-Jahre gehört die Freilegung eines vergessen geglaubten Bauwerks zu den wichtigsten Erinnerungen an die Studienzeit. Seit 1982 befindet sich in den katakombenähnlichen Gewölben der Moritzbastei der größte Studentenclub Europas.

Letzte Bastion der Stadt Auf Befehl des Kurfürsten Moritz von Sachsen wurde die Wehranlage nach dem Schmalkaldischen Krieg von 1547 an der Stelle errichtet, wo die Stadtbefestigungen den Angreifern nicht standgehalten hatten. Bau- und Bürgermeister Hieronymus Lotter ließ die Moritz- oder Petersbastei (wegen der Nähe zum Peterstor an der heutigen Petersstraße) von 1551 bis 1553 durch Frondienstleistende aus den umliegenden Dörfern aufbauen. Im Siebenjährigen Krieg (1756 bis 1763) erwies sie sich jedoch als wirkungslos und wurde zerstört. In den verbliebenen Gewölben siedelten in der Folge verschiedene Handwerker ihre Werkstätten an. 1804 nahm die auf den Gemäuern errichtete erste Bürgerschule Deutschlands ihre Tätigkeit auf. Während der Völkerschlacht 1813 diente sie als Lazarett. Das Gebäude wurde im Zweiten Weltkrieg zerstört und die bis zu 8 m hohen Festungsanlagen nach dem Krieg mit Trümmerschutt verfüllt, bis sie ab 1974 von etwa 30 000 Studierenden der Leipziger Universität in ehrenamtlichen Arbeitseinsätzen freigelegt wurden.

Inzwischen ist die Moritzbastei ein **beliebter Treffpunkt**. Das **Café Barbakane** und andere Veranstalter laden in verschiedene Räume mit rustikalen Gewölben zu einem vielseitigen Veranstaltungsprogramm ein. Auf dem Dach der Moritzbastei finden alljährlich im Sommer Open-air-Veranstaltungen wie beispielsweise Sommertheater statt (▶Ausgehen, ▶Essen und Trinken).

✱✱ Museum der bildenden Künste

Lage: Katharinenstraße 100
Innenstadtplan: I B 4
Bus: 89 (Reichsstraße)
❶ Di., Do. – So. 10.00 – 18.00,
Mi. 12.00 bis 20.00 Uhr
Eintritt: 5 €
www.mdbk.de

Leipziger und auswärtige Mäzene hoben 1837 den Grundstock einer der größten bürgerlichen Sammlungen mit Werken der bildenden Kunst aus der Taufe.

Damals fand die erste Generalversammlung des Leipziger Kunstvereins statt mit dem Ziel, ein Museum aufzubauen, das einem breiten Publikum zeitgenössische Kunst präsentierte. Zu den Initiatoren gehörten namhafte **Leipziger Kunstfreunde** wie die Verlagsbuchhändler Wilhelm Ambrosius Barth und Heinrich Brockhaus sowie Maximilian Freiherr Speck von Sternburg. 1848 wurde im Westflügel der Bürgerschule auf der ▶Moritzbastei das Städtische Museum eröffnet mit etwa 100 Kunstwerken, darunter 41 Zeichnungen und Aquarelle zeitgenössischer Künstler, sowie einige ältere Kupferstiche und Holzschnitte, die der Leipziger Kunstverein der Stadt geschenkt hatte. Die eigentliche Geburtsstunde des Kunstmuseums schlug je-

Geschichte

doch am 18. Dezember 1858, als der Museumsneubau auf der Südseite des Augustusplatzes am heutigen Standort des ▶Neuen Gewandhauses eingeweiht wurde. Die finanzielle Grundlage dafür bildete das Vermächtnis des Leipziger Kaufmanns **Adolf Heinrich Schletter**. Er verpflichtete testamentarisch die Stadt zum Bau eines Museums und vermachte ihr zugleich ein Grundstück sowie 89 Gemälde und acht Skulpturen. Dieses Beispiel machte Schule, sodass weitere Schenkungen und Vermächtnisse zum raschen Wachstum des Museumsbestands auf mehr als 3000 Kunstwerke führten. Über 600 Jahre europäische Kunstgeschichte repräsentierten die Stücke, doch dieser Bestand wurde durch Verkäufe in den 1920er-Jahren, das Vorgehen der Nationalsozialisten gegen »Entartete Kunst« und Kriegsschäden dezimiert, was auch in der Nachkriegszeit nicht wieder ausgeglichen werden konnte.

1883 bis 1886 wurde das Museum um zwei Flügel erweitert. Die finanziellen Mittel dafür stammten aus dem Vermächtnis des Kaufmanns **Franz Dominic Grassi** (▶Grassi-Museen). Das Gebäude wurde bei der Bombardierung im Dezember 1943 stark beschädigt und 1963 abgerissen. Die Museumsbestände erhielten ab 1952 für gut 50 Jahre ein Interimsquartier im Gebäude des ehemaligen Reichsgerichts (▶Bundesverwaltungsgericht) bis zur Eröffnung des Neubaus.

Ungewöhnliches Haus Als gläserner Kubus präsentiert sich der 2004 eröffnete Neubau der Berliner Architekten Hufnagel, Pütz und Rafelian. Die durch kleine Betonmauern angedeuteten Ecken weisen darauf hin, dass rings um

Das Museum der bildenden Künste, im Vordergrund Permosers Hermes am Romanushaus.

das Museum noch Flächen zur Bebauung vorgesehen sind. Bisher kam aber lediglich der Neubau des ▶Stadtgeschichtlichen Museums an der Ecke Reichsstraße/Böttchergässchen dazu. Im neuen Museumsgebäude können nun viele der bislang im Depot »versteckten« Werke der Sammlung gezeigt werden. Aber auch jungen Künstlern wird ein Podium geboten, ebenso wie repräsentativen Privatsammlungen. Schöpfer der präsentierten Werke sind u. a. Max Beckmann, Hartwig Ebersbach, Otto Greiner, Bernhard Heisig, Sighard Gille, Max Klinger, Käthe Kollwitz, Franz von Lenbach, Wolfgang Mattheuer, Neo Rauch, Evelyn Richter, Max Schwimmer, Volker Stelzmann, Michael Triegel und Werner Tübke.

Die Zahl der Kunstwerke aus Schenkungen und Vermächtnissen überwiegen diejenigen aus Zukäufen. Aber auch Sammlungen wie die von Maximilian Freiherr Speck von Sternburg, der Tübke-Stiftung Leipzig und des Neuen Leipziger Kunstvereins bereichern die Ausstelllungen. Große internationale Beachtung findet im **ersten Stockwerk** das Werk des Leipzigers **Max Klinger** (1857 – 1920), das sich zu einem Großteil im Besitz des Museums befindet. Darunter sind nahezu alle grafischen Zyklen und seine bedeutendsten Gemälde wie »Das Urteil des Paris« (1887) und »Die blaue Stunde« (1890), seine Beethoven-Skulptur (1902), Fragmente seines Werks »Die Blüte Griechenlands«, die er zum 500-jährigen Bestehen der Universität schuf, sowie das Monumentalwerk »Christus im Olymp«.

Gemäldesammlungen

Den Mittelpunkt der Gemäldesammlung **Alte Meister** im **zweiten Stockwerk** bilden Werke holländischer und flämischer Künstler des 17. Jahrhunderts. Die etwa 400 Gemälde reichen von Alltagsmotiven über Porträts, Landschafts- und Architekturbilder bis zu Stillleben. Besondere Kostbarkeiten sind unter den ca. 60 altdeutschen und altniederländischen Künstlern des 15./16. Jh.s zu entdecken. Neben besonderen Einzelwerken ragt die einzigartige Kollektion von 18 Bildern **Lucas Cranachs d. Ä. und Lucas Cranach d. J.** heraus. Stark beeinflusst von der Reformation, in deren Bann Lucas Cranach d. Ä. u. a. Titelbilder für Luthers Schriften schuf, entstand 1518 die »Ruhende Quellnymphe am Brunnen« als Ausdruck des Wechsels zu einer neuen Formensprache. Unter den etwa 100 Gemälden italienischer, französischer und spanischer Maler dominieren kleinformatige religiöse Bilder, die v. a. zur privaten Andacht bestimmt waren. Aus dem 17./18. Jh. stammen hauptsächlich Porträts. Die **Grafische Sammlung** im Studiensaal umfasst einen Bestand von etwa 55 000 Zeichnungen und grafischen Blättern, darunter die nahezu vollständigen Werke von William Hogarth, Daniel Chodowiecki und Johann Friedrich Bause sowie 360 Zeichnungen von Max Beckmann. Hier befindet sich auch die Kunstwissenschaftliche Präsenzbibliothek.
Die Abteilung **Neue Meister bis Gegenwart** im **dritten Stockwerk** zeigt Werke der Romantik sowie Kunst des 19. Jh.s bis heute. Im Zen-

trum steht eine wohl einzigartige Vielfalt von **500 Werken aus der DDR-Zeit**, von Künstlern aus Berlin, Dresden, Halle und Leipzig – u. a. der **Leipziger Schule**. Eine große Lücke klafft allerdings noch bei der Präsentation von Kunst aus dem Westen der Republik ab 1945. Hingegen konnte durch Ankäufe die jüngere Künstlergeneration hier ein gutes öffentliches Podium finden.

Grafische Sammlung: Di., Do. 12.00 – 17.00, Mi. 12.00 – 20.00 Uhr

Skulpturensammlung
Die meisten der 800 plastischen Werke sowie der etwa 400 Exponate umfassenden Medaillen- und Plakettensammlung stammen aus der Mitte des 19. Jahrhunderts. Vereinzelt gibt es spätmittelalterliche und barocke Werke wie die Bronzestatue der »Flora« von Adriaen de Vries oder Arbeiten von Balthasar Permoser. Zudem sind mehrere Hundert Tierplastiken sowie Plastiken französischer und belgischer Künstler von der Wende vom 19. zum 20. Jh. zu sehen.

✱ Museum für Druckkunst
✦ H / J 5

Lage: Nonnenstraße 38
Straßenbahn: 14 (Nonnenstraße), 1, 2 (Clara-Zetkin-Park)
❶ Mo. – Fr. 10.00 – 17.00, So. 11.00 – 17.00 Uhr

Eintritt: 6 €
www.druckkunst-museum.de

Bis zum Zweiten Weltkrieg war Leipzig ein bedeutendes Zentrum der Verlags- und Buchherstellung in Deutschland, dazu gehörten auch Notenstecherei und die Herstellung von fremdsprachigem Satz.

Fast vergessene Technik
Das ehemalige »Druckereiviertel« östlich der Innenstadt wurde zu einem Großteil zerstört und nach dem Zweiten Weltkrieg verlegten viele Verlage durch die Teilung Deutschlands ihre Standorte in den Westen. Die verbliebenen Betriebe wurden unter schwierigen Bedingungen wieder aufgebaut und viele setzten, teilweise noch bis 1990, »historische« Druck- und Buchbindereimaschinen in der Produktion ein. Ein Teil dieser Technik sowie **Holz- und Bleilettern, Matrizen und Stahlstempel** konnten vor der Verschrottung gerettet und durch den Gründer der Einrichtung, Eckehart Schumacher-Gebler, 1995 in

> **! BAEDEKER TIPP**
>
> *Workshops und schöne Geschenke*
>
> Besucher können sich in Workshops mit der »Schwarzen Kunst« beschäftigen. Der Museumsshop bietet Glückwunschkarten, Geschenkpapiere, Schreibwaren, Plakate, Bücher u. v. m. an. Viele Produkte wurden im Museum auf historischen Maschinen hergestellt.

den Räumen einer ehemaligen Akzidenzdruckerei öffentlich zugänglich gemacht werden. Das Leipziger Museum für Druckkunst besitzt **eine der größten und vielfältigsten typografischen Sammlungen in Europa**. Raritäten aus dem Fundus von Schriftgießereien und Druckinstituten sind z. B. Hieroglyphen, Keilschriften und ein 1575 geschnittener Fraktur-Matrizensatz, der zu den ältesten erhaltenen Lettern gehört. Die aus den verschiedenen Epochen der technischen Entwicklung stammenden Druckmaschinen sind zum Teil noch voll funktionsfähig.

Das Museum erweckt auch so manche historische Technologie wieder zum Leben – beispielsweise in der Schriftwerkstatt, in der archivierte Schriften originalgetreu in der entsprechenden Bleilegierung gegossen werden. Außerdem werden Sonderausstellungen u. a. zu buchkünstlerischen Themen, Symposien und weitere Veranstaltungen angeboten.

* Museum in der »Runde Ecke«

G 6

Lage: Dittrichring 22/24
Innenstadtplan: I B 3
Straßenbahn: 1, 3, 4, 7, 9, 12, 13, 14, 15 (Goerdelerring)
❶ Tgl. 10.00 – 18.00 Uhr,
Führung: 15.00 Uhr

Eintritt: frei
Führung: 4 €
www.runde-ecke-leipzig.de

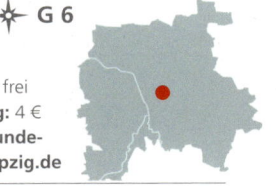

Im Oktober 1989 wurde Leipzig die »Stadt der friedlichen Revolution« und so zum Sinnbild des Prozesses der demokratischen Erneuerung. Am Abend des 4. Dezember wurde auch die »Runde Ecke«, seit 1950 Sitz der Bezirksverwaltung des Ministeriums für Staatssicherheit, während einer Montagsdemonstration besetzt.

Wegen seines abgerundeten Eingangsbereichs wurde das Gebäude »Runde Ecke« genannt, was auch im Namen des vom Bürgerkomitee Leipzig eingerichteten Museums in den Originalräumen des ehemaligen DDR-Geheimdiensts weitergeführt wird. Gleichzeitig hat hier die Bundesbeauftragte für die Unterlagen der ehemaligen Staatssicherheit ihren Sitz. Betroffene können die hier eingelagerten Akten einsehen. Neben der ständigen Ausstellung unter dem Titel **»STASI – Macht und Banalität«** gibt es Sonderausstellungen und ein vielfältiges Veranstaltungsprogramm. Bei den Führungen wird den Besuchern erläutert, wie die SED ihren Überwachungsstaat aufbaute und die DDR-Bürger systematisch ihrer Grundrechte beraubte. Zudem wird an die Ereignisse im Herbst 1989 und die friedliche Revo-

Zeitzeugnisse und Originalschauplätze der Diktatur

In der »Runden Ecke«, der einstigen Leipziger Stasi-Zentrale, kann man u. a. eine Zelle für politische Häftlinge sehen.

lution erinnert. Exkursionen führen zu weiteren Stätten des DDR-Unterdrückungsapparats wie dem **Bunker in Machern**, von 1968 bis 1972 im Naherholungsgebiet Lübschützer Teiche als Ausweichführungsstelle für den Spannungs- und Mobilmachungsfall eingerichtet, und zur ehemaligen **Zentralen Hinrichtungsstätte der DDR** in den Räumen der Strafvollzugseinrichtung in der **Leipziger Südvorstadt**. Bislang kann man diese historische Gedenkstätte nur zweimal im Jahr, nämlich während der Museumsnacht und zum Tag des offenen Denkmals im September, besichtigen.

Stasi-Bunker in Machern: geöffnet an jedem letzten Wochenende im Monat 13.00 – 16.00 Uhr, Eintritt: 4 €

** Naschmarkt

G 7

Lage: Stadtzentrum
Innenstadtplan: I C 4
Straßenbahn:
Bus: 89 (Grimmaische Straße)

Mit dem Bau des ▶Alten Rathauses 1556 wurden einige benachbarte Gebäude abgerissen und es entstand der Naschmarkt. Der Name weist darauf hin, dass hier über lange Zeit »Naschwerk«, angeboten wurde. So bezeichnete man früher Obst und süße Lebensmittel.

Auch Schausteller und Theatertruppen, darunter **Friederike Caroline Neuber** (»die Neuberin«), zeigten hier ihre Künste. Auf der Westseite steht das Alte Rathaus, im Norden bilden die ▶Alte Handelsbörse und im Osten das ehemalige Messehaus Handelshof den Abschluss des Platzes. Seine Südseite begrenzt die Grimmaische Straße. Vor dem direkt gegenüber gelegenen ▶Zeitgeschichtlichen Forum ist die Plastik **»Die Zeit geht den Jahrhundertschritt«** aufgestellt.

Das Goethe-Standbild von Carl Seffner gegenüber dem Portal der ▶Alten Handelsbörse inmitten einer eingezäunten Rabatte ist ein beliebtes Fotomotiv. Die 1903 aufgestellte Plastik zeigt Goethe während seiner Studentenzeit in Leipzig von 1765 bis 1768. Am Sockel sind Reliefporträts seiner Leipziger Freundinnen **Käthchen Schönkopf und Friederike Oeser** zu sehen. Goethes Blick ist nach Süden gerichtet, wo sich in knapp 100 m Entfernung der Eingang zur Mädler-Passage mit ▶Auerbachs Keller befindet.

Goethe-Standbild

An der Südseite zur Grimmaischen Straße hin steht der Löwenbrunnen mit einer Doppelhand-Schwengelpumpe. Die beiden gusseisernen Löwen wurden 1820 nach einer Vorlage von Johann Gottfried Schadow in Lauchhammer gegossen. Die heutige Brunnengestaltung stammt von 1918. Wie die Inschrift auf der Rückseite verrät, »... wurde dieser Brunnen in der alten Gestalt des hölzernen Gehäuses vom Rate wieder aufgebaut durch den Architekten Hugo Licht ...«

Löwenbrunnen

Naturkundemuseum

G 6

Lage: Lortzingstraße 3
Innenstadtplan: I A/B 3
Straßenbahn: 1, 3, 4, 7, 9, 12, 13, 14, 15 (Goerdelerring)
❶ Di. – Do. 9.00 – 18.00 (im Winter bis 16.30), Fr. 9.00 – 13.00, Sa. – So. 10.00 – 16.30 Uhr
Eintritt: 1 €
naturkundemuseum.leipzig.de

Seit 1923 befindet sich das Naturkundemuseum, eine Idee des Zoologieprofessors Roßmäßler, in seinem heutigen Domizil nahe dem Promenadenring.

Vor dem Museumsgebäude imponieren ca. 35 Mio. Jahre alte verkieselte Baumstubben aus dem früheren Tagebau Espenhain. Der Fokus der Dauerausstellung liegt auf den Bereichen Archäologie, Geologie und Biologie Nordwestsachsens, verbunden mit Fragen des Natur- und Umweltschutzes. Die Exponate stammen aus Schenkungen, Stiftungen und eigener Sammeltätigkeit, insbesondere die Braunkohlen-

Archäologie, Geologie, Biologie

tagebaue lieferten zahlreiche Funde. Gezeigt werden die Entstehung der Braunkohle, die Eiszeiten und die Entwicklung der Kulturlandschaft ab der Altsteinzeit vor ca. 250 000 Jahren, insbesondere anhand der **Silexgerätefunde aus dem Süden Leipzigs**. Zu den Raritäten gehören **Überreste des Schreckschweins**: In Europa wurde es bislang nur zweimal nachgewiesen. Internationale Beachtung finden die **Dermoplastiken** (naturgetreue Präparationen von Tierkörpern) von Herman H. ter Meer, auch von inzwischen ausgestorbenen Tieren. Beachtlich sind überdies die botanische Sammlung, Flüssigkeitspräparate der ersten deutschen Tiefsee-Expedition von 1898, die zoologische Sammlung der Wirbellosen (rd. 130 000 Stück) sowie nahezu alle Schmetterlinge der Region. Die wertvollen Kollektionen haben den Zweiten Weltkrieg fast unversehrt überstanden.

** Neues Gewandhaus

H 7

Lage: Augustusplatz 8
Innenstadtplan: I C 4
Straßenbahn: 4, 7, 8, 10, 11, 12, 15, 16 (Augustusplatz)
Karten: Tel. 0341 1 27 02 80
Kasse: Mo. – Fr. 10.00 – 18.00 (an Konzerttagen bis 20.00), Sa. 10.00 – 14.00 Uhr und 1 Std. vor Konzertbeginn
www.gewandhaus.de

Mit dem im Oktober 1981 eröffneten Neuen Gewandhaus fand das älteste bürgerliche Konzertorchester Deutschlands, das Gewandhausorchester, ein modernes Domizil, das höchsten Ansprüchen gerecht wird.

Bürgerliche Musiktradition

Bis ins Jahr 1479 zurück reicht die musikalische Tradition der Stadt, als der Leipziger Rat die ersten **Stadtpfeifer** in seinen Dienst stellte. Als historische Wurzel des renommierten Klangkörpers gelten jedoch die 1743 durch Leipziger Kaufleute ins Leben gerufenen »Großen Concerte«. Dabei wurden – anfangs unter dem Namen »Das Neue Concert« – zeitgenössische Werke an unterschiedlichen Orten aufgeführt. Seit das Orchester Ende 1781 in einem Zeughausflügel, der als **Handelshaus der Tuchmacher** diente – heute steht hier das Messehaus Städtisches Kaufhaus –, einen eigens errichteten Saal für 500 Personen bezog, führt es den Namen Gewandhausorchester. Seither begleitet es der Wahlspruch »Res severa (est) verum gaudium« (»Die ernste Sache ist die wahre Freude«), zu lesen auf der Orgel im Großen Gewandhaussaal. 1840 wurde das Ensemble »Erbe« der Stadtpfeifer und damit zum Stadtorchester. Inzwischen waren die Konzerte so beliebt, dass 1884 ein größeres Gebäude, das Neue Con-

Neues Gewandhaus • ZIELE

certhaus bzw. Neue Gewandhaus, zwischen Beethoven- und Mozartstraße eröffnet wurde. Im Krieg stark beschädigt, wurde es in den 1960er-Jahren abgerissen. An dieser Stelle gegenüber der Universitätsbibliothek entstand in den 1990er-Jahren das Geisteswissenschaftliche Zentrum der Universität Leipzig. Die Akustik des zweiten Gewandhauses war legendär – das Bostoner Konzerthaus ist eine vergrößerte Kopie jenes Bauwerks.

Architektur

Am heutigen Standort des Neuen Gewandhauses stand bis zur Zerstörung im Krieg das Bildermuseum (▶Museum der bildenden Künste). Der Neubau ist v. a. dem Einsatz von **Kurt Masur** (▶Berühmte Persönlichkeiten) zu verdanken, der von 1970 bis 1998 als Gewandhauskapellmeister für das internationale Ansehen des Orchesters sorgte. Wie der Vorgängerbau hat der **Große Saal** mit 1900 Plätzen **eine hervorragende Akustik**. Die Schuke-Orgel besitzt 6638 Pfeifen und 89 Register. Der Kleine Saal mit fast 500 Plätzen dient vorrangig zur Aufführung von Kammerkonzerten und wurde 1997 zum Gedenken an einen der berühmtesten Gewandhauskapellmeister Mendelssohn-Saal getauft. Beide Säle besitzen sechseckige Grundrisse, wobei der Große Saal **an ein Amphitheater erinnert**.

Das Konzertgebäude wurde in vier Jahren erbaut, betreut von einem Architektenteam unter Leitung von Rudolf Skoda. Durch die großzügige Glasfront zu sehen ist das 714 m² große Wandgemälde **»Gesang vom Leben«** von **Sighard Gille**. Im zweiten Obergeschoss gibt

Neues Gewandhaus und Mendebrunnen am Augustusplatz

es eine Galerie mit Werken zeitgenössischer Maler zum Thema Musik, im Erdgeschoss-Foyer des Mendelssohn-Saals steht eine Bronzestatue des Komponisten Mendelssohn Bartholdy von Jo Jastram.

Programm Das Gewandhausorchester tritt bei den jährlich rund 50 Sinfoniekonzerten im Großen Saal, bei Kammermusikabenden und Sonderkonzerten auf, ist Opernhaus-Orchester (seit 1766) und begleitet Auftritte des Thomanerchors in der Thomaskirche. Besondere Höhepunkte des Konzertjahrs bilden die Aufführungen des Weihnachtsoratoriums im Advent und der Neunten Sinfonie von Ludwig van Beethoven Ende Dezember, für die Karten nur schriftlich und limitiert im Sommer vorbestellt werden können. Der **Gewandhaus-Chor** und der **Gewandhaus-Kinderchor** gestalten anspruchsvolle A-cappella-Konzerte und begleiten das Orchester bei chorsinfonischen Werken. Orgelmusik ist in der Regel an Samstagen zu hören.

> **BAEDEKER TIPP**
>
> *Günstig ins Gewandhaus*
>
> Schüler, Auszubildende, Studierende und Wehr- bzw. Bundesfreiwilligendienstleistende haben die Möglichkeit, Last-Minute-Karten ab 30 Min. vor Veranstaltungsbeginn vergünstigt zu erhalten.

Praktische Informationen Für Besucher gibt es in der Tiefgarage Augustusplatz (mit direktem Zugang zum Gewandhaus) einen **Konzerttarif**. Mit einer Konzertkarte kann man 3 Stunden vor und nach der Aufführung kostenlos die Verkehrsmittel des Mitteldeutschen Verkehrsverbunds benutzen. Der Gewandhaus-Shop bietet Musikliteratur und Tonträger an.
Gewandhaus-Shop: Mo.–Fr. 10.00–18.00, Sa. 10.00–14.00 Uhr
Führungen: Do. und Sa., www.gewandhaus.de; individuell: Leipzig-Touristen-Service Friedel

∗ Neues Rathaus

H 6

Lage: Martin-Luther-Ring 4–6
Innenstadtplan: I D 3
Straßenbahn: 2, 8, 9, 10, 11 (Wilhelm-Leuschner-Platz), 9 (Neues Rathaus)
Turmbesteigung/Führung: Mo.–Fr. 11.00, 14.00 Uhr, 3 €
www.leipzig.de

Da das ▸Alte Rathaus als Sitz der Stadtverwaltung nicht mehr den Anforderungen entsprach, ließen die Leipziger Stadtväter an der Stelle der Pleißenburg von 1899 bis 1905 das Neue Rathaus mit sage und schreibe 578 Räumen erbauen.

Neues Rathaus • ZIELE

Baugeschichte

Der weithin sichtbare Turm überragt auch heute noch mit 115 m alle anderen deutschen Rathaustürme. Doch bevor man das neue Zentrum der städtischen Verwaltung errichten konnte, gab es alternative Überlegungen. **Hugo Licht** (1841 – 1923), seit 1879 Leiter des Hochbauamts und Stadtbaurat, wollte das Alte Rathaus durch einen benachbarten Neubau erweitern. Erst 1890 entschied sich der Rat unter Oberbürgermeister Otto Georgi für den Bau eines neuen Rathauses. Die Verhandlungen mit der sächsischen Regierung als Eigentümer der Pleißenburg gestalteten sich nicht so einfach. Als die Stadt Leipzig das Terrain schließlich erworben hatte, wurde die Anlage 1897/98 abgerissen, einzig ein Rest des Turms blieb erhalten, der in den Neubau integriert werden sollte. Es wurde ein anonymer Architekturwettbewerb ausgeschrieben. Einstimmig entschied man sich für »Arx nova surrexit« – sinngemäß: eine neue Burg erhebt sich –, den Entwurf von Hugo Licht, den man zur Verwirklichung des anspruchsvollen Vorhabens von seinen sonstigen Aufgaben freistellte. Der erhaltene 45 m hohe Turmstumpf der alten Pleißenburg musste verstärkt werden, um der Last des Rathausturms standzuhalten.

Vorgeschichte: Pleißenburg

Die Pleißenburg war im 13. Jh. unter der Herrschaft des Markgrafen Dietrich des Bedrängten am Ufer der Pleiße errichtet worden und blieb als einzige von drei Zwingburgen in Leipzig bis Ende des 19. Jh.s erhalten. Allerdings ließ Kurfürst Moritz von Sachsen nach schweren Zerstörungen im Schmalkaldischen Krieg 1547 durch den Architekten des ▶Alten Rathauses, **Hieronymus Lotter**, eine der Stadt vorgelagerte Wasserburg errichten. Sie galt zu jener Zeit als vorbildliche Befestigungsanlage auf dem Stand modernster Kriegskunst. Bis in die zweite Hälfte des 18. Jh.s wurde die Pleißenburg v. a. als Garnison und Gefängnis verwendet.
In die Geschichte ging die **Disputation auf der Pleißenburg** im Juni/Juli 1519 ein, deren Ausgang wesentlich für die Reformation war. Der Professor für Theologie Johannes Eck vertrat die päpstliche Seite und Andreas Bodenstein von Karlstadt die Position des Augustinermönchs **Martin Luther**, der jedoch seine Argumentation persönlich vortrug (▶ S. 29). Von 1752 bis 1756 konnte der Bankier Christian Gottlob Frege die **Münzstätte** pachten, die nun auf der Pleißenburg eingerichtet wurde. Sein einstiges Haus in der Katharinenstraße (▶Fregehaus) gehört zu den prachtvollsten Gebäuden Leipzigs. Von 1794 bis 1864 war im Turm der Pleißenburg die Sternwarte der Universität eingerichtet. Ein Jahr nach ihrer Gründung 1764 zog die Zeichnungs-, Mahlerey- und Architectur-Academie, die Vorläuferin der Hochschule für Grafik und Buchkunst, in den westlichen Akademieflügel der Festungsanlage.

Architektur

Die gesamte Außenfassade besteht aus hellgrauem Rottenbauer Muschelkalkstein aus der Nähe von Würzburg. Stilistische Elemente

Gar nicht so alt, wie man auf den ersten Blick meinen könnte: Das Neue Leipziger Rathaus wurde zu Beginn des 20. Jh.s eingeweiht.

verschiedener Architekturepochen, mächtige Ziergiebel und in die Außenmauern integrierte Türmchen tragen zur imposanten Erscheinung des Bürgerpalasts bei. Die prächtigste Fassade zeigt in Richtung Südwest zum Martin-Luther-Ring, einem Teil des ▶Promenadenrings. Der als Oberbürgermeisterflügel bezeichnete Bereich mit den Arbeitsräumen des Stadtoberhaupts ist mit Ornamenten und Figuren verziert, die sinnbildlich für die damalige wirtschaftliche und kulturelle Stellung Leipzigs waren: das Handwerk, die Gerechtigkeit, die Buchkunst, die Wissenschaft und die Musik. Darüber erhebt sich im mächtigen Giebel der **Löwe, das Leipziger Wappentier**.

An der Südseite schließt sich im stumpfen Winkel die Längsfront mit dem prachtvoll gestalteten Eingangsbereich an. Über dem Portal des Haupteingangs stellt ein Volutengiebel eine Hommage an das ▶Alte Rathaus dar, auf dessen Scheitelpunkt der Kopf der Lipsia mit einer Krone in Form der stilisierten Stadtmauer plastisch herausgearbeitet wurde. Die Eingangstreppe wird von zwei Wächterlöwen mit großen Schildern flankiert. Auf den Sockeln sind Zitate von Friedrich Schiller angebracht, denn im Jahr der Einweihung des Rathauses 1905 wurde seines 100. Todestags gedacht. Sehenswert sind die Türgitter vor den Eingangsportalen mit einer Vielzahl an Ornamenten und humorvollen Verzierungen. So dürfte die Schnecke auf einer Türklinke zögerliche amtliche Entscheidungen versinnbildlichen.

Neues Rathaus • ZIELE

Die **Rathausuhr** mit goldenen Zeigern auf blauem Grund weist nicht nur auf die aktuelle Zeit, sondern mit der um das Zifferblatt gruppierten Inschrift »Mors certa, hora incerta« – »Der Tod ist gewiss, die Stunde ist ungewiss« – auf die Vergänglichkeit des Menschen hin.

Der großzügige Empfangsbereich im Erdgeschoss war ursprünglich eine Wartehalle; jetzt finden in der Unteren Wandelhalle (Informationsstand) regelmäßig Ausstellungen statt. Eine Stirnseite ist mit dem herzoglich sächsischen Wappen (1502) vom Grimmaischen Tor, dem ehemaligen östlichen Stadttor, geschmückt. Die Haupttreppe, in Granit ausgeführt und mit edlen Marmorgeländern und üppigen figürlichen Verzierungen versehen, führt in die **Obere Wandelhalle**. Sie wird bei Empfängen oder beim **Bürgerfest** am 9. Oktober zum Gedenken an die friedliche Revolution genutzt. Das wohl prachtvollste Zimmer im Neuen Rathaus ist der Ratsplenarsaal mit reich verzierter Kassettendecke. Der Festsaal dient heute den Stadtverordneten als Sitzungssaal.

Innenausstattung

Der Ratskeller (▶Essen und Trinken) trat die Nachfolge der Ratsherrentrinkstube in der Alten Waage am ▶Markt an. Vor dem mit einer Arkade geschützten Eingangsportal zum Restaurant am Burgplatz steht eine der schönsten ironischen Plastiken des Gebäudes: die den Bürger verschlingende Steuerlast. Das Gasthaus wurde bereits 1904 eröffnet, als die Handwerker noch eifrig mit dem Innenausbau des Neuen Rathauses beschäftigt waren. Mit sieben Räumen (insg. 650 Plätze) ist es Leipzigs größtes Restaurant. Das **Kaffeekabinett Lene Voigt** erinnert an die Leipziger Mundartdichterin (1891 – 1962). Alljährlich vergibt hier der Lene-Voigt-Verein die »Goldene Gaffeeganne« bei einem sächsischen Rezitationswettbewerb.

Ratskeller

Auf den Tag genau drei Jahre nach der Rathauseinweihung hieß es am 7. Oktober 1908 »Wasser marsch!« für den aus Spenden Leipziger Bürger finanzierten Rathausbrunnen auf dem Burgplatz. Feine Wasserstrahlen plätschern aus einem Kranz mit Figuren aus deutschen Märchen. Überragt wird das achteckige Becken aus Muschelkalkstein von einer etwa 5 m hohen Säule, auf der die lebensgroße Bronzefigur eines Jünglings Flöte spielt. Der Sockel ist geschmückt mit Porträtmedaillons der Oberbürgermeister aus der Bauzeit des Rathauses, Otto Georgi und Bruno Tröndlin (▶Promenadenring), sowie des Architekten und Erbauers Hugo Licht.

Rathausbrunnen

Am Martin-Luther-Ring zu Füßen des Neuen Rathauses wurde 1999 das **begehbare Denkmal für den ehemaligen Oberbürgermeister** Carl Friedrich Goerdeler (1884 – 1945) eingeweiht. Dieser war aus Protest gegen den Abriss des Mendelssohn-Denkmals (▶Promenadenring) 1937 zurückgetreten.

Goerdeler-Denkmal

Der engagierte Politiker war ein führender Vertreter des konservativen Widerstands gegen Hitler. Nach dem Scheitern des Attentats auf Hitler am 20. Juli 1944 wurde Goerdeler denunziert, vom Volksgerichtshof zum Tod verurteilt und am 2. Februar 1945 in Berlin-Plötzensee hingerichtet. Im November 1993 beschloss die Leipziger Stadtverordnetenversammlung, Carl Goerdeler ein Denkmal in der Nähe seiner einstigen Wirkungsstätte zu errichten. Das Werk des amerikanischen Künstlerpaars Jenny Holzer und Michael Glier stellt einen 5 m tiefen Schacht dar, in den eine **Bronzeglocke** eingelassen wurde. Sie läutet um 5.55, 11.55, 17.55 und 23.55 Uhr, an entsprechenden Gedenktagen stündlich. Den Schacht betritt man über drei kreisförmig angeordnete Stufen, auf denen Goerdeler-Zitate stehen.

Stadthaus Hugo Licht baute von 1908 bis 1912 auch das Stadthaus. Bewusst wurde eine architektonische Einheit zum Rathaus geschaffen. Das siebenstöckige Ensemble besitzt einen ungleichmäßigen, fünfeckigen Grundriss. Mit dem Neuen Rathaus ist es über eine zweistöckige, leicht schräg verlaufende Brücke verbunden, im Volksmund »Beamtenlaufbahn« genannt.

** Neuseenland

Mit der größten Landschaftsbaustelle Europas erhielt die Gegend um Leipzig ein neues Gesicht: In der von Bergbau und Industrie geprägten Region entstand eine Freizeitoase, das »Neuseenland«.

Die Landschaft ist bereits seite dem 19. Jahrhundert stark vom Braunkohlentagebau geprägt. Dutzende von Ortschaften wurden wegen des reichlich vorhandenen Energieträgers und Rohstoffs für die Karbochemie weggebaggert. Hier wird bis etwa 2060 mit fast 120 zwischen 10 und 2000 ha großen Gewässern die **größte künstlich geschaffene Seenlandschaft Europas** entstehen. Jeder einzelne der nach und nach in den sogenannten Tagebaurestlöchern entstehenden Seen erhält einen eigenen Charakter. Neben zahlreichen touristischen Attraktionen wird ein Teil auch der Natur vorbehalten, werden Biosphärenreservate für seltene Pflanzen- und Tierarten eingerichtet.

> **BAEDEKER TIPP**
>
> *Markkleeberger Kanu-Spaß*
>
> Wo sonst Wildwasserkanuten von Weltklasse trainieren, kann man ein Training in schnittigen Kajaks absolvieren oder beim Power-Rafting die Kraft eines reißenden Gebirgsbachs erleben. Zusehen kann man von der Terrasse aus. Infos: Tel. 034297 1 41 29, www.kanupark-markkleeberg.com

Neuseenland • ZIELE

Kulkwitzer See

Der direkt an das Neubaugebiet Leipzig-Grünau im Südwesten der Stadt grenzende, 150 ha große Kulkwitzer See ist eine Erholungsoase für Campingfreunde und Wassersportler. Es gibt hier eine beliebte **Wakeboardanlage** und Möglichkeiten zum Surfen und Segeln, außerdem ist er ein Geheimtipp für Taucher, da man hier eine für Binnenseen ungewöhnliche Unterwassersichtweite von über 12 m hat.

Cospudener See

Einst externer Standort der EXPO 2000 in Hannover, ist der Cospudener See, südlich von Leipzig und westlich von Markkleeberg, ein ideales Badeausflugsziel für Familien. Beliebt ist er auch bei Seglern, Surfern und Kitern, die die für ihre Sportarten geeigneten Windverhältnisse schätzen. Plätze für die beliebten Strandsportarten Beach Volleyball und Soccer gibt es ebenso wie eine Marina mit gastronomischen Einrichtungen, eine Tauchschule und eine Sauna direkt am See. Vom Cospudener See ist für Wasserwanderer eine Verbindung durch den ▶Auwald bis zum Leipziger Stadthafen angelegt.

Markkleeberger See

Die besondere Attraktion am Markkleeberger See ist der **Kanupark Markkleeberg**, eine der weltweit modernsten Wildwasseranlagen, in der Olympiaqualifikationsrennen und internationale Meisterschaften ausgetragen werden. Die Sportanlage steht auch Hobby-Kanuten und Rafting-Fans zur touristischen Nutzung offen. Ein fast 10 km langer Weg um den See lockt Skater, Jogger und Radsportler.

Abendstimmung am Cospudener See

Neuseenland • Südraum

Map labels:
Rackwitz, Schladitzer See 2012, Schkeuditz, Weiße Elster, Luppe, Saale-Elster-Kanal, Taucha, LEIPZIG, Parthe, Markranstädt, Kulkwitzer See 1983, Markkleeberg, Naunhofer Seen, Naunhof, Cospudener See 2000, Markkleeberger See 2007, Großpösna, Zwenkauer See 2013, Zwergau, Störmthaler See 2011, Böhlen, Espenhain, Domsener See 2046, Pegau, Pereser See 2051, Pleiße, Hainer See 2008, Kitzscher, Groitzsch, Bockwitzer See 2005, Schwerzauer See 2036, Groitzscher See 2050, Borna, Luckau

6 km
©BAEDEKER

Weitere Attraktionen Ein Kanal führt zum 2011 gefluteten **Störmthaler See**. Besonderes Highlight ist das schwimmende Standesamt Vineta. Fast 1000 ha bedeckt der **Zwenkauer See** und gehört damit zu den größten Revieren der Region. Unter dem Motto »Freizeit und Wohnen am See« ist eine großzügige Hafenanlage mit Hotels und Wohnhäusern im Aufbau. Neben der Wasserlandschaft mit ihren Erholungsmöglichkeiten haben die Städte **Markkleeberg, Groitzsch, Borna** und **Pegau** historisches und modernes Flair zu bieten. Im Sächsischen Burgen- und Heideland kann man u. a. die Töpferstadt **Kohren-Salis**, die Burg Gnandstein und zahlreiche Mühlen ansehen. An der **»Straße der Braunkohle«** finden Technikinteressierte Zeugen des ehemals wichtigsten Wirtschaftszweigs der Region. Ein Technikpark mit Großgeräten entsteht unweit vom Markkleeberger See. Der **BELANTIS-Vergnügungspark** (▶Baedeker-Tipp S. 112) ist der größte Freizeitpark in den neuen Bundesländern. Der über die A 38 erreichbare Park erweitert jährlich sein familiengerechtes Angebot an Attraktionen.

✻✻ Nikolaikirche

G 7

Lage: Nikolaikirchhof
Innenstadtplan: I C 4
Straßenbahn: 4, 7, 8, 10, 11, 12, 15, 16 (Augustusplatz)

Seit dem Herbst 1989, als sie zum Ausgangspunkt der friedlichen Revolution in der DDR und somit für die deutsche Wiedervereinigung wurde, gilt die Nikolaikirche als Symbol des gewaltlosen Protests (▶Baedeker Wissen S. 224). Neben der ▶Thomaskirche ist sie heute die bekannteste Kirche Leipzigs.

St. Nikolai ist die **älteste und größte Kirche der Stadt**. In dem 63 m langen und 46 m breiten Sakralbau finden rund 1700 Gläubige Platz. Eine erste urkundliche Erwähnung 1212 als Ecclesia Sancti Nikolai steht in der Gründungsurkunde des Augustiner-Chorherrenstifts St. Thomas. Sie ist dem heiligen Nikolaus, dem Schutzpatron der Kaufleute und Reisenden geweiht worden, weil sich in jenem Teil der Stadt zunehmend Fernhandelskaufleute ansiedelten. Bei archäologischen Grabungen entdeckte man, dass die Fundamente inmitten von weitaus älteren Gräberfeldern stehen, was vermuten lässt, dass an dieser Stelle bereits ein Vorgängerbau existiert hat. Das im romanischen Stil errichtete Gotteshaus war eine dreischiffige Basilika mit zwei quadratischen Türmen an der Westseite und mit 56 m Länge und 30 m Breite eine der größten

Baugeschichte

> ! **BAEDEKER TIPP**
>
> *Mehr zur Nikolaikirche 1*
>
> Weitere Informationen zur Geschichte und Architektur erhält man bei den Kirchenführungen (Di., Do., Fr. jeweils 17.00, Sa. 11.00 Uhr). Für die Orgelführung (Fr. 16.30 Uhr, 5 €) und die Turmbesteigung (Sa. 14.00 Uhr, 2,50 €) sollte man sich vorher anmelden (Tel. 0341 1 24 53 80).

Pfarrkirchen in Sachsen. Aus jener Zeit stammen noch die Grundmauern des Westriegels. Die rund 100 Jahre dauernden Umbauten und Erweiterungen im spätgotischen Stil begannen Ende des 14. Jahrhunderts. Vor allem am Westturm mit dem Hauptportal ist der romanische Ursprung noch in Details erkennbar. 1555 ließ Bürgermeister **Hieronymus Lotter** den achtseitigen Mittelturm mit Türmerwohnung zwischen den im 13. und 14. Jh. erbauten Flankentürmen errichten. Erst 1730 wurden die Türme in der heutigen Gestalt mit barocken Hauben vollendet. Der 76 m hohe Mittelturm überragt den Turm der ▶Thomaskirche um 9 Meter. Als Vorbild für die Turmlaterne diente ein Entwurf des Architekten George Bähr für die Dresdener Frauenkirche. Gekrönt wird das Bauwerk von einer kunstvoll gestalteten, 4,50 m langen Wetterfahne mit einem 20-zackigen Stern als Abschluss. Die Last des Turms hatte 1759 das romanische Portal einstürzen lassen. Es wurde durch ein barockes Portal ersetzt.

Kunstvoller Innenraum

Der Innenraum wurde 1784 bis 1797 von Johann Friedrich Carl Dauthe im klassizistischen Stil umgestaltet. Er überformte die gotischen Architekturelemente mit Stuck und wandelte das spätgotische Netzgewölbe des Kirchenschiffs in eine **Kassettendecke** um. Getragen wird die Konstruktion von **mit Palmwedeln gekrönten Säulen**. Die Farbgebung konzentriert sich auf Weiß, Apfelgrün und Rosé. Stuckrosetten verdecken die spitzen gotischen Bögen und der Chorraum besitzt ein hölzernes Tonnengewölbe. Der Fußboden erhielt einen dekorativen Belag aus schwarzen und weißen Steinplatten.
Beim Umbau 1901/02 wurden die äußeren Betstübchen abgerissen und Treppenhäuser errichtet. Einzelne romanische Architekturelemente, die bei den Arbeiten gefunden worden waren, mauerte man in die Sakristeiwand ein. 1966 – 1977 wurde der Innenraum restauriert, anschließend begann die Instandsetzung der Fassade und des 250 Jahre alten Kupferdachs. Seit 1999 befindet sich auf dem südlichen Kirchendach eine etwa 50 m² große Fotovoltaikanlage.

Ausstattung und Kunstwerke

Während der klassizistischen Umgestaltung des Innenraums wurde auch das Inventar weitgehend erneuert und u. a. das Taufbecken und die frei stehende Kanzel nach Entwürfen des Leipziger Stadtbaumeisters Dauthe neu geschaffen. Der damals schon 70-jährige **Adam Friedrich Oeser** (1717 – 1799) malte **30 Emporen- und Altargemälde**, von Zeitgenossen auch als **»Oeser-Bibel«** bezeichnet: Engelsdarstellungen in der Eingangshalle, ein Zyklus mit Szenen aus dem Leben Jesu im Altarraum und Gemälde der christlichen Tugenden Hoffnung und Liebe auf der Empore. Das Altarbild stellt die Auferstehung Christi dar. Oeser war übrigens der erste Direktor der 1764 gegründeten Leipziger »Zeichnungs-, Mahlerey- und Architectur-Academie«, heute Hochschule für Grafik und Buchkunst. Das **Kruzifix** im Chorraum stammt aus der Mitte des 13. Jh.s und gehört

Die Palmenkapitelle der kannelierten Säulen kaschieren den Ansatz des gotischen Kreuzgewölbes.

damit zu den ältesten erhaltenen Kunstwerken Leipzigs. Die englische Stadt Coventry schenkte der Gemeinde 1996 das **»Coventry-Kreuz«** als Symbol der völkerweiten Versöhnung nach dem Zweiten Weltkrieg. Die **Luther-Kanzel** von 1521 sowie ein spätgotischer Flügelaltar aus einer früheren Dorfkirche befinden sich in der Nordsakristei. Diese Kapelle aus dem 14. Jh. wird von einem zentralen Bündelpfeiler mit vier Jochen getragen. Im **Kapitelsaal** darüber werden zwei Cranach-Gemälde und eine plastische Darstellung des Schmerzensmanns aus dem 15. Jh. aufbewahrt. Bedeutendstes Kunstwerk aus der Barockzeit ist die Schrifttafel des Johann von Logau von 1672 an der Westwand der Südkapelle. Auf vier 1905 von F. Pfeifer geschaffen Reliefs mit Alabasterschnitzereien ist der Leidensweg Christi dargestellt.

Eine Orgel wurde erstmals 1479 erwähnt. Das heutige Instrument von Friedrich Ladegast aus Weißenfels, 1856 – 1859 gebaut, gehörte zu jener Zeit zu den bedeutendsten Instrumenten Europas. Mit 103 Registern und 6314 Pfeifen ist sie **die größte Kirchenorgel Sachsens**. 1986/88 erfolgte durch den VEB Orgelbau Sauer unter anderem die Elektrifizierung der Traktur. Dank einer Spende der Porsche AG konnte die Orgel 2002/03 durch die Orgelmanufaktur Hermann

Orgel

Nikolaikirche

Offen für alle

Bilder von Zehntausenden friedlich demonstrierender Menschen gingen 1989 um die ganze Welt. Die Leipziger Nikolaikirche wurde zu einem historischen Symbol, denn hier begann am 9. Oktober 1989 der friedliche Marsch Richtung Innenstadtring, dessen Teilnehmer mit brennenden Kerzen, selbst gestalteten Plakaten und dem Ruf »Wir sind das Volk« einen gewaltigen Eindruck bei der herrschenden Staatsmacht hinterließen.

Die berühmten Leipziger Montagsdemonstrationen hatten, was heute kaum noch bekannt ist, ihren Ursprung in der DDR-Friedensbewegung zu Beginn der 1980er-Jahre. Bereits seit September 1982 lud der damalige Pfarrer **Christian Führer** zu den immer montags in der Nikolaikirche stattfindenden **Friedensgebeten** ein, die sich vornehmlich gegen das Wettrüsten in Ost und West richteten. Damit war auch das Motto der Nikolaikirche verbunden: »Offen für alle«. Die Einladung war also nicht nur an Gläubige gerichtet.

Druck von oben

Mit der Zeit zogen die Friedensgebete, Arbeits- und Gesprächskreise vermehrt Ausreisewillige und Oppositionelle an. Eine dramatische Folge dieser zunehmenden Politisierung waren Verhaftungen und ein vehementer Druck des Staats auf die Kirchenleitung. Nach der Manipulation der Kommunalwahlergebnisse vom 7. Mai 1989 protestierten Hunderte Leipziger auf dem Markt. Als Reaktion darauf wurde am folgenden Tag nach dem Friedensgebet erstmals ein Polizeikessel um die Nikolaikirche gebildet. Doch schnell verbreitete sich im ganzen Land der Ruf der Montagsgebete, die den Unmut über die herrschenden Zustände sichtbar werden ließen.

Montagsdemonstration

Am 4. September 1989 fand die erste **Montagsdemonstration** nach dem Friedensgebet in der Nikolaikirche statt. Da das Gotteshaus nicht mehr alle Besucher fassen konnte, wurden die Gebete in den folgenden Wochen auch in anderen Leipziger Kirchen abgehalten. Trotz des brutalen Eingreifens der Polizei und der Stasi wuchs die Teilnehmerzahl an den folgenden Montagen ständig.

»Leipziger Sechs«

Am 9. Oktober wurde in Kirchen und im Stadtfunk nachdrücklich zur **Gewaltlosigkeit** aufgerufen – der Appell der »Leipziger Sechs« war unter anderem unterzeichnet von dem Gewandhauskapellmeister Kurt Masur und dem Kabarettisten Bernd-Lutz Lange. An jedem Tag zogen mehr als 70 000 Menschen – manche gehen von 100 000 Teilnehmern aus – nach Friedensgebeten in vier Leipziger Kirchen über den gesamten Innenstadtring. Sie forderten politische Reformen und Meinungsfreiheit: »Keine Gewalt«, »Neues Forum zulassen«, »Freiheit, freie Wahlen« oder »Lasst die Gefangenen frei« waren

Zwischen Predigerhaus und Nikolaikirche ist eine Säule mit Palmwedeln aus dem Kirchenschiff nachgebildet. Die 16 m hohe Nikolaisäule steht für den Gedanken des Aufbruchs, der von der Kirche ausging.

die Hauptanliegen. Angesichts der Menschenmassen schritten die zahlreich erschienenen Sicherheitskräfte nicht ein.

Aufbruchsignal

Die Leipziger Montagsdemonstration vom 9. Oktober 1989 wirkte wie ein Signal zum Aufbruch. Eine Woche später nahmen bereits rund 120 000 Menschen aus der ganzen DDR an der Montagsdemonstration teil, obwohl intensive Vorbereitungen für einen massiven Einsatz der Sicherheitskräfte getroffen worden waren. Am 18. Oktober trat Erich Honecker nach 18-jähriger Regierungszeit, offiziell aus »gesundheitlichen Gründen«, von seinem Posten zurück.

Orte des Erinnerns

An diesen beispiellosen Geschehnissen, die zeigten, dass es möglich ist, mit friedlichem Einsatz ein politisches System zu stürzen, erinnern mittlerweile verschiedene **Kunstwerke auf dem Nikolaikirchhof** (▶S. 226). Einige Jahre lang wurde am 9. Oktober nach einem Friedensgebet dort **»Die Nacht der Kerzen«** begangen: Die Lichter wurden zu einer großen »89« als dem Symbol der Friedlichen Revolution zusammengestellt. Auch die Nikolaisäule des Leipziger Künstlers Gerhard Stötzner und des Bildhauers Markus Gläser (▶Abb. oben), die sich »auf den Weg macht«, symbolisiert die Aufbruchstimmung im Herbst 1989.

Eule aus Bautzen komplett erneuert werden. Das Gehäuse und der größte Teil der Pfeifen der alten Ladegast-Orgel blieben erhalten.
Orgelmusik: Sa. 17.00 Uhr, Eintritt: 2 €

Bedeutende Ereignisse

Mit ihren Predigten leiteten die Reformatoren **Justus Jonas** und **Martin Luther** (▶Berühmte Persönlichkeiten) am 25. Mai 1539 die Reformation in Leipzig ein. Reformator **Johannes Pfeffinger** (1493 bis 1573) studierte nach seiner Flucht aus Passau 1523 bei Luther und Philipp Melanchthon in Wittenberg (▶Ausflugsziele, S. 159). Von 1540 bis zu seinem Tod 1573 war er der erste lutherische Superintendent und Stadtpfarrer der Nikolaikirche. An die Leipziger Universität, an der ab 1544 evangelische Theologie gelehrt wurde, berief man ihn 1555 als Theologieprofessor.

Johann Sebastian Bach (▶Berühmte Persönlichkeiten) absolvierte hier am 23. Februar 1723 sein Probespiel für die Funktion des »Kantors Chori Lipsiensis und Director musices«. Dieses Amt trat er am 30. Mai mit der Aufführung der Kantate »Die Elenden sollen essen« an und war während seiner gesamten Amtszeit bis 1750 auch in St. Nikolai kirchenmusikalisch tätig. Eine Büste des Leipziger Künstlers Carl Seffner erinnert an sein Wirken.

1989 bildete die Nikolaikirche den **Ausgangspunkt für die friedliche Revolution**, die zum Ende der DDR führte (▶Baedeker Wissen S. 224).

*Nikolaikirchhof

Nördlich der Kirche liegt der **Nikolaikirchhof** mit dem **Predigerhaus** und der **Alten Nikolaischule**. Letztere existiert seit 1512 und war die erste weltliche Schule der Stadt. Neben den Elementarfächern wurden auch die Künste gelehrt. Zu ihren prominentesten Schülern gehörten **Gottfried Wilhelm Leibniz** und **Richard Wagner** (▶Berühmte Persönlichkeiten). Der Schulbetrieb wurde 1872 eingestellt. Zu Beginn der 1990er-Jahre konnte das Gebäude mit finanzieller Unterstützung der Stadt Frankfurt a. M. durch die Kulturstiftung Leipzig, die jetzt hier ihren Sitz hat, saniert werden. Heute sind in der Alten Nikolaischule im Erdgeschoss eine Gaststätte sowie im Untergeschoss die Ausstellung »Der junge Richard Wagner, 1813 bis 1834« untergebracht, im ersten Obergeschoss residiert die Antikensammlung der Universität.

❶ Di.–Do., Sa., So. 12.00–17.00 Uhr, Eintritt: 3 €

Erinnerung an 1989

In das historische Schlackepflaster des hinteren Kirchhofs, direkt neben dem Fußweg der Ritterstraße Richtung Brühl, wurde eine **Bronzeplatte mit Schuhabdrücken** eingelassen, die in Richtung Augustusplatz weisen und so den Aufbruch zu den Montagsdemonstrationen symbolisieren. Die Hamburger Stiftung »Lebendige Stadt« schenkte Leipzig am 9. Oktober 2003 einen **Brunnen** und eine Lichtinstallation. Die schlichte, große Brunnenschale aus Lausitzer

Granit soll den Nikolaikirchhof als Ort der Kommunikation und der Besinnung würdigen. Sie wurde von dem englischen Stararchitekten David Chipperfield entworfen und steht an der Stelle, an der es bereits 1573 einen Brunnen im Renaissancestil gab. Die **Lichtinstallation** des Leipzigers Tilo Schulz besteht aus **150 »gläsernen« Pflastersteinen**, die nachts in den Farben Blau, Grün und Magenta leuchten. Ab 20.00 Uhr schaltet ein Zufallsgenerator die Lichtwürfel nacheinander ein. Über einen Zeitraum von drei Stunden wächst so allmählich die scheinbare Ansammlung. In den Morgenstunden verschwindet sie wieder. Das Kunstwerk versinnbildlicht eine wachsende Menschenmenge mit ihren Lichtern, wie sie sich vor den Montagsdemonstrationen auf dem Platz versammelte – also die Botschaft, die zur Veränderung der gesamten politischen Situation geführt hat.

> **BAEDEKER TIPP !**
>
> *Mehr zur Nikolaikirche 2*
>
> Wer sich noch einmal die Nachrichten und die Bilder ins Gedächtnis rufen will, die 1989 die politische Wende einleiteten, sollte am Stadtrundgang »Auf den Spuren der Friedlichen Revolution« teilnehmen (Sa. 14.00 Uhr, 4 €, Treffpunkt: Hauptportal der Nikolaikirche).

* Oper

G 7

Lage: Augustusplatz (Nordseite)
Innenstadtplan: I B/C 4
Straßenbahn: 4, 7, 8, 10, 11, 12, 15, 16 (Augustusplatz)
Vorverkauf: Mo. – Sa.

10.00 – 19.00 Uhr
http://
oper-leipzig.de

Das Opernhaus Leipzig wurde als erster Theaterneubau der ehemaligen DDR von 1956 bis 1960 errichtet. Es reiht sich in die über 300 Jahre lange Tradition von bürgerlichen Opernaufführungen seit Eröffnung der Alten Oper am Brühl ein.

Ursprünglich stand an gleicher Stelle das im Zweiten Weltkrieg zerstörte Neue Theater (erbaut 1864 – 1868). Unterhalb der Terrasse des Operncafés (▶Baedeker-Tipp S. 169) wurde 1993 das gerettete und renovierte **Tympanon des Vorgängerbaus** anlässlich des 300-jährigen Bestehens der Leipziger Oper aufgestellt und mit einer Gedenktafel versehen. Die erhaltenen Teile zeigen Züge von Ceres, Bacchus und Ariadne sowie eine Allegorie der Lipsia.

Tympanon des Neuen Theaters

Die klare Linienführung des dreigeschossigen Opernhauses greift die spätklassizistischen Gestaltungsformen des Neuen Theaters wieder auf. Sein überhöhte Bühnenhaus krönt eine Laterne mit einer golde-

Architektur

nen Kugel auf der Spitze. An den vier äußeren Ecken des Bühnenhauses wurden goldene Tauben als Friedenssymbole aufgestellt. Eine Freitreppe und ein zweigeschossiger Vorbau in Form eines Portikus beherrschen die Front zum Augustusplatz. Die gesamte Fassade wurde mit hellem Sandstein verkleidet, Fenster und Außentüren in Gold eloxiert. An den Querseiten des Gebäudes sind Reliefs die einzigen Schmuckelemente. Hier finden sich u. a. Theatervignetten und auch die Entwicklung von »Hammer, Zirkel und Ährenkranz« als Staatssymbole der früheren DDR wird nachgezeichnet.

Unlängst erhält das Gebäude eine komplette Verjüngungskur unter Wahrung der Authentizität. Der Zuschauerraum wurde großzügiger gestaltet. Treffpunkt im ersten Obergeschoss mit Panoramablick auf den Augustusplatz bildet ein geräumiges Parkettfoyer, das auch für Empfänge oder andere festliche Anlässe Raum bietet. Der alljährliche **Opernball** im Oktober hat einen festen Platz im gesellschaftlichen Leben der Stadt.

Chor und Ballett

Besonders engagiert ist die Oper Leipzig in der Kinder- und Jugendarbeit. Bereits Kinder ab vier Jahren werden Schritt für Schritt an den Gesang herangeführt und treten etwa ab der vierten Schulklasse im **Kinder- und Jugendchor** öffentlich auf. Vorstellungen für Kinder wie die »Zauberflöte« werden in der Oper oder in der Musikalischen Komödie aufgeführt. Der Chor mit 65 Mitgliedern zwischen 9 und 17 Jahren wirkt auch bei Produktionen in der Oper und in der Musikalischen Komödie mit.

Die Oper, vom Schwanenteich aus gesehen

Der seit 1960 existierende **Opernchor** tritt außer im eigenen Haus auch bei Veranstaltungen anderer Klangkörper auf. Tourneen in europäische Länder, nach Israel und Hongkong sowie die Ehrung mit dem Klassik ECHO Award für eine CD-Musikproduktion unterstreichen den hohen Qualitätsstandard des Ensembles.
Neben dem Opernensemble glänzt das **Ballettensemble** durch eigene Ballettaufführungen und Choreografien. Den Part des Orchesters übernimmt bei Opern- und Ballettaufführungen traditionell das Gewandhausorchester.

Die **Tiefgarage Augustusplatz** hat einen direkten Zugang zur Oper. Die Parktickets sind drei Stunden vor Beginn bis drei Stunden nach Ende des Konzerts gültig. Zudem gelten die Opernkarten drei Stunden vor bis drei Stunden nach der Veranstaltung als **Ticket für Straßenbahnen, Busse und S-Bahnen im MDV** (Mitteldeutscher Verkehrsverbund). *Hinweise*

Öffentliche Hausführungen finden in der Oper jeden Samstag um 14.00 Uhr statt (ca. 2 Std.), Treffpunkt ist der Bühneneingang Goethestraße. Auch Führungen durch die Musikalische Komödie (s. u.) werden angeboten. Kinder lernen die Oper bei den spielerischen Familienführungen kennen, die an vielen Sonntagen, zu Ferienterminen auch wochentags veranstaltet werden. Zu ausgewählten Terminen besteht die Möglichkeit, die Oper eine Viertelstunde nach Ende der Vorstellung mit einer Nachtführung (ca. 1,5 Std.) zu erleben. Die **Tickets** für die Führungen gibt es an der Opernkasse. *Führungen*
Das Opernhaus bietet einen **barrierefreien Zugang** zu sechs Rollstuhlplätzen im Opernsaal (zwei Plätze in der Musikalischen Komödie) sowie Induktionsschleifen für Hörgeräte (Parkett und Rang).

MUSIKALISCHE KOMÖDIE (MUKO)

Lage: Dreilindenstraße 30
Straßenbahn: 3, 7, 8, 15
(Angerbrücke, Straßenbahnhof)
Stadtplan: H 4
Vorverkauf: Mo. – Sa. 10.00 – 19.00 Uhr

Die Musikalische Komödie, eine zur Oper gehörende Spielstätte, hat v. a. Operetten und Musicals im Repertoire. Zum Ensemble gehören Solisten, ein eigenes Orchester, Ballett und Chor. Ursprünglich als Ausflugsgaststätte »Drei Linden« und nach dem Umbau ab 1918 als Varieté genutzt, diente es nach der Zerstörung des Neuen Theaters am Augustusplatz im Jahr 1944 bis zur Eröffnung des Opernhauses 1960 als Opernspielstätte. Danach wandelte es sich als Kleines Haus Dreilinden zum Operettentheater. Seit 1968 trägt es seinen heutigen Namen. *Leichtere Muse*

Panometer

✳ K 7

Lage: Richard-Lehmann-Straße 114
Straßenbahn: 9 (Arthur-Hoffmann-/Richard-Lehmann-Straße)
🕐 Aug. – Okt. Di. – So. 10.00 bis 19.00, Nov. – Juli Di. – Fr. 10.00 bis 17.00, Sa./So. 10.00 – 18.00 Uhr
Eintritt: 10 €
www.panometer.de

Eine besondere Attraktion ist das weltgrößte runde 360°-Panorama mit wechselnden Themen und Darstellungen. Dafür wird ein denkmalgeschützter Gasometer der Stadtwerke Leipzig genutzt, der bis 1977 zur Speicherung von Stadtgas diente.

Riesenpanorama Als sich 2003 die Erstbesteigung des Mount Everest zum 50. Mal jährte, gestaltete der in Deutschland lebende iranische **Künstler Prof. Yadegar Asisi** unter dem Titel »8848 Everest 360°« die erste Ausstellung. Mit spezieller fotografischer Aufnahme- und Drucktechnik vermittelte er den Besuchern die Illusion, inmitten der Bergwelt des Himalaya zu stehen. Durch audiovisuelle Mittel wurde der Tagesablauf simuliert, eine Ausstellung zeigte u. a. Originalexponate von Himalaya-Expeditionen.

Das zweite Panorama war einem 1890/91 im Berliner Nationalpanorama gezeigten Riesenrundgemälde nachempfunden. Thema: der Einzug Kaiser Konstantins in Rom im Jahr 312. Mit der Ausstellung **»Amazonien«** ab 2009 holte der Künstler die einzigartige Urwaldatmosphäre des Amazonasgebiets nach Leipzig. Zum 200. Jahrestag der Völkerschlacht 2013 schuf er ein faszinierendes Panorama der Stadt Leipzig in den Wirren der Kampfhandlungen. Zu jedem Projekt gehören ein Begleitprogramm sowie eine Ausstellung, die die Hintergründe erläutert.

Promenadenring

✳ G/H 6/7

Lage: Zentrum
Innenstadtplan: I B–D 3–5

Der Promenadenring umschließt die historische Innenstadt Leipzigs entlang der ehemaligen Befestigungsanlagen. Nach dem Siebenjährigen Krieg (1756 – 1763) hatte der sächsische Kurfürst Friedrich August III. sie der Stadt unter der Bedingung übereignet, dass die Flächen gemeinnützigen Zwecken zugeführt werden sollten.

Promenadenring • ZIELE

Der seit etwa 1912 nahezu geschlossene Grünzug wird lediglich von markanten Plätzen unterbrochen und gestattet einen gemütlichen Spaziergang über rund 7 km rings um die Leipziger City. Parallel dazu verläuft eine mehrspurige Ringstraße, in die ein separater Gleiskörper für die Straßenbahn integriert ist. Das innere Stadtzentrum misst von Ost nach West 600 m, von Süd nach Nord 800 m. Von den etwa 225 Gebäuden im Stadtzentrum stehen 130 unter Denkmalschutz. Der Straßenzug rings um den Altstadtkern besteht aus sieben Teilen, die vorrangig nach Persönlichkeiten der Leipziger Stadtgeschichte benannt sind. Geschichte wurde in jüngster Zeit auch geschrieben, als bei den **Montagsdemonstrationen 1989** Zehntausende Leipziger in einem friedlichen Protestzug um den Ring zogen.

150 Jahre Stadtgeschichte

Südöstlich des Zentrums liegt der Roßplatz. Der Name existiert seit 1625, als hier zwischen ▶Moritzbastei und Peterstor an der heutigen Petersstraße ein bedeutender Pferdemarkt abgehalten und die ersten Pferderennen veranstaltet wurden. In der Grünanlage hinter dem ▶Neuen Gewandhaus und der Moritzbastei erhebt sich der Musenhügel mit dem Denkmal des Leipziger Bürgermeisters Dr. Karl Wilhelm Otto Koch (1810 – 1876) von Carl Seffner. Unweit davon steht das ebenfalls von Seffner geschaffene **Robert-Schumann-Denkmal**. Auf der äußeren Ringseite überragt das **Europa-Haus**, 1828/29 im Rahmen des ersten Generalbebauungsplans der Stadt errichtet, alle benachbarten Gebäude. Es besaß einst das höchste Dachgartencafé Europas, das nun im gegenüberliegenden City-Hochhaus einen weitaus höher liegenden Nachfolger gefunden hat (▶Augustusplatz).

Roßplatz

Im folgenden äußeren Bereich beginnt die **Ringbebauung**, ein geschlossenes, von 1953 bis 1955 errichtetes städtebauliches Ensemble. Es folgt der Krümmung der Ringstraße, von der die sieben- bis neungeschossigen Baukörper durch eine kleine, parkähnliche Anlage getrennt sind. Im Zentrum des Komplexes liegt das **Ring-Café**. Es reicht über zwei Etagen und galt bei seiner Eröffnung 1956 als größtes Tanzcafé Deutschlands. Nach der Wende blieb es lange ungenutzt; inzwischen versucht ein engagierter Betreiber, mit Tanzveranstaltungen und Festen an die große Ära des Cafés anzuknüpfen.

Schräg durchquert man den Schillerpark mit dem 1914 eingeweihten **Schillerdenkmal**. Die Marmorstele zeigt den Poeten von der weiblichen »Erhabenheit« und der männlichen »Tragik« flankiert. Dieser Teil des Rings wurde 1857 von dem Landschaftsgärtner Peter Joseph Lenné (1789 – 1866) gestaltet, dem u. a. der Park von Potsdam-Sanssouci zu verdanken ist. Von den Bauarbeiten am City-Tunnel war ein Teil des Parks betroffen, er wurde neu begrünt. Bedeutsame Bauwerke des Historismus, errichtet ab etwa 1860, bestimmen die angrenzende **Schillerstraße**. Erkennbar sind Stilelemente der italienischen Renaissance in den klar strukturierten Fassaden der vier- bis fünfgeschossigen Prachtbauten – sie dokumentieren das Selbstbewusstsein der prosperierenden Bürgerstadt jener Epoche. An der Ecke Petersstraße hat im ehemaligen Reichsbankgebäude seit 1999 die **Musikschule Johann Sebastian Bach** ihr Domizil. Ihr Ziel ist die Förderung musikalisch begabter junger Menschen. Im angrenzenden, etwas flacher gestalteten Gebäude ist das **Café Richter** mit einer prachtvollen Innenausstattung sehenswert. An der folgenden Straßenecke sieht man Richtung City auf der rechten Seite das ehemalige Messehaus **Stentzlers Hof** und gegenüber das durch seine rote Backsteinfassade mit hell abgesetzten vertikalen Ornamentstreifen auffallende **Klinger-Haus**. Bis 1880 stand an diesem Platz das Geburtshaus des Malers, Grafikers und Bildhauers Max Klinger (1857 – 1920). Beim Weitergehen auf dem Promenadenring kommt das Gebäude der Deutschen Bank mit abgerundeter Eingangstreppe ins Blickfeld. Interessant ist der schmal nach vorn verlaufende Grundriss des Gebäudes, das auf einem dreieckigen Ausläufer der ehemaligen Pleißenburg erbaut wurde. Teils erhalten, teils wieder in den Originalzustand versetzt sind die Eingangshalle mit dem Tresorraumzugang, die Kassenhalle und der Sitzungssaal im ersten Obergeschoss.

Wilhelm-Leuschner-Platz

Der Wilhelm-Leuschner-Platz liegt jenseits des Rings und bildet eine Brachfläche, die teilweise als Parkplatz genutzt wird. Vor dem Krieg stand hier neben Hotel- und Geschäftsbauten auch die Großmarkthalle, von der noch unterirdische Lagerräume vorhanden sind. In stadtauswärtiger Verlängerung der Petersstraße schließt sich der Peterssteinweg mit der **Stadtbibliothek** an, einem der schönsten Bauten des langjährigen Stadtbaudirektors Hugo Licht (1841 – 1923). Es war ursprünglich 1895 mit Mitteln der Stiftung des Leipziger Kaufmanns Franz Dominic Grassi (1801 – 1880) für das Völkerkunde- und Kunstgewerbemuseum errichtet worden (▶Grassi-Museen).

Martin-Luther-Ring

An den Roßplatz schließt sich in westlicher Richtung der Martin-Luther-Ring vor dem ▶ Neuen Rathaus an. Martin Luther (▶Berühmte Persönlichkeiten) war mehrmals in Leipzig, u. a. zur Disputation mit Johann Eck 1519 auf der Pleißenburg (▶Neues Rathaus) sowie zur Einführung der Reformation 1539 mit seiner Predigt in der ▶Thomaskirche.

Dittrichring

Rudolf Dittrich (1855 – 1929) war von 1908 bis 1917 Leipziger Oberbürgermeister. In seiner Amtszeit wurde die Stadt durch zahlreiche Eingemeindungen stark erweitert, was Wohnungsbau und Industrie beförderte. Zunächst stößt man auf das erste in Leipzig errichtete **Bach-Denkmal**, das auf Betreiben des damaligen Gewandhauskapellmeisters Felix Mendelssohn Bartholdy 1843 errichtet wurde. Vor der Ecke Gottschedstraße folgt das Westportal der ▶Thomaskirche. Unmittelbar an der Gottschedstraße wurde 2008 eine originalgetreue Kopie des von Werner Stein 1916 geschaffenen Standbilds von **Felix Mendelssohn Bartholdy** (▶Berühmte Persönlichkeiten) eingeweiht. Das frühere Bronzedenkmal war von den Nationalsozialisten am 9. November 1936 entfernt worden. Aus Protest war der damalige Oberbürgermeister Carl Friedrich Goerdeler (▶Neues Rathaus, Goerdeler-Denkmal) zurückgetreten.

Im anschließenden Park liegt ein wenig versteckt der **Märchenbrunnen**, dessen Mittelpunkt eine steinerne Grotte mit Jugendstilornamenten und der lebensgroßen Darstellung von Hänsel und Gretel bildet. Auf der linken Straßenseite ist das **Centraltheater** zu sehen. Das seit 2013 den Namen **Schauspiel Leipzig** führende Haus geht auf die seit 1848 bestehende Centralhalle zurück, die 1902 zu einem Gebäudekomplex mit Restaurants, diversen Sälen und einem 1600 Zuschauer fassenden Theater umgebaut wurde. Beim Publikum ist es wegen seiner oft provokanten, experimentierfreudigen Spielweise sehr beliebt. Aus dem Leipziger Ensemble ist manches schauspielerische Talent wie Anne Cathrin Buhtz oder Mathis Reinhardt zu Bekanntheit in Film- und Fernsehproduktionen gelangt. Auf den »kleinen« Bühnen Hinterbühne, Diskothek und Baustelle können sich auch Nachwuchsschauspieler, -autoren und -regisseure mit experimentellen Stücken präsentieren.

Der Dittrichring endet am ehemaligen Gebäude der Bezirksverwaltung des Ministeriums für Staatssicherheit der DDR (MfS), in dem das Bürgerkomitee Leipzig im ▶**Museum in der »Runden Ecke«** eine ständige Ausstellung in den Originalräumen unter dem Titel »STASI – Macht und Banalität« zeigt.

Fassade des Klinger-Hauses

Goerdelerring

Der anschließende Goerdelerring trägt den Namen des Oberbürgermeisters Carl Friedrich Goerdeler (▶Neues Rathaus, Goerdeler-Denkmal), der als einer der führenden Köpfe des Widerstands gegen die Nationalsozialisten im Februar 1945 hingerichtet wurde. Auf der linken Straßenseite stehen die 1881 für die Leipziger Berufsfeuerwehr erbaute Hauptfeuerwache und das Gebäude der **Industrie- und**

Abendbeleuchtung des Elstermühlgrabens

Handelskammer. Im grünen Gürtel auf der rechten Seite erhebt sich das umstrittene, 2013 enthüllte **Richard-Wagner-Denkmal** von Stephan Balkenhol. Der Dresdener Künstler stellte einen eher unscheinbar wirkenden, farblich gefassten Wagner vor seine 4,20 Meter hohe, schwarze Silhouette und thematisierte damit die weit über den Menschen Wagner hinausgewachsene Wirkung des Werks. Den Sockel des Denkmals hatte Anfang des 20. Jhs. Max Klinger entworfen; er sollte eine sechs Meter hohe Wagner-Statue tragen, vor deren Vollendung Max Klinger 1920 starb. Wenige Schritte weiter steht das Denkmal für **Samuel Christian Friedrich Hahnemann** (1755 bis 1843), den Begründer der Homöopathie. Während der Völkerschlacht 1813 betreute er die Verwundeten. Seine Widersacher warfen ihm Kunstfehler vor, sodass er auf deren Betreiben hin 1821 ausgewiesen wurde. In Paris arbeitete er ab 1835 bis zu seinem Tod erfolgreich als »deutscher Wunderdoktor«.

Tröndlinring Der Rechtsanwalt und Notar Carl Bruno Tröndlin (1835 – 1908) war 1899 zum Oberbürgermeister gewählt worden. In seine Amtszeit fielen u. a. die Überführung des Elektrizitätswerks und der Stadtreinigung in kommunale Hand. Mit einem großen, freien Platz beginnt der nach ihm benannte Abschnitt des Promenadenrings. Hier liegen das ▶Naturkundemuseum, ein Verwaltungsgebäude der Stadtwerke Leipzig, das Ring-Messehaus und das Hotel Fürstenhof (▶Übernachten). Von Westen mündet der **Ranstädter Steinweg** auf den Ring, auf dessen Höhe einst das Ranstädter Tor den westlichen Zugang zur Stadt bildete. In östlicher Richtung schließt sich die 1899 geweihte

evangelisch-refomierte Kirche an. Ihre Gemeinde wurde von den Hugenotten im Jahr 1700 gegründet, zu ihren Mitgliedern gehörten im 19. Jh. u. a. Mitglieder der Familie Baedeker (▶Baedeker Wissen S. 50) und Anton Philipp Reclam.

Auf der Seite zur Innenstadt liegt der Richard-Wagner-Platz mit dem ehemaligen Warenhaus, das den treffenden Spitznamen **»Blechbüchse«** trägt. Die denkmalgeschützte Blechbüchse ist heute Teil des Einkaufszentrums Höfe am Brühl. An der Gerberstraße stand früher das Hallische Tor, das 1820 wegen des zunehmenden Verkehrsstroms abgerissen wurde. Gleich neben dem ▶Hauptbahnhof folgt das einst exklusivste Leipziger Hotel, das Astoria. Seit es Ende 1996 geschlossen wurde, wartet es auf Investoren. Vor dem Hotelgebäude führt eine Fußgängerunterführung unter dem Ring hindurch in die City, die vor der historischen »Goldenen Kugel« wieder zutage tritt. In der modernen Einkaufspassage **Brühl-Arkaden** daneben betreibt der Leipziger Maler und Grafiker **Michael Fischer-Art** ein offenes Atelier. Sein farbenfroh-expressives Werk an der Außenfassade der Passage zieht die Blicke aller vom Hauptbahnhof Kommenden auf sich.

Richard-Wagner-Platz

Auf der Innenstadtseite unterquert der City-Tunnel den Promenadenring zum ▶Hauptbahnhof. Gewissermaßen das Empfangstor ist die Nikolaistraße, die in den letzten Jahren zu einem der beliebtesten Fußgängerbereiche geworden ist; diverse Lokale und interessante Geschäfte laden zum Bummeln ein. Blickfang an der Ecke Richard-Wagner-Straße/Nikolaistraße ist das vor wenigen Jahren komplett umgebaute Seaside Park-Hotel (▶Übernachten). Folgt man der Richard-Wagner-Straße gegenüber vom Hauptbahnhof, erreicht man einen kleinen Park mit dem 1819 dem Bürgermeister Carl Wilhelm Müller (1728 – 1801) gewidmeten Denkmal: Er hat sich besonders um die Parkanlagen am heutigen Promenadenring verdient gemacht.

Willy-Brandt-Platz

Folgt man dem Ring in östlicher Richtung, sieht man vis-à-vis vom Hauptbahnhof das heutige Victor's Residenz Hotel, das vor seinem Umbau Hotel Continental hieß. Das von 1908 bis 1911 errichtete Gebäude gehörte zu den ersten Stahlbetonskelettgebäuden in Europa. Imposant erhebt sich auf dem angrenzenden Areal seit 1972 das Wohnhochhaus an der Wintergartenstraße. Mit seinen 95 m Höhe und **dem drehbaren und leuchtenden Messelogo** (zwei über einander angeordnete große M für Muster-Messe) prägt die Leipziger Skyline. Es ist das dritthöchste Bauwerk der Stadt nach dem City-Hochhaus am Augustusplatz und dem Turm des ▶Neuen Rathauses. Der **Schwanenteich** unmittelbar hinter der ▶Oper war ein Teil des ehemaligen Stadtgrabens. Das Areal wurde 1785 im Stil eines englischen Gartens gestaltet. Hier steht eine 1983 aus Anlass seines 100. Todestags eingeweihte **Richard-Wagner-Büste**. An der Goethestra-

Georgiring

ße (Busparkplatz) sticht das Eisenbahndenkmal ins Auge. Der Obelisk wurde 1876 zur Erinnerung an die Eröffnung der ersten deutschen Ferneisenbahnlinie von Leipzig nach Dresden errichtet (▶Hauptbahnhof). Unweit davon in Richtung ▶Augustusplatz erinnert ein Ehrenmal an die während der NS-Zeit ermordeten Sinti und Roma. Die Plastik »Geschlagener« stammt vom Dresdner Bildhauer Wieland Förster. Am Fuß des ehemaligen Schneckenbergs, auf dem die ▶Oper errichtet wurde, entdeckt man außerdem die Steinplastiken »Flötist« und »Gitarrist«. Nun schließt sich der Kreis: Nach dem ▶Augustusplatz geht der Georgi-Ring in den Roßplatz über.

* Romanushaus

G 7

Lage: Katharinenstraße 23/Ecke Brühl
Innenstadtplan: I B 3
Straßenbahn: 1, 3, 4, 7, 9, 12, 13, 14, 15 (Goerdelerring)

Das schönste Barockwohnhaus Leipzigs – das 1701 bis 1704 erbaute Romanushaus – ist mit einer interessanten Geschichte verbunden.

Vom Höfling zum Bürgermeister

Nach dem Dreißigjährigen Krieg wurde der Kurfürst von Sachsen August »der Starke« König von Polen und litt noch stärker als bislang unter Geldnot. Da kam Dr. jur. Franz Conrad Romanus (1671 – 1746), ein aus einer alteingesessenen Leipziger Juristenfamilie stammender ehrgeiziger und dienstfertiger Höfling, gerade recht. Um mehr Geld von seiner »lieben getreuen Stadt Leipzig« zu erhalten, ernannte der König kurzerhand den gerade 30-jährigen Romanus zum Bürgermeister, obwohl es ein verbrieftes Recht der Städte zur freien Ratswahl gab. Da die Leipziger Kaufmannschaft als »knauserig« galt und Romanus für seine Geschicklichkeit und Rücksichtslosigkeit bekannt war, schien er geeignet, die königlichen Wünsche durchzusetzen.
Kaum an der Macht, ließ er von Ratsmaurermeister Johann Gregor Fuchs (1650 – 1715) ein Haus entwerfen und erbauen, wie es die Stadt vorher noch nicht gesehen hatte (▶Abb. S. 10). Das heutige Romanushaus stand am Anfang eines Baubooms nach dem Dreißigjährigen Krieg, als die Bedeutung Leipzigs als Ost-West-Handelsplatz (▶Baedeker Wissen S. 30) wieder enorm wuchs und zahlreiche barocke Wohnpaläste entstanden. Die Häuser der wohlhabenden Bürger – zumeist Kaufleute – dienten in der Regel nicht nur Wohnzwecken, sondern enthielten auch Lagerräume und Gewölbe, in denen die auswärtigen Waren gestapelt wurden, und Gästezimmer für die durchreisenden Kaufleute. Außerdem konnte man auf diese Weise reprä-

sentieren und seinen Erfolg zur Schau stellen. Schätzungen zufolge wurde in jener Zeit etwa ein Drittel aller Geschäftshäuser im barocken Stil neu auf- bzw. umgebaut.

Zur prachtvollsten aller von Barockgebäuden gesäumten Straßen entwickelte sich die **Katharinenstraße** – damals von den Einheimischen »Cather«-Straße genannt, woran bis Mitte der 1990er-Jahre das legendäre Café Cather im Haus Nr. 15 erinnerte. Ursprünglich wollte Romanus das prunkvolle viergeschossige Bauwerk auch zeitweilig dem Landesherrn als Wohnquartier bei seinen Aufenthalten in Leipzig anbieten. Sein Bau folgte zeitlich direkt der ▶Alten Handelsbörse (1680) und es war eindeutig eines der stattlichsten. Aber im Unterschied zu den als

> **? BAEDEKER WISSEN**
>
> *Schneiders Maßlosigkeit*
>
> Romanus hat kein Monopol auf Maßlosigkeit. Mitte der 1990er-Jahre machte Jürgen Schneider mit Immobiliengeschäften und Sanierungsvorhaben deutschlandweit Schlagzeilen. Er erhielt von den Banken »ungedeckte« Milliardenkredite für die Sanierung denkmalgeschützter Gebäude, allein über 60 in Leipzig, darunter – das Romanushaus. Die meisten Immobilien fanden neue Eigentümer, doch viele Handwerksbetriebe erlitten existenzbedrohende Einbußen. Mehr dazu erfährt man beim Rundgang »Jürgen Schneider und seine Immobilien in Leipzig« (www.leipzig-erleben.com).

Wohn- und Geschäftshaus Genutzten war es ausschließlich für private Zwecke gedacht. Doch Hausherr war er nur wenige Wochen, denn zur Finanzierung des für damalige Zeiten ungeheuren Betrags von 150 000 Talern hatte er Staatsschuldscheine gefälscht. Als das herauskam, wurde er verhaftet und ohne Verurteilung bis an sein Lebensende für 41 Jahre auf die Festung Königstein verbannt.

Zugute halten muss man ihm allerdings, dass in seiner Amtszeit u. a. Straßenbeleuchtung, Kanalisation und Straßenreinigung sowie ein Sänftenverkehr eingeführt wurden.

* Schillerhaus

F 6

Lage: Menckestraße 42
Straßenbahn: 4 (Waldstraße), 12 (Fritz-Seger-Straße)
❶ April – Okt. Di. – So. 10.00 – 17.00,
Nov. – März Mi. – So. 11.00 – 16.00 Uhr
Eintritt: 3 €

Friedrich Schiller (▶Berühmte Persönlichkeiten) kam 1785 nach Leipzig. Im heutigen Schillerhaus in Gohlis vermietete ihm der Bauer Schneider eine Stube, in der später eine Ausstellung mit persönlichen Alltagsgegenständen, literarischen Dokumenten, Theaterplakaten u. v. m. zusammengetragen wurde.

ZIELE • Schillerhaus

Im Erdgeschoss des Hauses vermittelt ein Modell einen Eindruck vom **Dorf Gohlis während Schillers Aufenthalt**. Vermutlich wurde das Anwesen als Fränkischer Dreiseitenhof erbaut und ist wahrscheinlich sogar das älteste erhaltene Gebäude in Leipzig. Damals hatte Gohlis etwa 45 Häuser, 450 Einwohner und wurde von den Leipzigern als Ausflugsziel und Sommerresidenz geschätzt, wie auch der Bau des ▶Gohliser Schlösschens verdeutlicht.

Nach der bedrückenden Zeit in Mannheim lebte der Dichter hier wieder auf und brachte seinen frischen Lebensmut im Gedicht **»An die Freu(n)de«** zum Ausdruck, wie eine Gedenktafel am Gebäude verrät. Dieser Text wurde in unzählige Sprachen übersetzt und als »Ode an die Freude« im Schlusschor der neunten Sinfonie von Beethoven Millionen bekannt. Alljährlich Ende Dezember wird Beethovens »Neunte« vor einem begeisterten Publikum im ▶Neuen Gewandhaus aufgeführt.

Dass dieses bauliche Kleinod der deutschen Literaturgeschichte erhalten blieb, ist dem 1842 gegründeten Schillerverein zu verdanken, dessen erster Vorsitzender Robert Blum war – Dichter, Publizist, Politiker und Abgeordneter der Frankfurter Nationalversammlung 1848. Der Verein erwarb das Gebäude und richtete hier die **erste literarische Gedenkstätte Deutschlands** ein. Heute vermittelt es einen authentischen Eindruck der Zeit von Schillers Aufenthalt.

In diesem Häuschen in Gohlis wohnte Schiller 1785.

** Stadtgeschichtliches Museum

◆ B 4

Lage: Altes Rathaus, Markt 1
Innenstadtplan: I C 4
Bus: 89 (Grimmaische Straße)
❶ Di. – So. 10.00 – 18.00 Uhr

Eintritt: 6 €
www.stadtmus
eum-leipzig.de

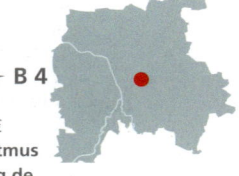

Das Stadtgeschichtliche Museum ist eines der bedeutendsten kulturhistorischen Museen in Deutschland. Dazu gehören auch der Neubau im Böttchergäßchen, die ▶Alte Handelsbörse, das Museum Zum Arabischen Coffe Baum, das ▶Schillerhaus, das Sportmuseum sowie das ▶Völkerschlachtdenkmal mit dem Forum 1813.

Am 11. Dezember 1911 wurde die erste Dauerausstellung zur Stadtgeschichte im speziell für das Museum umgebauten ▶Alten Rathaus eröffnet. Das malerische Renaissancegebäude bietet den passenden Rahmen für die Ausstellung. Im Eingangsbereich, erreichbar über die Turmtreppe, befindet sich das **Stadtmodell von 1823** (▶Baedeker-Tipp S. 58). Es zeigt die noch heute im Stadtzentrum erkennbare mittelalterliche Stadtstruktur. Auf dem fast 25 m² großen dreidimensionalen Modell stehen 1422 Häuser. Hiermit beginnt auch die ständige Ausstellung »**Leipzig original**«, deren erster Teil im ersten Obergeschoss die Zeit vom Mittelalter bis zur Völkerschlacht 1813 behandelt. Insbesondere Festsaal, Ratsstube und Bürgermeisterzimmer strahlen mit ihrem Mobiliar, dem Zierrat und den Galerien der Fürsten und Stadtrichter historische Authentizität aus. Einzelne Räume sind speziellen Themen gewidmet, z. B. »Krieg und Frieden« oder »Leipziger Messe«. Teile des Ratssilbers werden in der ehemaligen Schatzkammer (Aerarium) gezeigt, außerdem kann eine Gefängniszelle im Kellergewölbe mit Folterinstrumenten besichtigt werden. Zum Ratsschatz gehörten v. a. wertvolle silberne Trinkgefäße, darunter der teilweise vergoldete **Luther-Becher**, den der Reformator 1536 vom schwedischen König Gustav Wasa erhielt, wie eine Inschrift im Deckelinneren belegt. Große Teile des Ratsschatzes und weitere wertvolle Stücke wie die prachtvoll bestickte Ratstischdecke von 1551 und eine Eidbibel mit kunstvollem Einband werden im ▶Grassi-Museum für Angewandte Kunst aufbewahrt.

Im zweiten Teil der ständigen Ausstellung im Obergeschoss wird der Bogen vom 19. Jh. bis in die Gegenwart gespannt. Sie steht unter der Thematik »Moderne Zeiten – Von der Industrialisierung bis zur Gegenwart«. Hier wird auf Leipzig als Zentrum des Handels, der Kultur und der Wissenschaften eingegangen und die Zeit der Industrialisie-

Leipzig im Lauf der Zeit

rung sowie die Entwicklung einer modernen Großstadt, die zu den führenden Metropolen des Verlagswesens und des Handels gehörte, aufgezeigt.

Spezielle Führung Freien Eintritt und eine kostenlose Führung mit dem Direktor gibt es jeden ersten Mittwoch im Monat um 17.00 Uhr, die Besichtigung von Schatzkammer, Gefängniszellen und Turmbesteigung am zweiten und vierten Donnerstag (außer feiertags) im Monat um 16.00 Uhr.

NEUBAU

Lage: Böttchergäßchen 3
Innenstadtplan: I B 4
Bus: 89 (Reichsstraße)

❶ Di. – So. 10.00 – 18.00 Uhr
Eintritt 4 €

Im 2004 eröffneten Neubau besitzt das Stadtgeschichtliche Museum erstmals ein Depot für seine Bestände unter einem Dach. Außerdem werden hier regelmäßig Veranstaltungen durchgeführt und Sonderausstellungen gestaltet. Hier befindet sich auch das **zur Zeit geschlossene Kinder- und Jugendmuseum Lipsikus**.
Der Museumsbestand wurde computergestützt katalogisiert, die komplette Sammlung ist für die Forschung zugänglich und in zehn Bereiche gefasst: Alltagskultur und Volkskunde, Kunst und Kunsthandwerk, Stadt- und Landesgeschichte, Musik- und Theatergeschichte, Numismatik, Militaria, Fotothek, Vor- und Frühgeschichte sowie Archäologie, Sportgeschichte und die Bibliothek.
Einige **herausragende Beispiele aus dem Fundus** sind eine Haarlocke von Richard Wagner, ein Dirigentenpult, an dem sowohl Felix Mendelssohn Bartholdy als auch Wolfgang Amadeus Mozart dirigierten, eine Autografensammlung mit etwa 20 000 Briefen und Dokumenten, u. a. von Johann Wolfgang Goethe, Friedrich Schiller oder Napoleon. Allein die Sammlung an 1075 Gemälden und 19 000 Grafiken übertrifft die Schätze so manchen kunsthistorischen Museums. Die Fotothek umfasst ca. 100 000 Objekte, z. B. Daguerrotypien und unersetzliche Glasnegative der Leipziger Stadtbildfotografie.

✶✶ MUSEUM ZUM ARABISCHEN COFFE BAUM

Lage: Kleine Fleischergasse 4
Innenstadtplan: I B 3

Straßenbahn: 9 (Gottschedstraße/ Thomaskirche)
❶ Tgl. 11.00 – 19.00 Uhr

Das Haus Zum Arabischen Coffe Baum wurde erstmals 1556 in den Ratsbüchern erwähnt. Es besitzt seit 1711 einen Kaffeeausschank

Im Arabischen Café

und ist somit **das älteste in Deutschland erhaltene Kaffeehaus**. Über dem Eingangsportal (▶Abb. S. 1) zeigt eine **barocke Plastik** einen Orientalen, der einem Putto eine Schale Kaffee darbietet – gleichsam Symbol für die mit diesem Getränk verbundene orientalische Lebenskultur. Mehr über die 300 Jahre alte Kaffeekultur in Sachsen erfährt man im Museum im dritten Obergeschoss. Unter den etwa 500 Exponaten ist z. B. eine Tasse, aus der Napoleon Bonaparte 1813 sein »Scheelchen Heeßen« – wie man in Sachsen eine Tasse Kaffee zu nennen pflegt – getrunken haben soll. Aber auch verschiedene Geräte zum Rösten und Zubereiten des köstlichen Getränks sowie Meissener Kaffeeporzellan wecken Appetit, den man im Café im zweiten Stock stillen kann. Dort erwartet die Gäste neben einem **Wiener Café** und einem **Café français** auch ein **Arabisches Café**.
Im Lauf der Jahre besuchten viele berühmte Künstler die Restaurants im Erdgeschoss und im ersten Stock, wie der Kreis junger Musiker und Schriftsteller um Robert Schumann, Johann Wolfgang von Goethe, Edvard Grieg, Johann Sebastian Bach, Richard Wagner und Franz Liszt. Auch Politiker waren hier zu Gast: u. a. Robert Blum, Karl Liebknecht und August Bebel. Der damalige Bundeskanzler Helmut Kohl und der Vertreter der DDR, Lothar de Maizière, sprachen hier miteinander über den Weg zur deutschen Einheit.
Unvergessen und bei jeder Stadtführung als »wahre Begebenheit« vorgetragen ist die Geschichte, wie es kam, dass die Witwe des Hofchocolatiers Johannes Lehmann nach dem Umbau zum Kaffeehaus

1720 die Spezialität ganz legal anbieten konnte. Ob die junge Frau August dem Starken, dessen Hang zum »schwachen Geschlecht« legendär war, tatsächlich nur köstlichen Kaffee kredenzen musste?

SPORTMUSEUM

Lage: Am Sportforum 10
Straßenbahn: 3, 4, 7, 8, 13, 15 (Waldplatz)
Bus: 131 (Waldplatz)
❶ Mo. – Fr. 8.00 – 16.00 Uhr

Sportgeschichte Das Sportmuseum in Leipzig war das erste und einzige seiner Art nach 1945, das sich systematisch mit der **Geschichte von Körperkultur und Sport** beschäftigte. Von 1977 bis Anfang der 1990er-Jahre hatte es seine Ausstellungsräume im Kopfbau des ehemaligen Zentralstadions. Zur Zeit gibt es keine Dauerausstellung. Der Bestand umfasst allein rund 80 000 Stücke, darunter seltene Sportgeräte, olympische Medaillen, Wettkampfkleidung, Urkunden und eine umfassende Fachbibliothek.

★★ Thomaskirche

G 6/7

Lage: Thomaskirchhof
Innenstadtplan: I C 3
Straßenbahn: Gottschedstraße/Thomaskirche (Linie 9)
❶ Tgl. 9.00 – 18.00 Uhr
thomaskirche.org

Die Thomaskirche ist eines der bekanntesten Wahrzeichen Leipzigs und als evangelische Stadtpfarrkirche mit Johann Sebastian Bach als Thomaskantor und Stadtmusikdirektor sowie mit dem Thomanerchor aufs Engste verbunden.

Bach und die Thomaner Bereits seit Anfang des 13. Jh.s stand hier das vom Augustiner-Chorherrenstift erbaute Gotteshaus. Die Hallenkirche wurde Ende des 15. Jh.s im spätgotischen Stil umgestaltet. Auffallend ist das Kirchendach: Während das Kirchenschiff 17,50 m hoch ist, hat das mit 62° Neigung **ungewöhnlich steile Schieferdach** eine Höhe von 26 Metern. Das beeindruckende Zeugnis mittelalterlicher Zimmermannskunst ist mit einer Fläche von über 2500 m² eines der größten Kirchendächer in Sachsen. Bei einer **Turmbesteigung** erhält man nicht nur Einblicke in den Dachstuhl, der bis zur Firsthöhe sieben Ebenen umfasst, sondern kann auch die nicht mehr genutzte Türmerwohnung und den Glockenstuhl besichtigen. Die größte der vier Glocken ist die 1477 gegossene Gloriosa mit einem Gewicht von 5200 kg und

Thomaskirche • ZIELE

einem Durchmesser von 2,04 m. Von der umlaufenden Plattform auf rund 50 m Höhe hat man **einen großartigen Blick über die Innenstadt**. Ende des 19. Jh.s wurde das zum ▶Promenadenring weisende schmucklose Westportal im neugotischen Stil prachtvoll gestaltet. Seit Februar 2009 trägt es den Namen Mendelssohn-Portal.
ⓘ **Turmführung:** April–Ende Nov. Sa. 13.00, 14.00 u. 16.30 (nach Motette u. Kantate), So. 14.00 u. 15.00 Uhr, Eintritt 2 €

Der Innenraum besitzt eine Reihe von Besonderheiten; dazu gehören historische Grabmale wie die bronzene Grabplatte der 1484 verstorbenen Herzogin Elisabeth von Sachsen, der Sarkophag des 1307 ermordeten Markgrafen Dietrich von Wettin, genannt: Diezmann, und das **Grab von Johann Sebastian Bach**. Seine Gebeine wurden nach der Zerstörung der Johanniskirche hierher umgebettet.
Eindrucksvoll ist der gotische **Hochaltar**, der aus der 1968 gesprengten Universitäts- bzw. Paulinerkirche am ▶Augustusplatz stammt und 1984 hier aufgestellt wurde. Er soll einen Platz im neuen Paulinum erhalten. Das Ende des 15. Jh.s entstandene Kunstwerk zeigt Reliefdarstellungen des Jesus-Maria-Zyklus und Darstellungen der Leiden Christi. Die gewaltigen **Bleiglasfenster** an der Südseite über der Empore stellen **bedeutende Gestalten aus dem Kirchenleben und der Geschichte der Stadt** dar: den Kämpfer für die Reformati-

Innenraum

Die Knaben des Thomanerchors erhalten ihre stimmliche, musikalische und schulische Ausbildung in der Thomasschule.

ZIELE • Torhaus Dölitz

> **BAEDEKER TIPP**
>
> ! *Motetten und Orgelvespern*
>
> Den Thomanerchor kann man u. a. bei der Vesper am Fr. um 18.00 (1 Std.) und am Sa. um 15.00 Uhr mit einer Bach-Kantate (ca. 1 1/4 Std.) erleben. In den Ferien oder bei Konzertreisen singt ein Gastchor die Motette oder es ist stattdessen Orgelvesper (Eintritt 2 €). Im Juli/Aug. finden die Konzerte »Orgel & mehr« am Sa. um 15.00 Uhr statt. Weitere Informationen: www.thomaskirche.org bzw. www.thomanerchor.de

on und schwedischen König Gustav Adolf, der in der Schlacht bei Lützen 1632 fiel; Martin Luther, der hier anlässlich der Einführung der Reformation an Pfingsten 1539 predigte; Johann Sebastian Bach, der 27 Jahre als Kantor und Komponist tätig war, und Felix Mendelssohn Bartholdy, der die Werke Bachs wiederentdeckte und -aufführte. Um die Werke Bachs originalgetreu darbieten zu können, besitzt die Kirche neben ihrer »romantischen« Orgel mit 88 Registern von Wilhelm Sauer aus den Jahren 1885 bis 1889 eine 2000 von der Firma Gerald Woehl in Marburg erbaute Orgel: Sie bildet mit ihren 61 Registern das Klangbild der Bach-Zeit nach. Das Instrumentgehäuse orientiert sich an der barocken Scheibe-Orgel aus der einstigen Paulinerkirche.

Klangvolle Knabenstimmen
Der **Thomanerchor** feierte 2012 sein 800-jähriges Bestehen und gehört damit zu den ältesten Knabenchören der Welt. Das seinerzeit vom Augustiner-Chorherrenstift ins Leben gerufene Ensemble trat bis zur Säkularisierung vorrangig bei den Messen an den Samstagen auf. Danach wurde der Chor von der Stadt übernommen und war weiterhin bei Gottesdiensten, aber auch bei öffentlichen und privaten Anlässen gefragt. Enger Kontakt besteht zum Gewandhausorchester, seit der erste Gewandhauskapellmeister in die Position des Thomaskantors wechselte. Das Orchester gestaltet Auftritte und Programme gemeinsam mit dem Chor, u. a. in der Thomaskirche. Seit der ersten Auslandsreise 1920 hat der Thomanerchor bei zahlreichen Tourneen in vielen Ländern der Welt seine musikalische Qualität unter Beweis gestellt und zur Bekanntheit der Bach-Stadt Leipzig beigetragen.

Torhaus Dölitz

★ M 8

Lage: Helenenstraße 24
Straßenbahn: Leinestraße (Linie 11)
www.torhaus-doelitz.de
www.zinnfigurenfreunde-leipzig.de

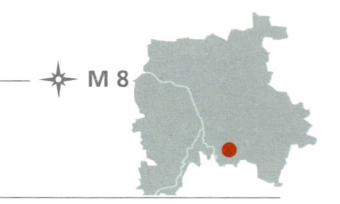

Das Torhaus Dölitz ist das letzte authentische Gebäude im Stadtgebiet von Leipzig aus der Zeit der Völkerschlacht vom Oktober 1813.

Geschichte

Im Jahr 900 stand an dieser Stelle eine sorbische Wasserburg. Nach der Zerstörung des Ritterguts im Dreißigjährigen Krieg wurde hier ein Renaissance-Schloss erbaut, das auch Goethe mehrmals besucht haben soll. Erbittert umkämpft wurde das Schloss während der Völkerschlacht. 1943 wurde es bei Bombardierungen stark beschädigt und 1947 schließlich abgerissen. Einzig das Torhaus blieb erhalten. Es liegt direkt an der Mühlpleiße und ist es über eine hölzerne Brücke erreichbar. Seit 1959 befindet sich hier ein Zinnfigurenmuseum.

Die Tradition der **Leipziger Mal- und Dioramenschule** reicht bis zum Anfang des 20. Jh.s zurück. Die Zinnfigurenfreunde Leipzig e. V. pflegen diese Tradition und bieten auch Workshops an. Zu den Höhepunkten der Ausstellung gehörten u. a. eine Stadtansicht von Leipzig um 1632 sowie Messeszenen und vor allem das Großdiorama zur Völkerschlacht bei Leipzig mit über 12 000 Zinnfiguren. Seit Ende 2013 ist das Museum **bis auf Weiteres geschlossen.**

Universität Leipzig

G 7

Lage: Augustusplatz
Innenstadtplan: I C 4
Straßenbahn: 4, 7, 8, 10, 11, 12, 15, 16 (Augustusplatz)
www.uni-leipzig.de

Mit dem 600. Gründungsjubiläum 2009 beginnt für die Universität Leipzig –, die zweitälteste Deutschlands mit durchgängigem Studienbetrieb, nach der Ruprecht-Karls-Universität in Heidelberg – eine neue Ära.

Neuer Campus

Mit dem Bau des neuen Campus am ▶Augustusplatz entstand nicht nur ein repräsentativer Neubau, auch die Studienbedingungen verbesserten sich wesentlich und entsprechen den Anforderungen an moderne Lehre und Forschung. Eine architektonische Landmarke bildet das **Neue Augusteum** mit dem daran anschließenden **Paulinum,** beide vom Architekten Erick van Egeraat. Das im Zweiten Weltkrieg stark beschädigte Hauptgebäude der Universität, das sogenannte Augusteum, und die Paulinerkirche waren 1968 gesprengt worden. Lange wurde vor allem über den Wiederaufbau der Kirche diskutiert. Die jetzige Lösung zeichnet die Umrisse des Gotteshauses in der Glasfassade der zum Augustusplatz gewandten Front nach. In den Neubau ist das von Friedrich Wilhelm Schinkel entworfene Tor des alten Augusteums integriert.

Mit einem Investitionsvolumen von rund 190 Mio. Euro wurde der Campus, zu dem neben Rektorats-, Hörsaal- und Seminargebäude sowie dem Paulinum auch eine Mensa gehört, auf modernsten Stand gebracht. Hohe Investitionen fließen weiter in einen Kernbereich der Universität, nämlich die **Medizin**, die im südöstlich vom Stadtzentrum gelegenen Komplex an der Liebigstraße beheimatet ist. Hier entstand aus den dezentralisierten Klinikbereichen ein geschlossenes Areal, in dem die einzelnen medizinischen Fachbereiche gute Bedingungen für eine interdisziplinäre Zusammenarbeit in Forschung, Lehre und die medizinische Betreuung der Patienten vorfinden. Die Juristische Fakultät ist im Petersbogen untergebracht und das Geisteswissenschaftliche Zentrum residiert in der Beethovenstraße gegenüber der Universitätsbibliothek. An der größten Hochschule Leipzigs sind derzeit mehr als 26 000 Studierende eingeschrieben.

> **? BAEDEKER WISSEN**
>
> *Hortus medicus*
>
> Der Botanische Garten (▶Abb. S. 117) der Universität Leipzig wurde 1542 als Arzneipflanzgarten (Hortus medicus) der Medizinischen Fakultät angelegt. Damit ist er der älteste deutsche und einer der ältesten botanischen Gärten der Welt.

Schätze der Universität In den mehr als sechs Jahrhunderten ihres Bestehens trug die Universität zahlreiche Kunstwerke und eine große Menge an Anschauungsmaterial zusammen. Besichtigt werden können das Ägyptische Museum (▶Augustusplatz), ferner das Musikinstrumentenmuseum (▶Grassi-Museen), das Antikenmuseum und der Botanische Garten (beide ▶Museen, S. 116), die Geologisch-paläontologischen und die Mineralogisch-petrografische Sammlung sowie die Sammlung Ur- und Frühgeschichte.

✱✱ Völkerschlachtdenkmal

K 9

Lage: Prager Straße
Straßenbahn: 15 (Völkerschlachtdenkmal)
www.voelkerschlachtdenkmal.de

Eine der bekanntesten Sehenswürdigkeiten der Stadt ist gleichzeitig ein europäisches Monument von Rang. Von der Aussichtsplattform des größten deutschen Denkmals bietet sich eine wundervolle Aussicht auf Leipzig und das Umland.

Mahnmal für den Frieden Zum aus der Leipziger Tieflandsbucht weithin sichtbar aufragenden Bauwerk gehört das **Museum FORUM 1813** am Fuß des Denkmals. Der Zahn der Zeit hat dem Mahnmal stark zugesetzt. Deshalb und mit Blick auf den 200. Jahrestag der Völkerschlacht bei Leipzig bzw. den 100. Jahrestag der Einweihung des Denkmals am 18. Oktober 2013 wurde es gründlich saniert.

ENTSTEHUNGSGESCHICHTE

Bereits Ernst Moritz Arndt, Teilnehmer der Kämpfe im Oktober 1813, hatte die Vision eines Nationaldenkmals, das sowohl die Gefallenen ehren als auch das historische Ereignis als Mahnung an die künftigen Generationen wachhalten sollte: Von den 550 000 Teilnehmern der größten Massenschlacht des 19. Jh.s vom 14. bis 19. Oktober 1813 ließen rund 126 000 ihr Leben. Der Baumeister Karl-Friedrich Schinkel (1781 – 1841) präsentierte seinen Entwurf für einen »Nationaldom aller Deutschen«, der jedoch aus Geldmangel nicht realisiert werden konnte. Nachdem der damalige Leipziger Bürgermeister Otto Koch bereits 1863 den Grundstein für ein Nationaldenkmal gelegt hatte, sollte noch viel Zeit bis zu seiner Verwirklichung vergehen (▶Baedeker Wissen S. 34).

Was lange währt ...

Im April 1894 wurde der **Deutsche Patriotenbund** zur Errichtung des Völkerschlachtdenkmals bei Leipzig unter maßgeblicher Beteiligung des Leipziger Architekten Clemens Thieme gegründet. Die Baukosten in Höhe von 6 Mio. Goldmark wurden durch Spenden und Lotterien aufgebracht, die Stadt Leipzig stellte bis zur Fertigstellung jährlich 10 000 Mark bereit und stiftete den Bauplatz von rund 42 000 m². Von der Ideenfindung bis zur endgültigen architektonischen Gestaltung des Denkmals waren mehrere Architekturwettbewerbe erforderlich. Schließlich wurde Bruno Schmitz beauftragt, wobei Clemens Thieme wesentlich gestalterisch und organisatorisch mitwirkte. Am 18. Oktober 1898 erfolgte der Baubeginn mit einem symbolischen Spatenstich, der Schlussstein wurde schließlich am 13. Mai 1912 eingefügt. Bei der festlichen Einweihung am **100. Jahrestag der Völkerschlacht, dem 18. Oktober 1913,** waren der deutsche Kaiser Wilhelm II, der sächsische König Friedrich August III., fast alle deutschen Fürsten sowie der Großfürst Kyrill Wladimirowitsch von Russland, Erzherzog Franz Ferdinand von Österreich und Prinz Wilhelm von Schweden anwesend. Obwohl die Völkerschlacht nicht den entscheidenden Sieg über Napoleon gebracht hatte, entstand hier ein **nationaler Mythos**. Während Militärs und Fürsten den Kampf gegen Napoleon als Befreiungskrieg gegen die Besetzung sahen, interpretierten ihn nationale Kreise als Freiheitskampf der Völker und vor allem des deut-

> **! BAEDEKER TIPP**
>
> *Weitere Informationen*
>
> Wer mehr über die Geschichte und das imposante Bauwerk erfahren möchte, kann am Do. um 14.00 Uhr direkt am Völkerschlachtdenkmal an einer öffentlicher Führung teilnehmen. Empfehlenswert sind auch die Audioguides in Deutsch, Englisch, Spanisch und Französisch. Gruppenführungen werden nach vorheriger Anmeldung angeboten (Tel. 0341 2 41 68 70). Wer sich für den Chor und den Förderverein des Völkerschlachtdenkmals interessiert, schaut auf www.denkmalchor-leipzig.de und www.voelkerschlachtdenkmal.de nach.

Völkerschlachtdenkmal

**Monumentales Mahnmal

Die gesamte Anlage beschränkt sich nicht auf das 91 m hohe, wahrlich »kolossale« Monument: Dazu gehören auch die von Erdwällen begrenzten Eingangsbauten mit dem »See der Tränen« und die gewaltigen Treppenanlagen. In einer ehemaligen Bauhütte ist das FORUM 1813 mit der historischen Ausstellung zur Völkerschlacht untergebracht.

❶ April – Okt. tgl. 10.00 – 18.00, Nov. – März tgl. 10.00 – 16.00 Uhr, Eintritt: 6 €

❶ Fundament
Das Denkmal ruht auf 65 Betonpfeilern, um die ein Erdwall aufgeschüttet wurde.

❷ Ruhmeshalle
Vom Rundgang im Hauptraum des Denkmals bietet sich ein Blick in die Krypta. Die vier sitzenden, fast 10 m großen Kolossalfiguren symbolisieren Tapferkeit, Glaubensstärke, Volkskraft und Opferbereitschaft. Gekrönt wird der Raum von der fast 30 m hohen Kuppel. An der Innenwand stellen Reiterfriese – insgesamt 324 fast lebensgroße Einzelfiguren – die siegreiche Heimkehr der Kämpfer dar.

Das 162 x 79 m große Wasserbecken steht für die zahllosen Tränen, die für die Toten vergossen wurden.

❸ Krypta
8 Pfeiler in Form von Schicksalsmasken, die von jeweils 2 Totenwache haltenden Kriegern flankiert werden, verleihen dem Raum einen feierlichen Charakter. Hier werden Blumengebinde und Kränze niedergelegt.
Der Chor des Völkerschlachtdenkmals, pflegt vor allem das Liedgut aus der Zeit der Befreiungskriege (1808 – 1815) und nutzt den Raum wegen seiner hervorragenden Akustik für Konzerte.

❹ Aussichtsplattform
364 Stufen führen hinauf, der Blick ist fantastisch. Da die letzten Stufen durch die Figuren der Freiheitswächter führen, wird es zum Schluss ziemlich eng.

❺ FORUM 1813
Hier wird das historische Geschehen mit seinen opferreichen Kämpfen sehr anschaulich dargestellt.

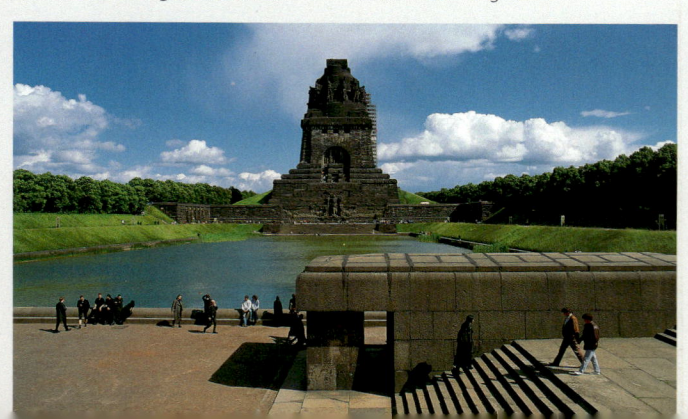

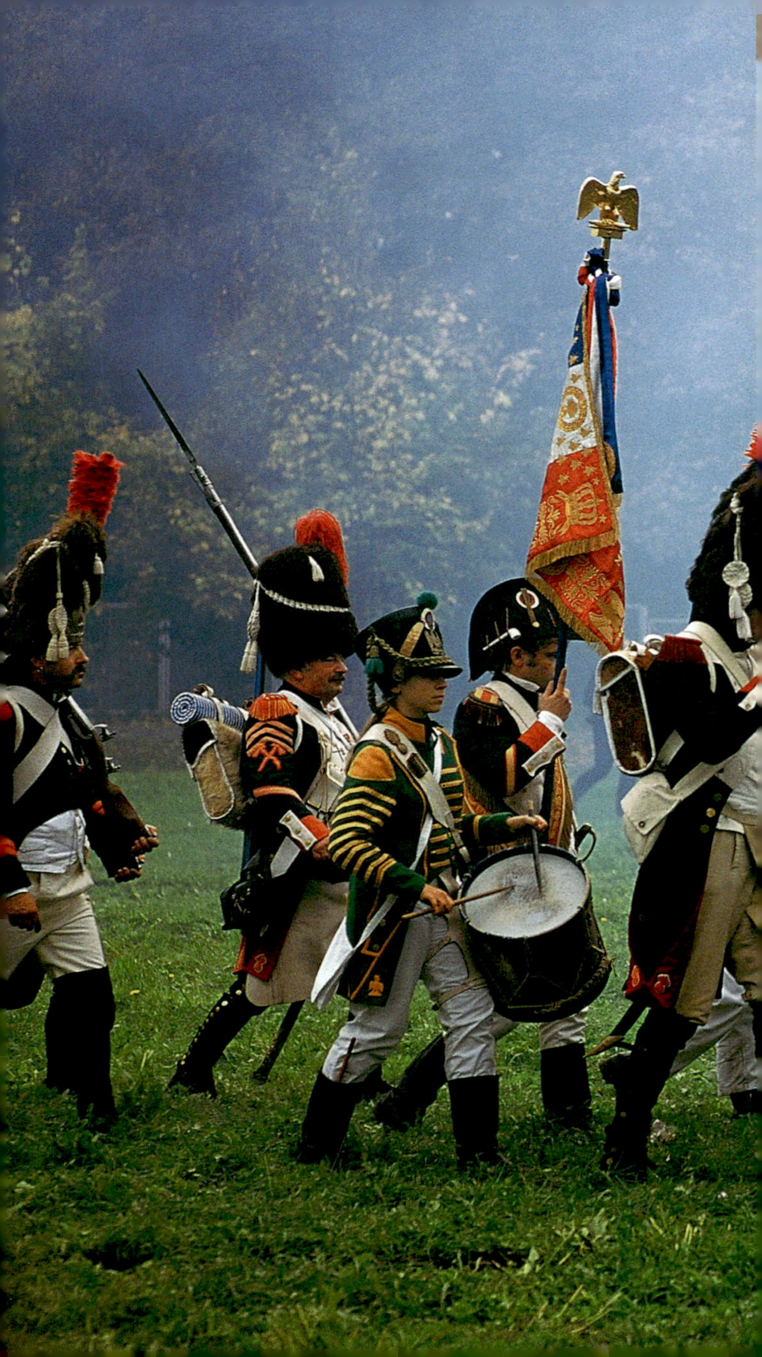

249

Als Vorbilder der monumentalen Statuen in der ~~ne~~shalle dienten ~~di~~e altägyptischen ~~M~~emnonsäulen bei Theben.

~~ ~~RUM 1813 verdeutlichen ~~ ~~850 Exponate aus den ~~Samm~~lungen des Stadt~~ges~~chtlichen Museums die ~~ ~~schlacht und ihre Folgen.

An der Denkmalskrone stehen 12 jeweils mehr als 13 m hohe und 200 t schwere Freiheitswächter.

Ruh
d
M

Im I
etw
San
ges
Vö

schen Volkes. Bis heute ist das überwältigende Monument, das seit seiner Einweihung als Symbol der Unbezwingbarkeit gefeiert und während des Dritten Reiches als Kulisse für Massenkundgebungen genutzt wurde, umstritten, zumal nach wie vor rechte Gruppierungen hier unerwünschte Kundgebungen abhalten wollen. Um sich von den ewig Gestrigen deutlich abzugrenzen, versucht man nun, sich in Zeiten der europäischen Einigung dem Völkerschlachtdenkmal als einem **Mahnmal für den Frieden und als Symbol für die Einheit Europas** anzunähern.

ARCHITEKTUR

Kolossale Skulpturen

Der Patriotenbund hatte den Auftrag für alle Skulpturen an den Breslauer Bildhauer Christian Behrens (1852 – 1905) vergeben, der in Leipzig u. a. bereits Figuren am Neuen Rathaus gestaltet hatte. Nach seinem Tod wurde der deutsch-österreichische Bildhauer Franz Metzner (1870 – 1919) mit der Fortsetzung der Arbeiten betraut. Die gesamte Außenfläche der Betonkonstruktion des Denkmals ist mit Granitporphyr aus dem nahen Beucha verkleidet. Fast 90 Prozent des Bauwerks bestehen aus Beton. Durch die Verwendung dieses neuartigen Werkstoffs in derartigen Mengen war das Völkerschlachtdenkmal Anfang des 20. Jh.s beispiellos. Immerhin wiegt das Ensemble mit den äußeren Aufbauten rund 300 000 t. Imposant ist auch die 12 m hohe **Skulptur des heiligen Michael im Harnisch**, bewaffnet mit einem Flammenschwert, geschützt vom Schild der Kreuzritter mit der eingemeißelten Inschrift »Gott mit uns!« Auf einer Breite von fast 60 m wird sein Standbild von einem Schlachtenrelief flankiert, das die Besucher an der Eingangsseite des Denkmals empfängt. An den Außentreppen befinden sich zwei riesige Barbarossaköpfe. Der Haupteingang des Denkmals besteht aus vier Steinmonumenten, die die **Urgewalten Wasser, Erde, Luft und Feuer** darstellen. Auf der Denkmalskrone ragen die **12 Wächterfiguren** auf (▶S. 160 u. 249).

Ruhmeshalle und Krypta

Nun betritt man die runde Ruhmeshalle, die sich 7 m hoch über der Krypta wölbt. Gedämpftes Licht dringt durch die vier Rundbogenfenster. Auf ihren Steinrippen sind die gramgebeugten Hinterbliebenen der Gefallenen dargestellt. An jeder der vier Seiten sitzt eine Kolossalfigur, die für Wesenszüge der siegreichen Völker stehen soll. 5,5 m hoch sind die Schicksalsmasken, an denen jeweils zwei Krieger Ehrenwache halten. Hier tritt regelmäßig der Chor des Völkerschlachtdenkmals auf, auch Orgelkonzerte werden veranstaltet, denn die Akustik des Denkmals, das die Obertöne reflektiert und verstärkt, ist einzigartig. Der Nachhall kann bis zu 10 Sekunden betragen. Auch im Rahmen des jährlich in Leipzig stattfindenden Wave-Gothic-Treffens (▶Feste) finden Konzerte in der Krypta statt.

Zeitgeschichtliches Forum • ZIELE 251

FORUM 1813

Die Ausstellung in der ehemaligen Bauhütte widmet sich der Geschichte der Völkerschlacht und beleuchtet Ereignisse aus den Jahren 1789–1814. Das Leben der Menschen, v. a. der an der Schlacht Beteiligten, steht im Vordergrund. So finden sich hier Fragen nach der Resonanz der Französischen Revolution in Sachsen ebenso wie nach den Auswirkungen der Allianz mit Napoleon auf den Alltag in Leipzig. Neben einer Reihe verschiedener Waffen und Uniformen der Befreiungskriege werden auch der Mantel eines kalmückischen Kriegers, der zu den russischen Truppen gehörte, und die Rekonstruktion einer Brandrakete mit leiterartigem Abschussgestell, die englische Einheiten als Versuchswaffe einsetzten, gezeigt. Besonders beeindruckend ist ein Diorama des Schlachtfelds.

Museum zur Völkerschlacht

* Zeitgeschichtliches Forum

G 7

Lage: Grimmaische Str. 6
Innenstadtplan: I C 4
Straßenbahn: 4, 7, 8, 10, 11, 12, 15, 16 (Augustusplatz)
Bus: 89 (Grimmaische Straße)

🛈 Di.–Fr.
9.00–18.00,
Sa., So.
10.00–18.00 Uhr
hdg.de/leipzig/

Hinter einer hochmodernen Glasfassade an der Grimmaischen Straße wird seit 1999 an die Opposition und den Widerstand in der ehemaligen DDR erinnert.

Dauerausstellung zur deutschen GeschichteDas zum Haus der Geschichte der Bundesrepublik Deutschland gehörende Forum widmet seine Dauerausstellung der deutschen Geschichte nach 1945, wobei die DDR-Diktatur vor dem Hintergrund der deutschen Teilung unter verschiedenen Gesichtspunkten aufgearbeitet und dargestellt wird. Mit Sonderausstellungen werden verschiedene historische Aspekte beleuchtet. Für Vorträge, Filme und andere Veranstaltungen steht ein moderner Mehrzwecksaal zur Verfügung. So werden z. B. gemeinsam mit dem Deutschlandradio Berlin öffentliche Podiumsgespräche zu Fragen der deutsch-deutschen Beziehungen während des »Kalten Krieges« organisiert und live ausgestrahlt. Bis 2013 haben bereits 2,7 Mio. Besucher die Ausstellungs- und Veranstaltungsangebote des Zeitgeschichtlichen Forums genutzt. Vor dem Haus symbolisiert die **eindrucksvolle Bronzeplastik »Jahrhundertschritt«** des 2004 verstorbenen Leipziger Künstlers Wolfgang Mattheuer die Zerrissenheit

Dauerausstellung zur deutschen Geschichte

des 20. Jahrhunderts. Sie soll den Widerstreit zwischen den Diktaturen Faschismus und Kommunismus verkörpern – die rechte Hand ist zum Führergruß erhoben, die linke zu einer wütenden Faust geballt.

✶✶ Zoo Leipzig

Lage: Pfaffendorfer Str. 29
Straßenbahn: Zoo (Linie 12)
❶ Nov.–März 9.00–17.00,
April, Okt. 9.00–18.00,
Mai–Sept. 9.00–19.00 Uhr

F 6

Eintritt: 14 €
www.zoo-leipzig.de

Tiere aus aller Welt hautnah erleben kann man in einem der interessantesten zoologischen Gärten Europas. Hier wandert man quasi einmal rund um den Globus und erfasst dabei gut 160 Mio. Jahre Erdgeschichte.

Die Erfolgsgeschichte des Leipziger Zoos begann im Sommer 1878 mit einer Tierschau der seinerzeit beliebten Ausflugsgaststätte »Zum Pfaffendorfer Hofe«. Schon früh erwarb der Zoo einen besonderen Ruf durch seine erfolgreiche Löwenzucht. Bis heute kamen hier 2300 Raubkatzen zur Welt. Aber auch mehr als **360 Amurtiger**, deren **Internationales Zuchtbuch** in Leipzig geführt wird, wurden hier geboren, ferner 70 Lippenbären.

Im Zoo werden über drei Dutzend vom Aussterben bedrohte Tierarten gehalten. Damit beteiligt sich die Einrichtung an weltweiten **Artenschutzprogrammen**. Außerdem sind u. a. Uhus und Steinkäuze, Przewalskipferde und Säbelantilopen dank erfolgreicher Auswilderungen durch den Zoo wieder in ihren ursprünglichen Lebensräumen zu finden.

»Zoo der Zukunft«
Seit Mitte der 1990er-Jahre wird das Konzept »Zoo der Zukunft« umgesetzt. Neue Anlagen ermöglichen eine **artgerechte Tierhaltung** in möglichst lebensnaher Umgebung.

Gründergarten
Der älteste Teil des Zoos ist der Gründergarten gleich hinter dem Haupteingang. Das 1901 angelegte Areal wurde 2002 als **Entdeckerhaus Arche** wiedereröffnet. Hier kann man sich u. a. über die verschiedenen Zucht-, Artenschutz- und Auswilderungsprojekte informieren. Im alten Affenhaus wurde ein **Insektarium** mit einer

Von einem erhöhten Standpunkt aus lassen sich die großen Tiere aus Afrika gut beobachten.

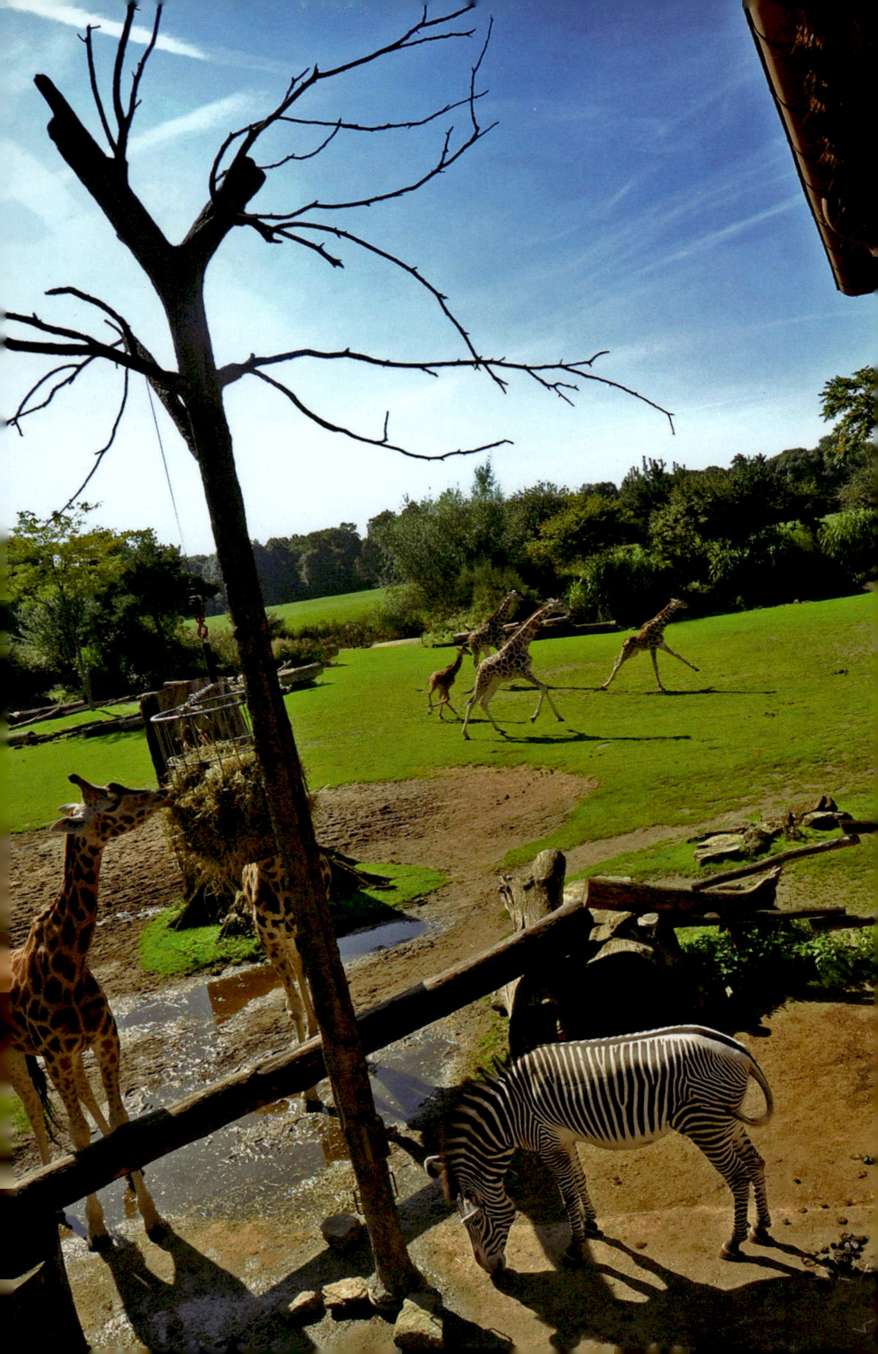

Schmetterlingshalle eingerichtet. Im ehemaligen Zoodirektorenhaus ist das Safaribüro untergebracht, in dem auch Kindergeburtstage veranstaltet werden. Eine große Vielfalt an Meeresbewohnern kann man im schön hergerichteten Aquarium sehen.

Pongoland Mit 30 000 m² ist die Leipziger Anlage die **weltgrößte Menschenaffenanlage in einem Zoologischen Garten**. Sie entstand in Zusammenarbeit mit dem Max-Planck-Institut für Evolutionäre Anthropologie. Hier leben Schimpansen, Gorillas, Orang-Utans und Bonobos. In einer Tropenhalle und naturnah gestalteten Außenanlagen lässt sich das Zusammenleben der verschiedenen Affenarten in kleinen Sozialverbänden studieren. Über Stege und Abenteuerwege können die Besucher ihren entfernten Verwandten recht nahe kommen. Auch ein Urwalddorf mit Gastronomie und ein Forschercamp sind vorhanden.

Themenbereich Afrika Löwen, Giraffen, Zebras, Antilopen, Hyänen, Paviane und Strauße bevölkern diesen neu gestalteten, als Wildreservat konzipierten Bereich. Etliche Großkatzen lassen sich in der **Löwensavanne Makasi Simba** aus nächster Nähe (u. a. von einer Besucher-Erdhöhle aus) beobachten. In der um einen künstlichen Termitenhügel gebauten **Erdmännchenanlage** wuseln ständig Dutzende dieser possierlichen Schleichkatzen. Gazellen, Antilopen, Zebras und Giraffen, Tüpfelhy-

Für den vom Aussterben bedrohten Amurtiger wurde eine Taiga-Landschaft nachgebaut.

änen und Marabus sieht man in der **Kiwara-Savanne**, zu der auch eine Lodge gehört. Etwas ganz Besonderes ist der im Leipziger ▶Auwald angelegte **Okapi-Wald**, wo einige dieser außerordentlich scheuen Kurzhals-Giraffen leben.

Eine Hauptattraktion dieses Themenbereichs ist die Elefantenanlage mit dem **Tempel Ganesha Mandir**. Badebecken, Schlamm- und Sandsuhlen mögen die grauen Riesen besonders gerne. In der **Lippenbären-Schlucht** können sich diese Tiere auf Kletterbäumen und -felsen sowie in Wasserbecken austoben. Übrigens: Sie leben hier in Gesellschaft mit Rhesus-Äffchen. Von einem Beobachtungsdeck und durch dicke Glasscheiben kann man den Amurtigern in der **Tiger-Taiga** zusehen. Eine beliebte Attraktion ist auch die begehbare **Freiflugvoliere**. Das 2014 eröffnete Leoparden-Tal komplettiert die Themenwelt Asien: Hier leben zwei Exemplare der seit 1968 in Leipzig gehaltenen seltensten Großkatzenart der Welt.

Themenbereich Asien

Dieser Teil des Parks befindet sich noch im Aufbau. Er soll ab 2018 zugänglich sein. Gäste werden aber schon in der **Hacienda Las Casas** willkommen geheißen. Sie ist im denkmalgeschützten Schweizerhaus von 1844 eingerichtet. Kinder können sich auf dem Abenteuerspielplatz El Dorado austoben.

Themenbereich Südamerika

Eines der anspruchsvollsten Projekte, die man sich im Leipziger Zoo vorgenommen hat, ist der Themenbereich Gondwanaland. Hier wird die Urzeit nachempfunden, als Eurasien, Afrika und Südamerika noch eine Landmasse waren. Abenteuerpfade führen durch den in einer riesigen Halle angelegten **Tropenwald**. Vielerlei Vögel fliegen umher, Affen klettern auf den Bäumen herum. Mehr als 500 verschiedene Pflanzen- und rund 90 Tierarten haben hier ein Zuhause gefunden. Dazu werden mit multimedialer und interaktiver Technik einzelne Kapitel der Evolution präsentiert. Besucher erforschen die exotische Urwelt auf einem Baumwipfelpfad oder mit dem Boot auf dem Urwaldfluss.

Riesentropenhalle Gondwanaland

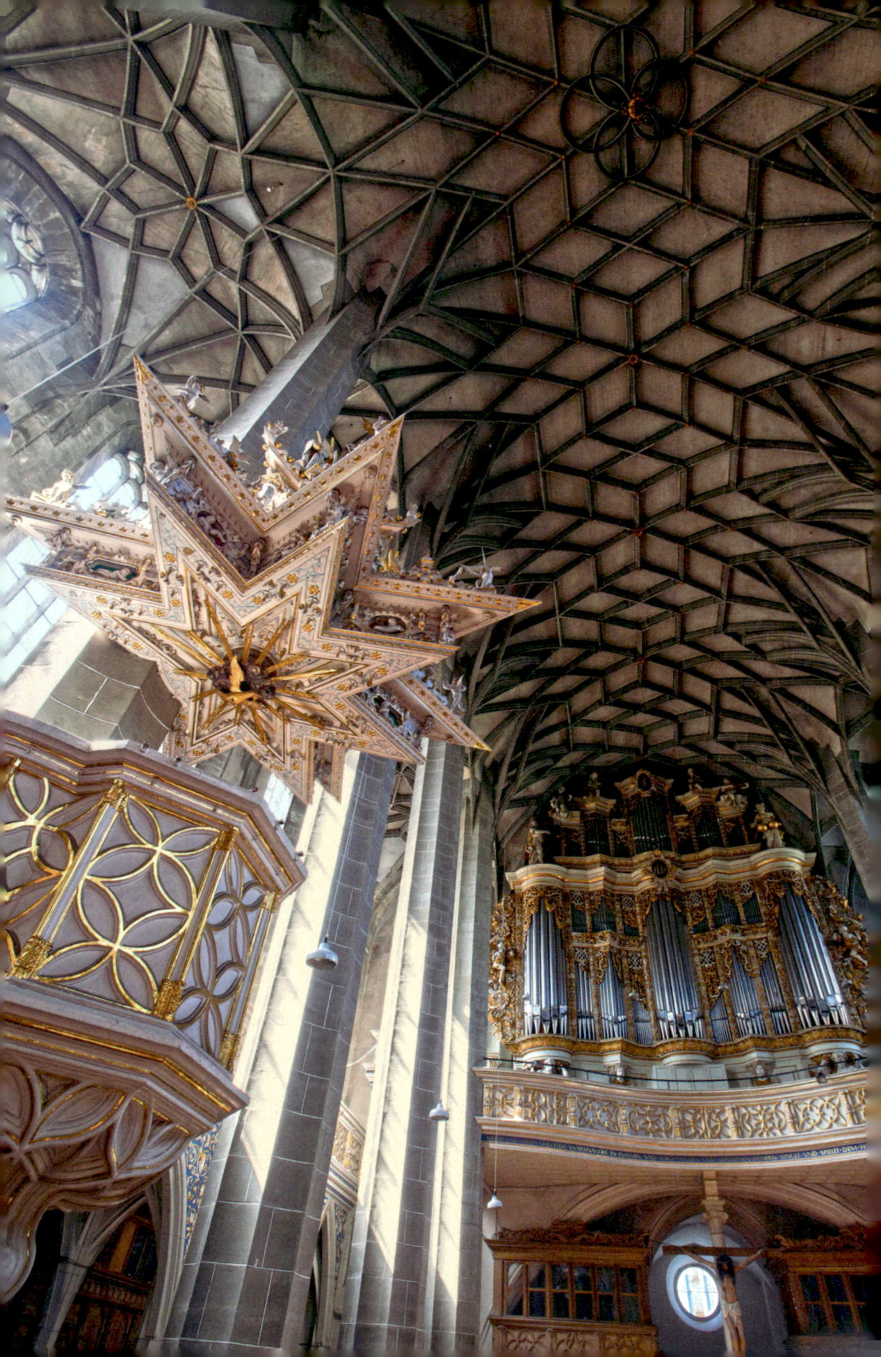

HALLE
VON A BIS Z

Die Geburtsstadt Händels ist ebenso die Stadt des Salzes,
der Franckeschen Stiftungen und der Martin-Luther-Universität –
auch die Moritzburg, den Stadtgottesacker und die
Himmelsscheibe von Nebra sollte man nicht versäumen!

* Alter Markt

◆ F 19

Lage: Innenstadt
Innenstadtplan: II D 3
Straßenbahn: 1, 2, 3, 5, 6, 7, 8, 10, 16 (Marktplatz),
1, 3, 4, 7, 8, 9, 16 (Franckeplatz)

Der dreieckige Alte Markt mit trichterförmig einmündender Schmeer- und Rannischer Straße ist neben dem Domplatz die älteste in ihrer mittelalterlichen Struktur noch erkennbare Platzanlage der Altstadt.

Geschichte An der Kreuzung der Handelsstraßen von Lübeck über Magdeburg nach Süddeutschland und in westlicher Richtung über Eisleben ins Rheinland entstand bereits im 11. Jh. eine Fernhändlersiedlung. Seine Bedeutung als Handelszentrum büßte der Alte Markt mit der Anlage des großen Marktplatzes im frühen 12. Jh. ein. Die stattlichen Bürgerhäuser an der Südseite stammen im Kern aus dem Hochmittelalter. Die durch Brand und Abbruch zerstörte Nordseite des Markts wurde Mitte der 1980er-Jahre neu bebaut. Hier stand einst das erste Rathaus von Halle. Unter Wahrung der historischen Baufluchten und in historisierender Formensprache entstand eine Häuserzeile, die als ein **Beispiel gelungener Stadtsanierung** der DDR-Zeit gilt. Das mehrfach umgestaltete Gebäude gegenüber dem Beatles-Museum beherbergte einst einen der ältesten und größten Gasthöfe, den Gasthof Zum Goldenen Pflug von 1605 (Alter Markt 26/27). Die vom Ladenbesitzer Hermann Luther gestiftete Figur an der Hausecke stellt einen Kaufmann dar. Daneben erinnert eine eingemauerte vergoldete Kanonenkugel an die Beschießung Halles durch napoleonische Truppen am 28. April 1813.

Beatles-Museum Im Jahr 1964 als private Sammlung eines Beatles-Fans in Köln begonnen, ist das Beatles-Museum (▶Abb. S. 122) im April 2000 in die Saalestadt umgezogen. Das eindrucksvolle Barockhaus (Alter Markt 12), 1705 als Wohnhaus des reichen Pfänners Karl-Heinrich Reichhelm errichtet, beherbergt heute das bis vor Kurzem einzige Beatles-Museum in Deutschland. Auf mehr als 350 m² werden die Erfolgsstory der legendären Pilzköpfe bis 1970 und die Nach-Beatles-Zeit ausführlich dokumentiert: Raritäten, Kuriositäten und viele Originale zeigen den musikalischen Werdegang von John Lennon, Paul McCartney, George Harrison und Ringo Starr.
❶ Di. – So. 10.00 – 20.00 Uhr, Eintritt: 5 €, www.beatlesmuseum.net

*Eselsbrunnen Seit dem späten 15. Jh. gibt es auf dem Alten Markt einen Brunnen. Der heutige Eselsbrunnen in Jugendstilform wurde 1906 von dem

Bildhauer Heinrich Keiling geschaffen und 1913 aufgestellt. Er ist ein **beliebtes Wahrzeichen und Fotomotiv der Altstadt**.
Die südlich gelegene **Rannische Straße** ist von wertvollen, wenn auch teils noch unsanierten Häusern gesäumt. Entlang der Rannischen Straße stehen zahlreiche einstige Ausspannhöfe für Fernhändler und Salzkäufer, die heute noch an den für Gasthöfe typischen großen Tordurchfahrten erkennbar sind. Wertvollstes Gebäude ist ein auf das Jahr 1591 datiertes Spätrenaissancehaus, der ehemalige Gasthof Zur Goldenen Rose (Rannische Str. 19). Sehenswert ist auch das sanierte Haus Rannische Straße Nr. 3 mit aufwendigem Barockportal. Beim Abschlagen des modernen Putzes wurde im Nordgiebel ein romanisches Biforienfenster aus der Zeit um 1200 entdeckt und restauriert.

> **?** **BAEDEKER WISSEN**
>
> *Esel auf Rosen*
>
> Die Skulptur des Eselsbrunnens erinnert an die Sage, nach der die Hallenser zum Empfang von Kaiser Otto I. die Wege mit Rosen bestreuten. Hochwasser zwang den Kaiser jedoch, einen anderen Weg zu nehmen, stattdessen kam ein Müllerbursche mit seinem Esel auf dem mit Rosen bestreuten Weg in die Stadt. »Der Esel, der auf Rosen geht« wurde zum Wahrzeichen der Hallenser.

Die Nord-Süd-Verbindung zwischen Haupt- und Altem Markt ist eine der ältesten Straßen Halles. Es ist die bereits im 12. Jh. erwähnte und nach den ehemals hier ansässigen Metzgern benannte Schmeerstraße. Überwiegend wird sie von gründerzeitlichen Wohnhäusern gesäumt, doch sticht ein spätgotisches Bürgerhaus hervor: Das **Goldene Schlösschen** (Schmeerstr. 2) ist eine ehemalige Herberge, in der 1545 auch Martin Luther (▶Berühmte Persönlichkeiten) übernachtete.

Schmeerstraße

★★ Burg Giebichenstein

✵ D 18

Lage: Seebener Straße 1
Straßenbahn: 2, 5, 7, 8, 10 (Giebichenstein)
❶ Di. – Sa. 9.00 – 18.00,
So. 9.00 – 18.30, April – Okt.
Di. – Fr. 10.00 – 18.00,
Sa./So. 10.00 – 19.00 Uhr
Eintritt: 3,10 €
halle.de,
burg-halle.de

Burg Giebichenstein wird erstmals 961 in einer Schenkungsurkunde von Kaiser Otto I. erwähnt. Von dieser später so bezeichneten »Alten Burg« ist nichts erhalten geblieben, ließen doch ihre Herren, die Magdeburger Erzbischöfe, im 12. Jh. auf dem Porphyrfelsen einen repräsentativen Neubau errichten.

ZIELE • Burg Giebichenstein

> **BAEDEKER TIPP**
>
> ### Zauber des halleschen Saaletals
>
> Über hundert Jahre ist die Marie Hedwig alt. Als Lastkahn versieht sie ihren Dienst schon lange nicht mehr, dient vielmehr, seit 1998 am halleschen Riveufer vertäut, als urige Bootsschenke. Hier kann man die besondere Stimmung des Saaletals unweit von Giebichenstein entspannt genießen bei Sülze, Hering oder Steak mit Letscho (Riveufer 11, Tel. 0345 5 32 12 13 ©).

Seit 1382 war sie deren Hauptresidenz, bis 1503 die neu errichtete Moritzburg erzbischöfliche Residenz wurde. Im Dreißigjährigen Krieg besetzten die Schweden die Burg. Während der Besetzung fiel die Oberburg einem verheerenden Feuer zum Opfer und ist seither eine Ruine. Die im 15. Jh. erbaute Unterburg blieb in wesentlichen Teilen erhalten. Nach umfassender Restaurierung in den 1990er-Jahren kann man Torturm und Gewölbekeller wieder besichtigen. Auch anhand freigelegter Fundamente aus dem 12. und 13. Jh. zeigt sich die einstige Bebauung der Burganlage. In der spätmittelalterlichen Unterburg (1450 – 1524) sind seit 1921 Werkstätten der **Burg Giebichenstein Hochschule für Kunst und Design** untergebracht. Seit diesem Jahr gehört die Burg der Stadt Halle.

Der Sage nach war der Thüringer Landgraf Ludwig II. im 11. Jh. im Gefängnis der Burg Giebichenstein wegen Mordes eingekerkert und entkam durch einen gewaltigen Sprung in die Saale. Seither trägt er den Beinamen **Ludwig der Springer**.

Überm Saaleufer steht seit mehr als 1000 Jahren Burg Giebichenstein.

Dom • ZIELE

Die erste belegte Gartengestaltung des heutigen **Amtsgartens** am Fuß der Burg Giebichenstein reicht bis in das 17. Jh. zurück. Der ursprüngliche Obst- und Ziergarten der Erzbischöfe von Magdeburg erhielt 1907 – 1909 seine heutige Gestaltung einschließlich des Aussichtspunkts auf dem Römerberg. Im Norden der Stadt nahe dem Zoo liegt **Reichardts Garten**, 1794 bis 1814 durch den Komponisten und Kapellmeister **Johann Friedrich Reichardt** als eine englischer Landschaftspark gestaltet. Sein Wohnhaus avancierte bald zur »**Herberge der Romantik**«, da sich viele berühmte Künstler und Literaten um die Wende vom 18. zum 19. Jh. hier trafen. Beide Gärten zählen zu den 40 bedeutenden Gartendenkmalen in Sachsen-Anhalt.

> **BAEDEKER TIPP !**
>
> *Schiffsfahrten auf der Saale*
>
> Ausflugsfahrten nach Kloschwitz und Wettin, nach Röpzig, Brachwitz, Rothenburg oder Georgsburg mit und ohne Aufenthalt an Land bietet die Reederei Riedel von April bis September ab der Giebichensteinbrücke an. Auch Stadtrundfahrten, u. a. zur Rabeninsel, stehen auf dem Programm (Tel. 0345 2 83 20 70, www.reederei-riedel-halle.de).

Die Giebichensteinbrücke oder Kröllwitzer Brücke ist eine der drei Saalebrücken in Halle. Zwei monumentale **Tierskulpturen**, ein Pferd am Giebiechensteiner Ufer und eine Kuh am Kröllwitzer Ufer, stehen für die Verbindung des Landes (Kröllwitz) mit der Stadt (Giebichenstein). Geschaffen wurden sie von **Gerhard Marcks**, 1925 bis 1933 Professor an der Hochschule auf der Burg.

Giebichensteinbrücke

⁕⁕ Dom

F 19

Lage: Kleine Klausstraße 6
Innenstadtplan: II C 2
Straßenbahn: 2, 5, 10, 16 (Ankerstraße, Hallmarkt)
❶ Juni – Okt. Mo. – Sa. 14.00 – 16.00 Uhr u. n. V., Tel. 0345 2 02 13 79
www.dom-halle.de

Im Stadtbild von Halle fällt der Dom durch seinen weithin sichtbaren Kranz von Rundbogengiebeln auf. Die ehemalige Dominikanerklosterkirche St. Pauli zum Heiligen Kreuz bildet gemeinsam mit der Neuen Residenz und der Moritzburg das Museumsufer am Mühlgraben, einem Seitenarm der Saale.

Die Dominikaner erbauten 1280 bis 1320 eine der frühesten Hallenkirchen Mitteldeutschlands. Das schlichte, acht Joche lange Kirchenschiff wird durch glatte, kapitellose Achteckpfeiler und riesige Spitzbogenfenster gegliedert. Wie bei diesem Predigerorden üblich, ist die

Geschichte

Besitzt einen ungewöhnlichen Giebelkranz: der Dom zu Halle

Akustik des 68 m langen und 18 m hohen Gotteshauses ausgezeichnet. Als **Kardinal Albrecht** von Brandenburg 1519 das Neue Stift gründete, erhob er die Kloster- zur Kollegiatstiftskirche und damit zum ranghöchsten Gotteshaus des Erzbistums nach der Magdeburger Kathedrale – daher der eigentlich unzutreffende Name »Dom«. Nach dem Umbau war 1526 aus der schlichten Bettelordenskirche einer der prächtigsten Sakralbauten im Land geworden. Die »welschen Giebel« des oberitalienischen und venezianischen Sakral- und Profanbaus treten hier zum ersten Mal nördlich der Alpen auf.

Kardinal Albrecht ließ seinen Reliquienschatz mit mehr als 21 000 Einzelstücken, das später so genannte legendäre **»Hallesche Heiltum«**, aus der Magdalenenkapelle der Moritzburg hierher bringen. Die berühmtesten Maler der Zeit waren an der Ausgestaltung des Doms beteiligt. Seine reiche Ausstattung nahm Albrecht bei seinem Wegzug aus Halle 1540/41 jedoch weitgehend mit nach Mainz und Aschaffenburg, z. B. Altarbilder von Lukas Cranach, Albrecht Dürer und Matthias Grünewald. Der einzige in Halle verbliebene Cranach-Altar ist heute in der ▶Marktkirche zu sehen. Als bedeutendes Werk deutscher Bildhauerei des 16. Jh.s gilt der Zyklus der **Pfeilerstatuen von Peter Schro** (1522 – 1525). Sehenswert sind auch die Renaissance-Portale zum Chor und zur Sakristei, die Kanzel (1526) sowie zwei Weihetafeln im Stil früher Renaissance (1523).

Nach Kardinal Albrechts Weggang blieb der Dom ungenutzt, bis er Ende des 16. Jh.s zur Hofkirche der »Administratoren« wurde, der weltlichen evangelischen Regenten des Herzogtums Magdeburg. Auf August von Weißenfels (1614 – 1680) gehen der barocke Altar (1662) und die Emporen der Kirche zurück. Mit dem Tod Augusts des Starken kam die Kirche wie das gesamte Herzogtum Magdeburg an die Kurfürsten von Brandenburg. Kurfürst Friedrich Wilhelm von Brandenburg überließ sie nach dem Edikt von Potsdam 1685 der deutschreformierten Gemeinde und der Hugenottengemeinde. Seit 1688 hält die **evangelisch-reformierte Domgemeinde** hier ihre Gottesdienste. 1702/03 war der junge **Georg Friedrich Händel** ihr Organist.

Der Domplatz ist neben dem Alten Markt die einzige aus dem Mittelalter überlieferte Platzanlage der Altstadt. An seiner Westseite erhebt sich der Chor des Doms zu Halle, flankiert vom Chor der Allerheiligen-Kapelle der sich südlich anschließenden ▶Neuen Residenz und dem klassizistischen ehemaligen Klinikgebäude. Süd- und Westfront des Platzes zeigen die historische Bebauung des 16. bis 18. Jahrhunderts. Bemerkenswert sind die »Neue Kanzlei« (Domplatz 1) aus dem 15. und 16. Jh., die von 1654 bis 1700 die fürstlich-magdeburgische Kanzlei beherbergte, und das Domküsterhaus von 1801 (Domplatz 3). An der Nordostecke steht der **Alte Speicher**, ein großer Fachwerkspeicher (Domplatz 9) aus der Zeit um 1765, der nach aufwendiger Sanierung mehrere Wohneinheiten und im Erdgeschoss einen Galerieraum beherbergt. Für die »charmante und liebevolle Wiederbelebung eines Objektes nach langem Leerstand«, so die Jury, erhielten die Architekten 2013 den ersten Preis der KFW-Bank. Die Nord- und Südwestseite werden von Plattenbauten (1986 – 1990) begrenzt, die die Raumkanten der Altstadtbebauung wahren. In unmittelbarer Nähe zum Domplatz steht mit dem **Ackerbürgerhof** (Große Klaußstraße 15) **eines der ältesten Bürgerhäuser Halles**. Das Anwesen entstand ab dem 12. Jh. als Vierflügelanlage mit Innenhof und romanischem Wohnturm.

Domplatz

** Franckesche Stiftungen
✦ G 19

Lage: Franckeplatz 1
Straßenbahn: 1, 3, 4, 7, 8, 9, 16 (Franckeplatz)
Innenstadtplan: II E 3/4
❶ Di. – So. 10.00 – 17.00 Uhr
www.francke-halle.de

Die Franckeschen Stiftungen zu Halle, gegründet 1695, sind eine lebendige Kultur- und Wissenschaftseinrichtung und ein moderner Bildungskosmos von europäischem Rang.

Die historische Schulstadt des Pfarrers und Pietisten August Hermann Francke (1663 – 1727) ist ein **lebendiges Zeugnis des Halleschen Pietismus**. Mit mehr als 40 Partnereinrichtungen sind die

Stiftungen heute ein modernes Zentrum kultureller, wissenschaftlicher, pädagogischer, sozialer und christlicher Einrichtungen (▶Baedeker Wissen S. 64 und S. 267). Beispielsweise hat die Kulturstiftung des Bundes hier ihren Sitz und mehr als 4000 Menschen lernen, lehren, arbeiten und leben heute hier. Die Franckeschen Stiftungen stehen auf der Vorschlagsliste für das UNESCO-Weltkulturerbe, 2016 soll darüber entschieden werden.

GESCHICHTE

Anfänge Der junge Pfarrer **August Hermann Francke** (▶Berühmte Persönlichkeiten) begann in Glaucha, einer kleinen Amtsstadt vor Halle, die von äußerster wirtschaftlicher Not und sozialem Elend geprägt war, pietistische Reformideen in die Praxis umzusetzen. Tätige Nächstenliebe, v. a. eine Jugendfürsorge mit bestmöglicher Erziehung und Ausbildung, stand für ihn im Vordergrund; Ziel war die »Weltverwandlung durch Menschenverwandlung«. Als er eines Tages in der Spendenbüchse seines Pfarrhauses 4 Taler und 16 Groschen fand, soll er ausgerufen haben: »Das ist ein ehrlich Kapital, davon muss man etwas Rechtes stiften: Ich will eine Armen-Schule damit anfangen.« Der Unterricht für Waisen- und Armenkinder in den engen Räumen seines Pfarrhauses war so erfolgreich, dass bald ein eigenes Gebäude dafür notwendig wurde. Den Grundstein für seine späteren Anstalten legte Francke 1698 mit dem **Bau des Waisenhauses**. Hier wurden Schlafräume für Waisen sowie Schulräume für die Armen- und Bürgerschulen eingerichtet. Auch die Anfänge der Bibliothek und der Kunst- und Naturalienkammer sowie ein Buchladen, eine Druckerei und eine Apotheke befanden sich hier. Zahlreiche Einrichtungen erhielten im Laufe der nächsten Jahre eigene Gebäude, als sich die Anstalten in atemberaubendem Tempo ausdehnten.

> **! BAEDEKER TIPP**
>
> *Lindenblütenfest*
>
> Alle zwei Jahre veranstalten die Franckeschen Stiftungen Ende Juni ihr historisches Lindenblütenfest mit Schaustellern, Künstlern und Musikern. Die Besucher können dabei unter anderem eine Zeitreise in das alte Glaucha unternehmen.

Schul- und Wohngebäude So entstanden weitläufige, überwiegend als Fachwerk konstruierte Schul- und Wohngebäude, deren Ausmaße bereits zu Franckes Zeiten für Aufsehen sorgten. In den unterschiedlichen Schulformen der Anstalten waren alle gesellschaftlichen Schichten vertreten. Schüler aus wohlsituierten Adels- und Bürgerfamilien besuchten das Königliche Pädagogium. Das überschüssige Schulgeld aus dieser Anstalt diente zur Subvention des Waisenhauses und der Armenschulen. Ein mehrgliedriges Schulsystem ermöglichte es auch begabten Zöglingen

Franckesche Stiftungen • ZIELE

aus sozial schwachen Familien, bis zum Universitätsstudium zu gelangen. Die Anstalten wurden bewusst zu einer **selbstständigen Lebenswelt** aufgebaut. Ein eigenes Krankenhaus, Großküchen, Back- und Brauhäuser sowie der Feldgarten dienten der Selbstversorgung. Innerhalb von 30 Jahren entstand eine ganze Stadt – Francke nannte sie eine »Stadt Gottes«. Studenten der 1694 gegründeten Universität, zu deren Gründungsprofessoren Francke gehörte, wurden in den Schulen als Lehr- und Aufsichtskräfte eingesetzt und erhielten dafür an sogenannten Freitischen freie Kost, teils auch kostenlose Unterkunft.

Francke erwies sich zum Wohl seiner Anstalten als geschickter Unternehmer. Eine Apotheke mit Medikamentenversand, Buchdruckerei und Buchhandel brachten als gewinnorientierte Betriebe weiteres Kapital für sein Reformwerk. Zu den Stiftungen gehörten Landwirtschaftsbetriebe auf dem Anstaltsgelände und in der weiteren Umgebung. Zeitweilig gab es eine Strumpfmanufaktur, eine kleine Globuswerkstatt und Maulbeerplantagen für die Seidenraupenzucht. Gemeinsam mit dem Freiherrn **Carl Hildebrand von Canstein** errichtete Francke 1710 eine Bibelanstalt mit Druckerei zur Verbreitung preiswerter Bibeln. Es war die **erste Bibelanstalt der Welt**. So konnte die pietistische, ursprünglich lutherische Forderung verwirklicht werden, jedermann eine Bibel in die Hand zu geben. Bis in das 20. Jh. hinein stellte die **Cansteinsche Bibelanstalt** über 10 Mio. Bibeln her und verteilte sie weltweit.

Schon früh knüpfte Francke Beziehungen in alle Welt. Durch die Verbreitung von Druckschriften im In- und Ausland machte er auf sein Werk aufmerksam und gewann breite Unterstützung. Schüler aus vielen europäischen Ländern kamen zur Ausbildung nach Halle. Der Hallesche Pietismus betreute auch die erste protestantische Mission 1706, die **Dänisch-Hallesche Mission** nach Südostindien. Missionare, Ärzte und Lehrer wurden von Halle außer nach Indien auch nach Osteuropa und Nordamerika gesandt. Ihre Spuren sind dort heute noch zu finden. Reiche Zeugnisse dieser Tätigkeit finden sich in den historischen Sammlungen der Stiftungen.

Weitere Unternehmungen

Als Francke 1727 starb, lernten, lebten und arbeiteten etwa 3000 Menschen in den Anstalten, davon etwa 2500 Kinder und Jugendliche. Es war ihm gelungen, ein **einzigartiges sozialpädagogisches Werk** in Gang zu setzen. Auf vielen Gebieten, im kirchlichen, schulischen und wissenschaftlichen, selbst im technischen und bibliothekarischen Bereich, konnten seine Initiativen neue Maßstäbe setzen. Die pietistischen Unternehmungen haben den Namen von Halle weltweit berühmt gemacht. Franckes Nachfolger führten das Werk in seinem Geiste fort. Besonders Franckes Urenkel **August Hermann Niemeyer** (1754 – 1828), ein Freund von Goethe und Schiller, wurde

Nach Franckes Tod

BAEDEKER WISSEN

Franckesche Stiftungen

**Außergewöhnliches Bildungs- und Sozialprojekt

Das zentrale Gebäudeensemble der Stiftungen umschließt wie ein großes U den Lindenhof und wird durch die Hochstraße von der Innenstadt getrennt. Auf dem Areal befinden sich neben Archiv, Bibliotheken, und diversen Forschungseinrichtungen auch Kindergärten, ein Kinderkreativzentrum, Schulen, ein Haus der Generationen, ein Bibelzentrum und mehrere Gewerbebetriebe.

❶ Di. – So. 10.00 – 17.00 Uhr
(Infozentrum, Historisches Waisenhaus, Kunst- und Naturalienkabinett und Bibliothek)

❶ Historisches Waisenhaus
Das Hauptgebäude der Franckeschen Stiftungen wurde 1698 bis 1701 mithilfe von Spenden errichtet. Vom Altan hat man einen guten Überblick über das Areal und die Altstadt von Halle.

❷ Kunst- und Naturalienkammer
In der mehr als 3000 Objekte umfassenden Sammlung wurden die Naturalien in Steine, Pflanzen und Animalien getrennt, die Artefakte in bildende Kunst, Schreibkunst, Münzen, Alltagskultur und Kleidung. Ziel war die Schaffung eines musealen Abbilds der Welt, ein Mikrokosmos, der den Makrokosmos als wunderbare Schöpfung Gottes fassbar machte (▶Abb. Folderklappe).

❸ Franckes Wohnhaus
Im Erdgeschoss befindet sich das Informationszentrum. Das Francke-Kabinett in der einstigen Wohnetage der Familie Francke lässt in seiner Ausstellung die ungewöhnliche Persönlichkeit des Stifters lebendig werden.

❹ Historische Bibliothek
Schwerpunkte sind die theologischen Schriften, v. a. Pietismus und Frühaufklärung, dazu Pädagogik, Geschichte, Jura, Geografie, Medizin und Naturwissenschaften.

❺ Langes Haus
Das sechsstöckige Gebäude ist mit 113 m Länge und 25 m Höhe das größte Fachwerkhaus Europas.

❻ Orthodoxe Hauskirche
Die Wände des Tonnengewölbes von Sachsen-Anhalts einziger orthodoxer Kirche wurden den Traditionen entsprechend mit Ikonen und Szenen aus dem Alten und Neuen Testament gestaltet.

❼ Stadtsingechor
Die Wurzeln des ältesten weltlichen Knabenchors in Deutschland reichen bis ins frühe 12. Jh. zurück.

Das Historische Waisenhaus beherbergte anfangs alle Einrichtungen der Franckeschen Stiftungen.

268

Das Francke-Denkmal wurde von dem Berliner Bildhauer Christian Daniel Rauch geschaffen und 1829 aufgestellt. Dank einer Spende der Schriftstellerin Christine Brückner konnte es 1992 restauriert werden. Seither steht es im Lindenhof der Franckeschen Stiftungen.

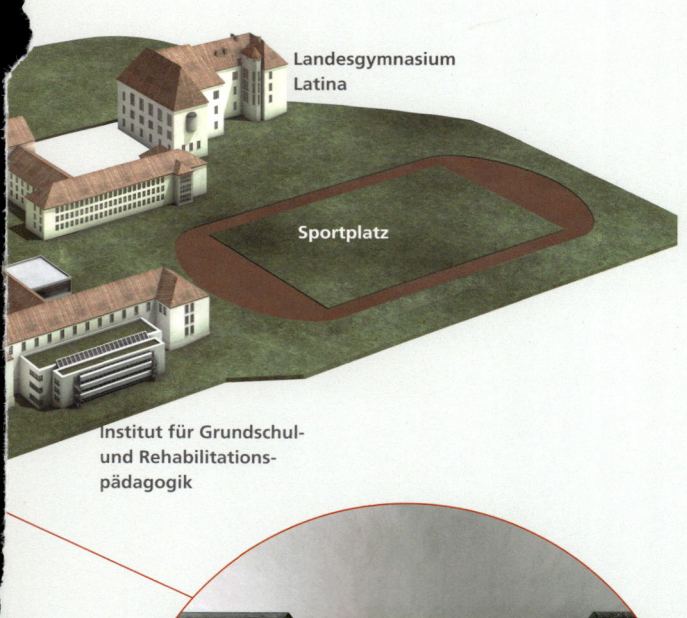

Landesgymnasium Latina

Sportplatz

Institut für Grundschul- und Rehabilitationspädagogik

s historische
gazin wurde
ginalzustand
ekonstruiert
ffentlichkeit
r zugänglich
gemacht.

Maria-Montessori-Schule

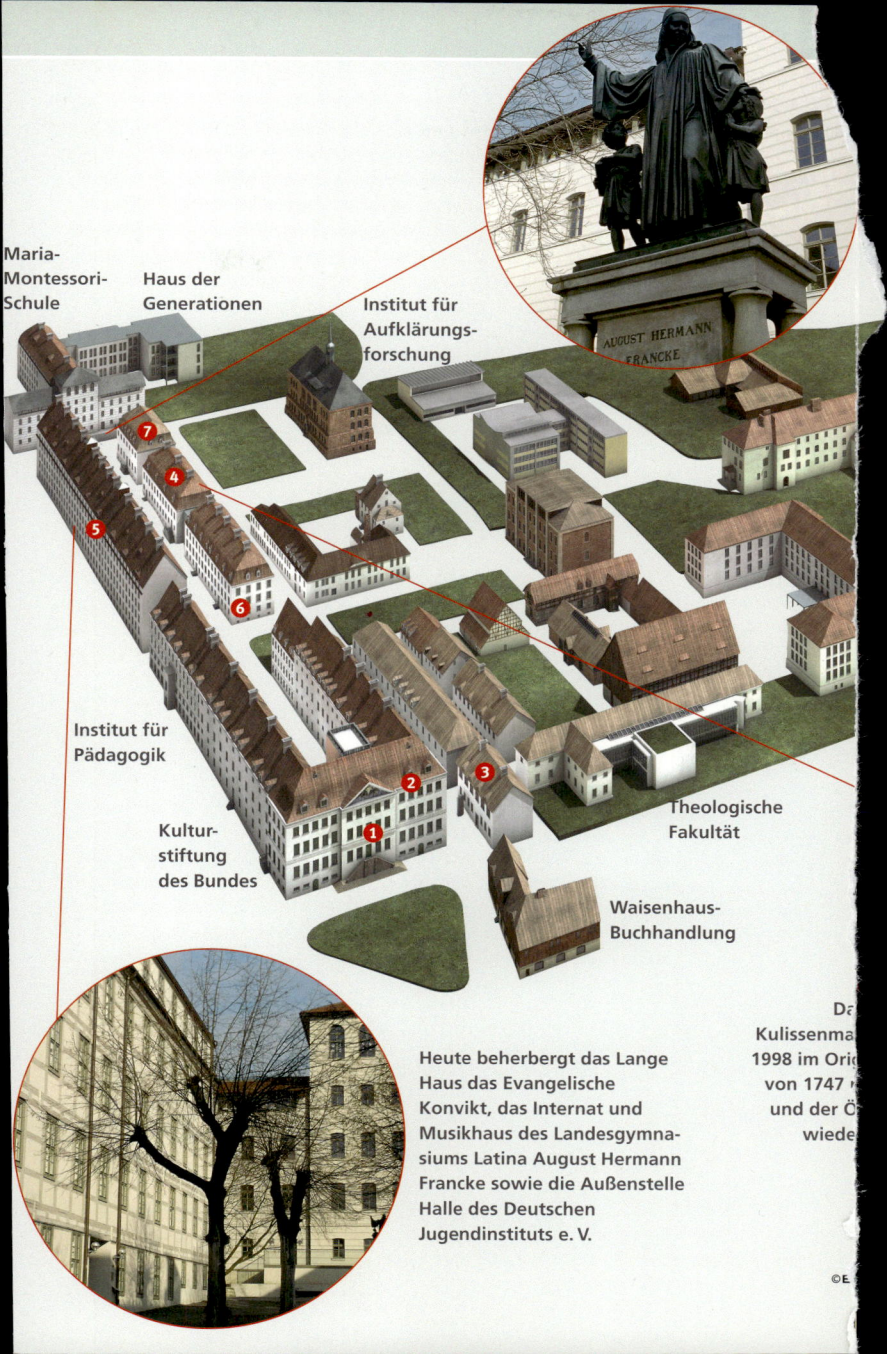

Haus der Generationen

Institut für Aufklärungsforschung

AUGUST HERMANN FRANCKE

Institut für Pädagogik

Kulturstiftung des Bundes

Theologische Fakultät

Waisenhaus-Buchhandlung

Heute beherbergt das Lange Haus das Evangelische Konvikt, das Internat und Musikhaus des Landesgymnasiums Latina August Hermann Francke sowie die Außenstelle Halle des Deutschen Jugendinstituts e. V.

D
Kulissenma
1998 im Ori
von 1747
und der Ö
wiede

ZIELE • **Franckesche Stiftungen**

von seinen Zeitgenossen wegen seiner Verdienste um den Erhalt der Stiftungen als ihr »zweiter Gründer« geehrt. Nach einer Zeit finanzieller und geistiger Stagnation verstand er es, den Stiftungen moderne, aufklärerische Impulse zu verleihen. Seit der zweiten Hälfte des 19. Jh.s entwickelten sich die Franckeschen Stiftungen zunehmend zu einer **Schulstadt**. Die Angleichung an das preußische Schulsystem führte zur Gründung neuer Bildungsanstalten. In einer zweiten Bauphase entstanden moderne Schulbauten: die Realschule (1857), das Lyzeum (1896), die Latina (1906) und die Oberrealschule (1914). Diese Schulen waren für ihr **hohes Bildungsniveau** bekannt.

Durch eine gewisse Anpassung konnten die Stiftungen im Dritten Reich ihre Selbstständigkeit und ihren christlichen Charakter bewahren. 1946 wurde ihnen aber die Selbstständigkeit entzogen. Gebäude, Grund und Boden, die historischen Sammlungen und das gesamte Vermögen wurden in die **Martin-Luther-Universität Halle-Wittenberg** eingegliedert. Die Schulen wurden als Polytechnische und Erweiterte Oberschulen in das Bildungssystem der DDR integriert. Durch die Errichtung der Arbeiter-und-Bauern-Fakultät Walter Ulbricht auf dem Areal sollte das Erbe Franckes unter neuen Vorzeichen fortgeführt werden. Im Lauf der folgenden Jahrzehnte verfielen die Stiftungen zusehends, an der historischen Bausubstanz entstanden schwere Schäden. Der Bau einer Hochstraße und von Plattenbauten Ende der 1960er-Jahre griffen stark in den Komplex ein.

1989 kam auch für die Franckeschen Stiftungen die Wende: Mit Unterstützung der VW-Stiftung initiierten die Herzog-August-Bibliothek Wolfenbüttel und die Martin-Luther-Universität dringend notwendige Erhaltungsmaßnahmen. 1990 wurde ein Freundeskreis gegründet, der heute etwa 1300 Mitglieder zählt. 1991 konnten dank der Unterstützung des Landes Sachsen-Anhalt die Franckeschen Stiftungen **als öffentlich-rechtliche Stiftung wiederhergestellt** werden. Trotz aller Schäden ist das historische Ensemble mit den heute noch beeindruckenden Bauten als **einzigartiges Kulturdenkmal** auf einem Gelände von 16 ha weitgehend erhalten geblieben und wird in einem bis heute andauernden Sanierungsprozess restauriert und neuen Nutzungen zugeführt.

UM DEN LINDENHOF

Hinweis — Die Hauptsehenswürdigkeiten der Franckeschen Stiftungen gruppieren sich um den Lindenhof. Zum Kennenlernen des Geländes werden regelmäßig Führungen angeboten.

Historisches Waisenhaus — Heute dient das Historische Waisenhaus als **Kulturzentrum, in dem Dauer- und Wechselausstellungen gezeigt sowie Vorträge, Tagungen und Konzerte veranstaltet werden. Das Waisenhaus-Kabinett im

Erdgeschoss bietet anhand von Texttafeln, Dokumenten und einzelnen Objekten einen Überblick über die Geschichte der Franckeschen Stiftungen von 1698 bis zur Gegenwart. Der **Freylinghausen-Saal**, errichtet an der Stelle des ehemaligen Bet- und Singesaals, bietet mit einer ausgezeichneten Akustik Raum für Kammerkonzerte und Tagungen. Benannt wurde er nach dem zweiten Direktor, **Johann Anastasius Freylinghausen**, dem Herausgeber des Geistreichen Gesangbuches, eines der berühmtesten protestantischen Liederbücher des 18. Jahrhunderts. Ein Zentrum kindgerechter kultureller Bildung in den Stiftungen ist das **Kinderkreativzentrum Krokoseum** im Sockelgeschoss des Waisenhauses.

Die von Francke Ende des 17. Jh.s in seinem Waisenhaus begonnene Kunst- und Naturaliensammlung gilt als einzigartig in Deutschland. Zu Unterrichtszwecken angelegt, steht sie in der Tradition der Kunst- und Wunderkammern und ist als **einziges original erhaltenes Barockkabinett** ein Beispiel dieser Urform des europäischen Museums. Sie ist weitestgehend geschlossen erhalten geblieben und in ihren originalen Räumlichkeiten im Historischen Waisenhaus nach dem musealen Konzept des 18. Jh.s wieder aufgestellt worden.

**Kunst- und Naturalienkammer

Der **älteste Bibliothekszweckbau Deutschlands** (1726 – 1728) nimmt den größten Teil der Sammlungen auf: etwa 110 000 Drucke vom 15. bis zum Beginn des 20. Jahrhunderts.

**Kulissenbibliothek

** Händel-Haus

F 19

Lage: Große Nikolaistraße 5
Innenstadtplan: II C 3
Straßenbahn: 1, 2, 3, 5, 6, 7, 8, 10, 16 (Marktplatz), 3, 7, 8 (Neues Theater)
❶ April – Okt. Di. – So. 10.00 – 18.00,
Nov. – März
Di. – So.
10.00 – 17.00 Uhr
Eintritt: 4 €
www.haendelhaus.de

In einem gelben Eckhaus nahe dem Markt wurde am 23. Februar 1685 der berühmteste Sohn der Stadt, der Barockkomponist Georg Friedrich Händel, geboren.

Das barocke Wohnhaus mit einem Kellergewölbe aus dem 12. Jh. war von 1666 bis 1783 im Besitz der Familie Händel. 1937 erwarb es die Stadt und eröffnete 1948 das Musikmuseum der Stadt Halle, das 1984 um das angrenzende Renaissance-Gebäude erweitert wurde. Durch den Tordurchgang erreicht man einen **idyllischen Innenhof**, der auch für Konzerte und als Café genutzt wird. Die gut erhaltene Boh-

Barockes Wohnhaus

lenstube mit Kassettendecke im Obergeschoss des Hofflügels aus dem 16. Jh. ist Teil des Museums. Das Händel-Haus verfügt über einen **Kammermusiksaal** und eine insbesondere für Vokal- und Orgelkonzerte ideale moderne Glashalle.

Händel-Museum 600 m² auf zwei Etagen umfasst die Ausstellung **»Händel – der Europäer«**. Sie wurde 2009 im »Händel-Jahr« aus Anlass von Händels 250. Todestag eröffnet. Ein abwechslungsreicher Rundgang bezieht multimediale Elemente ein. Beispielsweise ermöglicht eine Medienstation mit Händel-Porträts eine ikonografische Annäherung an den Komponisten. In einem Miniaturtheater können Händels Opern »erlebt« und in der Schatzkammer wertvolle Handschriften und Drucke betrachtet werden. Angeboten werden auch ein audiovisueller Rundgang und eine individuell zu bedienende Werkgalerie mit einer großen Auswahl von Händelschen Werken.

Die in den 1930er-Jahren begonnene **Musikinstrumentensammlung** mit Exemplaren aus verschiedenen Stilepochen umfasst heute mehr als 700 Objekte und gehört damit zu den bedeutendsten Sammlungen dieser Art in Deutschland. Unter anderem ist als größtes Instrument eine auch von oben einsehbare, spielbare Orgel aus dem Jahr 1770 ausgestellt.

> **BAEDEKER TIPP**
>
> ### Händel-Festspiele
>
> Im Juni steht Halle zehn Tage im Zeichen der Festspiele. Opern und Oratorien in der Oper Halle, Konzerte in der Galgenbergschlucht oder als ganz besonderes Erlebnis eine Aufführung im historischen Goethe-Theater Bad Lauchstädt – die Qualität und Vielfalt an dargebotener Musik und Interpreten sind hoch. Seit einigen Jahren kommen Musikfans, die es etwas moderner mögen, bei »Bridges to Classics«, »Jazz bei Händel« oder »Händels open« ebenfalls auf ihre Kosten (www.haendelfestspiele-halle.de).

»Musikstadt Halle« Zum Händel-Haus gehört auch das **Musikmuseum im Wilhelm-Friedemann-Bach-Haus** mit dem Titel »Musikstadt Halle« in der Großen Klausstraße 12. Johann Sebastian Bachs ältester Sohn Wilhelm Friedemann (1710 – 1784) lebte einige Jahre mit seiner Familie in diesem Anwesen bzw. seinem Vorgängerbau.

Im Obergeschoss ist ein anschaulicher Querschnitt durch die Musikgeschichte Halles zu besichtigen. Vorgestellt werden u. a. der Organist und Komponist Samuel Scheidt (1587 – 1654), Musikdirektor der drei großen halleschen Kirchen, und Robert Franz, dem die Wiederentdeckung des Händelschen Werks im 19. Jhs. zu verdanken ist. In der original erhaltenen Bohlenstube von 1554 sind Hausmusikinstrumente ausgestellt. Hörstationen vermitteln einen Eindruck von den Kompositionen der vorgestellten Musiker.

April – Okt. Fr./Sa. 10.00 – 18.00, Nov. – März Fr./Sa. 10.00 – 17.00 Uhr
Eintritt: 2,50 €, www.haendel-haus.de

Hallmarkt

Lage: Innenstadt
Innenstadtplan: II D 3
Straßenbahn: 2, 5, 10, 16 (Hallmarkt)

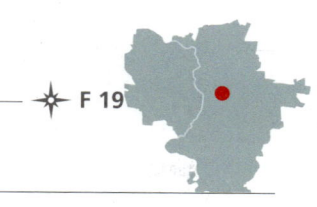

Geht man vom Marktplatz in Richtung Westen, stößt man unmittelbar hinter der Marienkirche auf den Hallmarkt. Hier schlug einst das wirtschaftliche Herz von Halle.

Bereits der Stadtname weist auf die große Bedeutung des Salzes für die Siedlung hin: Er leitet sich vom mittelhochdeutschen hal für Salzquelle ab. Damals schöpften sogenannte Bornknechte aus den Brunnen im »Thal« salzhaltiges Wasser, die Sole, und trugen es in hölzernen Bottichen zu verschiedenen Siedehäusern, den »Siedkoten«. Dort siedete man die Sole in eisernen Pfannen, bis das Salz auskristallisierte. Anschließend konnte es in Körbe gefüllt, getrocknet und auf die Wagen der Kaufleute geladen werden. Neben der Thalsaline, die sich im Bereich des heutigen Hallmarkts befand, entstand im 18. Jh. die Königliche Saline außerhalb der Stadt. 1868 wurde die Alte Saline auf der »Halle« stillgelegt; in den Gebäuden ist jetzt das ►Halloren- und Salinemuseum untergebracht. Heute präsentiert sich der Hallmarkt als **Ort der Kultur und Kommunikation**. Als Open-Air-Gelände wird er u. a. im Rahmen des im September veranstalteten Salzfests genutzt. Anlässlich des alljährlichen »Händels Open« zum Auftakt der berühmten halleschen Händel-Festspiele bietet der Hallmarkt internationalen Künstlern eine Bühne.

Wirtschaftsgrundlage

> **? BAEDEKER WISSEN**
>
> ### Tradition der Halloren
>
> Halloren werden seit Ende des 15. Jh.s die Mitglieder der noch heute bestehenden Brüderschaft der Salzwirker in Halle genannt. Sie haben eigene Feste und Bräuche, so das Fischerstechen, bei dem sich junge Männer mit langen Stangen gegenseitig von ihren Kähnen in die Saale zu stoßen versuchen. Dieser Brauch ist alljährlich beim Laternenfest im August zu bestaunen. Bei festlichen Anlässen sieht man die Halloren in ihrem Festkleid, zu dem der Dreispitz aus Samt, ein Mantel mit 18 silbernen Knöpfen, Latz, Kniebundhose, Strickstrümpfe, Halbschuhe mit Silberschnalle und Umhang gehören.

Das Werk des halleschen Bildhauers Prof. Bernd Göbel erzählt Stadtgeschichte: Figuren aus Bronze stellen Sagen und Geschichten aus dem mittelalterlichen Halle vor. Eine Figurengruppe am Beckenrand ist den Halloren gewidmet. Sie zeigt neben der schweren Arbeit der Halloren in vielen Symbolen ihre alten Bräuche, wie Pfingstbier, Fahnenschwenken, Bechersonnen und die Präsentation des Silberschat-

*Göbelbrunnen

Der Göbelbrunnen auf dem Hallmarkt ist ein beliebter Treffpunkt.

zes. Auf dem nächsten Rundbogen erzählen die Figuren vom kühnen Sprung des Landgrafen Ludwig II. von Thüringen vom Giebichenstein in die Saale. Die Darstellung des lebenslustigen Kardinals und Erzbischofs mit seiner Mätresse sorgte bereits vor der Aufstellung 1999 für deutschlandweite Diskussionen.

✱ Halloren- und Salinemuseum

F 18

Lage: Mansfelder Straße 52
Innenstadtplan: II C 2
Straßenbahn: 2, 4, 5, 9, 10, 16 (Saline)

ℹ Di. – So.
10.00 – 17.00 Uhr
Eintritt: 3,80 €
www.salinemuseum.de

Das Technische Halloren- und Salinemuseum befindet sich unweit des ▶Hallmarkts auf der Salinehalbinsel. 1719 – 1721 wurde hier die Königlich-Preußische Saline errichtet.

Von der Sole zum Salz   Zur Saline gehörten über 100 Siedehütten. Das Solewasser wurde zu Salz verkocht, indem es in großen Eisenpfannen erhitzt wurde und das Wasser verdampfte. Von den Gebäuden sind heute nur noch ein einstöckiges Giebelhaus mit einem kleinen Turm und ein Siedehaus mit hohem Schlot erhalten (▸Abb. S. 114).. Darin wird die Geschichte der in Halle über 1000 Jahre lang betriebenen Salzgewinnung bis zu ihrer endgültigen Einstellung 1964 dokumentiert. Das Museum zeigt **Arbeit, Technik und Brauchtum der Halloren**. An wenigen Tagen im Jahr findet ein **Schausieden** statt, bei dem das Museum die Salzgewinnung wie im 19. Jh. mit zwei Siedpfannen und weiterer Technik demonstriert (▸Abb. S. 13). Mit einer Jahresproduktion von etwa 70 t ist es Deutschlands kleinster Salzproduzent und das einzige Salz produzierende Museum Europas. Beim Schausieden zeigen die Halloren auch ihren wertvollen Silberschatz. Auf der Salinehalbinsel, die 1967 in ein Naherholungsgebiet umgestaltet wurde, entstand in unmittelbarer Nachbarschaft des Museums eine Rehabilitationsklinik mit Solbad.

* Halloren-Schokoladenmuseum

F 22

Lage: Delitzscher Straße 70
Straßenbahn: 7 (Fiete-Schulze-Str.)
❶ Mo.–Fr. 9.00–18.30, Sa. 9.00–16.00, So. 11.00–17.00 Uhr
Eintritt: 4 €
Führung: 7 €
www.halloren.de

An den kleinen, braunen Kugeln aus Schokolade kommt der Besucher in Halle nicht vorbei: Die Original-Halloren-Kugeln sind mittlerweile weit über die Stadtgrenzen hinaus bekannt und beliebt (▸Abb. S. 101).

Gefertigt werden sie in einer der ältesten Schokoladenfabriken Deutschlands. Höhepunkte der Ausstellung sind die Schauproduktion und das **weltweit einmalige, im Biedermeierstil eingerichtete Schokoladenzimmer**, hergestellt aus immerhin 1400 kg Schokolade und 300 kg Marzipan. Tische, Stühle, Tafelgeschirr, selbst die Wandverkleidungen wurden aus dem süßen Material gestaltet. Der Schaugang bietet Einblick in die Produktion der Halloren-Confiserie und im Kino kann man sich eine Dokumentation zur Geschichte und Entwicklung von Halloren anschauen. Ein neueres Ausstellungsstück ist ein Innenstadtplan, der die Altstadt im Jahr 1952 zeigt, dem Jahr, in dem die Halloren-Kugel erfunden wurde, aus Vollmilch- und Bitterschokolade, was einen hübschen Farbeffekt ergibt. Wer sich selber an die Herstellung von süßen Köstlichkeiten machen möchte, kann in einem dreistündigen Seminar die Grundlagen der Pralinenproduktion erlernen.

Hansering (Altstadtring)

✦ F 19

Lage: Hansering
Innenstadtplan: II C/D 4
Straßenbahn: 1, 2, 5, 10 (Joliot-Curie-Platz), 1, 2, 3, 5, 7, 8, 10, 16 (Marktplatz)

Der Hansering zwischen historischem Kern und Stadtpark ist Teil des Altstadtrings, der im Zuge der gründerzeitlichen Stadtbebauung anstelle der mittelalterlichen Stadtmauer angelegt wurde.

Statt Stadtmauer
Vom Hansering setzt sich der Altstadtring in nordwestlicher Richtung vom Joliot-Curie-Platz über den Universitätsring, den Moritzburgring, den Robert-Franz-Ring, den Hallorenring und den Waisenhausring fort. Der Name Hansering verweist auf Halles Beitritt zur Hanse im Jahr 1280. Vorbei am Leipziger Turm gelangt man zum Waisenhausring (gegenüber den ▶Franckeschen Stiftungen), an dem das einzige größere Teilstück der mittelalterlichen Stadtbefestigung (um 1260) erhalten ist.

Ein Blickfang der historistischen Ringbebauung am östlichen Rand der Altstadt ist das 1903 – 1905 erbaute **Landgericht**. Seine farbenfrohe Fassade und die gewölbte Kuppelhalle mit doppelter Wendeltreppe sind vielen Fernsehzuschauern aus den halleschen »Polizeiruf 110« bekannt. In der neben dem Landgericht auf den Hansering mündenden Rathausstraße eröffnet sich eine **beeindruckende Sicht auf die Marktsilhouette**.

** Landesmuseum für Vorgeschichte

✦ E 19

Lage: Richard-Wagner-Straße 9
Straßenbahn: 7 (LM für Vorgeschichte), 3, 7, 12 (Reileck)
❶ Di – Fr. 9.00 – 17.00, Sa./So.

10.00 – 18.00 Uhr
Eintritt: 5 €
www.lda-lsa.de

Das Landesmuseum in Halle ist der älteste Museumsbau für Vorgeschichte in Deutschland und eine der wichtigsten archäologischen Sammlungen in Mitteleuropa. Zum umfangreichen Bestand von mehr als 11 Mio. Funden gehören zahlreiche Stücke ersten Ranges, wie beispielsweise die berühmte Himmelsscheibe von Nebra.

Die außergewöhnlich interessanten archäologischen Funde Sachsen-Anhalts werden in zeitlicher Folge – vom Beginn der Steinzeit bis zur Frühbronzezeit – ausgestellt. Aufwendige Inszenierungen lassen ein realistisches Bild stein- und bronzezeitlichen Lebens entstehen, mit wilden Höhlenlöwen und imposanten Mammuts, nachdenklichen Neandertalern, Schamanen, Totenkammern, Fürstengräbern. Der größte Schatz des Museums ist die älteste bislang gefundene konkrete Himmelsdarstellung der Menschheit, die sogenannte Himmelsscheibe von Nebra (▶Baedeker Wissen S. 276). Neben seiner Dauerausstellung zeigt das Landesmuseum wechselnde Sonderausstellungen.

> **BAEDEKER TIPP** ❗ *Zum Schad*
>
> Ideal für eine Stärkung zwischendurch oder zum Ausklang des Tages ist die am Reileck gelegene »Erste hallische Gasthaus-Brauerei Zum Schad«. 1885 gegründet, verfügt sie über 350 Plätze, ein Brauereimuseum sowie eine beeindruckende Gästeliste: Am 8. September 2000 kehrten Hans-Dietrich Genscher und Michail Gorbatschow hier ein.

✶✶ Marktkirche (Marienkirche)

✦ F 19

Lage: Marktplatz/An der Marienkirche 2
Innenstadtplan: II D 3
Straßenbahn: 1, 2, 3, 5, 6, 7 , 8, 10, 11 (Marktplatz)
❶ März – Dez. Mo. – Sa. 10.00 – 17.00,
So. 15.00 – 17.00,
Jan./Febr. Mo. – Sa. 11.30 – 16.00,
So. 15.00 – 16.00 Uhr

Als unverwechselbares Wahrzeichen prägen die beiden Turmpaare der Marktkirche Unserer Lieben Frauen die Silhouette von Halle. Der damalige Landesherr, Kardinal Albrecht von Brandenburg, Magdeburger Erzbischof und Kurfürst von Mainz, benötigte für seine Residenzstadt Halle eine repräsentative Kirche an zentraler Stelle, die seinen Vorstellungen entsprach. Dazu ließ er zwei mittelalterliche Kirchen zu einer neuen, großen vereinen.

Die westlich gelegene **Gertrudenkirche** stammte aus dem 11. Jh. und war die Kirche der Salzwirker im Tal zu Halle, der Gegend um den heutigen Hallmarkt. Die östlich gelegene **Markt- bzw. Marienkirche** (▶Abb. S. 282) aus dem 12. Jh. war die Pfarrkirche der Kaufleute und Handwerker der Bergstadt, der höher gelegenen Straßen um den Marktplatz. 1529/30 brach man die alten Kirchenschiffe ab. Erhalten

Aus zwei mach eine

Die Himmelsscheibe von Nebra

Fahrt über den Himmelsozean

Bis in das Allerheiligste im Landesmuseum für Vorgeschichte ist es ein lehrreicher Weg: Auf ihm erfährt der Besucher die Geschichte der Himmelsscheibe von Nebra, der weltweit ältesten konkreten Darstellung des Kosmos.

Im Sommer 1999 hatten Raubgräber die 3600 Jahre alte Scheibe auf dem Mittelberg bei Nebra aus der Erde gewühlt und versucht, sie zu verkaufen. Das unsachgemäß gereinigte und dabei beschädigte Objekt geriet in die Hände verschiedener Hehler und Händler, erst 2002 konnte der Fund sichergestellt werden. Seit Mai 2008 gehört das restaurierte Original zur Schatzkammer des Museums.

Sensationsfund

Ein Homer-Text über die Gestirne leitet in den stillen, dunklen Raum über, beleuchtet von einem Himmel mit 70 000 Sternen, die unter Anleitung eines Astronomen von Hand durch eine schwarze Folie gestochen wurden und von oben illuminiert werden. Weiter geht es um eine schwarze Stele – und dann ist er da und nichts lenkt von ihm ab: vom Jahrhundertfund für die Archäologie, für die Astronomie- und die Religionsgeschichte.

Abstrakte Sterne

Auf der patinagrünen Bronze vermischen sich **Elemente des Tag- und des Nachthimmels vor einem abstrakten Sternennetz**. Die Sternenhäufung an einer Stelle symbolisiert die Plejaden: Dieser etwa 380 Lichtjahre entfernte Sternhaufen gehört zur Milchstraße und ist mit bloßem Auge am nächtlichen Himmel zu sehen.

Ein **Schiff als zentrales mythisches Symbol** bewegt sich zwischen den Horizonten. Die Forschung hat **fünf Herstellungsphasen** der Himmelsscheibe ausgemacht: Zunächst erfolgte die Ausstattung als Nachthimmel, später wurden zwei goldene Randbögen angebracht, dann kam der gerillte Goldbogen am unteren Rand dazu, der als Schiff am Horizont gedeutet wird. In der nächsten Phase wurde die Scheibe am Rand durchlöchert, in der letzten, vor der Niederlegung des Bronzeschatzes, der linke Goldbogen entfernt. Die verschiedenen Handwerkergenerationen haben das Objekt wohl immer wieder den sich ändernden Weltbildern angepasst.

Frühbronzezeit

Das Alter der einzigartigen Scheibe wurde über die im Fundort entdeckten anderen Objekte ermittelt. Schwerter, Beile und Meißel, die ebenfalls in einer Vitrine im Himmelsscheiben-Raum gezeigt werden, sind typisch für das Ende der Frühbronzezeit um 1600 v. Christus.

Den Wissenschaftlern werden die Funde von Nebra noch lange Zeit Stoff für die Forschung geben – und den Museumsbesuchern Anlass zum grenzenlosen Staunen: über ferne Welten, faszinierende Visionen und das Wissen unserer Vorfahren.

Sie schlägt jeden, der sie sich anschaut, in ihren Bann: die 3600 Jahre alte Himmelsscheibe von Nebra.

»Himmelswege«

Das Landesmuseum für Vorgeschichte in Halle ist Ausgangs- bzw. Endpunkt der »Himmelswege«. Diese **touristische Route** führt über vier Stationen, die in Zusammenhang mit der Himmelsscheibe stehen, durch den Süden Sachsen-Anhalts. Dazu zählt die etwa 50 km entfernte **Arche Nebra**, ein spektakuläres Erlebniscenter nahe dem Mittelberg, dem Fundort der Himmelsscheibe. Geboten werden eine Planetariumsshow und eine Ausstellung über die Welt des einzigartigen Fundes. Das ebenfalls im Burgenlandkreis gelegene, rund 7000 Jahre alte **Sonnenobservatorium von Goseck** gehört ebenso zur Tourismusroute wie das 1987 entdeckte Steinkammergrab der **Dolmengöttin von Langeneichstädt** (westlich von Merseburg). Dargestellt auf einem Menhir, einem bearbeiteten »langen Stein« oder Hinkelstein, zeugt sie von den Jenseitsvorstellungen der Menschen aus der mittleren Steinzeit. Auf dem freien Feld ist eine Kopie zu sehen, das Original befindet sich im Landesmuseum für Vorgeschichte in Halle. Informationen zur Tourismusroute sind zu finden unter www.himmelswege.de.

blieben nur die Blauen Türme von St. Gertruden aus der Zeit um 1400 mit Spitzhelmen, die zwischen 1507 und 1513 aufgesetzt worden waren, und an der Ostseite die sogenannten Hausmannstürme von St. Marien mit spätromanischen Untergeschossen und Renaissanceaufsätzen von 1551 bis 1554, die durch eine Brücke für den **Türmer (Hausmann)** miteinander verbunden wurden. Er musste durch Läuten der Glocken in den Hausmannstürmen die Stadt vor Feuer und Gefahr warnen. Seine Türmerstube kann bei Führungen auf die Türme besichtigt werden. Auf der Brücke geben heute, v. a. zur Weihnachtszeit, kleine Bläserkapellen Konzerte für Marktbesucher und Touristen. Beide Turmpaare sind übrigens im Besitz der Stadt und nicht der Kirche.

Innenraum der Kirche (▶S. 256)

Die zwischen die Turmpaare eingebaute dreischiffige, chorlose gotische Kirche ist etwa 88 m lang und 24 m breit und **der letzte große Hallenbau der obersächsischen Spätgotik**. Sie gehört zu den herausragenden Architekturleistungen jener Epoche in dieser Region. Der Entwurf für den weiten Hallenraum mit auffallend breitem Mittelschiff stammt von Ratsbaumeister Caspar Crafft. Zwischen den dreizehn Joche langen und gleich hohen Schiffen öffen sich schmale, mit geometrischem Maßwerk gefüllte Fenster. Zehn Paar schlanke Achteckpfeiler tragen ein flaches, tonnenartiges Netz- und Sterngewölbe, dessen unterlegte Rippen aus den Pfeilern erwachsen und zum Teil anfänglich frei durch die Luft geführt werden. Ein Meisterstück spätgotischer Steinmetzkunst ist der von Craffts Nachfolger Nickel Hoffmann geschaffene herabhängende Schlussstein in der Raummitte. Jeweils zwei gleiche Portale an den Längsseiten führen in das Innere der Kirche. Sie sind spitzbogig und reich mit Stabwerk geschmückt. Zwischen den Strebepfeilern, die den Außenbau in enger Folge gliedern, öffnen sich logenartig zum Innenraum separat betretbare kleine Betstuben (2. Hälfte 17. Jh.). Die 1550 bis 1554, also erst nach der Einführung der Reformation in Halle (1541) eingebauten, das Raumbild stark prägenden Emporen sind bemerkenswert mit Blick auf die Geschichte des **frühen protestantischen Kirchenbaus**. Sie zeigen bereits deutlich renaissancetypische Elemente. In den westlichen Ecken führen große, steinerne Wendeltreppen mit frei tragenden Holzspindeln zu den Emporen. Ein weiteres Emporengeschoss wurde 1698 hinzugefügt. Die Transformation zur

> **BAEDEKER TIPP !**
>
> *Hoch hinaus*
>
> Ein eindrucksvoller Ausblick über den Marktplatz und Halle bietet sich in 43 m Höhe von der Brücke zwischen den beiden Hausmannstürmen der Marktkirche. Ein Gästeführer würzt den Aufstieg über 222 Stufen mit Geschichten und Episoden aus Halles über 1200-jähriger Geschichte. Bei schönem Wetter sieht man sogar den Brocken im Harz. Die Touristinformation bietet mehrmals wöchentlich Führungen an.

Luthers Totenmaske und ein Abguss seiner Hände in der Turmkammer

protestantischen Predigtkirche wird u. a. sichtbar im Schriftfries mit Bibelzitaten an den Emporen, Gedenkinschriften für **Martin Luther** (▶Berühmte Persönlichkeiten) und den halleschen Reformator **Justus Jonas** (1493 – 1555). In solchem Umfang und ganz ohne Illustration war Schrift in Kirchenräumen bis dahin nicht vorgekommen.

Die Marktkirche ist weitgehend original erhalten geblieben. Schäden eines Bombentreffers 1945 konnten bis 1948 behoben werden. Eine seit Jahrzehnten notwendige Generalsanierung erfolgte nach 1967, als durch eine geplatzte Fernwärmeleitung der Kirchenheizung der gesamte Innenraum und die Ausstattung schwer beschädigt wurden. Die Sanierungsarbeiten 1968 bis 1983 waren eine der großen denkmalpflegerischen Instandsetzungen der DDR.

Restaurierung

Justus Jonas hielt in der Karwoche 1541 die erste evangelische Predigt in der Marktkirche und führte damit offiziell die Reformation in Halle ein. Nur noch der **Flügelaltar aus der Werkstatt von Lucas Cranach d. Ä.**, auf dem sich der Kardinal selbst mit abbilden ließ, weist auf den katholischen Auftraggeber des Gotteshauses hin. Der wertvolle Wandelaltar ist Maria gewidmet und zeigt auf drei unterschiedlichen Wandlungen Bilder von Heiligen, von Maria und auf dem Mittelbild vom Stifter, Kardinal Albrecht. Auf dem Fußbild, der Predella, sind die 14 Nothelfer abgebildet.

Schätze der Marktkirche

In der nordwestlichen Turmkammer der Kirche wird einer der wertvollsten Schätze aus der Reformationszeit – die ***Original-Totenmaske von Martin Luther** und der Wachsabguss der Hände des

Marktkirche (Marienkirche)

Toten zusammen mit der Originalkanzel aus der Lutherzeit – ausgestellt. Die Abgüsse wurden angefertigt, als Luthers Leichnam 1546 bei der Überführung von Eisleben nach Wittenberg in der Marienkirche aufgebahrt wurde. Durch Justus Jonas, den ersten evangelischen Pfarrer an der Marktkirche, gelangte Luthers Totenmaske in den Besitz der Marktkirchengemeinde. Im Inneren der Kirche finden sich außerdem **Luthers Familienwappen** und ein Justus-Jonas-Medaillon am Schnitzwerk der Emporen. Zur Erinnerung an seine leidenschaftlichen Predigten in dieser Kirche wurde 1883 zum 400. Geburtstag des Reformators an der dem Markt zugewandten Außenwand ein Relief mit seinem **Porträt** angebracht.

Zu den weiteren Schätzen der Marktkirche gehören eine aus einer Vorgängerkirche stammende **Bronzetaufe**, 1430 von Ludolf und Heinrich von Braunschweig gegossen, an der Georg Friedrich Händel 1685 getauft wurde. Eine **prachtvolle Kanzel aus Sandstein** entstand 1541 in der Werkstatt von Nickel Hoffmann. Sie ist in spätgotischen Formen gearbeitet, zeigt aber schon typische Details der Renaissance. Der hölzerne Schalldeckel von 1596 ist eine beachtliche Leistung des Bildschnitzers Heinrich Heidenreitter und des Malers Heinrich Lichtenfelser. Er stellt einen in der Grundform achteckigen Stern dar, der kleinere darüber wird von acht Säulen getragen (▶S. 256). Ganz oben ist die Verklärung Christi zu sehen. Nur zum Teil erhalten ist das **mit Renaissance-Schnitzereien verzierte Gestühl** aus Eichenholz (1561 – 1595) aus der Werkstatt von Antonius Pauwaert in Ypern. Hinter dem Altar im Osten befindet sich das **Brautgestühl von 1595** mit kräftig geschnitztem Beschlagwerk und Kartuschen. Einen Kontrast bildet das links vor dem Altarraum an einem der Achteckpfeiler stehende **Kruzifix aus schwarzem Eisen**. Es wurde 1976 von dem Halberstädter Künstler Johann-Peter Hinz unter Verwendung eines Kreuzes aus dem 19. Jh. geschaffen und zeigt den leidenden Christus, der sich trotz der Qualen vom Kreuz losgerissen hat und die rechte Hand zur Versöhnung ausstreckt, sodass sich mit ihm selbst das Kreuz herunter biegt.

Nordwestliche Turmkammer: Eintritt 2 €

Kleine Orgel Die kleinere der beiden Orgeln auf der Ostempore über dem Altar ist **eine der ältesten Orgeln Mitteldeutschlands** und wurde 1664 von Georg Reichel erbaut. An ihr lernte der junge Georg Friedrich Händel das Orgelspiel bei Friedrich Wilhelm Zachow und übernahm später für eine kurze Zeit die Organistenstelle im halleschen Dom. Die Orgel verfügt nur über ein Manual mit sechs Registern und ist auf Cornetton gestimmt, wodurch die auf ihr gespielten Werke ungefähr eine kleine Terz höher klingen, als sie das Notenbild vorschreibt. Man entschloss sich, sie nicht temperiert, wie die heutigen Instrumente, sondern mitteltönig zu stimmen, wie es zur Zeit des Baus der Orgel üblich war. Dadurch erklingen die Werke der alten

Meister farbiger und plastischer als in der heute üblichen Stimmung. Bei kostenlosen Orgelkonzerten können Besucher den besonderen Klang dieses Instruments genießen.
Orgelkonzerte: März – Dez., Di. 16.00, Do. 12.00, Juni – Sept., Sa. 12.00 Uhr

Von der großen spätbarocken Orgel von 1716, die **von Johann Sebastian Bach eingeweiht** wurde, ist nur der Prospekt von 1713 – 16 erhalten. Sie wurde von Christoph Contius aus Halberstadt erbaut. Die Orgel wurde 1984 erneuert und besteht nun aus 4170 Pfeifen: Die größte misst 5 m, die kleinste 6 mm. Die 56 Register sind über drei Manuale und ein Pedal anspielbar.

Große Orgel

Die zur Marktkirche gehörende Marienbibliothek (▶Abb. S. 43) wurde 1552 gegründet und gilt damit als **älteste evangelische Kirchenbibliothek in Deutschland**. Zum Bestand gehören ca. 30 000 Bände vorwiegend aus dem 15. und 18. Jahrhundert, darunter 600 Inkunabeln sowie Erstdrucke von Lutherbibeln mit eigenhändigen Notizen von Martin Luther.
❶ Mo. u. Do. 14.00 – 17.00 Uhr

*Marienbibliothek

* Marktplatz

F 19

Lage: Innenstadt
Innenstadtplan: II C/D 3
Straßenbahn: 1, 2, 3, 5, 7, 8, 10, 16 (Marktplatz)

Der »Neue Markt« entstand ab etwa 1120 ca. 300 m nördlich des Alten Markts, der bis dahin Zentrum des Salzhandels gewesen war. Gleichzeitig wurde eine neue Stadtbefestigung angelegt, wodurch sich die Größe des damals rund 4000 Einwohner zählenden Orts auf die Fläche der heutigen Altstadt ausdehnte.

Architektonisch bestimmt wird der Marktplatz von Gebäuden aus sieben Jahrhunderten, v. a. aus dem 16. und dem 20. Jahrhundert. Prägend sind die viertürmige ▶Marktkirche und der Rote Turm, die gemeinsam als die **»Fünf Türme«** das weithin sichtbare Wahrzeichen der Stadt bilden. Diese **berühmteste Ansicht der Stadt** wurde in zahlreichen Gemälden u. a. von Lyonel Feininger, Caspar David Friedrich, Ernst Ludwig Kirchner und Christian Rohlfs verewigt. Mit 14 sternförmig in den Marktplatz mündenden **Straßen und Gassen** bildet er das urbane Zentrum einer dichten historischen Altstadt. In kaum einer anderen Stadt liegen Einkaufsmöglichkeiten, Entspannung und Kulturerlebnis so eng beieinander wie in Halle – der »Stadt

Zentrum der historischen Altstadt

Fünf Türme: Marktplatz mit Marienkirche und Rotem Turm

der kurzen Wege«. Mit vielen kleinen Geschäften, gemütlichen Cafés und einer lebendigen **Galerieszene** locken die historische Schmeerstraße, die Leipziger Straße sowie die Kleine und Große Ulrichstraße, an deren Auftakt das **Stadtcenter Rolltreppe** (Große Ulrichstr. 57–63) an die erste Rolltreppe in der DDR erinnert. Heute ist die Rolltreppe Teil des Sportgeschäfts des halleschen Marathonläufers und Doppelolympiasiegers Waldemar Cierpinski.

9 der 13 halleschen Straßenbahnlinien führen über den Marktplatz, dem wichtigsten **Straßenbahnknotenpunkt** der Stadt. Nach wie vor gibt es täglich einen **Wochen- und Frischemarkt** und Sondermärkte wie den Blumen-, Töpfer- oder Weihnachtsmarkt. Eine schöne Kulisse bietet der Marktplatz auch für Klassik- und Popkonzerte.

* **Roter Turm** Der frei stehende Glockenturm, erbaut zwischen 1418 und 1506 nach italienischem Vorbild, ist mit 84 m das höchste Gebäude der Stadt. Die spätere Bezeichnung Roter Turm geht vermutlich darauf zurück, dass am Fuß des Turms das Blutgericht abgehalten wurde. Symbol dafür war und ist die **Rolandfigur**, bei der es sich um die barocke Nachbildung einer hölzernen, gotischen Statue aus dem 13. Jh. handelt. Das aus 76 Bronzeglocken bestehende **Carillon** im Turm ist eines der größten Glockenspiele Europas. Von f0, der größten Glocke mit dem Beinamen »Dame Händel«, als Stundenschlag bis a6 reicht der Tonumfang. Das Glockenspiel ist täglich zwischen 8.00 und 22.00 Uhr zu hören. Die Viertel-, Halb- und Ganzstundenschläge entsprechen denen von Big Ben in London. Jede Viertelstunde erklingen zusätzlich hallesche Motive, zur vollen Stunde jahreszeitlich ausgewählte Volkslieder. Zu besonderen Anlässen werden Carillonkonzerte veranstaltet.

Im Mittelpunkt des weitläufigen Markts steht das Händel-Denkmal von 1859, ein **beliebter Treffpunkt der Hallenser**. Aus Anlass des 100. Todestags des Barockkomponisten ließen deutsche und englische Musikfreunde das überlebensgroße Bronzestandbild (Hermann Heidel) aufstellen. Der in heroischer Pose dargestellte Händel blickt nach Nordwesten, in Richtung seines Geburtshauses, des heutigen Händel-Hauses, sowie seiner späteren Heimat England.

* **Händel-Denkmal**

Das als Gold-Sole bezeichnete Wasserspiel auf der Westseite des Marktplatzes wurde anlässlich der 1200-Jahrfeier der Stadt im Jahr 2006 errichtet und erinnert an die Solequellen und das aus ihnen gewonnene Salz, Grundstein für Halles Wohlstand im Mittelalter. Eine geologische Besonderheit, die **Hallesche Marktplatzverwerfung**, lässt die Solequellen im Stadtgebiet zutage treten und kann durch das Geoskop, ein eigens dafür entwickeltes optisches Gerät in der Nähe der Gold-Sole, betrachtet werden.

Gold-Sole und Geoskop

Schönstes Gebäude im Nordwesten ist das **Marktschlösschen**, ein dreiflügeliger Renaissancebau mit engem Hof und steilem Treppenturm. Errichtet wurde das dank seiner historischen roten Farbe gut erkennbare Gebäude als kleine Stadtburg einer Patrizierfamilie um 1600. Das Marktschlösschen ist Sitz der **Touristinformation** mit benachbartem Info-Punkt und Shop der Universität sowie **Halloren-Café**. Die älteste Bebauung findet sich an der Nordwestseite des Markts mit Gebäuden aus dem 15. und 16. Jahrhundert.

Umliegende Gebäude

Nur zwei Stunden erfordert der Erwerb des Halleschen Bierdiploms im **Halleschen Brauhaus** in den Räumen des ehemaligen Wohn- und Handelshauses Zum Kühlen Brunnen (1522 – 1532). Nach einem Rundgang durch die hauseigene Brauerei, einem Vortrag über die Geschichte des Biers und der Verkostung der hauseigenen Biersorten Hallsch, Schönitz Pilsener und Albrecht Dunkel wird eine kurze Prüfung abgelegt.

> **BAEDEKER TIPP !**
>
> *Fahrt mit der Bimmel*
>
> Vom Haltepunkt vor dem Stadthaus auf dem Markt geht es jeden ersten und dritten Sa. im Monat um 11.00 und um 13.30 Uhr (Mai bis Okt.) mit einer 100 Jahre alten Straßenbahn und einem kundigen Führer bis zur Burg Giebichenstein, ins Künstlerviertel rund um die älteste Saaleburg und ins historische Straßenbahndepot (Tickets bei der Touristinformation).

In östlicher Richtung wird der Markt begrenzt durch den **Ratshof** (1928/29), ein ursprünglich hinter dem historischen Rathaus errichtetes Verwaltungsgebäude. In dem Gebäude mit einem der wenigen in Deutschland noch funktionierenden Paternoster haben heute der Oberbürgermeister, das Bürgerbüro und Teile der Stadtverwaltung ihren Sitz. Unmittelbar vor dem Ratshof stand bis 1948 das spätgotische **Alte Rathaus** aus dem 14. Jh., es musste wegen schwerer Kriegsschäden abgerissen werden. Das in den Boden eingelassenes Triptychon »Ratsloggia« der halleschen Künstlerin Maya Graber erinnert seit 2006 an den historischen Standort. An der Südseite steht das 1891 – 1894 im Neurenaissancestil erbaute **Stadthaus**, ein repräsentatives Gebäude mit großem Sitzungssaal für den Stadtrat, Festsaal und kleineren Sälen.

Touristinformation: Mai – Okt. Mo. – Fr. 9.00 – 19.00, Sa./So. 10.00 – 16.00, Nov. – April Mo. – Fr. 9.00 – 18.00, Sa./So. 10.00 – 15.00 Uhr

Kaufhäuser

Die monumentalen Kaufhäuser an drei Seiten des Platzes spiegeln 100 Jahre Warenhausarchitektur wider, von der Gründerzeit über die Moderne bis zur jüngsten Gegenwart.

✶✶ Moritzburg

F 19

Lage: Friedemann-Bach-Platz 5
Innenstadtplan: II B/C 2
Straßenbahn: 3, 7, 8 (Moritzburgring)

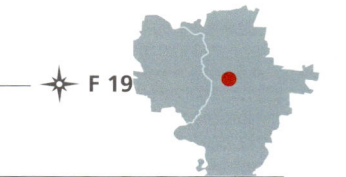

Die Moritzburg in Halle zählt zu den eindrucksvollsten spätmittelalterlichen Burganlagen Mitteldeutschlands. Sie wurde 1484 – 1503 als Residenz der Magdeburger Erzbischöfe errichtet und nach dem Schutzpatron des Erzbistums, dem Heiligen Mauritius, benannt.

Geschichte

Erzbischof Ernst von Magdeburg verlegte 1503 seine Residenz von der Burg Giebichenstein in die neu erbaute Moritzburg an den Nordwestrand der mittelalterlichen Stadt. Als mächtige, von einem tiefen, sumpfigen Graben umgebene Zwingburg erhob sich die Moritzburg mit ihren Türmen einst weithin sichtbar über dem Mühlgraben, einem Seitenarm der Saale. Ihre vierflügelige, leicht trapezförmige Anlage hat eine Ausdehnung von 72 m x 85 m. Nach außen mit vier gewaltigen Rundtürmen als wehrhafter Festungsbau errichtet, vermitteln die großen Fenster und Portale der einzelnen Flügel im Inneren den Eindruck eines repräsentativen **Residenzschlosses**.
Unter **Kardinal Albrecht** von Brandenburg (1490 – 1545) erhielt die Moritzburg eine repräsentative Ausstattung mit reichen Holztäfelun-

gen, prachtvollen Kachelöfen, Teppichen, Wandmalereien und kostbaren Gemälden der großen Künstler der Zeit, darunter Lucas Cranach, Matthias Grünewald und Albrecht Dürer. 1531, keine drei Jahrzehnte nach der Vollendung der Moritzburg, begann Kardinal Albrecht südlich des Doms einen neuen Bau mit einem vorgelagerten Lustgarten als zweite Residenz. Mit dieser **neuen Residenz** schlossen sich Moritzburg und Dom zu einem einzigartigen Renaissance-Ensemble zusammen, das sich eindrucksvoll als Saalefront der Stadt darbot.

Zwar verließ Kardinal Albrecht 1541 unter dem Druck der Reformation Halle und nahm seinen gesamten kostbaren Besitz mit, doch ihm folgten weitere Erzbischöfe sowie protestantische Administratoren als Nutzer der Moritzburg, bis sie im Dreißigjährigen Krieg unbewohnbar wurde. Zu den Belagerern zählten Albrecht von Wallenstein und der kaiserliche Feldherr Tilly sowie die Schweden. Die zerstörten Süd- und Westflügel wurden nicht wieder aufgebaut. 1680 fiel die Moritzburg durch die Bestimmungen des Westfälischen Friedens an den Großen Kurfürsten von Brandenburg und wurde als **Garnison** genutzt. 1829 erstellte Karl Friedrich Schinkel einen Entwurf zum Ausbau der Burgruine als Universitätsgebäude, der aber aus Kostengründen nicht ausgeführt wurde. Stattdessen entstand das Löwengebäude als Zentrale der Universität.

** KUNSTMUSEUM MORITZBURG HALLE (SAALE)

Seit 1904 ist in der Moritzburg das **Kunstmuseum** des Landes Sachsen-Anhalt untergebracht, zunächst nur mit seinen kunsthandwerklichen Beständen, ab 1920 auch mit der Sammlung moderner Gemälde und Plastiken. Das Museum war 1885 als Städtisches Museum für Kunst und Kunstgewerbe gegründet worden. Ihm gelang der Aufbau einer modernen Kunstsammlung, mit der die Moritzburg in den 1920er-Jahren in die erste Liga der deutschen Museumswelt aufrückte. Die nationalsozialistische »Kulturpolitik« zerstörte die Sammlung fast vollständig und in den darauffolgenden Jahrzehnten konnte sie nur mühsam wieder zusammengetragen werden.

Der Name des Kunstmuseums lautete ab 1952 Staatliche Galerie Moritzburg Halle und seit der Überführung in eine öffentlich-rechtliche Stiftung in Trägerschaft des Landes 2003 Stiftung Moritzburg. 2005 bis 2008 erweiterte man die Ausstellungsflächen, Grundlage war ein raffinierter Entwurf des spanischen Architekturbüros **Fuensanta Nieto und Enrique Sobejano**. Die historischen Renaissanceflügel im Westen und Norden der Burg wurden architektonisch wieder vereint und mit einer modernen Dachkonstruktion überspannt. Das plastisch geformte, mit Aluminium verkleidete Dach hebt und senkt sich wie eine gefaltete Plattform und greift die von der historischen

Kunstmuseum des Landes Sachsen-Anhalt

Dachlandschaft vorgegebene Unregelmäßigkeit auf. In den als »weiße Boxen («white cubes«) von der Dachkonstruktion abgehängten Ausstellungsräumen entstand so ein spannungsreiches Wechselspiel kleiner und großer Räume.
❶ Di. 10.00 – 19.00, Mi. – So. 10.00 – 18.00 Uhr, Eintritt Dauerausstellung: 7 €, www.kunstmuseum-moritzburg.de

Gebäudeteile und Nutzung

Ursprünglich besaß die Burg zwei Zugänge: ein Hauptportal an der Nordseite und ein Nebenportal als Stadtzugang im Ostflügel, das heute den einzigen Zugang zur Burg bietet. Eine Brücke über den Burggraben führt zum sechseckigen Torturm, in dem 1929 – 1931 **Lyonel Feininger** sein Atelier hatte (▶Baedeker Wissen S. 288). Das 1777 zwischen Torturm und Kapelle errichtete Lazarettgebäude im Stil des Barock ist das bauliche Zeugnis der Nutzung als preußische Garnison des Alt-Anhaltischen Regiments und heute Sitz der Museumsverwaltung.

Die 1509 geweihte **Maria-Magdalenen-Kapelle** diente als Schlosskirche und als Aufbewahrungsort des weltberühmten Reliquienschatzes, des **Halleschen Heiltums**, bis zu dessen Überführung in den Dom durch Kardinal Albrecht. 1894 erhielt die Kapelle ein rekonstruiertes Netzgewölbe, seitdem wird sie von der Selbstständigen Evangelisch-Lutherischen Gemeinde und der Universität genutzt.

Die Moritzburg ist die jüngste Saaleburg.

Im Nord- und Westflügel befanden sich die erzbischöflichen Repräsentationsräume und Wohngemächer. 1637 durch eine Feuersbrunst zerstört, blieben beide über Jahrhunderte ungenutzt. Erst Ende des 19. Jh.s wurde der Nordflügel für das Institut für Leibesübungen der halleschen Universität mit einer Turn-, Gymnastik- und Judohalle sowie Fechtsälen ausgebaut. Im Gewölbe des Westflügels befand sich von 1965 bis 1991 das **Fernsehtheater Moritzburg**, in dem das DDR-Fernsehen volkstümliche Unterhaltung präsentierte. Heute findet sich in den **Gotischen Gewölben** der Burg die **Sammlung sakraler Kunst vom Mittelalter bis zum Barock**.

Im zeitgenössischen Ausbau des Westflügels wird auf ca. 1500 m² die Dauerausstellung zur **Kunst des 20. Jh.s und der Gegenwart**, darunter Werke des Expressionismus (Brücke, Blauer Reiter), Konstruktivismus (El Lissitzky) und der Neuen Sachlichkeit (Georg Schrimpf, Karl Völker) gezeigt. Die ständige Ausstellung umfasst auch die Dauerleihgabe der **Sammlung Hermann Gerlinger** mit **Werken der »Brücke«-Maler** sowie im Turmkabinett die miniaturhaften Werke des halleschen Malers Albert Ebert. Gemälde, Skizzen und Fotografien aus dem **Halle-Zyklus von Lyonel Feininger** (▶Baedeker Wissen S. 288) werden auf der Empore präsentiert, die zugleich als »Fenster zur Stadt« einen einzigartigen Blick über das alte Halle mit seinen fünf Türmen und dem Dom eröffnet. Die Kunst von 1945 bis zur Gegenwart einschließlich der Kunst aus der DDR ist in einem großen, weiten Raum im Obergeschoss zu sehen. Der Nordflügel ist auf zwei Ebenen Sonderausstellungen vorbehalten.

In der nordwestlichen Ecke des Innenhofs ist der gestalterisch an die Architektur des Dachs anknüpfende **Museumseingang** mit Museumsladen und Museumscafé platziert. In den **Südflügel** wurde 1902 bis 1904 eine Replik des 1558 im Renaissancestil erbauten Talamts eingefügt und 1904 als **Kunstgewerbemuseum** eröffnet. Das Talamt als Sitz des Salzgrafen und Talvogts und Festhaus der Pfännerschaft stand bis zu seinem Abriss 1881 am Hallmarkt unterhalb der Marktkirche. Die beim Abriss geborgene wertvolle Ausstattung ist in den originalen historischen Repräsentationsräumen mit prachtvollen Interieurs zu sehen, dem **Gerichtszimmer** (1594) sowie dem **Festzimmer der Halloren** (1616). Von 1911 bis 1913 wurden der **Wehrgang** im Süden und der **Kuppelsaal** als Erweiterung des Museums errichtet. Diese Räume beherbergen zurzeit Depots.

Im **Burghof** sind die Portale der im Zweiten Weltkrieg zerstörten Ratswaage von 1575 und das spätgotische Nordportal der Moritzkirche zu sehen. Besonders erwähnenswert ist der in den Arkaden aufgestellte Bronzeguss der Plastik **»Der Jahrhundertschritt«** (1984) des Leipziger Bildhauers **Wolfgang Mattheuer** (1927 – 2004). Der Nordostturm wurde anno 1972 für den Studentenclub **»Turm«** ausgebaut und bietet seither auf drei Etagen anspruchsvolle Musikunterhaltung.

Lyonel Feininger

Feiningers Blick auf Halle

Für den Deutsch-Amerikaner Lyonel Feininger (1871 – 1956) war Halle die Stadt, die ihn am meisten bezauberte. Das schrieb er im Mai 1929 seiner Frau Julia nach Dessau, wo er bis 1933 am Bauhaus arbeitete. Der Spross einer Musikerfamilie zog 1887 von New York nach Deutschland, um in Leipzig Musik zu studieren. Doch die Leidenschaft für die bildende Kunst war größer und so wurde er erst Karikaturist, später Maler und Bauhaus-Meister.

Schon bald nach seiner Ankunft in Deutschland nahm Feininger Zeichenunterricht. Bereits ein Jahr danach konnte er an der Königlichen Akademie der Künste in Berlin die Malklasse von Ernst Hancke besuchen. Zunächst konzentrierte er sich auf grafische Arbeiten und publizierte in diversen Zeitschriften Karikaturen. Später reüssierte er auch als Maler und wurde 1919 als erster Bauhaus-Meister nach Weimar gerufen. Im Mai 1929 kam er nach Halle, um einen Auftrag des Magistrats zu erfüllen: eine Stadtansicht als repräsentatives Geschenk für das Oberpräsidium der Provinz Sachsen in Magdeburg.

Aussichten

Der Museumsdirektor Schardt gewann den Künstler und Freund auch mit der Aussicht, ganz oben im **Torturm der Moritzburg** ein außergewöhnliches Atelier beziehen zu können. Von hier aus eröffnete sich Feininger das Panorama der Stadt mit ihren vielen Türmen. Auf seinen ausgedehnten Streifzügen für die Motivsuche – Fotoapparat und Zeichenstift hatte Feininger immer dabei – begegneten ihm Mittelalter und Moderne auf engstem Raum. Das plötzliche »Erscheinen« monumentaler Bauwerke aus verwinkelten Gassen überraschte den Künstler. Daher entschloss er sich, **eine ganze Reihe Bilder von Halle** zu malen.

Dreierlei

Drei Bauwerke hatten es Feininger besonders angetan: die Marktkirche, auch Marienkirche genannt, mit ihren beiden gewaltigen Turmpaaren, der Rote Turm, der allein in der Mitte des Markts steht, und der ungewöhnliche turmlose Dom mit dem eigenartigen Kranz aus Rundgiebeln. Zu verschiedenen Tageszeiten hielt er seine Eindrücke fest, um sie beim jährlichen Sommeraufenthalt an der Ostsee bildlich umzusetzen. Immer wieder kehrte Feininger in die Stadt an der Saale zurück – zwischen dem Maler und der Architektur bildete sich »eine eigenartige Schicksalsverbundenheit«.

29 Kohlezeichnungen

Alle 29 Kohlezeichnungen entstanden im Jahr 1929, außerdem zwei der elf Gemälde: »Marienkirche I« und »Am Trödel«. Bis 1931 malte er neun weitere Bilder. Die Stadt Halle beschloss nun, die gesamte Serie für das Museum in der Moritzburg anzukaufen. Heute sind auf der Lyonel-Feininger-Empore noch zwei der Werke im Original zu sehen: **»Marienkirche mit dem Pfeil«**

»Marktkirche zur Abendstunde« (Blickpunkt 1). Nr. 2 steht gleich daneben, die »Marienkirche mit dem Pfeil« – zwei völlig verschiedene Bilder von ein und demselben Objekt. Dann folgen »Am Trödel« und »Die Türme der Stadt«, weitere Bilder der Marktkirche und schließlich auch Bilder des Roten Turms und des Doms.

Die letzte Stele am Ende des Rundgangs bei Blickpunkt 11, wo sich Kleine Ulrichstraße und Bölbergasse kreuzen, zeigt das verschollene Gemälde »Bölbergasse«. Schließlich steht man vor der Moritzburg, wo Lyonel Feininger einst sein Atelier hatte und wo man die noch in Halle verbliebenen Werke betrachten kann.

Die »Marienkirche mit dem Pfeil« gehört zu den eigenartigsten Haller Arbeiten von Lyonel Feininger.

(1930) und **Der Dom in Halle** (1931). Die anderen Gemälde werden in Museen zwischen Hamburg und München gezeigt, befinden sich zum Teil in Privatbesitz oder gelten, wie »Die Bölbergasse«, als herber Kriegsverlust.

Auf Feiningers Spuren

Dem Förderkreis der Stiftung Moritzburg ist ein **einzigartiger Stadtrundgang** zu verdanken: An elf Standorten in Halles Zentrum ermöglichen Stelen, die realen Bauwerke, Plätze und Gassen mit Feiningers Kunstwerken zu vergleichen, die Motive sozusagen mit den Augen des Malers zu sehen. Der Rundgang beginnt in der Nähe des Händel-Denkmals mit der

Feininger-Stil

Immer sind da seine strengen geometrischen Formen in einer klaren Aufwärtsbewegung, dazu der Schatten, feine Lichteffekte und transparent übereinandergelegte Farben. Doch einmal errichten all diese typischen Feininger-Elemente dem Architekturobjekt ein wahres Denkmal, ein andermal geben sie dem Betrachter viele Rätsel auf. Doch das tut der Faszination des Rundwegs keinen Abbruch. Wo hat man schon die Möglichkeit, einem Maler in dieser Weise quasi über die Schulter zu schauen!?

ZIELE • **Moritzkirche**

Wichtigste Sammlungen

Die Stiftung Moritzburg als Kunstmuseum des Landes Sachsen-Anhalt besitzt Sammlungen von Malerei, Plastik, Grafik, Fotografie, Keramik, Schmuck und Design sowie Münzen und Medaillen. Zu den wichtigsten Sammlungsbeständen gehören Kunstwerke der Klassischen Moderne und des 19. Jh.s, darunter ca. 2800 Gemälde mit den Schwerpunkten Expressionismus, sozialkritische Kunst sowie Kunst der DDR. Außerdem besitzt das Museum reiche Bestände an historischem Kunsthandwerk und mittelalterliche Schnitzplastiken. 2001 hat die **»Brücke«-Sammlung von Hermann Gerlinger**, die zu den bedeutendsten deutschen Privatsammlungen gehört, in der Moritzburg ihr Domizil gefunden. Vom **Halle-Zyklus Feiningers** kann man die drei Gemälde »Marienkirche mit dem Pfeil« (1930), »Der Dom zu Halle« (1931) und »Roter Turm« (1930) sowie einige Zeichnungen bewundern. Der Bildernachlass des Universalkünstlers, Theaterregisseurs und Autors **Einar Schleef** enthält mit 156 Gemälden und mehr als 6000 Zeichnungen ein fast geschlossenes Lebenswerk. Der oft als der »hallesche Naive« bezeichnete **Albert Ebert** (1906 – 1976), von dem das Kunstmuseum Moritzburg eine umfangreiche Sammlung an Gemälden und das gesamte druckgrafische Werk bewahrt, entwickelte eigenwillige und fantasievolle Arbeiten. Zu nennen sind auch die Kunst des 19. Jahrhunderts und des deutschen Impressionismus (u.a. mit einem Caspar David Friedrich zugeschriebenen Transparentbild).

✱ Moritzkirche

F 19

Lage: An der Moritzkirche 6 – 8
Innenstadtplan: II D 3
Straßenbahn: 4, 9 (Glauchaer Platz), 2, 5, 10 ,16 (Hallmarkt)
❶ Di. – Sa. 11.00 – 12.00 u. 15.00 – 17.00 (Winter 14.00 bis 15.00), Sa. 11.00 bis 12.00, So. 13.00 – 17.00 Uhr

Die Moritzkirche wurde 1388 als Stiftskirche der Augustiner-Chorherren für das Moritzkloster und als Pfarrkirche der halleschen Pfännerschaft (Salzwirker) begonnen. Sie ist dem Schutzpatron des Erzbistums Magdeburg geweiht.

Spätgotisches Kleinod

Die Pläne der Moritzkirche entwarf der Baumeister und Steinmetz **Konrad von Einbeck**. Sein in Stein gehauenes Porträt ist – neben einer Sammlung von eindrucksvollen Heiligendarstellungen – an einer Säule der Moritzkirche zu sehen. 123 Jahre lang, bis 1511 haben namhafte Künstler wie **Nickel Hoffmann** und **Peter Mordal** (Morl) an der Vollendung des Gotteshauses gearbeitet.

Auftakt des spätgotischen Hallenbaus im sächsischen Raum: St. Moritz

Das Langhaus der Kirche ist von zwei Bauabschnitten geprägt. Die 1388 begonnene ältere Ostseite zeichnet sich durch einen bemerkenswert plastisch-dekorativen Baustil aus. Es entstanden Blendarkaden, Blattornamente, Türmchen mit Kreuzblumenkronen und Wasserspeier in Gestalt kleiner Engel. Die im 15. Jh. begonnene Westhälfte ist wesentlich schlichter, was auf die geringere Finanzkraft der Bauherren zurückzuführen ist. 1519 wurde das Stift aufgelöst und die Kirche bis zur Reformation von den Dominikanern als Klosterkirche genutzt. Zuvor diente der Hallesche Dom als Ordenskirche, wurde jedoch ab 1520 von Kardinal Albrecht von Brandenburg selbst genutzt. Ab 1541 war St. Moritz protestantisch. 1970 wurde die Kirche an die katholische Gemeinde von Halle-Neustadt verpachtet. Ein hallesches Sprichwort über die Kirchen der Stadt sagt: »St. Marien das schönste Geläute, St. Ulrich das schönste Geschmeide, St. Moritz das schönste Gebäude.«

Die Moritzorgel ist als **Denkmalorgel** ein bedeutendes Beispiel deutscher spätromantischer Orgelbaukunst. Erbaut wurde sie 1925 von der Firma Wilhelm Sauer aus Frankfurt/Oder. Sie verfügt über 63 Register, darunter 4 Transmissionen, verteilt auf drei Manuale und Pedal. Der zum 80. Jahrestag der Orgelweihe gegründete Orgel-Förderverein setzt sich für die Fortsetzung einer denkmalgerechten und originalgetreuen Wiederherstellung der Sauer-Orgel ein. Regelmäßig veranstaltet er Benefizkonzerte und sammelt damit Spenden für eine weitere Restaurierung.

Das lang gestreckte Gebäude mit geschmückten Ziergiebeln an der Nordseite der Moritzkirche stammt aus den Jahren 1529/30. Es beherbergte einst das Hospital St. Johannis.

Am Moritzkirchhof

Neue Residenz

Lage: Domstraße 5
Innenstadtplan: II C 2
Straßenbahn: 2, 5, 9, 10, 16 (Ankerstraße, Hallmarkt)

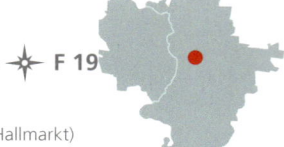

F 19

»Neue Residenz« ist seit 1644 die Bezeichnung für den 1531 erbauten vierflügeligen Gebäudekomplex neben dem halleschen Dom. Im Süden grenzte er an das heute nicht mehr vorhandene Klaustor, an der Westseite fließt der Mühlgraben, ein Arm der Saale.

Baugeschichte Das von Kardinal Albrecht von Brandenburg errichtete imposante Bauwerk gehört zu den wichtigsten Frührenaissance-Gebäuden im mitteldeutschen Raum. Architekt der Gesamtanlage war der Generalbaumeister der Erzbistümer Magdeburg und Mainz, Andreas Günther, ab Mai 1537 Bastian Binder. In diesem Jahr wurde der Nordflügel mit der Kapelle errichtet, 1538 soll der Bau vollendet gewesen sein. Das Baumaterial kam unter anderem aus dem abgebrochenen Neuwerkstift und der alten Ulrichskirche. Noch heute sind die alten, handbehauenen Steine gut zu erkennen. Die Neue Residenz ist neben der Moritzburg **eines der bedeutendsten Bauwerke der Frührenaissance in Deutschland**. An die Residenz des 16. bis 18. Jh.s und Kardinal Albrecht erinnert fast nur noch dessen Wappen über der Fußgängerpforte zur Residenz.

Die Neue Residenz neben dem halleschen Dom

Neue Residenz • ZIELE

Ob die Neue Residenz Ursprungsort der 1694 gegründeten halleschen Universität »Fridericiana« ist, darüber sind sich die Forscher uneinig. Der wissenschaftsbegeisterte Kardinal Albrecht von Brandenburg fasste bereits in den 1520er-Jahren den Plan, das von ihm 1520 gegründete »Neue Stift« zu Halle, ein reformiertes Kollegiatstift zur besonderen Pflege der Wissenschaften und des Kultus zur modernsten deutschen Universität auszubauen. Eine Urkunde vom 27. Mai 1531 belegt, dass Albrecht das päpstliche Privileg zur Universitätsgründung erhielt, verbunden mit der Zusage, den Gewinn aus den Gütern des 1116 hier gegründeten reichen Klosters Neuwerk für die Finanzierung der Universität verwenden zu können. Noch im selben Jahr berief der Kardinal bedeutende Theologen als Stiftsherren und Gründungsprofessoren der Universität nach Halle. Zeitgleich mit den Baumaßnahmen an der Universität begann im Frühjahr 1531 der Universitätsbetrieb, der jedoch bald wieder eingestellt wurde. Vermutlich trugen die Reformation, stetig sinkende Studentenzahlen und allgemeine Geldnöte dazu bei, dass diese erste hallesche Universität nicht lange existierte. So bestimmte Kardinal Albrecht den Neubau kurzerhand zu seiner neuen Residenz.

In der Folgezeit ab 1545 residierten hier die Erzbischöfe des Magdeburger Erzbistums, später hatten auch weltliche Administratoren hier ihren Sitz. Eine letzte große Blütezeit erlebte sie von 1644 bis 1680 durch den musik- und kunstliebenden Herzog August von Sachsen-Weißenfels. In dieser Ära war sie die traditionelle Spielstätte des ersten deutschen Opernhauses im Frühbarock und Halle stieg zur führenden Opernstadt auf.

Die **Nutzung der Neuen Residenz durch die Universität** ist spätestens ab 1735 dokumentarisch belegt. So war der prachtvolle Profanbau seit Beginn des 18. Jh.s Heimstatt wesentlicher universitärer Bereiche und hat die Geschichte der halleschen Universität bis 2003 entscheidend geprägt. Sämtliche Fakultäten – Jurisprudenz, Theologie, Philosophie und Medizin – waren hier ansässig. Die Neue Residenz war zudem Keimzelle und erste Unterkunft universitärer Sammlungen europäischen Rangs sowie richtungweisender wissenschaftlicher Einrichtungen. 1808 wurde im Obergeschoss des Ostflügels unter der Leitung von Carl Friedrich Senff die erste preußische Entbindungsanstalt inkl. einer Hebammenschule eingerichtet. Von 1809 bis 1935 nahm die universitätsnahe »Naturforschende Gesellschaft« Quartier. Die berühmte **Meckelsche Sammlung** (▶S. 305) kam 1841 in die Neue Residenz, 1884 öffnete im Ostflügel das Museum für Geschichte und Altertumskunde der Provinz Sachsen seine Ausstellung. 1991 erfolgte die Gründung des Fachbereichs Geowissenschaften der Martin-Luther-Universität Halle-Wittenberg mit Sitz im gesamten Nord- und Westflügel. Die wechselvolle universitäre Residenzgeschichte endete 2003 mit dem Auszug des größten Teils dieses Fachbereichs.

Universität und Residenz der Erzbischöfe

∗ Opernhaus

──────────────── ✳ F 19

Lage: Universitätsring 24
Innenstadtplan: II C 3
Straßenbahn: 1, 2, 5, 10
(Joliot-Curie-Platz/Stadtbad), 3, 7, 8
(Neues Theater/Moritzburgring)

Kartenverkauf:
Große Ulrichstr. 51
Mo. – Sa. 10.00
bis 20.00 Uhr

Bereits vor 350 Jahren gab es in Halle die Hofoper: 1654 gründete Herzog August von Sachsen eines der frühesten deutschen Opertheater.

Um 1700 setzten August Hermann Francke (▶ Berühmte Persönlichkeiten) und die neu gegründete Universität beim preußischen König für Halle ein generelles Theaterverbot durch, das bis zum Sieg Napoleons über Preußen bestehen blieb. Das 1886 errichtete Stadttheater wurde im Zweiten Weltkrieg bei einem Bombenangriff vollständig zerstört und 1951 als Landestheater Halle wiedererrichtet. In den 1990er-Jahren erhielt es sein früheres Aussehen zurück. Der große Saal fasst 676 Zuschauer. Die Oper Halle bietet mit Oper, Operette, Musical und Ballett die ganze Breite und Vielfalt des Musiktheaters. Die internationale Ausstrahlung der Oper beruht insbesondere auf ihrem Engagement für das Opernschaffen des 1685 in Halle geborenen Georg Friedrich Händel (▶Berühmte Persönlichkeiten). Seit 1993 werden dessen Opern von einem Spezialensemble, dem **Händelfestspielorchester**, auf historischen Instrumenten begleitet. Das Opernhausorchester fusionierte 2006 mit dem Philharmonischen Staatsorchester der Stadt Halle zur Staatskapelle Halle. Zweiter wichtiger Spielort für die Oper Halle ist das **Goethe-Theater Bad Lauchstädt**, 1802 nach Goethes Entwürfen errichtet und mit einer nach wie vor funktionierenden barocken Bühnenmaschinerie versehen (▶Ausflugsziele S. 158).

∗ Peißnitzinsel

──────────────── ✳ E / F 18

Lage: westlich der Innenstadt
Straßenbahn: 4, 5, 95 (Gimritzer Damm)

Die Peißnitzinsel, eine etwa 2 km lange und 200 – 400 m breite Insel zwischen der schiffbaren Saale im Osten und der Wilden Saale im Westen ist mit ihren ausgedehnten Grünflächen ein landschaftliches Kleinod und beliebtes Ausflugsziel im Herzen von Halle.

Am letzten Augustwochenende feiert Halle das Laternenfest mit Bootskorso und Feuerwerk.

Ufernahe Auenwälder, kleine Gehölze, Wiesen und ein Netz von Wanderwegen prägen sie. Im Süden der Insel liegt der geschützte, 3,5 ha große **Gimritzer Park** mit wertvollem, zum Teil exotischem Baumbestand. Bereits im 19. Jh. entstand als baulicher Mittelpunkt der Insel das **Peißnitzhaus**, ein Ball- und Gesellschaftshaus, das später von der Hitlerjugend, den sowjetischen Streitkräften und der Pionierorganisation der DDR genutzt wurde.

Aus den 1960er- und 1970er-Jahren stammen eine mittlerweile umgebaute Freilichtbühne, das **Raumflugplanetarium Sigmund Jähn** und die **Parkeisenbahn Peißnitzexpress**. Das Planetarium ist wegen immenser Hochwasserschäden seit dem Frühsommer 2013 geschlossen. Die Stadt hofft, mit Mitteln aus dem Hochwasser-Hilfsfonds ein neues Planetarium bauen zu können. Die Schmalspurbahn mit einer Spurweite von 600 mm verkehrt auf einem 2 km langen Rundkurs und benötigt dafür ca. 12 Minuten. Das Freizeitangebot wird ergänzt durch einen **Kletterspielplatz**, einen originellen **Steinspielplatz** sowie einen **Verkehrsgarten**.

Ideales Ausflugsziel für Familien

Auf die Insel gelangt man über fünf Brücken: Schafbrücke, Gimritzer Gutsbrücke, Neue Brücke, Schwanenbrücke und Peißnitzbrücke. Die Peißnitzbrücke wurde 1898/99 in Form einer Pseudohängebrücke erbaut und überspannt die hier 70 m breite Saale. Überquert man sie,

Brücken

> **BAEDEKER TIPP**
>
> ### Saale-Radwanderweg
>
> Über die Peißnitzinsel verläuft der Saale-Radwanderweg. Vom Weinbaugebiet Saale-Unstrut kommend, führt er 22 km nordwärts durch Halle und streift neben den Auewäldern auch die Sehenswürdigkeiten der historischen Innenstadt.

gelangt man zur Ziegelwiese. Dort steht einer der höchsten Springbrunnen Europas mit einer bis zu 60 m hohen Fontäne, die aber nur selten angestellt wird, z. B. zum Laternenfest.

Westlich der Peißnitzinsel sind noch Reste der **Halle-Saale-Schleife** erkennbar, einer ehemaligen Rennstrecke, auf der von 1950 bis 1967 Motorrad- und Formelrennen ausgetragen wurden. Die Eissporthalle zwischen Halle-Saale-Schleife und Gimritzer Damm ist die Heimstätte des Eishockeyteams Saale Bulls.

Riebeckplatz · Leipziger Straße

✳ F 19 / 20

Lage: Innenstadt
Innenstadtplan: II D 3–5

Wer mit dem Zug nach Halle kommt, beginnt seinen Stadtbummel am Riebeckplatz direkt vor dem Hauptbahnhof.

Verkehrsknotenpunkt
Der nach dem Pionier der Braunkohlenschwelerei Carl Adolph Riebeck (1821 – 1883) benannte Verkehrsknotenpunkt war bereits im Mittelalter ein wichtiger Kreuzungspunkt der Handelswege und Richtplatz in der Galgtorvorstadt. In der Unterführung zwischen Bahnhof und Leipziger Straße präsentieren ca. 120 Glasflächen oberhalb der Läden Persönlichkeiten der halleschen Stadtgeschichte. **»Hallesche Persönlichkeiten schauen auf uns«** nennt sich das Kunstprojekt.

Leipziger Straße
Die repräsentative Leipziger Straße verbindet den Hauptbahnhof mit dem Marktplatz. Sie entstand schon im Mittelalter als östliche Ausfallstraße in Richtung Leipzig. Ihren Boulevardcharakter erhielt sie in der Gründerzeit, aus der die meisten Geschäftshäuser im Stil des Neubarock, gelegentlich des Jugendstils oder Klassizismus, stammen. Von ca. 40 Wach- und Wehrtürmen ist heute nur noch der gotische, um 1300 erbaute und im 16. Jh. mit einer Renaissancehaube versehene **Leipziger Turm** an der Kreuzung von Waisenhaus- bzw. Hansering und Leipziger Straße erhalten. Er ist der Rest des ehemaligen Galgtors, eines von ursprünglich sechs Stadttoren.

Die im unteren Boulevard gelegene **Ulrichskirche** ist neben dem Leipziger Turm das einzige Zeugnis mittelalterlicher Bebauung entlang der Leipziger Straße. Sie wurde als Bettelordenskirche Mitte des 14. Jh.s als zweischiffige Hallenkirche errichtet, zu DDR-Zeiten umgewidmet und dient heute als Konzerthalle.

** Stadtgottesacker

F 19 / 20

Lage: Gottesackerstraße 7
Innenstadtplan: II C/D 4/5
Straßenbahn: 2, 5, 7, 9, 12 (Universitätskliniken)
❶ Jan./Febr., Nov. 8.00 – 17.00, März, Okt. 8.00 – 18.00, April, Sept. 8.00 – 19.00, Mai – Aug. 8.00 – 20.00, Dez. 8.00 bis 16.30 Uhr

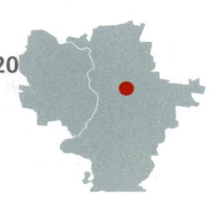

Der hallesche Stadtgottesacker ist einer der bedeutendsten Renaissance-Friedhöfe Europas, angelegt nach dem Vorbild der italienischen Campi Santi. Das verdankt er vor allem seiner architektonischen Geschlossenheit und den einmaligen Verzierungen der umlaufenden Arkaden.

Ab 1557 wurde er unter Leitung des Stadtbaumeisters Nickel Hoffmann auf dem Martinsberg, der sich damals noch vor der Stadt befand, errichtet. Die schon seit 1350 für Massenbestattungen in Pestzeiten dienende Fläche wurde an drei Seiten durch eine fünf bis sechs Meter hohe Mauer gesichert. Besonders aus Richtung Süden und Westen wirkt der Stadtgottesacker dadurch wie ein stark befestigtes Kastell. In über dreißigjähriger Bauzeit legte Hoffmann 94 Schwibbögen an, die nach innen geöffnete Arkaden bilden. Viele Grabbögen gestaltete er selbst. Einen (Bogen 17/18) versah er mit seinem Monogramm und Steinmetzzeichen – einem stürzenden Kreuz auf einem langen Haken, den ein gegabelter Spieß kreuzt.

Befestigter Friedhof

Die Grüfte in den Arkaden werden mit kunstvoll geschmiedeten Eisen- oder Holzgittern abgeschlossen. Jeder Grabbogen und jeder der sie voneinander abgrenzenden Pfeiler und Pilaster unter dem gemeinsamen hohen Satteldach ist reich geschmückt mit Blatt- und Rankenornamenten und keiner gleicht dem anderen.

Die Grüfte sind nummeriert und waren Eigentum der Stadt, wurden aber an die Bürger vermietet oder verkauft. Auf dem zunächst freien Feld im Innenraum der Anlage gab es erst ab 1822 Bestattungen. Nachdem weitere Friedhöfe für die Einwohner Halles eingerichtet worden waren, entwickelte sich der Stadtgottesacker zum bevorzugten Begräbnisort der städtischen Oberschicht. Bedeutende Persön-

Ruhestätte bedeutender Persönlichkeiten

lichkeiten fanden in den vergangenen Jahrhunderten dort ihre letzte Ruhe, unter ihnen **August Hermann Francke**, der Begründer der Schulanstalten (Bogen 80/81), der Universalgelehrte **Christian Thomasius** (Bogen 10), der **Vater des Komponisten Georg Friedrich Händel** (Bogen 60) und **Felicitas von Selmnitz**, erste bekennende Lutheranerin in Halle (Bogen 12). Insgesamt gibt es auf dem Friedhof ungefähr 2000 Grabstellen.

Zerstörung und Restaurierung

Während des Zweiten Weltkriegs wurde der Friedhof durch Bombenangriffe zerstört und in den 1950er-Jahren nur teilweise wieder aufgebaut. Untätigkeit zu DDR-Zeiten ließ ihn weiter verfallen, bis unmittelbar nach der Wende privat engagierte Hallenser und die **Stiftung Stadtgottesacker** erste Sicherungsarbeiten unternahmen. Durch eine hohe Spende waren umfangreichere Restaurierungs- und Instandsetzungsarbeiten möglich. Die Spenderin **Marianne Witte** wurde 1923 in Marburg an der Lahn als Tochter des Professors **Karl Ziegler** (1936 – 1945 Ordinarius für Chemie an der Martin-Luther-Universität Halle-Wittenberg, 1938 Mitglied der Leopoldina (▶Universitätsplatz), 1963 Nobelpreisträger für Chemie) geboren und lebte ab 1936 in Halle, wo sie die Ina-Seidel-Schule für Mädchen am Universitätsring 21 besuchte, dort 1941 das Abitur ablegte und später Medizin studierte. Aus Mitteln ihres 1973 verstorbenen Vaters richtete sie nach ihrem ersten Besuch 1989 in der Stadt ihrer Jugendjahre eine Stiftung ein, um am Aufbau Ost, speziell dem des Stadtgottesackers, mitzuwirken. Die Sanierungsarbeiten waren 2003 beendet.

Der Stadtgottesacker wurde vor fast 450 Jahren angelegt.

Trotz einiger Verluste blieben auf dem denkmalgeschützten Friedhof **hervorragende Beispiele hallescher Kunstschmiedearbeiten** erhalten und in diversen Grablegen eindrucksvolle Epitaphe aus mehreren Jahrhunderten. Seit Anfang 2001 sind wieder Urnenbeisetzungen in ausgewählten Grüften und auf den Grabfeldern möglich.
In unmittelbarer Nachbarschaft der Friedhofsanlage lädt der gut 4 ha große **Stadtpark** zu ausgedehnten Spaziergängen im Grünen ein.

Stadtmuseum (Christian-Wolff-Haus)

F 19

Lage: Große Märkerstraße 10
Innenstadtplan: II D 3
Straßenbahn: 1, 3, 6, 8, 9, 10, 16 (Marktplatz)

Di. – So.
10.00 – 17.00 Uhr
Eintritt: 4 €
www.halle.de

Das Christian-Wolff-Haus in der Großen Märkerstraße wurde 1558 als Wohnhaus errichtet. Als Baumeister gilt Nickel Hoffmann, der auch am Bau der ▶ Marktkirche und beim ▶ Stadtgottesacker mitgewirkt hat.

Einer der berühmtesten Bewohner war von 1741 bis zu seinem Tod 1754 der Philosoph, Mathematiker und Professor der halleschen Universität, **Christian Wolff**. In diesem Haus arbeitete und lehrte er auch, da der Universität damals geeignete Vorlesungsräume fehlten. Wolff war ein führender Vertreter der Aufklärung in der ersten Hälfte des 18. Jh.s in Deutschland und gilt als Mitbegründer des modernen Völkerrechts, das sich zunehmend von der Theologie entfernte.
In dem **heutigen Stadtmuseum** erinnert das repräsentative Audienzzimmer Wolffs mit den restaurierten historischen Bildtapeten, ein Ensemble bürgerlicher Wohnkultur, an den Denker. Nach Wolffs Tod gehörte das Haus den Buchdrucker- und Verlegerfamilien Gebauer und Schwetschke. Die einst prachtvolle Ausstattung des Wohnhauses dokumentiert der Auditoriumssaal mit der Porträtsammlung aus dem Nachlass dieser Familien. 1954 wurde das Wohnhaus mit dem Renaissancegiebel und den Zwerchhäusern zum Heimatmuseum umgebaut. Heute informiert das Christian-Wolff-Haus in seinen Dauerausstellungen über das Leben in der Universitätsstadt Halle im 18. Jh., über die Geschichte der halleschen Studentenverbindungen und über das Leben und Wirken von Christian Wolff.
2013 wurde der erste Teil einer Ausstellung zur halleschen Stadtgeschichte mit dem Titel »Entdecke Halle« eröffnet. Sie widmet sich mit den unterschiedlichsten Exponaten, vom Alltagsgegenstand wie

Gummistiefeln bis hin zu einem Modell der Siebel Fh 104 »Hallore«, den Fragen: Wie entstand Halle, was wurde hier produziert und welche internationalen Verbindungen gab und gibt es?

Große Märckerstraße

Neben dem Christian-Wolff-Haus reihen sich zahlreiche Privathäuser anderer bedeutender hallescher Gelehrter des 18. und 19. Jh.s in der Großen Märckerstraße, auch **Professorenstraße** genannt, aneinander. Tafeln an den Häusern erinnern u. a. an den ab 1817 in Halle tätigen Arzt Wilhelm Hermann Niemeyer (1788 – 1840), später Direktor des Entbindungsinstituts der Universität und Eigentümer des Hauses Märckerstraße 5. Nach Niemeyers Tod wurde das Haus an Professoren der Universität, u. a. Hermann Knoblauch (1820 – 1895) und Richard von Volkmann (1830 bis 1889), vermietet.

Hinsichtlich der erhaltenen historischen Bausubstanz ist die Große Märckerstraße der bedeutendste spätmittelalterlich-frühneuzeitliche Straßenzug in der historischen Altstadt. Sie ist als Verbindung zwischen Marktplatz und Kleinem Berlin um 1200 entstanden. 1315 wurde sie als Merkerstraße nach dem im Mittelalter bedeutenden halleschen Geschlecht der Merkline benannt, nach dem Brand 1693 bis zum Großen Berlin verlängert. Sie ist besetzt mit anspruchsvollen Patrizierhäusern des 16. bis 19. Jh.s, den ältesten Häuser mit mittelalterlicher Kernsubstanz. Zu DDR-Zeiten verfiel die alte Bausubstanz, doch inzwischen sind und werden immer noch viele Häuser saniert. Diese Wiederaufbauleistung würdigte die Deutsche Stiftung Denkmalschutz 1993 mit einer Goldmedaille.

> **! BAEDEKER TIPP**
>
> *Kneipenmeile Sternstraße*
>
> Der nach dem heutigen Gasthof Zum goldenen Stern benannte Straßenzug zwischen Kleinem Berlin und Kleiner Brauhausstraße ist eine der schönsten gründerzeitlichen Ecken Halles. In den Sommermonaten trifft man sich hier am Abend an den Tischen und Bänken vor den Kneipen und Restaurants.

Schleiermacher-Haus

Das Haus in der Großen Märckerstr. 21/22, in dem der Theologe und Religionsphilosoph Daniel Friedrich Schleiermacher (1768 – 1834), damals Professor an der halleschen Universität, von 1804 bis 1807 wohnte, ist das **größte erhaltene historische Wohngebäude** an der »Professorenstraße«. Der Hofflügel, eines der ältesten Wohngebäude des mittelalterlichen Halle, lässt sich bis in die Zeit um 1200 zurückdatieren, während der straßenseitige Bau mit Wendelstein im Hof 1561/62 errichtet wurde. Ein weiterer Bewohner des Stadtpalasts war der Franzose Jean Michael Milie, genannt la Fleur, der hier von 1680 bis 1693 eine **Ritterakademie** einrichtete, die als Vorläufer der 1694 gegründeten Universität gilt. Ihre Aufgabe war die Vermittlung von höfischer Bildung und Sprachkenntnissen sowie die Unterweisung in ritterlichen Künsten wie Reiten und Fechten für Söhne des

Das Stadtmuseum im Christian-Wolff-Haus

Adels, höherer Beamten und des vermögenden Bürgerstands, um sie für spätere Dienste als Beamte, Offiziere oder Diplomaten zu befähigen. Mit der Gründung der Universität ging die Ritterakademie in der neuen Hochschule auf. Beide Gebäudeteile wurden auch danach von Universitätsprofessoren bewohnt, daher der Name **Professorenhaus**. Die Sanierung des mächtigen Renaissancebaus begann 1992. Das Schleiermacher-Haus ist heute **Sitz des Landesamts für Denkmalpflege Sachsen-Anhalt**. Auf der gegenüberliegenden Straßenseite stehen zwei bedeutende, bisher nur teilsanierte Renaissancehäuser (Große Märkerstraße Nr. 7 mit Sitznischenportal und Nr. 9).

★ Steintor-Varieté

E 20

Lage: Am Steintor 10
Innenstadtplan: II B 4
Straßenbahn: Steintor (Linien: 1, 2, 5, 10, 12)
www.steintor-variete.de

An der Nordseite des Steintorplatzes liegt das traditionsreiche Steintor-Varieté (1889), eines der ältesten Varietétheater in Deutschland.

Artistische Darbietungen, Humor, Bankette, Stehkonzerte, Box- und Tanzveranstaltungen sowie internationale Stars sorgen für Abwechslung im Spielplan. Namhafte Künstler wie Manfred Krug, Wladimir

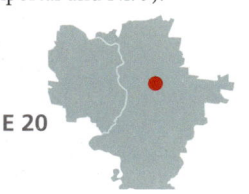

Kaminer, Udo Lindenberg oder Eckart von Hirschhausen waren und sind auf der Varieté-Bühne zu Gast. In den letzten Jahren wurde die ursprüngliche Gestaltung des Innenraums von 1889 mit mehr als 1000 Plätzen unter dem Sternenhimmel am dunkelblauen Deckengewölbe weitgehend wiederhergestellt.

*Graf-Luckner-Denkmal
Seit Mai 2003 erinnert ein Denkmal auf der Grünfläche am Steintor an den 1881 bei Dresden geborenen Seefahrer und Schriftsteller **Felix Graf von Luckner** (1881 – 1966), des »Retters von Halle«. Die Stele aus Edelstahl ist der US-Infanterie-Division »Timberwolf« gewidmet, die im April 1945 durch ihr umsichtiges Vorgehen die Stadt Halle vor der völligen Zerstörung bewahrte. Luckner gelang es, sich zur US-Armee durchzuschlagen. Nach Vorsprache beim Kommandeur der »Timberwolves«, die Halle erstürmen sollten, konnte er den deutschen Stadtkommandanten überzeugen, aus Halle abzuziehen. Ein Bronzerelief auf der Stele zeigt das Symbol der Division, den Timberwolf, sowie eine Luftaufnahme Halles vom August 1944. 1953 bekam der aus dem Ersten Weltkrieg auch als »Seeteufel« bekannte Luckner für seinen Einsatz in Halle das Große Bundesverdienstkreuz am Bande verliehen. Luckners Wohnhaus ist noch am Universitätsring Nr. 5 zu besichtigen.

> **! BAEDEKER TIPP**
>
> *»Herr Fuchs und ...«*
>
> Über die Stadtgrenzen hinaus bekannt ist die jährlich vom Theater produzierte Weihnachtsrevue. Sie wird von mehreren Hundert Kindern eines halleschen Tanzzentrums gestaltet und jedes Jahr von mehr als 30 000 Zuschauern besucht.

* Universitätsplatz

F 19

Lage: Universitätsplatz 10
Innenstadtplan: II C 3
Straßenbahn: 1, 2, 5, 10 (Joliot-Curie-Platz)
uni-halle.de

Die Wurzeln der ältesten und größten Hochschule Sachsen-Anhalts gehen auf die 1502 in Wittenberg gegründete sächsische Universität und die 1694 in Halle eröffnete brandenburgisch-preußische »Fridericiana« zurück.

Zentrum der Reformation
Durch Martin Luther (▶ Berühmte Persönlichkeiten) und Philipp Melanchthon entwickelten sich die Stadt und ihre Universität zum geistigen Zentrum der Reformation. Um 1700 wurde Halle durch den Rechtsgelehrten **Christian Thomasius** und den Professor für alte

Sprachen und Theologie, **August Hermann Francke** (▶ Berühmte Persönlichkeiten), zu einem Schwerpunkt der deutschen Aufklärung. Auch der Philosoph **Christian Wolff** (▶ Christian-Wolff-Haus), der Landwirt **Julius Kühn** und der Mathematiker **Georg Cantor**, Begründer der Mengenlehre, prägten das wissenschaftliche Leben an der Lehr- und Forschungsstätte.

Nachdem Napoleon die Wittenberger Universität 1813 kurzerhand hatte schließen lassen, wurden infolge der territorialen Neuordnung nach den Napoleonischen Kriegen beide Universitäten 1817 in Halle vereinigt. Seit 1933, dem Jahr des 450. Geburtstags von Martin Luther, trägt die Hochschule den Namen des berühmten Reformators. Der Universitätsplatz in der Innenstadt bildet seit dem frühen 19. Jh. das **Zentrum der heutigen Martin-Luther-Universität Halle-Wittenberg** und gilt als einer der schönsten Plätze in Europa. Umsäumt wird er von dem klassizistischen Hauptgebäude (Löwengebäude) von 1834, dem Robertinum (1891), dem Thomasianum, dem Melanchthonianum (1903), dem Juridicum (1998) sowie dem Audimax (2002) und der großen Freitreppe.

*Löwengebäude

Zwei Löwenplastiken aus Bronze bewachen das Eingangsportal des Hauptgebäudes auf dem Universitätsplatz, auch Löwengebäude genannt. Es wurde 1832 bis 1834 von Ernst F. Zwirner und Wilhelm H. Matthias errichtet, sein prunkvolles Treppenhaus und die Wandel-

Das Löwentorgebäude ist der Hauptsitz der Universität.

BAEDEKER WISSEN

? Vorbildliche Lehranstalt

In Halle erwarb 1754 die erste Frau Deutschlands, Dorothea Christiane Erxleben, ihren Doktortitel. Auch der erste Afrikaner an einer europäischen Universität studierte hier: Der Philosoph und Jurist Anton Wilhelm Amo aus dem heutigen Ghana lebte von 1727 bis 1734 in Halle; zeitweise lehrte er selbst an der Universität.

---

gänge des klassizistischen Zentralbaus schmückten bedeutende Künstlern aus. Von Karl Friedrich Schinkel stammen die Entwürfe des Akanthusrankengeländers, Bildhauer wie Christian Daniel Rauch, Christian F. Tieck, Ludwig Wichmann und Gerhard Marcks schufen die Gelehrtenbüsten. Über dem oberen Wandelgang zeigt ein Fries von zwanzig Gemälden Allegorien der vier klassischen Fakultäten Theologie, Philosophie, Jurisprudenz und Medizin von Gustav Adolph Spangenberg. Die **Aula** ziert ein Wandgemälde mit Porträts berühmter Professoren und Rektoren des 18. Jh.s von Peter Cornelius. Das **Museum universitatis** im Löwengebäude (nur zu Sonderausstellungen geöffnet) beherbergt eine Kunstsammlung mit Gemälden und Plastiken berühmter Gelehrter aus fünf Jahrhunderten sowie die Insignien der Universität und ein Kupferstichkabinett mit ca. 11 000 Grafiken des 15. bis 20. Jahrhunderts. Besucher können nach Voranmeldung den Sessionssaal (altes Sitzungszimmer des Senats) und einen historischen Hörsaal mit altem Gestühl und Katheder besichtigen.

*Naturkundliches Universitätsmuseum (Geiseltalmuseum)

Das frühere Geiseltalmuseum war bis Ende 2011 in der ehemaligen Kapelle im Nordflügel der ▶Neuen Residenz untergebracht. Ab 2015 wird die Sammlung im neu gegründeten Naturkundlichen Universitätsmuseum im Institutsgebäude der Physik am Wilhelm-Friedemann-Bach-Platz zu sehen sein.

Das Museum wurde am 23. November 1934 durch Johannes Weigelt (1890 – 1948), den damaligen Direktor des Geologisch-Paläontologischen Instituts der Martin-Luther-Universität Halle-Wittenberg, gegründet. Die Sammlung enthält eine bedeutende Anzahl **außergewöhnlich gut erhaltener Fossilien aus dem Braunkohlenabbaugebiet** des südlich von Halle gelegenen Geiseltals. Die Geiseltalbraunkohle entstand vor 50 bis 45 Millionen Jahren. Im 60 km² großen Lagerstättenareal kennt man etwa 59 Wirbeltierfundstellen. Besonders bekannt ist das Geiseltal durch die zahlreichen Funde der Flora und Fauna aus dem Mitteleozän, einem geologischen Zeitalter des Tertiärs. Dazu zählen sehr gut erhaltene Pflanzenreste, die zum Teil sogar noch Chlorophyll enthalten, sowie das **Urpferd Propalaeotherium**, Krokodile und Käfer.

🌐 www.naturkundemuseum.uni-halle.de

*Robertinum

Das Robertinum rechts neben dem Löwengebäude, erbaut ab 1889 von Richard Hallmann, trägt den den Namen seines langjährigen

Direktors Carl Robert (1850–1922). Die neoklassizistische Formensprache nimmt Bezug auf seine Funktion als Archäologisches Museum. Es vermittelt einen Einblick in die Entwicklung der Kulturen des alten Griechenland, Rom und Ägypten. Die Ausstellung umfasst unter anderem eine Auswahl von Gipsabgüssen bedeutender großplastischer Bildwerke, Aquarellreproduktionen pompejanischer Wandgemälde sowie zahlreiche Beispiele antiker Kleinkunst. Seit 1928 teilen sich das Museum und die Lehrstühle für Klassische Archäologie, Alte Geschichte und Klassische Philologie die Räumlichkeiten im Robertinum.
❶ Do. 15.00–17.00 Uhr u. n. V., Eintritt: frei, museum.altertum.uni-halle.de

Meckelsche Sammlung

Die Meckelsche Sammlung ist eine **Sammlung anatomischer Präparate** des Instituts für Anatomie und Zellbiologie der Martin-Luther-Universität Halle-Wittenberg, untergebracht in der Großen Steinstraße 52. Ihren Ausgangspunkt haben sie in der im 18. Jahrhundert begründeten Privatsammlung der berühmten Ärztefamilie Meckel. Sie besteht aus einem human-anatomischen und einem vergleichend-anatomischen Sammlungsbereich mit insgesamt weit über 7000 Präparaten, gehört damit zu den umfangreichsten ihrer Art in Europa und dient bis heute der Lehre und der Forschung.
❶ Besichtigung n. V., www.meckelschesammlungen.uni-halle.de

Leopoldina

Wenige Meter von der Universitäts- und Landesbibliothek und dem Opernhaus entfernt hat die Nationale Akademie der Naturforscher, Leopoldina, die **älteste naturwissenschaftlich-medizinische Gelehrtengesellschaft in Deutschland**, ihren Sitz. Sie wurde 1652 in Schweinfurt gegründet und ist seit 1878 in Halle angesiedelt. Ausschlaggebend für Halle war auch das Renommee der Martin-Luther-Universität. Seit ihrer Gründung förderte die Leopoldina zahlreiche Wissenschaftler, darunter allein 170 Nobelpreisträger wie **Marie Curie** und **Albert Einstein**. Sie hat mehr als 1300 Mitglieder in aller Welt. Ihre wichtigsten Aufgaben sind die Beratung der Politik und Öffentlichkeit bezüglich wissenschaftlicher Themen im nationalen und internationalen Kontext sowie die Förderung des wissenschaftlichen Nachwuchses. 2008 wurde die Leopoldina zur **Nationalen Akademie der Wissenschaften** ernannt.
Bibliothek Hauptlesesaal: Di. Mi., Fr. 9.00–16.00, Do. 9.00–18.00 Uhr
Führungen: Termine unter www.leopoldina.org.

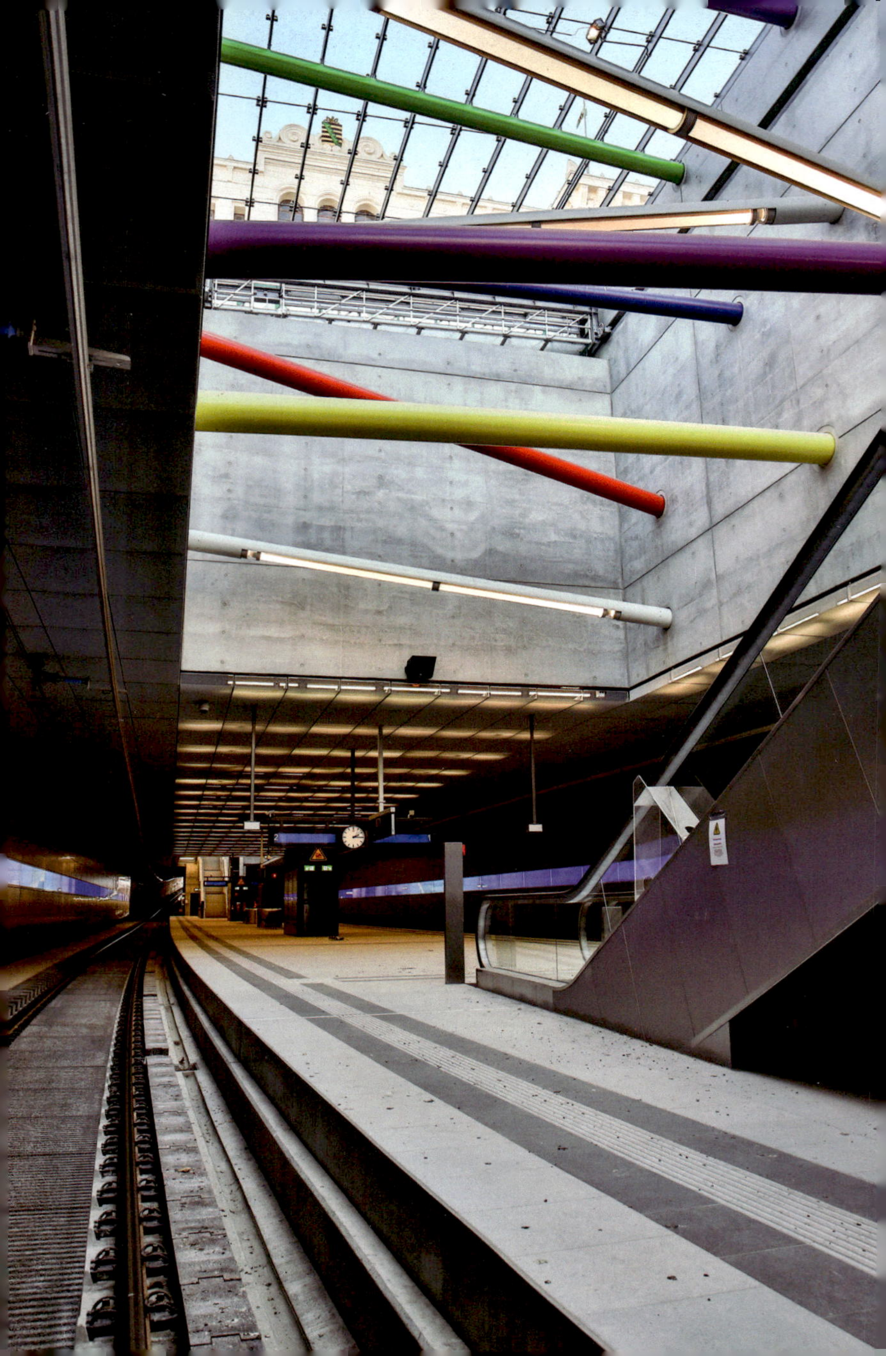

PRAKTISCHE INFORMATIONEN

Wo erhält man die aktuellsten Informationen? Welche Literaturempfehlungen sind interessant? Wie kommt man in den beiden Städten am besten vorwärts?

Anreise · Reiseplanung

Mit dem Auto Der Raum Leipzig/Halle ist bestens in das Autobahnnetz eingebunden. Die **Mitteldeutsche Schleife** legt sich als doppelter Autobahnring um Halle und Leipzig. Hier kreuzen die Nord-Süd-Magistrale A 9 (Berlin – München) mit der West-Ost-Magistrale A 14 (Magdeburg – Dresden). Außerdem münden hier die Harz-Autobahn A 38 (Göttingen – Leipzig) und die noch im Bau befindliche A 72 von Chemnitz. Seit 2011 ist ein Großteil des Leipziger Stadtgebiets **Umweltzone**, in die nur Fahrzeuge mit einer grünen Plakette (mind. Schadstoffklasse 4) einfahren dürfen.

> **Hinweis**
> Gebührenpflichtige Servicenummern sind mit einem Stern gekennzeichnet: z. B. *0180

Mit dem Bus In **Leipzig** befinden sich an der Ostseite des Hauptbahnhofs die Haltestellen für regionale Buslinien. Fernreisebusse verkehren von der Goethestraße (gegenüber Ostseite Hbf.) bzw. vom Busparkplatz an der Ostseite Hbf./Brandenburger Straße.

Der Zentrale Busbahnhof (ZOB) in **Halle** erstreckt sich am Westausgang des Hauptbahnhofs (Ernst-Kamieth-Straße); von hier gehen regionale innerdeutsche und einige internationale Verbindungen ab.

Mit der Bahn Zum Leipziger Hauptbahnhof bestehen aus allen Himmelsrichtungen schnelle Direktverbindungen mit ICE-, IC-, EC-, CityNightLine- und DB-Nachtzug-Anschlüssen sowie direkte Reisemöglichkeiten im Nahverkehr von allen größeren Städten der Umgebung. Im Stun-

---

MITFAHRZENTRALE
Mitfahrgelegenheit
www.mitfahrgelegenheit.de
www.mitfahrzentrale.de

BAHN UND BUS
Hauptbahnhof Leipzig
Willy-Brandt-Platz
Auskunft Deutsche Bahn
Tel. *0180 699 66 33
www.bahn.de

Hauptbahnhof Halle
Auskunft Deutsche Bahn
Tel. *0180 699 66 33
www.bahn.de

FLUGHAFEN
Flughafen Leipzig-Halle
Terminalring 11
Tel. 0341 2 24 11 55
www.leipzig-halle-airport.de

Lufthansa
Tel. 069 86 79 97 99
www.lufthansa.com

Germanwings
Tel. *01806 32 03 20
www.germanwings.com

Austrian Airlines
Tel. 0043 5 17 66 10 00
at.austrian.com

dentakt verkehren ICEs von und nach Hamburg, Berlin, Frankfurt/Main, Erfurt, München, Nürnberg und Dresden, ICs von und nach Magdeburg, Hannover, Bremen und Dortmund. Außerdem existiert ein Shuttle-Verkehr (Flughafen Express) zum Flughafen Leipzig/Halle sowie S-Bahn-Verkehr im Raum des Mitteldeutschen Verkehrsverbunds (MDV). **Zwischen Halle und Leipzig besteht eine S-Bahn-Verbindung** via Flughafen Leipzig/Halle. Durch die Eröffnung des City-Tunnels Ende 2013 werden sich irgendwann die Fahrtzeiten im regionalen und überregionalen Zugverkehr um bis zu 40 Minuten verkürzen. Aktuelle Informationen zu Verbindungen, Fahrtdauer und Taktung geben die Webseiten www.bahn.de und www.mdv.de.

Mit dem Flugzeug

Vom **Internationalen Flughafen Leipzig/Halle** gibt es mehrere innerdeutsche und zahlreiche internationale Flugverbindungen. Alle großen Mietwagenfirmen sind am Flughafen vertreten (Terminal B). Es gibt vier Langzeitparkplätze und ein Parkhaus. Für Kurzparker stehen die Plätze P 1, P 3 und P 11 unmittelbar vor dem Check-in und am Terminal B (Ankunft) zur Verfügung. Am Terminal B konkurrieren Taxibetriebe aus Leipzig und Halle. Der Passagier ist – um sich Ärger zu ersparen – gehalten, in Richtung Halle ein hallesches Taxi zu ordern (▶S. 318). Der FlughafenExpress verkehrt im Halbstundentakt zwischen dem Leipziger Hauptbahnhof und dem Flughafenbahnhof (Fahrzeit ca. 14 Min.); nach Halle dauert die Fahrt etwa 11 Minuten. Zudem sind weitere Züge zwischen dem Flughafen Leipzig/Halle und den jeweiligen Hauptbahnhöfen eingesetzt, die die Strecke in ca. 12 Minuten zurücklegen.

Auskunft

LEIPZIG
Leipzig Tourismus und Marketing GmbH
Katharinenstr. 8, 04109 Leipzig
Tel. 0341 71 04-260
Mo. – Fr. 9.30 – 18.00,
Sa. 9.30 – 16.00,
So. 9.30 – 15.00 Uhr

Leipzig Erleben GmbH
Richard-Wagner-Str. 1
Tel. 0341 7 10 42 80
www.leipzig-erleben.com

HALLE (SAALE)
Touristinformation Halle
Markt 13
(im Marktschlösschen)
06108 Halle (Saale)
Tel. 0345 1 22 99 84
www.stadtmarketing-halle.de
Mai – Okt.
Mo. – Fr. 9.00 – 19.00,
Sa./So. 10.00 – 16.00,
Nov. – April
Mo. – Fr. 9.00 – 18.00,
Sa. 10.00 – 15.00 Uhr

PRAKTISCHE INFOS • Fundbüros

Informationszentrum Fährstraße
Fährstr. 1–2
06114 Halle (Saale)
Tel. 0345 5 23 53 11

INTERNETADRESSEN
Informationen zu Leipzig
www.leipzig.de
www.leipzig-sachsen.de
www.leipzigerneuseenland.de
www.leipzig.travel
www.leipzig-online.de
www.leipziger-messe.de
www.leipzig-im.de

Infos für Kultur- und Geschichtsinteressierte
www.klassik-in-leipzig.de
www.stolpersteine-leipzig.de
www.notenspur-leipzig.de
www.leipzigpluskultur.de
www.leipzig1813.com

Zeitungen/Stadtmagazine
www.lvz-online.de (Leipzig)
http://kreuzer-leipzig.de
www.mz-web.de (Halle)
www.kulturfalter.de (Halle)
www.blitz-world.de
www.zeitpunkt-kulturmagazin.de
(beide Städte)

Informationen zu Halle
www.halle.de
www.stadtmarketing-halle.de
www.region-halle-saale.de

Veranstaltungshinweise
www.stadtfuehrer-leipzig.de
www.leipzig-info.de
www.seek.de (für beide Städte)
www.veranstaltungskalender.halle.de
www.halle-nightlife.de

INTERNETCAFES
In Leipzig
Evolution
Dresdner Str. 82
Tel. 0341 2 46 62 46

Intertelcafé
Brühl 64
www.intertelcafe.de
Tel. 0341 4 62 58 79

Netl@den
Reichsstr. 16–18
Tel. *0700 19 99 30 00

In Halle
Kalee Tele-Café Internetcafé
Steinweg 38
Tel. 0345 4 45 74 16

FUNDBÜROS
Leipzig
Prager Straße 118–136
Tel. 0341 1 23 84 00
www.leipzig.de/fundbuero
persönliche Vorsprache:
Di. 9.00 – 12.00 u. 13.00 – 18.00
telefonisch erreichbar:
Mo. 13.00 – 15.00, Mi./Do. 8.00
bis 12.00 u. 13.00 – 15.00, Fr. 8.00
bis 12.00 Uhr

Fundstelle Hauptbahnhof
Obergeschoss
Tel. 0341 9 68 32 55
Tgl. 6.15 – 21.30 Uhr

Halle (Saale)
Am Stadion 6
Tel. 0345 22 11 12 36
Mo., Mi. u. Fr. 9.00 – 12.00,
Di. 9.00 – 18.00, Do. 9.00 – 15.00 Uhr

Mit Behinderung unterwegs

In öffentlichen Gebäuden, Hotels und Restaurants stehen behindertengerechte Einrichtungen zur Verfügung und werden weiter ausgebaut. Spezielle Führungen für Rollstuhlfahrer und Menschen mit körperlichen Behinderungen werden durch IHK-zertifizierte **qualifizierte Gästeführer** der Leipzig Erleben GmbH durchgeführt. Zudem steht ein detaillierter Stadtführer für Menschen mit Behinderung unter: www.le-online.de.
Die **älteste öffentliche Blindenbibliothek in Deutschland** (1894) hat ihren Sitz im Leipziger Waldstraßenviertel (Gustav-Adolf-Str. 7, Tel. 0341 7 11 30, www.dzb.de). Blinden und Sehschwachen stehen hier von den rund 100 000 jährlich erscheinenden Publikationen ca. 2000 Titel in Blindenschrift, als Hörbuch oder Reliefkarte zur Verfügung. Die etwa 40 000 verfügbaren Medien können hier ausgeliehen (auch per Fernleihe) und z. T. auch gekauft werden.

In Leipzig

Halle ist auf dem Weg zu einer behindertenfreundlichen Stadt. Ein Teil der öffentlichen Gebäude und kulturellen Einrichtungen ist barrierefrei erreichbar. Rollstuhlfahrer können sich in der **Broschüre »Barrierefrei durch Halle«** über behindertengerechte Einrichtungen wie Cafés, Restaurants, Hotels und öffentliche Toiletten informieren. Auch auf spezielle Stadtführungen wird darin hingewiesen. Entsprechende Stadtführer gibt es bei der Touristinformation und als PDF unter www.stadtmarketing-halle.de. Die Stadtmarketing Halle GmbH (▶Auskunft) hat darüber hinaus auch **Stadtführer in Blindenschrift** und taktile Stadtpläne für Blinde.

In Halle

Literatur und Film

Dumont Bildatlas 23: Leipzig, Halle, Magdeburg. Zu den schönsten Reisezielen in Deutschlands Mitte führt dieser schön illustrierte Bildatlas. Ostfildern 2011.

Leipzig

Leipzig im Wandel: Zur Entwicklung des Stadtbilds von 1990 bis heute. Von Niels Gormsen und Armin Kühne. Leipzig 2007.

Die Leipziger Passagen und Höfe. Architektur von europäischem Rang. Markkleeberg 2011.

Lost Places Leipzig. Verborgene Welten. Der Schwarz-Weiß-Bildband von Marc Mielzarjewicz dokumentiert den Verfall der historischen Industriearchitektur. Halle (Saale) 2009.

Riedel, Horst: Stadtlexikon Leipzig von A bis Z, Pro Leipzig 2005 Veröffentlichungen des **Stadtgeschichtlichen Museums**: Das Alte Rathaus zu Leipzig (2004), Völkerschlachtdenkmal (2008).

Halle **Diva in Grau**: Bildband, der auf der Serie der Berliner Fotografin Helga Paris, »Häuser und Gesichter. Halle 1983 – 1985«, beruht. Halle (Saale) 2007.

Die 99 besonderen Seiten der Stadt: Ein Führer zu den unbekannten Ecken der Saalestadt von Bernhard Spring und Annika Reinhold. Halle (Saale) 2013.

Halle 806 bis 1806 – Salz, Residenz und Universität. Von Werner Freitag. Halle (Saale) 2006.

Halle 1806 bis 2006 – Industriezentrum, Regierungssitz, Bezirksstadt. Von Mathias Tullner. Halle (Saale) 2007.

Die Welt verändern: August Hermann Francke – Ein Lebenswerk um 1700. Der Ausstellungskatalog zum 350. Geburtstag des halleschen Pietisten bietet ein umfassendes Porträt des Stifters und seiner Zeit. Wiesbaden 2013.

Belletristik Das Leben in der DDR, die Wendezeit und die kritische Sicht auf die neue Bundesrepublik sind Themen einiger Autoren. Aus der Feder des Kabarettisten und Chronisten **Bernd-Lutz Lange** sind die Titel »Gebrauchsanweisung für Leipzig« (Piper 2008), »Ratloser Übergang: In meinem neuen Deutschland« (Aufbau TB 2009) und »Mauer, Jeans und Prager Frühling« (Aufbau TB 2006) besonders empfehlenswert.
Erich Loest, einer der bedeutendsten deutschen Schriftsteller der Nachkriegszeit, hat sich seiner eigenen Vergangenheit, der politischen Wende und der sächsischen Geschichte in »Nikolaikirche« (dtv 1998) und »Völkerschlachtdenkmal« (dtv 1997) angenommen. Leipzig eignet sich bestens als Kulisse für **Kriminalliteratur**, auch historischer Art: u. a. Andreas Stammkötter (»Am Ende des Klangs«, »Im Namen des Bruders«, »Die Rose des Schachspielers«), Stefan B. Meyer (»Im falschen Revier«) und die Kurzgeschichtensammlung »Stammtischmorde – 9 Leipziger packen aus«.

Filme Sebastian Dehnhardt/Matthias Schmidt, **Das Wunder von Leipzig – Wir sind das Volk.** Dokumentation der friedlichen Revolution 1989, DVD. Ascot Elite Home Entertainment GmbH 2009.

Frank Beyer, **Nikolaikirche.** Spielfilm nach dem Roman von Erich Loest. DVD. Icestorm Entertainment GmbH 2009.

Soko Edition – Soko Leipzig. Alle Staffeln der beliebten Fernsehserie auf DVD. Edel Germany GmbH 2011 ff.

Bilderbuch Deutschland – Halle Saale: Hallenser, Halloren und Hal(l)unken. DVD. UAP Video GmbH 2006.

Medien

Die Leipziger Volkszeitung (LVZ) informiert ausführlich über das regionale Geschehen; den wöchentlichen Veranstaltungskalender »Leipzig live« gibt es auch einzeln und kostenlos u. a. bei der Touristinformation. Monatlich erscheinen der Veranstaltungskalender »Leipzig im ... « im Westentaschenformat (www.leipzig-im.de), das Leipzig-Magazin »Der Kreuzer« und die Leipzig-Ausgabe von »Prinz« (beide mit einem jährlichen Sonderheft zur Leipziger Gastronomie). Informativ sind auch »ZeitPunkt – das Kulturmagazin« (www.zeitpunkt-kulturmagazin.de) sowie Blitz und Frizz. Die erste Leipziger Internetzeitung www.l-iz.de setzt auf aktuelle Meldungen.

In Leipzig

Die Mitteldeutsche Zeitung (MZ) informiert über Aktuelles. Es gibt mehrere Stadtmagazine: u. a. Blitz, Frizz, den Kulturfalter und Aha! Sie informieren über Halle und die gesamte Region.

In Halle

Notrufe

Polizei
Tel. 110

Rettungsdienst, Feuerwehr, Leitstelle
Tel. 112

Pannennothilfe ADAC
Tel. *01802 22 22 22

Sperrnotruf
Tel. 116 116 bei Verlust von Kreditkarten

Krankentransport Leipzig
Tel. 0341 1 92 22

Ärztlicher Bereitschaftsdienst
Tel. 0341 23 49 37 11
(Leipzig)
Tel. 0345 68 10 00
(Halle)

Notfallzentrum Leipzig
Tel. 0341 96 36 70

Notfallambulanz Halle
Tel. 0345 2 13 43 10
(St. Elisabeth/St. Barbara)
Tel. 0345 5 57 58 60
(Universitätsklinikum)

Preise · Vergünstigungen

Leipzig Card und Welcome Card
Die Leipzig Card und die Welcome Card in Halle bieten eine Reihe von Vergünstigungen. Dazu gehören die freie Fahrt mit Bus, Straßenbahn, S-Bahn und bestimmten Nahverkehrszügen, Ermäßigung bei geführten Stadtrundgängen, in Museen, Theatern und verschiedenen Freizeiteinrichtungen. Momentan kostet die **Leipzig Card** für einen Tag 8,90 €, die 3-Tage-Karte 18,50 € und die 3-Tage-Guppenkarte 34,00 € (gültig für zwei Erwachsene und bis zu drei Kinder unter 14 Jahren). Man erhält sie in der Touristinformation, im LVB-Mobilitätszentrum (Willy Brandt-Platz), im LVB-Servicecenter (Peters-/Ecke Markgrafenstraße), in vielen Hotels, auf den Campingplätzen Auensee, bei Reiseveranstaltern sowie über das Internet.

Die **Welcome Card** von **Halle** bietet neben den oben genannten Ermäßigungen auch Rabatte in einigen Restaurants, bei Schiffstouren und Bootsverleih. Sie kostet derzeit pro Tag 7,50 € oder 15,– € für drei Tage, die 3-Tage-Gruppenkarte (bis zu 5 Pers.) 35,– €. Erhältlich ist sie u. a. bei der Touristinformation, Markt 13, bei den Servicezentren der HAVAG und an Hotelrezeptionen.

Spartipps
Sparen lässt sich z. B. bei den Übernachtungen. Während der großen Messen sind Leipzig und Halle in der Regel deutlich teurer. Wer vorab bucht, kann oft günstige Konditionen aushandeln, besonders für Aufenthalte über das Wochenende. Dazu kommen Sonderangebote in der Nebenreisezeit (Februar, November). Hotels und Pensionen im nahen Umland sind erheblich preiswerter.

Pauschalarrangements
Sowohl bei Leipzig Tourismus und Marketing (▶Auskunft, www.leipzig.travel/reiseangebote) als auch bei Stadtmarketing Halle (▶Auskunft) gibt es verschiedene Pauschalangebote für Individual- und Gruppenreisen. Eingeschlossen sind jeweils Übernachtung, Stadtführung und ggf. weitere Veranstaltungen.

Verkehr

Zu Fuß oder mit dem Rad
Die Innenstädte lassen sich am besten zu Fuß erkunden und auch die Parks und Grünanlagen laden zu kleinen Erkundungstouren ein. Fahrradfahrer finden gut ausgebaute Fahrradwege in den Städten und im Umland.

Mit dem öffentlichen Nahverkehr
Die **Leipziger Verkehrsbetriebe** (LVB) als größtes Nahverkehrsunternehmen Leipzigs unterhalten ein **dichtes Netz von Straßenbahn- und Buslinien**. Einzelfahrscheine gelten eine Stunde lang (mit

Verkehr • PRAKTISCHE INFOS

Umsteigeberechtigung), ansonsten sind Tageskarten empfehlenswert. Für Nachtschwärmer sind die Nightliner interessant, die tgl. vom Hauptbahnhof um 1.11, 2.22 und 3.33 Uhr fahren (10 Linien). Mit der kostenlosen **easy.Go-App** können Smart- und iPhone-Besitzer Verbindungen im gesamten Netz des Mitteldeutschen Verkehrsverbunds (MDV) abfragen und sich die nächstgelegene Haltestelle oder Abfahrtszeiten anzeigen lassen (Download unter www.lvb.de). Informationen gibt es außerdem im Servicezentrum gegenüber vom Hauptbahnhof am Willy-Brandt-Platz, Ecke Nikolai-/Richard-Wagner-Straße.

Netzplan Halle ▶ S. 316

Netzplan Leipzig: hintere Umschlagklappe

In Halle ist der **Straßenbahn- und Busverkehr** unter dem Dach der HAVAG vereinigt. Einzelfahrscheine gelten je nach gewählter Tarifzone ein bis vier Stunden lang nach Lösung, 4-Fahrten-Karten sind geringfügig günstiger. Für Besucher, die an den Stadtrand fahren wollen, lohnt sich die Tageskarte. Informationen zu Fahrplänen und Tarifen erhält man bei den HAVAG-Service-Centern im Hauptbahnhof oder am Marktplatz und auf www.havag.com.

Für Ausflüge in die **Umgebung** nutzt man am besten die Tickets des Mitteldeutschen Verkehrsverbunds. Das Tarifgebiet des MDV umfasst in Sachsen, Sachsen-Anhalt und Thüringen die Städte Leipzig und Halle sowie mehrere Landkreise (www.mdv.de).

Ausflüge

Auf www.zvnl.de des Zweckverbands für den Nahverkehrsraum Leipzig gibt es ebenfalls aktuelle Informationen sowie eine Fahrplan- und Tarifauskunft für Fahrten im Regierungsbezirk Leipzig, aber auch im Tarifgebiet des MDV. Im Verbundgebiet benötigt man nur noch ein Ticket vom Start bis zum Ziel, egal wie oft man umsteigt.

Wer nicht mit dem eigenen Auto kommt, findet Büros der großen Autovermieter am Flughafen Leipzig/Halle (Terminal B) und im Reisezentrum des Hauptbahnhofs Leipzig.

Mit dem Auto

Folgende **Parkhäuser** gibt es in der Innenstadt von **Leipzig**: Hauptbahnhof (Westseite im Parkhaus und Ostseite im Bahnhof), Augustusplatz, Marktgalerie, Burgplatz/Petersbogen, Zentralstraße (Dresdner Bank), Martin-Luther-Ring (Otto-Schill-Straße), Löhr's Carré, Zoo-Parkhaus und Sternwartenstraße. Die Parkhausbelegung kann man auch per Handy abfragen: wap.parkinfo.com/.

Zentrumsnahe Parkplätze findet man am Naturkundemuseum, in der Ritterstraße, am Wilhelm-Leuschner-Platz, bei der IHK/Hauptfeuerwache, dem The Westin Leipzig (Nordstraße), dem Richard-Wagner-Platz, der Arena Leipzig und dem Sportforum.

In **Halle** gibt es **Parkhäuser** unter anderem im Ritterhaus (Große Brauhausstr. 28, Zufahrt über den Waisenhausring), am Hansering (unter dem Fahnendenkmal), an der K&K-Passage (Franckestraße), im Charlottencenter (Dorotheenstr. 3) sowie im Händelhauskarree (Tiefgarage, Zufahrt über die Kleine Ulrichstraße).

PRAKTISCHE INFOS • Netzplan Halle

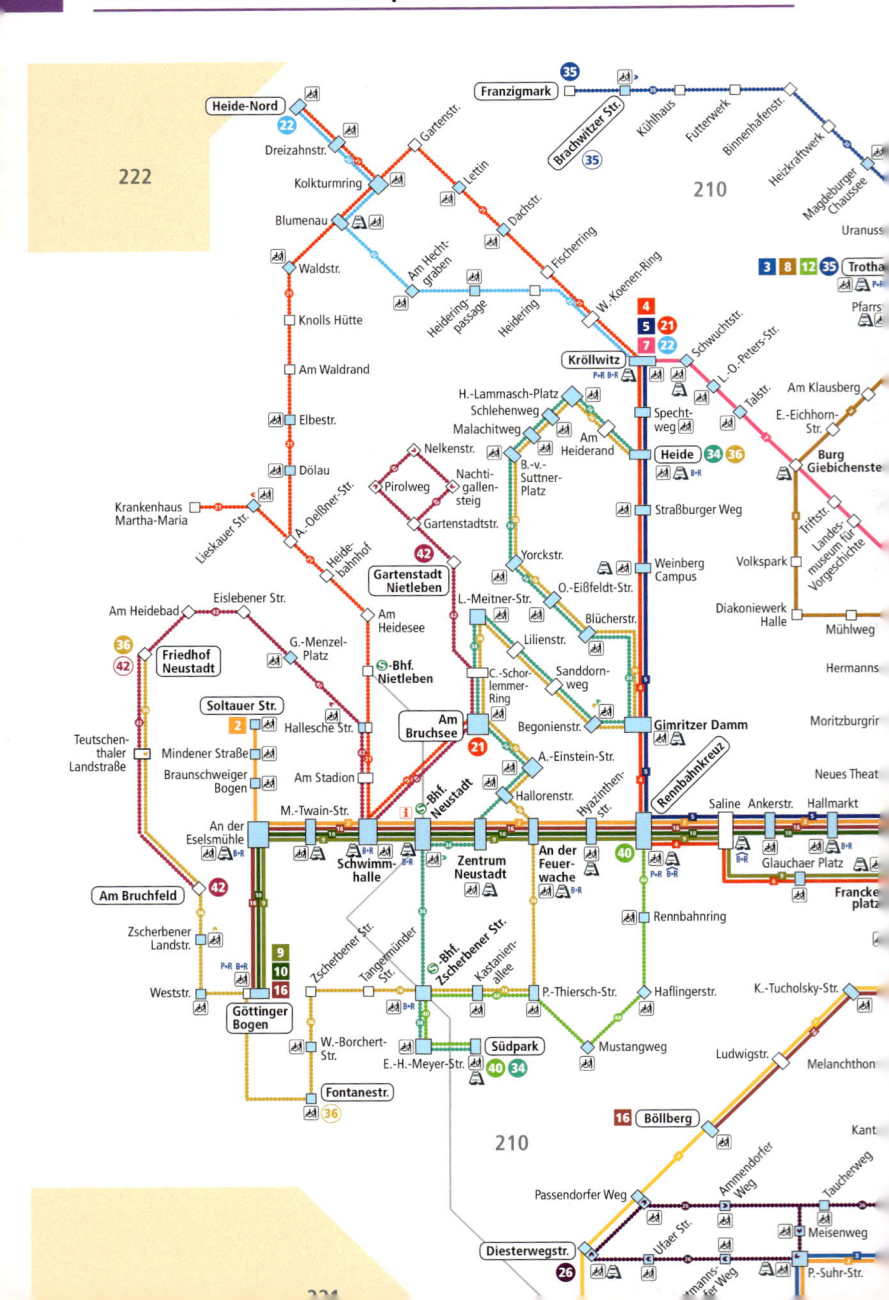

Netzplan Halle • PRAKTISCHE INFOS

Die hier aufgeführten Verbindungen gelten montags bis freitags. Die Straßenbahnlinien 4 und 16 und die Buslinien 32 und 35 fahren nicht an Wochenenden und Feiertagen. Die Straßenbahnlinie 9 fährt an Wochenenden über den Marktplatz. Die Straßenbahnlinie 1 wird im Schülerverkehr (vormittags und nachmittags) sowie an Wochenenden im Bereich Reileck – Südstadt durch die Linie 1E verstärkt.

Die Buslinien 23 | 24 | 25 | 26 | 27 | 31 | 35 | 36 | 40 | 42 werden an Wochenenden und Feiertagen teilweise durch Rufbusse ersetzt bzw. fahren nicht. Nähere Informationen hierzu finden Sie in den Fahrplänen der einzelnen Linien. Ab 20 Uhr gilt der Nachtliniennetzplan.

PRAKTISCHE INFOS • Verkehr

VERKEHRSVERBÜNDE
Leipziger Verkehrsbetriebe (LVB)
Hotline Tel. 0341 1 94 49
www.lvb.de

Hallesche Verkehrs-AG (HAVAG)
Tel. 0345 5 81 56 66
www.havag.com

Mitteldeutscher Verkehrsverbund (MVD)
www.mvd.de

Zweckverband für den Nahverkehrsraum Leipzig
www.zvnl.de

MIETWAGEN
Avis
Tel. 0341 2 24 18 04 (Flughafen)
Tel. 0341 9 61 14 00 (Hbf)
www.avis.de

Europcar
Tel. 034204 77 00 (Flughafen)
Tel. 0341 14 11 60 (Hbf)
www.europcar.de

Hertz
Tel 034204 1 43 17 (Flughafen)
Tel. 0341 4 77 37 12 (Hbf)
www.hertz.de

Sixt Budget
Tel. *01806 25 25 25 (Flughafen)

TAXIS LEIPZIG
Leipzig Taxi
Tel. 0341 48 84
www.taxi4884.de

Das Taxi mit der Mütze
Tel. 0341 42 33
www.taxi4233.de

FTL Funktaxi Leipzig
Tel. 0341 60 05 00
www.funktaxi-leipzig.de

Löwentaxi Leipzig
Tel. 0341 98 22 22
www.loewentaxi.de

City-Taxi Leipzig
Tel. 0341 22 22 44 44
city-taxi-leipzig22224444.de

TAXIS HALLE
Taxi-Genossenschaft
Tel. 0345 52 52 52 u. 21 21 21
www.taxihalle.de

Taxi Kobsch
Tel. 0345 5 60 62 22
www.taxi-kobsch.de
Großraumtaxen, Flughafenservice

Taxi Neef
Tel. 0172 3 63 53 99
www.taxi-neef.de
Rollstuhltransporte und Kleinbusse

BOOTE LEIPZIG
Bootsverleih Herold
Antonienstr. 2
Tel. 0341 4 80 11 24
www.bootsbau-herold.de

Bootsverleih Klingerweg
Klingerweg 2
Tel. 0341 4 80 65 45
bootstour-leipzig.de

Leipziger Kanuclub
Pistorisstr. 66
Tel. 0341 4 01 49 61
www.leipziger-kc.de

Gondelfahrten
Ristorante Da Vito Nonnenstr. 11b
Tel. 0341 4 80 26 26
www.da-vito-leipzig.de

Bootsverleih am Leipziger Eck
Schleußiger Weg 2b
Tel. 0163 2 64 20 03

bootsverleih-leipzig.de
Kajaks, Kanadier, Drachenboot

MS Weltfrieden
Tel. 0341 5 90 16 47
www.ms-weltfrieden.de

BOOTE HALLE
Reederei Riedel Halle
ab Giebichensteinbrücke
Tel. 0345 2 83 20 70
www.reederei-riedel-halle.de

Mit dem Boot

Auch vom Wasser aus kann man einen Teil von **Leipzig** kennenlernen. Kanus, Ruderboote und sogar Gondeln sieht man auf der Weißen Elster und dem Karl-Heine-Kanal; zudem schippert das Ausflugsboot »MS Weltfrieden« durch den Kanal.
Verschiedene Saalefahrten mit und ohne Aufenthalt bietet die Reederei Riedel in **Halle** an, aber auch Stadtrundfahrten u. a. zur Rabeninsel sind möglich.

Register

A
Alltagsbegegnungen **20**
Amo, Anton Wilhelm **304**
Anreise **308**
Apel, Guido Theodor **33**
Apelsteine **33**
Architektur **57, 60**
Asisi, Yadegar **230**
August der Starke **32, 155, 174, 187**
Auskunft **309**

B
Bach, Johann Sebastian **49, 55, 63, 69, 103, 104, 147, 175, 204, 226, 242, 281**
Bach, Wilhelm Friedemann **59, 270**
Bad Lauchstädt **158, 294**
Baedeker, Fritz **50, 54, 184**
Bahn **25, 36, 308**
Bähr, George **222**
Bause, Johann Friedrich **207**
BELANTIS **112, 221**
Bildende Kunst **56, 60, 122**
»Bio-City« **13**
Börsenverein des Deutschen Buchhandels **54**
Brandes, Heinrich Wilhelm **180**
Brand, Marcus **49**
Braunkohlenbergbau **15, 17, 22, 211, 218, 304**
Breitkopf, Immanuel **49**
Brockhaus **54, 184**
Bus **308**

C
Canstein, Carl Hildebrand von **265**
Cantor, Georg **303**
Chipperfield, David **227**
Chodowiecki, Daniel **207**
Cierpinski, Waldemar **282**
Cospudener See **219**
Crafft, Caspar **278**
Cranach **60, 159, 207, 223, 262, 285**

D
Dahlener Heide **155**
DDR **38, 46, 226**
Die Prinzen **49**
Dimitroff, Georgi **177**
Dölauer Heide **41**
Drallewatsch **82, 196**
Dürer, Albrecht **60, 262, 285**

E
Ebert, Albert **290**
Eck, Johannes **29**
Eichendorff, Joseph von **59**
Einkaufen **127**
Erxleben, Dorothea Christiana **61, 304**
Essen **93, 100**

F
Fahrrad **314**
Feininger, Lyonel **60, 286, 287, 288**
Filme **312**
Flugzeug **309**
Francke, August Hermann **60, 61, 63, 264, 294, 298, 303**
Franckesche Stiftungen **24, 47, 61, 63, 64, 263**
Franz, Robert **59**
Frege-Haus **182**
Freylinghausen, Johann Anastasius **269**
friedliche Revolution **12, 40, 69, 105, 169, 209, 221, 224, 226**
Fuchs, Johann Gregor **182, 201, 236**

G
Galerien **116, 122, 124, 282**
Geiseltalmuseum **292**
Genscher, Hans-Dietrich **63, 66, 87**
Gewandhausorchester **56, 69, 83, 212**
Gleim, Johann Wilhelm **59**
Goerdeler, Carl Friedrich **37, 217**
Goethe, Johann Wolfgang von **94, 159, 162, 167, 174, 211, 294**
Goldschmidt, Henriette **66, 185**
Göschen, Georg Joachim **54, 157**
Gose **94, 97, 101, 187**
Gottsched, Johann Christoph **54**
Grassi, Franz Dominic **49, 184, 188, 206, 232**
Grimma **157**
Gründerzeit **36, 60**
Gustav II. Adolf **32, 158**

H
Halle
-Alter Markt 258

- Amtsgarten **261**
- Ackerbürgerhof **263**
- Halloren-Schokoladenmuseum **273**
- Krug zum grünen Kranze **99**
- Beatles-Museum **120, 258**
- Burg Giebichenstein **41, 59, 259, 284**
- Carillon **282**
- Christian-Wolff-Haus **60, 299**
- DB-Museum **120**
- Dom **261**
- Eselsbrunnen **258**
- Franckeschen Stiftungen **24, 47, 61, 63, 64, 263**
- Gedenkstätte Roter Ochse **120**
- Geiseltalmuseum **304**
- Giebichensteinbrücke **261**
- Göbelbrunnen **271**
- Graf-Luckner-Denkmal **302**
- Halle-Saale-Schleife **296**
- Hallmarkt **45, 271**
- Halloren- und Salinemuseum **272**
- Händel-Denkmal **283**
- Händel-Festspiele **108, 270**
- Hansering **274**
- Hausmannstürme **278**
- Historisches Straßenbahndepot **120**
- Himmelsscheibe von Nebra **274, 276**
- Hochschule für Kunst und Design **60, 260**
- Kindermuseum **121**
- Kneipenmeile Sternstraße **300**
- Knoblauchsmittwoch **108**
- Krokoseum **269**
- Kulissenbibliothek **269**
- Kulturinsel **72, 77, 91, 153**
- Kunstmuseum Moritzburg Halle (Saale) **287**
- Landesmuseum für Vorgeschichte **274**
- Landgericht **274**
- Laternenfest **108, 271, 295**
- Leipziger Turm **296**
- Leopoldina **298, 305**
- Lindenblütenfest **103, 108, 264**
- Löwengebäude **303**
- Marienbibliothek **43, 281**
- Marktkirche (Marienkirche) **60, 68, 275, 281**
- Marktplatz **281**
- Marktschlösschen **283**
- Martin-Luther-Universität Halle-Wittenberg **303**
- Meckelsche Sammlung **293, 305**
- Moritzburg **284**
- Moritzkirche **290**
- Neue Residenz **292**
- Opernhaus **294**
- Peißnitzinsel **294**
- Professorenstraße **300**
- Reederei Riedel **261**
- Reichardts Garten **261**
- Riebeckplatz · Leipziger Straße **296**
- Robertinum **304**
- Roland **282**
- Roter Turm **282**
- Salzfest **109**
- Sammlung Gerlinger **287**
- Schausieden **273**
- Schleiermacher-Haus **300**
- Schmeerstraße **259**
- Stadtcenter Rolltreppe **282**
- Stadtgottesacker **297**
- Stadtmuseum **60, 299**
- Stadtpark **299**
- Steintor-Varieté **301**
- Stiftung Moritzburg **287, 290**
- Totenmaske Luthers **279**
- Ulrichskirche **297**
- Universitätsplatz **302**
- Zum Schad **275**

Halle-Neustadt **46**
Hallesche Dichterschule **59**
Hallesches Heiltum **262, 286**
Halle-Zyklus (Feininger) **60, 115, 287, 288, 290**
Halloren **16, 42, 47, 59, 155, 271, 272**
Handel **23**
Händel, Georg Friedrich **44, 59, 67, 270, 294, 283, 298**
Hanse **42**
Hauschild, Ernst **182, 184**
HAVAG **315**
Heine, Karl **185**
Heinicke, Samuel **184**
Heinrich von Giebichenstein **59**
Hinrichs, Johann Conrad **184**
Hirzel, Salomon **176**
Historismus **58**
Hochschulen **24**
Hoffmann, Nickel **60, 278, 280, 297, 299**
Höfgen **157**
Hogarth, William **207**

I
Internetadressen **310**

J
Jagdschloss Hubertusburg **155**
Johannapark **175**
Jonas, Justus **44, 226, 278**

K
Kanupark Markkleeberg **219**
Kardinal Albrecht **43, 60, 262, 275, 279, 284, 292, 293**
Klinger, Max **67, 184, 207**
Koch, Wilhelm Otto **184**
Kühn, Julius **303**
Kulkwitzer See **219**
Kulturinsel **91**
KZ Birkhahn-Mötzlich **46**

L
Ladegast, Friedrich **223**
Leibniz, Gottfried Wilhelm **68**
Leipzig
-Aerarium **166**
-Ägyptisches Museum **172**
-Alte Handelsbörse **162**
-Alte Nikolaischule **226**
-Alte Waage **201**
-Alter Israelitischer Friedhof **185**
-Alter Johannisfriedhof **184, 188**
-Altes Rathaus **163**
-Anne-Frank-Shoah-Bibliothek **180**
-Antikenmuseum **116**
-Apels Garten **95, 174**
-Archiv Bürgerbewegung Leipzig **166**
-Auerbachs Keller **94, 127, 167**
-Augustusplatz **168**
-Automuseum Da Capo **116**
-Auwald **173**
-Bach-Museum **175**
-Barfußgässchen **197**
-Barthels Hof **196, 198**
-Baumwollspinnerei **20, 70, 86, 152**
-Bayerischer Bahnhof **36, 97, 192**
-Bibliotheca Albertina **58, 176**
-Botanischer Garten **116**
-Böttchergasse **196**
-Bundesverwaltungsgericht **177**
-Buntgarnwerke **57, 150**
-City-Tunnel **25, 194**
-Clara-Zetkin-Park **173**
-Deutsche Nationalbibliothek **24, 179**
-Deutsches Buch- und Schriftmuseum **180**
-Deutsches Fotomuseum **117**
-Deutsches Kleingärtnermuseum **71, 181**
-Edvard-Grieg-Gedenkstätte **117**
-Forum 1813 **251**
-Fregehaus **182**
-Friedhöfe **183**
-Galerie Hotel Leipziger Hof **124**
-Gedenkstätte für Zwangsarbeiter »Erinnern für die Zukunft« **117**
-Gewandhausorchester **56, 69, 83, 212**
-Gohlis **54, 186**
-Gohliser Schlösschen **186**
-Grassi-Messe **191**
-Grassi-Museen **49, 184, 188**
-Hauptbahnhof **192**
-Haus des Buches **194**
-Historischer Straßenbahnhof Leipzig-Möckern **117**
-Jüdische Gedenkstätte **37**
-Jüdisches Kulturzentrum **37**
-Karl-Liebknecht-Straße **130**
-»Königsbau« **171**
-Kroch-Hochhaus **172**
-Kriminalmuseum des Mittelalters **118**
-Kunsthalle der Sparkasse Leipzig **195**
-Kustodie – Kunstsammlung der Universität Leipzig **118**
-Leipziger Verkehrsbetriebe **315**
-Leipzig-Grünau **13, 38, 219**
-Leipzig-Plagwitz **57, 150, 185**
-Mädlerpassage **36, 127, 168, 198**
-Markt **196**
-Marktgalerie **197**
-MDR **202**
-Mendebrunnen **12, 169, 213**
-Mendelssohn-Haus **203**
-Mitspielzeugmuseum Mehrweg **118**
-Moritzbastei **79, 82, 97, 204**
-Museum der bildenden Künste **205**

-Museum für angewandte Kunst **191**
-Museum für Druckkunst **150, 208**
-Museum für Musikinstrumente **190**
-Museum für Völkerkunde **188**
-Museum in der »Runden Ecke« **209**
-Museum zum Arabischen Coffe Baum **95, 240**
-Musikalische Komödie **229**
-Naschmarkt **162, 210**
-Naturkundemuseum **211**
-Neubau **240**
-Neues Gewandhaus **212**
-Neues Rathaus **214**
-Neuseenland **22, 218**
-Nikolaikirche **39, 221, 224**
-Nikolaikirchhof **226**
-Oper **55, 227**
-Panometer **230**
-Paulinerkirche **171**
-Petersstraße **197**
-Pleißemühlgraben **195**
-Pleißenburg **28**
-Predigerhaus **226**
-Promenadenring **230**
-Rathausbrunnen **217**
-Riquethaus **97**
-Romanushaus **201, 236**
-Rosental **174, 187**
-Rübesams Da Capo **116, 152**
-Sächsisches Apothekenmuseum **118**
-Sächsisches Psychiatriemuseum **119**
-Sammlung Exil-Literatur **180**
-Schillerhaus **237**
-Schulmuseum **119**
-Schumann-Haus **119**
-Schwanenteich **229**
-Sparkassenmuseum Leipzig **119**
-Sportmuseum **242**
-Stadtgeschichtliches Museum **165, 239**
-Stadthaus **218**
-Stelzenhaus **151**
-Südfriedhof **183**
-Thomaskirche **54, 68, 195, 242**
-Torhaus Dölitz **244**
-Universität Leipzig **58, 171, 245**
-Völkerschlachtdenkmal **37, 162, 246, 248**
-Zeitgeschichtliches Forum **211, 251**
-Zum Arabischen Coffe Baum **95, 240**
Leipzig Card **314**
Leipziger Lerchen **97, 100**
Leipziger Schule **49, 72, 122, 207, 208**
Leipziger Tieflandsbucht **15, 17**
Lessing, Gotthold Ephraim **54**
Licht, Hugo **58, 212, 218**
Literatur **59, 311**
Lotter, Hieronymus **212, 222**
Luckner, Felix Graf von **46, 302**
Ludwig der Springer **260**
Luther, Martin **29, 44, 58, 68, 159, 226, 278**
Lutherstadt Wittenberg **159, 302**
Lützen **158**

M
Marcks, Gerhardt **261, 304**
Marienkirche **275**
Markkleeberg **219**
Masur, Kurt **56, 68, 204, 213**
Mattheuer, Wolfgang **184, 211, 287**
Maximilian I. **28, 42**
Medien **313**
Melanchthon, Philipp **159, 226**
Mendelssohn Bartholdy, Felix **49, 69, 71, 105**
Merseburg **158**
Ministerium für Staatssicherheit **209**
Mit Behinderung unterwegs **311**
Mitteldeutscher Verkehrsverbund **315**
Montagsdemonstrationen **40, 210, 224**
Mordal, Peter **290**
Musik **55, 59**
Mustermesse **36**

N
Napoleon **33, 34, 45, 303**
Napoleonstein **28**
Neuber, Friederike Caroline **54, 57**
Neue Messe **23**
Neuseenland **218**
Niemeyer, August Hermann **265**
Nietzsche, Friedrich **158**
Nimbschen **157**
Notrufe **313**

O
Oeser, Adam Friedrich **222**
Otto-Peters, Louise **66, 70, 185**

P

Parkhäuser **315, 319**
Permoser, Balthasar **174, 208**
Petersberg **159**
Pfeffinger, Johannes **226**
Pietismus **45, 61, 64, 263**
Pleißenburg **68**
Preise **314**
Prendel, Victor von **197**
Pusch, Oskar **180**

R

Rauch, Christian Daniel **304**
Rauch, Neo **70, 122**
Reclam, Anton Philipp **184**
Reformation **29, 68**
Reichardt, Johann Friedrich **59, 261**
Reichstagsbrandprozess **177**
Reiseplanung **308**
Richter, Johann Caspar **186**
Riebeck, Carl Adolph **46**
Ritzsch, Timotheus **32, 180**
Rive, Richard **60**
Röcken **158**

S

Saalefahrten **319**
Saaletal **260**
Sachsendreieck **15**
Salz **22, 44, 47, 273**
Sandtmann, Johann Caspar **162**
Scheidt, Samuel **59**
Schiller, Friedrich **54, 216, 231, 237**
Schinkel, Karl Friedrich **304**
Schlacht bei Breitenfeld **32**
Schlacht bei Lützen **32**
Schletter, Adolf Heinrich **206**
Schmidt, Auguste **185**
Schönkopf, Käthchen **184**
Schreber, Moritz **70, 182**
Schreberverein **71, 181**
Schro, Peter **262**
Schumann, Clara **71**
Schumann, Robert **71**
Seffner, Carl **165, 184, 211, 226**
Selmitz, Felicitas von **298**
Shopping **127**
Siebeck, Rudolph **174**
Sitte, Willi **60**
Sobejano, Enrique **285**
Sodann, Peter **71**
Solequellen **41**
Souvenirs **127**
Störmthaler See **220**
Straße der Romanik **158**
Stromer, Heinrich **167**
Strungk, Nicolaus Adam **55**

T

Tauchnitz, Karl **184**
Telemann, Georg Philipp **55**
Tetzel, Johannes **29**
Theater **54, 83, 90, 91**
Thomaner **63, 242**
Thomasius, Christian **45, 298, 302**
Tieck, Christian F. **304**
Tourismus **17**
Tröndlin, Carl Bruno **184**
Tübke, Werner **72, 184**

U

Universität **23, 45, 245, 293**

V

Veranstaltungskalender **313**
Vergünstigungen **314**
Verkehr **17, 24, 314**
Verlage **23**
Voigt, Lene **184, 217**
Völkerschlacht **33, 37, 45, 105, 147, 162, 246, 248**
Vries, Adriaen de **208**

W

Wagner, Richard **56, 72**
Waldstraßenviertel **12**
Warenmesse **197**
Wave-Gotik-Treffen **104**
»weinberg campus« **13, 24**
Weißenfels, August von **262**
Welcome Card **314**
Wettin **159**
Wichmann, Ludwig **304**
Wieck, Clara **71**
Wieck, Friedrich **71**
Wiedervereinigung **40**
Wirtschaft **17**
Witte, Marianne **298**
Wolff, Christian **45, 299, 303**
Woyzeck, Johann Christian **196**

Z

Zachow, Friedrich Wilhelm **67**
Zeitungen **313**
Ziegler, Karl **298**

Verzeichnis der Karten und Grafiken

Infografik: Leipzig und Halle auf einen Blick	**18/19**
Infografik: Alter Handelsplatz	**24**
Infografik: Völkerschlacht bei Leipzig	**34/35**
Infografik: Werk eines streitbaren Visionärs	**64/65**
Leipzig · Hotels, Restaurants und Ausgehtipps	**80/81**
Halle · Hotels, Restaurants und Ausgehtipps	**88/89**
Tour 1	**146**
Tour 2	**149**
Tour 3	**151**
Tour 4	**153**
Tour 5	**154**
Umgebung Halle/Leipzig	**156**
Lagekarten für Leipzig und Halle Neuseenland	**220**
3D: Völkerschlachtdenkmal	**249**
3D: Franckesche Stiftungen	**267**
Verkehrslinienplan Halle	**316/317**
Verkehrslinienplan Leipzig	**U6/7**

Bildnachweis

Baedeker-Archiv S. U3, 50, 51, 52, 53
G. Binsack/Grassi-Museen S. 48
H. Bredehorst/Polaris/laif S. 123
dpa-Zentralbild/euroluftbild.de/Maike Glöckner S. 114
dpa/Jan Woitas S. 73
Dumont-Bildarchiv/Hirth S. U4 Mitte oben, 5 oben links und unten, 92, 107, 110, 125, 126, 199, 201, 253, 256
Dumont-Bildarchiv/M. O. Schulz S. U4 Mitte unten, 2 oben und unten, 3 links oben, 12, 55, 105, 109, 148, 164, 167, 197, 210, 213, 223, 225, 248, 250 (Klappe)
fotolia/Jörg Beuge S. 100 unten
fotolia/Christian Jung S. 101 oben
Franckesche Stiftungen S. 267 rechts unten
Görne S. 4 oben, 254
Grassi-Museum für Völkerkunde S. 189
Klaus E. Göltz/Stiftung Moritzburg und VG Bild Kunst S. 289
Ingo Gottlieb/Franckesche Stiftungen S. 61, 102, 268 (Klappe)
Reinhard Hentze/Franckesche Stiftungen S. 266
Messe Leipzig S. 8, 22, 31
laif S. 130

laif/Peter Hirth S. 74, 76, 132, 206, U7
laif/Martin Jehnichen S. 79, 306
laif/Jens Schwarz S. 20, 100 oben, 136
laif/Dagmar Schwelle S. 21
laif/Westrich S. 4 unten, 243
LTM-Schmidt S. 14, 57, 62, 85, 96, 100 Mitte, 117, 128, 157, 160, 170, 173, 178, 183, 186, 216, 219, 234, 238, 241, 249 oben links
pa/akg S. 29
pa/J. Grubitzsch S. 66, 69
pa/transit/J. Riedel S. 39
L. Rauch/Stiftung Moritzburg S. 121
Szerelmy S. U 4 oben, 1, 87, 267 oben und links unten
Wagner S. 7, 10, 26, 101 unten, 142, 181, 193, 228, 233, 249 oben rechts und unten rechts
M. Wenzel/Grassi-Museen S. 190
Ziegler S. U4 unten, 3 unten, 5 Mitte, 13, 43, 47, 101 Mitte, 120, 260, 262, 272, 277, 279, 282, 286, 291, 292, 295, 298, 301, 303, U8

Titelfoto: Specks Hof mit Café Riquet (Bildagentur Huber/R. Schmid)

atmosfair

nachdenken • klimabewusst reisen

atmosfair

Reisen verbindet Menschen und Kulturen. Doch wer reist, erzeugt auch CO_2. Der Flugverkehr trägt mit bis zu 10% zur globalen Erwärmung bei. Wer das Klima schützen will, sollte sich nach Möglichkeit für die schonendere Reiseform entscheiden (wie z.B. die Bahn). Gibt es keine Alternative zum Fliegen, kann man mit atmosfair klimafördernde Projekte unterstützen. atmosfair ist eine gemeinnützige Klimaschutzorganisation unter der Schirmherrschaft von Klaus Töpfer. Flugpassagiere spenden einen kilometerabhängigen Betrag und finanzieren damit Projekte in Entwicklungsländern, die den Ausstoß von Klimagasen verringern helfen. Dazu berechnet man mit dem Emissionsrechner auf **www.atmosfair.de;** wie viel CO_2 der Flug produziert und was es kostet, eine vergleichbare Menge Klimagase einzusparen (z. B. Berlin – London – Berlin 13 €).

atmosfair garantiert die sorgfältige Verwendung Ihres Beitrags. Alle Informationen dazu auf www.atmosfair.de. Auch der Karl Baedeker Verlag fliegt mit atmosfair.

Impressum

Ausstattung:
134 Abbildungen, 18 Karten und grafische Darstellungen, zwei große Citypläne
Text:
Bernd Görne und Anke Michler-Janhunen mit Beiträgen von Annekatrin Köhler, Dr. Michael Pantenius, Marlene Köhler, Helmut Linde, Rainer Eisenschmid, Beate Szerelmy, Daniela Schetar und Isolde Bacher
Bearbeitung:
Baedeker-Redaktion (Beate Szerelmy, Isolde Bacher)
Kartografie:
Franz Huber, München;
MAIRDUMONT Ostfildern (Reisekarte)
3D-Illustrationen:
jangled nerves, Stuttgart
Infografiken:
Golden Section Graphics GmbH, Berlin
Gestalterisches Konzept:
independent Medien-Design, München
Chefredaktion:
Rainer Eisenschmid, Baedeker Ostfildern

2. Auflage 2014
Völlig überarbeitet und neu gestaltet
© KARL BAEDEKER GmbH, Ostfildern
für MAIRDUMONT GmbH & Co KG;
Ostfildern
Der Name Baedeker ist als Warenzeichen geschützt. Alle Rechte im In- und Ausland sind vorbehalten. Jegliche – auch auszugsweise – Verwertung, Wiedergabe, Vervielfältigung, Übersetzung, Adaption, Mikroverfilmung, Einspeicherung oder Verarbeitung in EDV-Systemen ausnahmslos aller Teile des Werkes bedarf der ausdrücklichen Genehmigung durch den Verlag.

Anzeigenvermarktung:
MAIRDUMONT MEDIA
Tel. 0049 711 4502 333
Fax 0049 711 4502 1012
media@mairdumont.com
http://media.mairdumont.com

Printed in China

Trotz aller Sorgfalt von Redaktion und Autoren zeigt die Erfahrung, dass Fehler und Änderungen nach Drucklegung nicht ausgeschlossen werden können. Dafür kann der Verlag leider keine Haftung übernehmen.
Kritik, Berichtigungen und Verbesserungsvorschläge sind jederzeit willkommen.
Schreiben Sie uns, mailen Sie oder rufen Sie an:

Verlag Karl Baedeker / Redaktion
Postfach 3162
D-73751 Ostfildern
Tel. 0711 4502-262
info@baedeker.com
www.baedeker.com

FSC
www.fsc.org
MIX
Paper from responsible sources
FSC® C011918

Die Erfindung des Reiseführers

Als **Karl Baedeker** (1801 – 1859) am 1. Juli 1827 in Koblenz seine Verlagsbuchhandlung gründete, hätte er sich kaum träumen lassen, dass sein Name und seine roten Bücher einmal weltweit zum Synonym für Reiseführer werden sollten.

Das erste von ihm verlegte Reisebuch, die 1832 erschienene **Rheinreise,** hatte er noch nicht einmal selbst geschrieben. Aber er entwickelte es von Auflage zu Auflage weiter. Mit der Einteilung in die Kapitel »Allgemein Wissenswertes«, »Praktisches« und »Beschreibung der Merk-(Sehens-)würdigkeiten« fand er die klassische Gliederung des modernen Reiseführers, die bis heute ihre Gültigkeit hat. Der Erfolg war überwältigend: Bis zu seinem Tod erreichten die zwölf von ihm verfassten Titel 74 Auflagen! Seine Söhne und Enkel setzten bis zum Zweiten Weltkrieg sein Werk mit insgesamt 70 Titeln in 500 Auflagen fort.

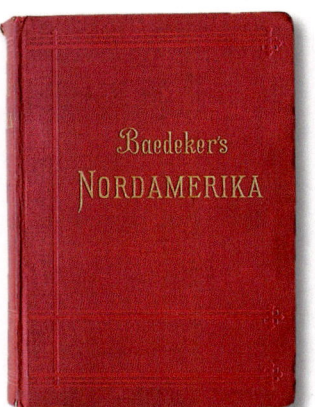

Bis heute versteht der Karl Baedeker Verlag seine große Tradition vor allem als eine Kette von Innovationen: Waren es in der frühen Zeit u. a. die Einführung von Stadtplänen in Lexikonqualität und die Verpflichtung namhafter Wissenschaftler als Autoren, folgte in den 1970ern der erste vierfarbige Reiseführer mit professioneller Extrakarte. Seit 2005 stattet Baedeker seine Bücher mit ausklappbaren 3D-Darstellungen aus. Die neue Generation enthält als erster Reiseführer Infografiken, die (Reise-)-Wissen intelligent aufbereiten und Lust auf Entdeckungen machen.

In seiner Zeit, in der es an verlässlichem Wissen für unterwegs fehlte, war Karl Baedeker der Erste, der solche Informationen überhaupt lieferte. In der heutigen Zeit filtern unsere Reiseführer aus dem Überfluss an Informationen heraus, was man für eine Reise wissen muss, auf der man etwas erleben und an die man gerne zurückdenken will. Und damals wie heute gilt für Baedeker: Wissen öffnet Welten.

Baedeker Verlagsprogramm

- Ägypten
- Algarve
- Allgäu
- Amsterdam
- Andalusien
- Argentinien
- Athen
- Australien
- Australien • Osten
- Bali
- Barcelona
- Bayerischer Wald
- Belgien
- Berlin • Potsdam
- Bodensee
- Brasilien
- Bretagne
- Brüssel
- Budapest
- Burgund
- China
- Costa Brava
- Dänemark
- Deutsche Nordseeküste
- Deutschland
- Deutschland • Osten
- Dominik. Republik
- Dresden
- Dubai • VAE
- Elba
- Elsass • Vogesen
- Finnland
- Florenz
- Florida
- Franken
- Frankfurt am Main
- Frankreich
- Frankreich • Norden
- Fuerteventura
- Gardasee
- Golf von Neapel
- Gomera
- Gran Canaria
- Griechenland
- Großbritannien
- Hamburg
- Harz
- Hongkong • Macao
- Indien
- Irland
- Island
- Israel
- Istanbul
- Istrien • Kvarner Bucht
- Italien
- Italien • Norden
- Italien • Süden
- Italienische Adria
- Italienische Riviera
- Japan
- Jordanien
- Kalifornien
- Kanada • Osten
- Kanada • Westen
- Kanalinseln
- Kapstadt • Garden Route
- Kenia
- Köln
- Kopenhagen
- Korfu • Ionische Inseln
- Korsika
- Kos
- Kreta
- Kroatische Adriaküste • Dalmatien
- Kuba
- La Palma
- Lanzarote
- Leipzig • Halle
- Lissabon
- Loire
- London
- Madeira
- Madrid
- Malediven
- Mallorca
- Malta • Gozo • Comino
- Marokko
- Mecklenburg-Vorpommern
- Menorca
- Mexiko
- Moskau
- München
- Namibia
- Neuseeland

Verlagsprogramm • ANHANG

- New York
- Niederlande
- Norwegen
- Oberbayern
- Oberital. Seen • Lombardei • Mailand
- Österreich
- Paris
- Peking
- Polen
- Polnische Ostseeküste • Danzig • Masuren
- Portugal
- Prag 
- Provence • Côte d'Azur
- Rhodos
- Rom
- Rügen • Hiddensee
- Ruhrgebiet
- Rumänien
- Russland (Europäischer Teil)
- Sachsen
- Salzburger Land
- St. Petersburg
- Sardinien
- Schottland
- Schwarzwald
- Schweden
- Schweiz
- Sizilien
- Skandinavien
- Slowenien
- Spanien
- Spanien • Norden • Jakobsweg 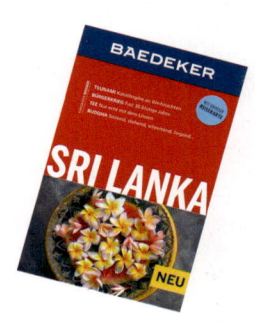
- Sri Lanka
- Stuttgart
- Südafrika
- Südengland
- Südschweden • Stockholm
- Südtirol
- Sylt
- Teneriffa
- Tessin
- Thailand
- Thüringen
- Toskana
- Tschechien
- Tunesien
- Türkei
- Türkische Mittelmeerküste
- USA
- USA • Nordosten
- USA • Nordwesten
- USA • Südwesten
- Usedom
- Venedig
- Vietnam
- Weimar
- Wien
- Zürich
- Zypern

Viele Baedeker-Titel sind als E-Book erhältlich: shop.baedeker.com

Kurioses in Leipzig und Halle

Schneckensymbole am Rathaus, ein Leipziger Thesenanschlag und Kirchtürme in städtischem Besitz: Kurioses aus Leipzig und Halle.

▶ Im Schneckentempo
Allzu große Hoffnungen auf ein schnelles Verfahren sollten sich die Leipziger Bürger auch im 1905 vollendeten Neuen Rathaus nicht machen. Um an die sprichwörtliche, wiewohl im Alltag selten anzutreffende Beamtenträgheit zu erinnern, schmückte der Architekt die Eingangstüren mit Schneckenskulpturen.

▶ Brüllende Löwen
Der Leipziger Zoo war so erfolgreich in der Löwenzucht, dass man seine Käfige früher Löwenfabrik nannte. Übrigens kam einer dieser Löwen zu Weltberühmtheit: Er brüllte im Vorspann der Spielfilme von Metro-Goldwyn-Mayer.

▶ Ein Toter auf Durchreise
In Halles Marktkirche wird eine ganz besondere Erinnerung an Martin Luther aufbewahrt – seine Totenmaske und ein Gipsabdruck seiner Hände. Der Reformator starb aber nicht etwa in Halle, er war nur auf der Überführung nach Wittenberg hier eine Nacht aufgebahrt. Die Hallenser nutzten diese Chance.

▶ Leipziger Thesenanschlag
Im Streit um die Rekonstruktion der in den 1960ern gesprengten Universitätskirche kochten die Gemüter so hoch, dass der Pfarrer der Thomaskirche am Reformationstag 2008 zur Tat schritt und Fünf Leipziger Thesen zu diesem Projekt am Bauzaun anschlug. Trotzdem wurde weitergebaut – und heute sind (fast) alle zufrieden.

▶ Porsche und die Orgel
Die Orgel in der Leipziger Nikolaikirche ist weltweit mutmaßlich die einzige Orgel, deren Startknopf links von den Manualen sitzt. Bei der letzten Restaurierung der Orgel 2002/2003 waren Designer von Porsche an der Gestaltung des Spieltischs beteiligt – und Porsche-Fahrzeuge haben das Zündschloss nun einmal links.

▶ Besitzverteilung
Die Haller Markt- bzw. Marienkirche gehört der Kirche – sollte man meinen. Das stimmt aber nicht ganz: Die beiden Turmpaare, die blauen Türme mit Spitzhelm von St. Gertruden und die Hausmannstürme von St. Marien, die beim Bau der Marktkirche integriert wurden, sind im Besitz der Stadt.